DIREITO EMPRESARIAL

SUHEL SARHAN JÚNIOR

Advogado. Pós-graduado em Direito Empresarial pela Universidade Presbiteriana Mackenzie. Mestre em Direitos Sociais. Professor de Direito Empresarial do Damásio Educacional (OAB/Carreiras Jurídicas e FDDJ) e do Unisal – Lorena.

DIREITO EMPRESARIAL:

MANUAL TEÓRICO E PRÁTICO

3ª Edição

DelRey
EDITORA

Belo Horizonte
2015

Impresso no Brasil | *Printed in Brazil*

EDITORA DEL REY LTDA.
www.livrariadelrey.com.br

Editor: Arnaldo Oliveira

Editor Adjunto: Ricardo A. Malheiros Fiuza

Editora Assistente: Waneska Diniz

Coordenação Editorial: Wendell Campos Borges

Editoração: Dilex Editoração Ltda.

Revisão: RESPONSABILIDADE DO AUTOR

Capa: CYB Comunicação

Editora / MG
Rua dos Goitacazes, 71 – Sala 709-C – Centro
Belo Horizonte – MG – CEP 30190-050
Tel: (31) 3284-5845
editora@delreyonline.com.br

S345 Sarhan Júnior, Suhel
Direito empresarial: à luz do Código Civil e da Lei de Falência e Recuperação de Empresas / Suhel Sarhan Júnior. 3ª edição. – Belo Horizonte: Del Rey, 2015.
xxviii + 588p.

ISBN 978-85-384-0402-6

1. Direito empresarial. I. Título.

CDD: 342.7
CDU: 347.7

Desde meu primeiro dia de vida pude sonhar, iniciar e continuar minhas caminhadas amparado pelo suporte de meus amados pais Suhel Sarhan e Maria José. Ao longo da infância, juventude e também pela fase adulta sempre compartilhei momentos e histórias com o melhor amigo que a vida pode me presentear, meu irmão Elias; no amor pude descobrir que esse verdadeiro sentimento se manifesta quando a gente mora um no outro, exatamente como me sinto quando estou com minha amada Milena; essa família especial que Deus me presenteou só foi possível devido aos ensinamentos de respeito, amor e honestidade tão defendidos por minha avó Lenir, a quem devo muito, em todos os aspectos.

Este livro é dedicado a vocês. Muito obrigado por fazerem parte e principalmente viverem minha vida.

A MELHOR FORMA DE PREVER NOSSO FUTURO É
CONSTRUÍ-LO NO PRESENTE.

SUMÁRIO

XII TÍTULOS DE CRÉDITO (TEORIA GERAL)

Prefácio

Alcançar o leitor atualmente é uma tarefa tão árdua quanto a de pesquisar para escrever, pois a mensagem escrita realmente é transmitida se entendemos como as pessoas as leem e o que elas procuram encontrar no livro.

Nesse ponto merece destaque a obra Direito Empresarial: Manual Teórico e Prático, de autoria do advogado e professor Suhel Sarhan Júnior, pois o autor conseguiu abordar a matéria de uma maneira simples, utilizando-se de linguagem clara e objetiva, mas ao mesmo tempo profunda, sem se furtar de abordar pontos controvertidos ou posicionamentos diversos, além de trazer um repertório rico em análise de jurisprudências e enunciados do Conselho da Justiça Federal.

Direito Empresarial: Manual Teórico e Prático é daqueles livros destinados a servir de marco na evolução do Direito Empresarial por reunir em um só volume a teoria conjugada com a prática, na medida em que explica seus princípios, conceitos e regramentos, pautando-se na interpretação dos tribunais superiores e doutrinárias, sem deixar de lado a hermenêutica pessoal, o que faz da obra um livro de fácil e prazerosa leitura.

Trata-se de trabalho intelectual dirigido aos operadores do Direito com os mais diferentes objetivos, mostrando-se apto a atender os anseios dos graduandos em Direito, prático o bastante para ser pesquisado por advogados e discentes de cursos de Pós-graduação, profundo o suficiente para aqueles que se preparam para Concursos Públicos e focado nos pontos principais cobrados no Exame da Ordem dos Advogados do Brasil.

Professor de Direito Empresarial da Faculdade de Direito Damásio de Jesus, do Damásio Educacional (Carreiras Jurídicas e OAB) e do Centro Universitário Salesiano de São Paulo, U. E. de Lorena, Suhel tem contribuído de forma exímia para as discussões relevantes relativas ao Direito Empresarial, o que torna esta obra imprescindível para a composição do acervo de bibliotecas de todo o País, pois, de longe, é uma das que melhor reflete o pensamento jurídico-empresarial dos doutrinadores brasileiros, afora as respeitáveis e ímpares reflexões do autor.

Além de exímio advogado na seara societária e contratual, enquanto colega do professor de Suhel em ambas as universidades para qual leciona, tornei-me forte admiradora da seriedade profissional com que defronta o magistério.

Profundidade, didatismo e paixão pelo magistério são características marcantes que fazem com que o autor seja enaltecido por seus alunos, especialmente pelo gentil e carinhoso tratamento que lhes dispensa, e também respeitado e apreciado por seus companheiros de trabalho. Sinto-me profundamente lisonjeada em prefaciar obra que, por sua excelência, será de grande valia e indispensável aos profissionais do Direito, na convicção de que magníficas arvores florescerão das sementes aqui plantadas.

Por esses e outros motivos, sem sombra de dúvidas, o autor conseguiu nessa obra exprimir todo seu aprofundado conhecimento na seara empresarial, colocando em prol da ciência jurídica uma nova visão sobre esse ramo do Direito, de uma maneira muito acessível e descomplicada.

Milena Zampieri Sellmann

Advogada. Especialista, Mestre e Doutora em Direito Tributário pela PUC – SP. Professora de Direito Tributário do Damásio Educacional e do Centro Universitário Salesiano de São Paulo – U.E. Lorena.

INTRODUÇÃO

O Direito Empresarial é tido atualmente como o ramo do Direito Privado com destaque na atualidade, em virtude da ascensão econômica que o Brasil vivenciou nos últimos anos, estimulando novos empreendedores a se aventurarem no mundo dos negócios, principalmente com a abertura de pequenas empresas. Ademais, tal fato culminou, também, no inevitável crescimento das médias e grandes corporações, apresentando-se de forma mais forte nos mercados nacional e internacional. Este cenário levou a uma procura maior por profissionais especializados em Direito Empresarial, uma vez que diversos problemas e litígios que envolvem essa atividade requerem soluções que passam por profissionais especializados.

Assim, imprescindível trazer à baila para os estudiosos do Direito (graduandos, bacharéis, advogados e demais operadores) um estudo detalhado sobre o Direito Empresarial, o qual é cada vez mais requisitado na prática.

Com uma linguagem clara e objetiva, a obra objetiva apresentar aos graduandos da disciplina, aos estudiosos e profissionais da área, conceitos completos sobre o Direito Empresarial, demonstrando o modo como ele se apresenta na atualidade, exteriorizando suas principais características e peculiaridades, além de estampar as principais peças práticas sobre o assunto que podem ser cobradas no Exame

Nacional da OAB. Não se manter adstrito à parte teórica, trazendo à baila a prática empresarial e o modo como o direito material deve ser operado nos casos concretos é um dos objetivos basilares desse trabalho: **reunir, num único livro, num único volume, toda parte teórica e prática da disciplina de Direito Empresarial**.

A legislação empresarialista passou por alterações com o advento do Código Civil de 2003, pois esse diploma alterou sensivelmente as regras que definem o exercente da atividade empresarial (empresário e sociedade empresária), utilizando critério subjetivo para sua definição, ampliando a caracterização da atividade empresária, a fim de que um número maior de atividades de mercancia possa estar regido pela legislação empresarial, consertando, assim, um problema que existia enquanto ainda se adotava a velha "Teoria dos Atos do Comércio" pelo derrogado "Código Comercial de 1850".

Por isso, imprescindível apresentar os novos parâmetros trazidos pela Teoria da Empresa, apontando como ela se insere no novo ordenamento empresarial, seu conceito, sua abrangência, suas peculiaridades e sua sistematização, estendendo o estudo à apresentação das espécies societárias previstas, dando ênfase maior para as Sociedades Limitada e Anônima.

Após o advento de um novo conjunto de normas e dispositivos que trouxe novos conceitos para a disciplina, como consequência natural foi a criação, pouco tempo após, de um novo conjunto de regras que regem a atividade empresarial em momento de crise, de modo que possa atender ao novo mundo jurídico empresarial que se instaurou no ano de 2003, pois tão importante quanto regular a atividade empresarial, é criar dispositivos que assegurem direitos e garantias para a empresa e, principalmente, para seus credores em momentos de turbulência financeira.

Nesse ínterim, esse fator basilar nos leva ao estudo da nova Lei de Falência e Recuperação de Empresas (Lei 11.101/05), oportunidade na qual apresentaremos como é regido o procedimento falimentar, discorrendo, de forma ampla, sobre o instituto da Falência e da Recuperação de Empresas.

A obra traz, também, os estudos que tangem os Títulos de Crédito e os bens integrantes da Propriedade Industrial (Lei 9279/96) e os Contratos Empresariais, além de trazer modelos e explicações sobre peças práticas da disciplina.

Enfim, de maneira concisa e numa linguagem clara, capaz de atender aos iniciantes no estudo do direito empresarial, esse livro destina-se a apresentar essa matéria, dando ênfase maior aos assuntos mais rotineiros no mundo prático.

Parte I

DIREITO EMPRESARIAL – TEORIA

I ORIGEM E AUTONOMIA DO DIREITO EMPRESARIAL

1. EVOLUÇÃO DO DIREITO EMPRESARIAL

Tão antiga quanto à própria história da humanidade é a atividade de mercancia, fazendo-se presente em todos os períodos das diferentes civilizações, desde quando pautada no escambo (troca de mercadorias) até se chegar aos dias e conceitos atuais da atividade empresarial moderna, evidenciada por grandes conglomerados empresariais.

A atividade de mercancia sempre se fez necessária, mesmo nas civilizações mais antigas, em virtude da insuficiência dos povos e das famílias em tirarem todo o necessário para seu sustento de sua própria produção, obrigando, dessa maneira, a existência de troca de mercadorias entre elas.

Nas civilizações mais antigas, como os Fenícios (ancestrais dos libaneses), Babilônia antiga, Grécia e até mesmo Roma, essa atividade pautava-se na troca, em virtude da inexistência de moedas ou de sua quantificação em lastros sólidos.

Platão, em sua obra "A República" já dizia que os povos precisavam se relacionar e formar relações nos âmbitos sociais e comerciais em virtude de sua insuficiência de prover suas necessidades por si.

Os professores Roberto Bondarik, Hélio P. de Carvalho Professor e Luiz Alberto Pilatti alegam que:

A atividade empresarial existe, pelo menos desde a época em que viveram os antigos sumérios na Mesopotâmia, possivelmente há cerca de seis mil anos, desde que o homem necessitou do trabalho ou dos produtos de outro homem pra atender as suas necessidades. Os sumérios mantiveram trocas comerciais em grande quantidade e escala, praticamente com todos os povos com quem chegaram a manter contato ou conhecimento. (http://www.uel.br/grupo-estudo/processoscivilizadores/portugues/sitesanais/anais9/artigos/workshop/art17.pdf, acesso em 30/09/20013)

Ricardo Negrão aduz que:

> O Direito Comercial desenvolveu-se à margem do Direito Civil, de raízes romanas, na prática e no exercício do comércio ao longo dos séculos. Sua sistematização, como conjunto de regras jurídicas próprias, contudo, vem a ocorrer posteriormente a sua formação inicial, provavelmente na Idade Média, mas os estudiosos do Direito Comercial não conseguiram, até o momento, encontrar um ponto comum na identificação do seu período inicial no decorrer da história do homem. (2012, p.25)

Muito embora já na História Antiga a atividade comercial tivesse existência, ela ainda se mostrava tímida, principalmente no âmbito legislativo, que não emprestava a ela nenhuma forma codificada, não existindo legislações que tratassem especificadamente sobre o tema, tampouco conjunto de leis para tanto, inexistindo, portanto, autonomia desse ramo do Direito.

Ainda na época do Império Romano, o Direito Comercial não era visto como autônomo, sendo regido por disposições específicas insertas em outros códigos, tais como o *ius civile*, que disciplinava as relações civis e comerciais entre romanos, e o *ius gentium*, utilizado para reger relações entre romanos e estrangeiros, até porque os senadores e patrícios eram proibidos de exercer a atividade empresária, a qual era destinada aos escravos.

Na perspectiva comercial, os romanos eram ávidos em negociar entre eles e com estrangeiros. Tais negócios eram regidos tanto pelo "ius civile" (direito civil, próprio dos cidadãos romanos), quanto pelo *ius gentium* (direito das gentes, aplicável as relações jurídicas entre romanos e estrangeiros). Desse contexto, emerge o *ius commercie* (direito de comerciar), denominação designativa da específica capacidade jurídica para praticar negócios jurídicos, em especial os de cunho patrimonial.

Muitos dos contratos que fundamentam o moderno Direito Empresarial foram desenvolvidos no Direito Romano. Por exemplo, os romanos aperfeiçoaram o contrato de mútuo, consistente no empréstimo de bens fungíveis (aqueles substituíveis por outros da mesma espécie, qualidade e quantidade), inclusive o empréstimo de dinheiro a juros, denominado (ainda nos dias presentes) mútuo feneratício. Havia também o penhor, contrato acessório do mútuo, pelo qual o devedor entregava ao credor um bem, em garantia do pagamento da dívida, para restituição depois de cumprida a obrigação pelo mutuário. (http://www.fadep.br/fique-por-dentro/artigo-raizes-do-direito-empresarial-antiguidade-romana/, acesso em 30/09/2013).

Com a Revolução Francesa, ocorrida no ano de 1789, com o advento de seus ideais (liberdade, igualdade e fraternidade) e com a pujança da classe burguesa, é que os ordenamentos jurídicos passaram a dar atenção especial a esse ramo do direito chamado de comercial, em virtude do aumento do número de relações que envolviam essa regra.

A ascensão da classe burguesia fez com que culminasse num crescimento da atividade mercantil, sendo essa a principal forma de atividade e de renda daqueles que ascendiam ao poder. No ano de 1804, foi criado o Código Napoleônico, que previa e regia assuntos de natureza civil entre os franceses, tais como bens, posse, propriedade, casamento e capacidade.

Para Fábio Konder Comparato, "as ideias mestras do Código Civil Francês de 1804 foram: a) a preservação da certeza e da segurança jurídica, b) a uniformização e o universalismo jurídico; c) o racionalismo" (1978, p. 541).

Posteriormente, no ano de 1808, foi criado o Código Comercial Francês, que alguns anos mais tarde inspiraria a criação do Código Comercial Brasileiro de 1850. Referida legislação refletiu o iluminismo levado a cabo pela revolução francesa, que no campo político representou a tomada do poder pela burguesia. Com efeito, os comerciantes estavam cada vez mais poderosos, razão pela qual tiveram poder suficiente para destruir o Estado monárquico e implantar a República.

1.1. Fase subjetiva (corporações de ofício)

Na Idade Média, o Direito Comercial era visto numa concepção subjetiva, uma vez que só se enquadrava às suas regras os comerciantes reunidos em corporações, restringindo o acesso daqueles que não se encontravam matriculados em uma determinada corporação de oficio.

> A primeira fase é caracterizada pelo fato de ser um direito de classe, um direito profissional, ligado aos comerciantes, a eles dirigido e por eles mesmos aplicado, por meio da figura do cônsul nas corporações de oficio. Trata-se, dessa forma, de um Direito do Comerciante, ou, no dizer de Fran Martins, 'direito de amparo ao comerciante'. (NEGRÃO, 2012, p. 26).

As Corporações de Ofício surgiram no final da Idade Média e consistiam basicamente em associações de profissionais de determinadas áreas e setores, a fim de se reunirem e defenderem seus direitos sociais e econômicos. Existia, por exemplo, as corporações dos carpinteiros, alfaiates, artesãos, padeiros etc. Elas eram hierarquicamente organizadas, sistematizando-se da seguinte forma: Mestres: donos de oficina e com muita experiência no ramo em que atuava; Oficiais: boa experiência na área e recebiam salário pela função exercida; Aprendizes: jovens em começo de carreira que estavam na oficina para aprender o trabalho. Não recebiam salário, mas ganhavam, muitas vezes, uma espécie de ajuda.

Sobre as Corporações de Ofício, são as palavras de Fran Martins:

> Tal incremento tomou o comércio na Idade Média que os que o praticavam se reuniram em corporações, criando suas próprias leis e tendo jurisdição particular. Elegiam um juiz que dirimia aas contendas, o cônsul, e este se guiava pelos usos e costumes adotados pelos comerciantes. As várias normas a serem aplicadas pelos cônsules eram escritas nos Estatutos das cidades. Tinham essas normas caráter internacional, passando as regras comerciais e regular as transações de todos quantos compareciam às feiras. Podiam os cônsules não só dirimir as questões que lhes fossem apresentadas como, inclusive, punir os culpados (1957, p.33).

Tratava-se de um período em que o Direito Comercial não era uniformizado e não se encontrava consonância entre as regras de cada profissão, na medida em que basicamente cada uma delas tinha suas próprias normas, que na maioria das vezes, eram peculiares e se diferenciavam das demais o que, consequentemente, gerava um conflito de normas e disposições sobre assuntos da mesma seara.

Referida fase não perdurou por muito tempo, vindo a ser desbancada pela Teoria dos Atos do Comércio, corrente implantada pelo Código Comercial Francês de 1807.

1.2. Fase objetiva (teoria dos atos do comércio)

A Fase Objetiva do Direito Comercial tem seu marco em França, logo após a Revolução Francesa e a criação do Código Civil Napoleônico, oportunidade em que se vivenciou a ascensão da burguesia ao poder, munidas com os ideais do liberalismo econômico e os da Revolução Francesa (1789).

José da Silva Pacheco ensina que:

> Foi, realmente, na França, que, primeiro, se codificou, em 1807, a legislação comercial, em quatro livros, sendo que o primeiro voltava-se para o comércio em geral, comerciantes, suas obrigações profissionais, sociedades, bolsas, agentes de câmbio, corretores, comissários, venda comercial e letra de câmbio; o segundo para o direito marítimo; o terceiro, para a falência e o quarto para a jurisdição comercial (PACHECO, p.04).

O Código Napoleônico adotou, de forma expressa, a Teoria dos Atos do Comércio para designar quais atividades eram consideradas mercantis. De acordo com essa teoria, comerciante era todo aquele que praticava atos de mercancia, os quais vinham previstos na legislação, o que acarretou num período objetivo do Direito Comercial, vez que só era considerado comerciante quem praticava os atos devidamente previstos no ordenamento legal, deixando de fora atividades econômicas importantes como, por exemplo, a prestação de serviço e as que envolviam ramo imobiliário ou rural.

É inevitável que com o crescimento do comércio em todo mundo e com sua expansão para os mais diversos setores negociais, a teoria francesa não poderia prosperar por muito tempo, haja vista seu caráter limitador e ineficiente em abranger novas formas mercantis que se desenvolveram ao longo dos anos, razão pela qual, em 1942, surge na Itália, após a unificação no mesmo *códex* do Direito Civil e do Direito Comercial, mantendo-se, porém, a autonomia jurídica desse último, uma nova teoria para explicar o conceito de comerciante.

1.3. Teoria subjetiva moderna (teoria da empresa)

No ano de 1942, na Itália, entra em vigor o Novo Código Civil, que unificou em um só corpo legislativo as disciplinas de Direito Civil e Empresarial, sem, no entanto, fazer com que essa última perdesse sua autonomia. A grande inovação desse diploma foi a criação de uma nova teoria para explicar o conceito da atividade empresária, capaz de albergar qualquer profissão econômica existente ou que ainda fosse existir como tal, simplesmente porque adotava como parâmetros de definição critérios subjetivos e não objetivos. Assim, o artigo 2082, do Código Civil Italiano de 1942 conceitua que:

> art. 2082
>
> É empresário quem pratica a atividade profissionalmente organizada econômica (2555, 2565) a fim de produzir ou troca de bens ou serviços.

Pautada na forma como é explorado o objeto para fins econômicos e não em razões objetivas e taxativas, a Teoria da Empresa inova dizendo que empresário é todo aquele que explora atividade econômica de forma profissional e organizada, exteriorizando o profissionalismo na habitualidade da prática da atividade e a organização quando a atividade reuni os quatro fatores de produção: capital, insumos, tecnologia e mão – de – obra.

Para Waldirio Bulgarelli:

> O ponto saliente, portanto, está contido na ORGANIZAÇÃO, a se contrapor às formas rudimentares e artesanais de produção ou de comercialização. Trata-se, assim, de uma organização complexa dos fatores clássicos da produção – a natureza, o trabalho e o capital, conjugados harmonicamente, tendo como objetivo produzir ou comercializar para o mercado.
>
> Com o conceito recente, a sua evolução, justamente das formas primárias de produzir e comercializar, criou uma serie de dificuldades par um conceito genérico a abranger todos os tipos de empresas. (1999, p. 295 e 296)

Desse modo, deixa de ser utilizada a corrente objetiva para se adentrar num período moderno, capaz de abrigar todas as atividades exercidas de forma organizada como empresária, correspondendo, então, às expectativas evolutivas negociais e aos novos modos de mercancia.

1.4. Conceito no Ccom de 1850

No Brasil, a primeira legislação codificada a tratar do tema comercial data de 1850, ano em que foi aprovado o Código Comercial Brasileiro.

Inspirado nas legislações espanhola, portuguesa e, principalmente, francesa, esse diploma adotou como cerne para definir o conceito de comerciante a teoria francesa dos Atos do Comércio, que tomava como base a atividade e não na forma como era exercida. Muito embora o Código Comercial não emprestasse nenhuma definição nesse sentido, existia o regulamento 737/1850, que mencionava em seu artigo 19 quais atividades eram consideradas de mercancia, vejamos:

> Art. 19. Considera-se mercancia:
>
> § 1º A compra e venda ou troca de effeitos moveis ou semoventes para os vender por grosso ou a retalho, na mesma especie ou manufacturados, ou para alugar o seu uso.
>
> § 2º As operações de cambio, banco e corretagem.
>
> § 3° As emprezas de fabricas; de com missões ; de depositos; de expedição, consignação e transporte de mercadorias; de espectaculos publicos.
>
> § 4.° Os seguros, fretamentos, risco, e quaesquer contratos relativos ao cornmercio maritimo.
>
> § 5. ° A armação e expediçlto de navios.

Para Fran Martins:

> Teremos, assim, como elementos caracterizadores do direito comercial os comerciantes, pessoas físicas ou jurídicas que, de maneira profissional, procuram, na qualidade de intermediários, fazer circular as riquezas, com o intuito de obter lucros nessas operações, e os atos de comércio, ou sejam, os atos praticados por esses comerciantes, em função de sua profissão, e aqueles que a lei, discricionariamente, reputa de comerciais. O comerciante ser´, assim, o agente da operação comercial, e os atos de comércio os delimitadores da matéria mercantil. (1957, p. 62).

É de se notar que estipular as atividades tidas como mercantis em uma lista é, no mínimo, engessar o crescimento empresarial, haja vista as inúmeras novas atividades econômicas que surgiram ao longo dos anos, principalmente na segunda metade do século XX, as quais não poderiam ser consideradas mercantis em virtude de imperfeições jurídicas.

Com o surgimento da Teoria da Empresa em 1942, apesar de a legislação Comercial de 1850 ainda estar totalmente vigente e apesar de adotado ela a Teoria dos Atos do Comércio, os juízes e Tribunais começam a se manifestar no sentido de que empresário é como tal o entendido pela corrente italiana, ocasião em que julgados e jurisprudências se manifestam nesse sentido. Tais decisões só recebem respaldo legal com o advento do Novo Código Civil Brasileiro em 2002, diploma que, como ocorrido na Itália no início da década de 40, unificou o Direito Civil e o Comercial num mesmo diploma, mantendo, porém, a autonomia desse último, trazendo expressamente a adoção da Teoria da Empresa, explicitada em seu artigo 966.

Por isso, os Tribunais Brasileiros, mesmo antes do Código Civil de 2002, passaram a albergar outras formas de atividades econômicas, mesmo aquelas não previstas na lista dos atos de comércio, como mercantis, a fim de que as mesmas se enquadrassem nas obrigações e direitos colocados e albergados pelo Direito Comercial.

2. AUTONOMIA DO DIREITO EMPRESARIAL

É bem verdade que após o advento do Novo Código Civil, que unificou em seu corpo as matérias concernentes ao direito civil e, também, ao direito empresarial, surgiu uma discussão no sentido de que esse último havia perdido sua autonomia jurídica, face à derrogação do Código Comercial de 1850, sendo que na atualidade esse ramo do direito seria tratado conjuntamente com a matéria civil, visão essa que se encontra radicalmente equivocada sob os prismas jurídico e fático.

Em primeiro lugar, salutar mencionar que na hierarquia das normas existentes no Brasil, a Constituição Federal encontra-se no topo delas, caracterizando-se por ser a norma principal, basilar de nosso país, de maneira que nenhuma legislação inferior pode ir contra aos preceitos e fundamentos nela estampados. Apenas sob esse prisma jurídico constitucional, podemos afirmar, categoricamente, que o Direito Empresarial é uma disciplina autônoma, pois a Carta Maior, em seu artigo 22, inciso I, leciona como sendo de competência privativa da União legislar sobre direito civil e comercial, distinguindo claramente as duas disciplinas, deixando o significado de que a matéria comercial é autônoma[1].

Ademais, o próprio Diploma Civil de 2002 diferencia esses dois institutos, na medida em que reserva em separado uma parte, Livro II, artigos 966 e seguintes, intitulado de "Do Direito da Empresa", para falar sobre as regras que regem aqueles que exercem a atividade denominada de empresarial.

Além do que, no plano fático, tudo que rege o Direito Empresarial é tratado como matéria específica, tanto nos livros doutrinários a respeito, em que se encontram vários autores que escrevem de forma especifica e detalhada sobre o tema, com obras exclusivas dessa matéria, como nas

---

1 Art. 22. Compete privativamente à União legislar sobre:
I - direito civil, comercial, penal, processual, eleitoral, agrário, marítimo, aeronáutico, espacial e do trabalho;

faculdades, onde o Direito Empresarial faz parte da grade curricular de forma autônoma, não se confundindo com o Direito Civil.

Segundo Para Sérgio Campinho:

> Em nossa visão, não irá alterar a autonomia do direito comercial, sob a nova veste de Direito de Empresa, embora tenha ocorrido sua unificação legislativa com o Direito Civil. A uma, porque a Constituição Federal de 1988, ao dispor sobre as matérias de competência privativa da União, ainda se refere automaticamente ao Direito Comercial (artigo 22, I). A duas, porque a autonomia didática e científica não vem afetada pelo tratamento em um único diploma legal. A três, porque a adoção da teoria da empresa não compromete essa autonomia, na medida em que ao empresário e ao exercício empresarial da atividade econômica se aplica toda legislação relativa à atividade mercantil não revogada. (2003, p. 06).

Marcelo Bertoldi e Maria Carla, com o mesmo entendimento, aduz que:

> A unificação do direito privado, mediante a elaboração de um corpo legislativo único para o direito civil e o direito comercial, não significaria a extinção do direito comercial como ramo autônomo do direito. Quando muito, deixaria de existir a autonomia formal, mas a autonomia substancial e a didática permaneceriam intactas; razão pela qual referida unificação deve ser encarada tão somente sob a ótica de sua conveniência em termos de política legislativa (2009, p.39).

Portanto, não há que se falar em perda de autonomia do Direito Comercial, ora denominado como Direito Empresarial.

II EMPRESA E ATIVIDADE EMPRESARIAL

1. EMPRESA

Os estudiosos do Direito Empresarial sempre encontraram dificuldades para se chegar a um conceito que definisse "a empresa", pois ela não pode ser confundida com seu exercente (empresário ou sociedade empresária), tampouco como a organização dos bens que a compõe (estabelecimento empresarial).

Posto isto, importante frisar a diferença desses conceitos, uma vez que empresário e a sociedade empresária são os exercentes da atividade empresarial, ou seja, sujeitos de direito titulares da empresa. De outra monta, quando há a reunião por eles de elementos corpóreos e incorpóreos para o desenvolvimento de sua atividade, como, por exemplo, a aquisição de maquinário, ponto, balcão para a montagem de uma pastelaria, a isso se dá o nome de estabelecimento empresarial, estudado pelo Código Civil nos artigos 1142 a 1149. Assim, quando adentramos num galpão ou em um local em que a atividade é exercida, está-se ali vendo o estabelecimento empresarial e não propriamente a empresa.

Gladston Mamede prepondera que:

> É preciso compreender a empresa como um ente autônomo, que não se confunde com sua base patrimonial (complexo

> organizado de bens, nos termos do artigo 1142, do Código Civil), nem se confunde com o seu titular, que será o empresário ou a sociedade empresária (da mesma forma que esta não se confunde com seus sócios, nem com as pessoas de seus administradores). (2013, p.28).

Conclui-se, dessa maneira, que a empresa muito embora seja, equivocadamente, confundida por muitos com seu aspecto patrimonial (estabelecimento empresarial) ou mesmo com seus exercentes (empresário individual ou sociedade empresária) é um ente autônomo, formada por seus exercentes e cuja finalidade é o desenvolvimento de uma atividade econômica, que produzirá bens ou serviços, que só se tornam viáveis em virtude da aquisição de bens específicos que viabilizem a atividade (estabelecimento empresarial).

> A empresa é a organização de meios materiais e imateriais, incluindo pessoas e procedimentos, para a consecução de determinado objeto, com a finalidade de obter vantagens econômicas apropriáveis: o lucro que remunera aqueles que investiram na formação do capital empresarial. A empresa, na sua qualidade de organização, é um conjunto de partes com funções específicas, constituída artificialmente pelo engenho humano, com a finalidade de otimizar a atuação econômica, produzindo riquezas. (MAMEDE, 2013, p.29).

A dificuldade de se conceituar a empresa decorre da própria ausência de sua definição legal, de forma que a legislação brasileira, assim como a Italiana, se preocuparam em definir o seu exercente (empresário ou sociedade empresária), furtando-se da definição do ente.

Assim, Alberto Asquini definiu a empresa de acordo com suas funções e funcionalidades, criando a Teoria Poliédrica da Empresa, a qual foi amplamente estudada e divulgada no Brasil por Waldirio Bulgarelli. Para Asquini a empresa deve ser estudada em seus quatro aspectos básicos:

Subjetivo: preocupa-se em estudar pessoa que exerce a empresa, seja ela a pessoa natural (empresário individual pessoa física) ou pessoa jurídica (EIRELI ou sociedade empresária). O Código Civil brasileiro estuda o exercente da atividade nos artigos 966 e seguintes;

Objetivo: preocupa-se em estudar o Estabelecimento Empresarial, ou seja, das coisas utilizadas pelo empresário ou pela sociedade empresária no exercício de sua atividade. O aspecto objetivo da empresa é tradado nos artigos 1142 a 1149, do Código Civil;

Aspecto funcional: refere-se à atividade do empresário ou da sociedade, em seu dia-a-dia, sendo entendida como o exercício da atividade. Nessa parte são estudados a escrituração de livros, contabilidade, balança, exclusão de sócios, dentre outros assuntos que se encontram esparsos no Código Civil e em legislações específicas;

Aspecto corporativo ou institucional: esse ponto se preocupa em estudar os colaboradores da empresa, aqueles que se dedicam esforços para a para a consecução da atividade, bem como o caráter institucional da empresa frente a sociedade. Não obstante a abordagem que se fará sobre os elementos objetivos e subjetivos da empresa, de forma principal dar-se-á atenção nesse trabalho ao Aspecto corporativo e institucional da empresa, em virtude que a importância da geração de postos de trabalho e da manutenção da econômica ganha causa nesse aspecto empresarial.

> Inexistindo definição legal de empresa, mas sim a de seu titular, o empresário, passaram os doutrinadores a buscar um conceito jurídico e sua natureza no âmbito do Direito. Entre estes se destaca Alberto Asquini, com sua teoria poliédrica da empresa, que mereceu profundo e completo estudo de juristas brasileiros, dos quais se notabilizou Waldirio Bulgarelli com seu monumental Tratado de Direito Empresa-

rial, de inigualável valor científico até hoje não superado. (NEGRÃO, 2012, p.64).

Enxergar a empresa hoje como mola propulsora da geração de postos de trabalho é, sem sombra de dúvidas, um debate que deve ser colocado em pauta, em virtude das mudanças que sua essência passou desde a Revolução Francesa, em que ela era considerada num caráter extremamente privatista e para salvaguardar interesses individuais, servindo tão somente para enriquecer aqueles que a exerciam. Em tempos atuais, ela muda de figura, apresentando-se como lastro e segurança da econômica, uma vez que cumpre sua função social, fiscal e econômica e, também, ambiental, como se verá ao longo do trabalho.

2. ATIVIDADE EMPRESARIAL

A atividade empresarial, totalmente disciplinada por legislações infraconstitucionais, encontra proteção e amparo na Constituição da República de 1988, garantindo e estimulando essa o início, a continuidade e o desenvolvimento dessas atividades, por se mostrarem imprescindíveis para a manutenção da economia brasileira.

Logo o primeiro artigo da CF 88, em seu inciso IV ampara como fundamentos da República a livre iniciativa e, de forma, complementar, o título VII, artigos 170 e seguintes, abordam a defesa e a proteção da ordem econômica, a fim de regular de maneira geral a atividade empresária, mostrando-se o constituinte preocupado com o seu bom desenvolvimento.

A atividade empresarial no contexto atual deve ser desenvolvida com a finalidade de promover, também, a justiça social e de forma a preocupar-se com valores que extrapolam os interesses das minorias dominantes, a fim de que não haja concentração de poder. Não se vê mais o caráter de liberalismo como liberdade absoluta, gerando concentração de riquezas e poderes sem se preocupar com o social e com o coletivo. O professor José Afonso da Silva destaca a importância dessa atividade e de sua proteção constitucional para a manutenção da econômica:

> A liberdade de iniciativa envolve a liberdade de indústria e comercio ou liberdade de empresa e a liberdade de contrato. Consta do art. 170, como um dos seus esteios da ordem econômica, assim como de seu parágrafo único, que assegura a todos o livre exercício de qualquer atividade econômica, independentemente de autorização de órgãos públicos, salvo casos previstos em lei.
>
> É certamente o princípio básico do liberalismo econômico. Surgiu como um aspecto da luta dos agentes econômicos para libertar-se dos vínculos que sobre eles recaiam por herança, seja do período feudal, seja dos princípios do mercantilismo.
>
> No início, e durante o século passado até a Primeira Grande Guerra, a liberdade de iniciativa econômica significava garantia aos proprietários da possibilidade de usar e trocar seus bens; garantia, portanto, do caráter absoluto da propriedade; garantia da autonomia jurídica e, por isso, garantia aos sujeitos da possibilidade de regular suas relações de modo que tivessem por mais conveniente; garantia a cada um para desenvolver livremente a atividade escolhida.
>
> Ora, a evolução das relações de produção e a necessidade de propiciar melhores condições de vida aos trabalhadores, bem como o mau uso dessa liberdade e a falácia da 'harmonia natural dos interesses' do Estado liberal, fizeram surgir mecanismos de condicionamento da iniciativa privada em busca da realização da justiça social, de sorte que texto supratranscrito do art. 170, parágrafo único, sujeito aos ditames da lei, há de ser entendido no contexto de uma Constituição preocupada com a justiça social e com o bem estar coletivo. (2011, p. 795 e 796).

Atualmente em nosso país a atividade empresarial pode ser exercida sob duas modalidades: de forma individual, quando o empresário sozinho decide montar sua própria empresa e a exercê-la sem o concurso de nenhum outro sócio; de forma coletiva, quando duas ou mais pessoas se unem para explorar a atividade empresarial.

Por motivos fáticos e econômicos, a maioria das empresas existentes hoje no Brasil é exercida coletivamente, considerando-se uma sociedade empresária.

O ser-humano, em todas as atividades que desenvolve em sua vida, pretende praticá-las com o concurso e o auxílio de outras pessoas. É assim quando se pretende viajar, para educar os filhos, para ir ao cinema entre outras atividades. Por isso, é inerente a todos o ímpeto de querer se agrupar com outros para desenvolver praticamente qualquer atividade do dia-dia, não sendo esse sentimento diferente, portanto, com relação à atividade empresarial.

Em regra, nos sentimos mais fortes para exercer a empresa quando estamos em união, pois contamos com o auxilio de outros sócios. Esse é o motivo fático que nos leva a ter a maioria de empresas sendo exercidas na modalidade coletiva.

O motivo econômico se apresenta em consonância com o sistema capitalista acirrado e globalizado. Pensar que uma empresa individual, exercida por apenas uma pessoa, possa crescer e se tornar grande nesse contexto pontual da economia mundial é, no mínimo, utópico. Por isso, as empresas individuais ficarão adstritas aos pequenos negócios, que não demandam grandes quantias em dinheiro, tampouco grandes complexidades para o seu exercício.

Amador Paes de Almeida salienta que:

> Del tal processo evolutivo resultaria a conjugação de esforços que consubstanciariam a forma primitiva de sociedade, assim considerada a reunião de duas ou mais pessoas, com o propósito de combinar esforços e bens, com objetivo de repartir entre si os proveitos auferidos. Na união dessas forças, pois, encontramos as primeiras manifestações da sociedade, conquanto, obviamente, bem distanciada dos dias atuais.
>
> De início simples comunhão circunstancial, aos poucos foi assumindo proporções e contornos próprios, numa progressiva sistematização de regras e princípios. Inspirada na natureza associativa do ser humano, haveria a sociedade de obter, em muito pouco tempo, excelentes resultados na produção, com sensíveis alterações na economia dos povos. (2012, p. 25/26)

Assim, percebe-se claramente que a maioria das empresas na atualidade é exercida na modalidade coletiva. Contudo, não podemos deixar de lado a empresa individual, razão pela qual passamos a estudá-las nesse momento, para só depois apresentar a empresa coletiva.

3. FUNÇÕES DA ATIVIDADE EMPRESARIAL

A empresa, individual ou coletiva, é tida como pessoa física (empresário individual sem personalidade jurídica) ou jurídica (EIRELI e tipos societários) com a finalidade econômica de produzir e circular bens e serviços (artigo 966, do Código Civil). Insere-se, dessa maneira, como sujeito de direito e obrigações e, como tal, possui funções em sua atividade que lhe são peculiares, tais como a social, fiscal e econômica.

Para conceituar o termo função:

> Usa-se do termo função, na análise institucional do direito, para designar a finalidade legal de um instituto jurídico, ou seja, o bem ou o valor em razão do qual existe, segundo

> a lei esse conceito estruturado de normas. (TEIZEN JUNIOR, p.130).

Não se fala mais na atividade empresarial como uma instituição que privilegia interesses individuais em detrimento dos coletivos e sociais, servindo tão somente para o enriquecimento de seus exercentes. Com o passar dos anos, cada vez mais essa visão foi se distanciando e o contexto cultural e social atual nos remete a uma atividade que deve prezar por limites financeiros, econômicos, com respeito à dignidade da pessoa humana, ao meio ambiente e, principalmente, funcionando a empresa para atender a interesses coletivos e não somente individuais.

3.1. Social

A função social é um dos princípios mestres da Constituição Federal de 1988, e norteia todo sistema econômico e social. Podemos percebê-la por diversas passagens da CF 88, tais como, artigo 5º, inciso XXIII, que assegura que a propriedade deve atender à sua função social. Não diferente é o artigo 170, ao preceituar que "a ordem econômica, fundada na valorização do trabalho humano e na livre iniciativa, tem por fim assegurar a todos existência digna, conforme os ditames da justiça social, observados os seguintes princípios: III - função social da propriedade."

A propriedade é assegurada, mas simultaneamente se lhe cobra que esteja voltada ao atendimento de uma função social. É inegável o fato de que o princípio da função social decorre da propriedade, que deve ser exercida dentro de limites e transcender a interesses individuas. Por isso, a função social da empresa, por óbvio, é uma decorrência da função social da propriedade, haja vista que essa sempre será um conceito mais abrangente.

Carlos Eduardo de Castro Palermo aduz que:

> segundo o consenso geral da melhor doutrina, incluem-se na proteção constitucional da propriedade bens patrimoniais sobre os quais o titular não exerce nenhum direito real, no preciso sentido técnico do termo, como as pensões devidas pelo Estado, ou as contas bancarias de deposito. Em consequência, também, o poder de controle empresarial, o qual não pode ser qualificado como *ius in ré*, há de ser incluído na abrangência do conceito constitucional de propriedade.
>
> Se é assim, parece irrecusável que também ao poder de controle empresarial se aplique a norma que impõe respeito a função social da propriedade. (2007, p.3)

Por outro lado, há quem defenda tese contrária e acredita que o principio da função social da empresa independe do princípio da função social da propriedade, que são institutos diversos. Assim preceitua Rafael Vasconcellos de Araújo Pereira:

> o direito de propriedade, antes compreendido como direito absoluto e imponível, se adequou ao atual perfil ideológico positivado pela Constituição Federal, de um capitalismo com forte enfoque social, sofrendo diversas restrições (CF/88, art. 5º, inc. XXIII). Porém, é direito real (CC, art. 1225, inc. I), e o Código Civil impõe a obrigação deste direito ser exercido em consonância com suas finalidades econômicas sociais e de modo que sejam preservados, de conformidade com o estabelecido em lei especial, a flora, a fauna, as belezas naturais, o equilíbrio ecológico e patrimônio histórico e artístico, bem como evitada a poluição do ar e das águas, impedindo-se, ainda, o abuso de direito (CC, arts. 1228, §§ 1º e 2º e art. 187)
>
> Perceba que, conforme visto acima, a função social da propriedade privada está positivada em artigos outros que aqueles que disciplinam a atividade empresarial, isto é, que impõem a obrigação da função social da empresa. Desta forma, conclui-se que as funções sociais da propriedade

> privada e da empresa são legais e logicamente independentes, haja vista, que com eventual revogação dos artigos que preveem a função social da propriedade ainda subsistira a função social da empresa.
>
> Além disso, a empresa não é, diferenciando-se da propriedade, objeto de direito, mas é sujeito de direito, conforme se verifica nos artigos 967 e 985 do Código [...]. (2007, p.4):

Por certo que, decorrência ou desvinculado do princípio da função social da propriedade, a empresa deve também obedecer a sua função social, ganhando esse instituto destaque em diversas legislações, como Código de Defesa do Consumidor (Lei nº. 8090/90), Código Civil, Estatuto da Micro e da Pequena Empresa (LC nº. 123/06), entre outras.

Em todo o desenvolvimento histórico da atividade empresarial, criou-se a concepção de que essa atividade, de caráter privatista, serviria tão somente como fonte de renda e de benefícios patrimoniais para aqueles que a exerciam, não possuindo conotação de cunho social no que diz respeito aos benefícios gerados por ela que extrapolassem os das classes patronais. No entanto, essa não é mais uma visão da atividade empresarial em dias atuais, que a cada momento se preocupa ainda mais com sua visibilidade como socialmente sustentável.

> Por possuir uma finalidade determinada, a empresa passou a ser uma instituição social, vez que provê grande parte dos bens e serviços da sociedade e dá ao Estado importante parcela das suas receitas fiscais. Além disso, possui elevado grau de desenvolvimento, importância e influência e por com disso se faz necessária a toda a humanidade.
>
> A empresa é ainda, responsável pelo emprego de grande parcela da comunidade onde está inserida, caracterizando-se assim como uma das garantias fundamentais do sustento, geração e circulação de renda, bens e capitais da sociedade.

> Conforme defendem inúmeros estudiosos da área e ainda a Carta Magna Brasileira e o Código Civil Brasileiro, não se pode permitir que o empreendimento atue somente em prol do lucro e prosperidade do próprio empresário. A performance empresarial deve sempre visar o bem-estar social e ambiental, privilegiando o desenvolvimento sustentável, o tratamento especial à extração de recursos naturais e os valores éticos da sociedade. Além disso, devem ainda devotar parte de seus recursos ao bem-estar público e propostos humanitários, educacionais e filantrópicos.
>
> Cabe ressaltar por fim que a função social da empresa deve incluir a criação de riquezas e de oportunidades de emprego, qualificação e diversidade de força de trabalho, estímulo ao desenvolvimento cientifico e por intermédio de tecnologia, e melhoria da qualidade de vida por meio de ações educativas, culturais, assistenciais e de defesa do meio ambiente. (BINDACO, 2013).

A CF de 88, em seu artigo 5º, inciso XXIII, prevê que toda propriedade deve atender a sua função social. De forma específica para a atividade empresarial, o artigo 170, inciso III, aborda o fato de que a produção e a circulação de bens e serviços devem atender à sua função social, deixando claro que essa não deve ser apenas uma preocupação das empresas, mas, sim, um dever constitucionalmente imposto a elas.

Para o ministro Eros Grau que

> o que mais releva enfatizar, entretanto, é o fato de que o princípio da função social da propriedade impõe ao proprietário – ou a quem detém o poder de controle, na empresa – o dever de exercê-lo em benefício de outrem e não, apenas, de não o exercer em prejuízo de outrem. Isso significa que a função social da propriedade atua como fonte da imposição de comportamentos positivos [...] (2001, p.269).

Fabio Ulhoa Coelho classifica a função social da empresa como um princípio de acordo com o qual todas as empresas devem seguir, tratando-se de um norte da atividade empresarial.

> A propriedade dos bens de produção deve cumprir a função social, no sentido de não se concentrarem, apenas na titularidade dos empresários, todos os interesses juridicamente protegidos que os circundam. A Constituição Federal reconhece, por meio deste princípio implícito, que são igualmente dignos de proteção jurídica os interesses metaindividuais, de toda a sociedade ou de parcela desta, potencialmente afetados pelo modo com que se empregam os bens de produção. (COELHO, 2012, p. 75)

O fenômeno da globalização, intensificado nos anos 90 com a massificação da internet, fez com que a troca de informações e comunicações se tornasse rápida e ilimitada, alcançando as mais diversas regiões, integrando-as em um sistema. Isso fez com que os consumidores ficassem mais exigentes e optassem por empresas responsáveis social e ambientalmente. Esse fator somado ao movimento de preservação do meio ambiente que o mundo vem vivenciando desde a década de 80 e que a cada ano vem ganhando ainda mais a simpatia da população em geral, fez com que as empresas se preocupassem cada vez mais com sua imagem perante o público, investindo e amoldando sua produção para atender parâmetros de sustentabilidade social e ambiental, percebendo que todo investimento feito nessas áreas voltaria em prol da atividade com o consequente aumento de consumidores e de sua produção.

É nítido hoje o fato de que as grandes marcas, como Natura[2], Itaú, Santander, Volkswagen entre outras, visam

[2] A Natura consegue estabelecer uma filosofia socioambiental não só para a criação e implementação de seus projetos sustentáveis, como para sua comunicação junto ao seu público-alvo e *stakeholders*. "*Nossa Razão de Ser é criar e comercializar produtos que promovam o bem -estar/estar bem*". Neste caso, a filosofia do "*bem-estar é a relação harmoniosa, agradável do indivíduo consigo mesmo, com seu corpo*",

difundir seus interesses econômicos atrelados ao fato de que cumprem seu papel para o bem coletivo, seja utilizando materiais biodegradáveis e recicláveis em sua linha de produção, incentivando e patrocinando medidas de preservação ao meio ambiente, disponibilizando vagas específicas para portador de necessidades especial, incentivando a educação com a construção de creches e escolas, enfim, medidas de cunho social que não se limitam ao fator econômico de interesse delas diretamente. Tudo isso no sentido de atrair ainda mais os consumidores que procuram

---

e por conseqüência o "*estar bem é a relação bem-sucedida, prazerosa do indivíduo com o outro, com a natureza da qual faz parte com o todo*" significando que a Natura se preocupa com o bem estar de todos, da natureza, mas ao mesmo tempo, certifica-se de que é necessário a venda de seus produtos para que sua filosofia seja colocada em prática e sua empresa continue gerando lucro. De uma forma equilibrada, a Natura incorporou o conceito do *triple bottom line* em sua organização.
A busca pela sustentabilidade ambiental por parte das organizações é algo recente, assim como a evolução do comportamento do consumidor para produtos ambientalmente corretos, e ambos merecem novos estudos mais aprofundados. O Instituto Akatu tem contribuído nesta questão, assim como o Instituto Ethos na parte social, mas o que se pode afirmar é que existe um movimento universal a favor da conscientização ambiental, existindo ao mesmo tempo, um grande paradoxo, pois apesar de percebemos a existência da difusão do consumerismo ambiental, o consumidor tradicional não quer abrir mão de seus padrões de consumo, nem de sua comodidade, ou mesmo, nem sempre deseja pagar mais caro por um produto que foi produzido com menos impacto ambiental. A utilização da educação ambiental é necessária para uma maior difusão, compreensão e aprofundamento do tema para os consumidores. Esse trabalho deve ser realizado por todos - organizações, governos, instituições de ensino e ONGs - para que o padrão de consumo se torne mais sustentável. Neste caso, a Natura tem sido pioneira, pois utiliza o Marketing Ambiental como fator de educação ambiental para seus consumidores, principalmente através de campanhas como a do refil, por exemplo. (RIBAS, José Roberto, SMITH, Sandra Burle Marx. **Gestão com Sustentabilidade: O caso da linha Ekos da Natura.** Disponível em: < http://www.aedb.br/seget/artigos06/453_SEGET_Natura_GestaoAmbiental.pdf).

trabalhar e comprar de empresas responsáveis. Tudo isso traduzido em uma só palavra, sustentabilidade.

Segundo Fábio Ulhoa Coelho:

> A empresa cumpre sua função social ao gerar empregos, tributos e riqueza, ao contribuir para o desenvolvimento econômico, social e cultural da comunidade em que atua, de sua região ou do país, ao adotar praticas empresariais sustentáveis visando à proteção do meio ambiente e ao respeitar os direitos dos consumidores, desde que com estrita obediência às leis a que se encontra sujeita. (2012, p. 76).

Para exemplificar, a Companhia Vale, maior empresa de mineração em atuação na América Latina, possui a Fundação Vale (www.fundacaovale.org), que, por meio de parcerias público-privadas, atua com a finalidade de promover e contribuir o desenvolvimento econômico, social a ambiental das regiões em que atua. O Banco Itaú destina uma página na internet para apresentar todos os seus projetos que envolvem a sustentabilidade (www.itau.com.br/sustentabilidade), mostrando que se preocupa com o meio ambiente na medida em que apenas utiliza papel naquilo que é necessário e desde que seja reciclável, seus investimentos na preservação do meio ambiente e em eventos culturais, como, por exemplo, subsidiando aos seus clientes meia entrada em espetáculos e teatros. Não diferente é a empresa de cosméticos Natura, pioneira nessa seara, que todo os anos disponibiliza relatório de todas as atividades de sustentabilidade praticadas pela corporação. Os dados podem ser obtidos em seu site, (http://relatorio.natura.com.br/relatorio/pt-br/content/sustentabilidade), e nele constará o que foi desenvolvido pela empresa no sentido de redução de emissão de gases poluentes, redução no despejo de lixos tóxicos nos rios, econômica de papel, utilização de material reciclável, entre outros.

Também está no desempenho da sua função social a empresa que recolhe regularmente seus tributos, os quais são tratados de forma específica no item abaixo.

3.2. Fiscal

Há autores como, por exemplo, Fabio Ulhoa Coelho, que inserem a função fiscal da empresa como ramificação de sua função social, haja vista que os tributos, em sua natureza arrecadatória, possui função principal de promover a justiça distributiva e social. No entanto, em virtude de sua importância, será falado de forma independente no presente trabalho, a fim de apresentar de maneira autônoma a função fiscal da atividade empresarial.

A ESAF (Escola Superior Fazendária) publica revista sobre a Função Social dos Tributos. Na 4ª edição, ano de 2009, p. 08 há a menção de que:

> Para desempenhar suas funções, o Estado deve possuir uma fonte de renda, que pode ser proveniente de receitas correntes e de capital. As receitas correntes são ingressos de recursos financeiros advindos das atividades operacionais do governo. São denominadas de receitas correntes porque são derivadas do poder de tributar ou da venda de produtos e serviços que contribuem para a finalidade principal do órgão ou entidade pública. Já as receitas de capital são recursos financeiros provenientes de atividades operacionais ou não operacionais visando ao atingimento de programa e ações previamente estabelecidos. São denominadas como receitas de capital porque são derivadas da obtenção de recursos mediante constituição de dívida, amortização de financiamento ou empréstimo ou alienação de bens.

A Constituição Federal, em seus artigos 145 e seguinte, prevê a organização do Sistema Tributário Nacional, elencando que:

> Art. 145. A União, os Estados, o Distrito Federal e os Municípios poderão instituir os seguintes tributos:
>
> I - impostos;
>
> II - taxas, em razão do exercício do poder de polícia ou pela utilização, efetiva ou potencial, de serviços públicos específicos e divisíveis, prestados ao contribuinte ou postos a sua disposição;
>
> III - contribuição de melhoria, decorrente de obras públicas.

O Código Tributário Nacional, no artigo 3º, define os tributos como sendo toda prestação pecuniária compulsória, em moeda ou cujo valor nela se possa exprimir, que não constitua sanção de ato ilícito, instituída em lei e cobrada mediante atividade administrativa plenamente vinculada.

Para Luciano Amaro:

> Esse conceito quis explicar: a) o caráter pecuniário da prestação tributária (como prestação em moeda); b) a compulsoriedade dessa prestação, a ideia com a qual o Código Tributário Nacional buscou evidenciar que o dever jurídico de prestar o tributo é imposto pela lei, abstraída a vontade das partes que vão ocupar dos polos ativo e passivo da obrigação tributária, opondo-se, dessa forma, a compulsoriedade do tributo à voluntariedade de outras prestações pecuniárias; c) a natureza não sancionatória de ilicitude, que afasta da noção de tributo certas prestações também criadas por lei, como as multas por infração de disposições legais, que têm natureza de sanção de ilícitos, e não de tributos; d) a origem legal do tributo (como prestação 'instituída em lei'), repetindo o Código a ideia de que o tributo é determinado pela lei e não pela vontade das partes que irão figurar como credor e devedor da obrigação tributária; e) a natureza vinculada (ou não discricionária) da atividade administrativa mediante a qual se cobra o tributo. (2011, p.40/41)

Tributo é gênero, do qual decorrem três espécies: imposto, taxa e contribuição de melhoria. Os impostos nascem da obrigatoriedade do contribuinte pagar uma prestação pecuniária ao Estado (União, Estados ou Municípios) em virtude da prática de uma situação positiva descrita na lei, definida como fato geral, como, por exemplo, ser proprietário de veiculo automotor, que enseja a cobrança do imposto estadual de propriedade de veículo automotor (IPVA). As taxas, por sua vez, decorrem de uma prestação de serviços advinda do poder público e que beneficiam o particular, como, por exemplo, taxa de coleta de lixo. Por fim, as contribuições de melhoria nascem de uma obra do Poder Público que valorizam um imóvel particular, como, por exemplo, asfaltamento de vias.

A Competência Tributária para instituir e cobrar e tributos pode ser da União, Estados, Distrito Federal e Municípios, de forma exclusiva, privativa ou concorrente entre todos os entes.

A atividade empresarial é importantíssima para a manutenção da arrecadação tributária por parte do Estado, vez que no curso do desenvolvimento de suas atividades praticam diversos fatos geradores que ensejam a arrecadação de impostos para os entes Federal, Estadual e Municipal. Certamente, com a diminuição da produção a arrecadação tributária sofreria sensível diminuição o que, consequentemente, acarretaria prejuízo para toda coletividade, vez que, como visto, os direito sociais protegidos na constituição e de deveres do estado são financiados por esse tipo de arrecadação.

Os principais impostos que surgem em virtude da circulação de bens ou serviços ou pela produção de mercadorias são: **Competência da União:** IPRJ (Imposto de Renda de Pessoa Jurídica), IPI (Imposto Sobre Produtos Industrializados), II (Imposto de Importação), IE (Imposto de Exportação), IOF (Imposto sobre Operações Financeiras); **Competência Estadual:** ICMS (Imposto sobre Circulação de Mercadorias e Serviços), IPVA (Imposto sobre Propriedade de Veículo Automotor); **Competência Municipal:** IPTU (Imposto Predial e Territorial Urbano) e ISSQN (Imposto sobre Serviço de Qualquer Natureza).

Com os recursos arrecadados o Estado pode financiar seus projetos sociais, empregando em beneficio da educação, saúde, transporte, segurança, dentre outros serviços que são de obrigatoriedade de prestação estatal, decorrendo, dai, a função fiscal da atividade empresarial.

3.3. Econômica

Diversos são os fatores que influenciam no bom desenvolvimento e na sustentação da econômica de um país, como custo de produção, preço da mão de obra e sua qualificação, incentivos fiscais, acordos econômicos com outros países e valorização ou desvalorização da moeda nacional. Todavia, todos esses fatores relacionam-se diretamente com a atividade empresarial, a qual tem por função gerar riquezas de uma nação, produzindo, absorvendo a mão de obra e incentivando todos os outros setores, como, por exemplo, o educacional.

Para Marlon Tomazette:

> Por tratar-se de um conceito originalmente econômico, alguns autores pretendiam negar importância a tal conceito, outros pretendiam criar um conceito jurídico completamente diverso. Todavia, os resultados de tais tentativas se mostraram insatisfatórios, tendo prevalecido a ideia de que o conceito jurídico de empresa se assenta nesse conceito econômico, pois o fenômeno é o mesmo econômico, sociológico, religioso ou político (...). (2009, p.36)

O desequilíbrio da atividade empresarial gerará consequentemente um desequilíbrio em todo sistema econômico, influenciando na balança comercial, na desvalorização da moeda, na não absorção de mão-de-obra e, também, na diminuição de capital estrangeiro no Brasil.

Nos dizeres de Fábio Ulhoa Coelho:

> (...) Além desse conjunto de pessoas, também a coletividade tem interesse metaindividual afetado, direta ou indiretamente, pelos sucessos ou insucessos que arcam a trajetória de grandes empresas. (...)
>
> (...) Em razão do impacto social da crise da empresa, sua prevenção e solução serão destinados não somente à proteção dos interesses do empresário, de seus credores e empregados, mas também, quando necessário, à proteção dos interesses metaindividuais relacionados à continuidade da boa e regular atividade empresarial. (2014, p.98/98)

Em dias atuais, as verdadeiras riquezas e lastros econômicos são construídos por meio da valorização de papeis emitidos por uma Sociedade Anônima, tais como as ações, que representam a divisão do capital social das companhias, as debentures, empréstimos feitos a elas por meio do mercado de capitais, entre outros.

Tome-se como exemplo o fortalecimento das empresas brasileiras no setor de siderurgia. No momento em que elas crescem, tornam-se sólidas e ficam atrativas para que os estrangeiros comprem suas ações, o que consequentemente valorizará seus papéis. Na medida em que compra papeis dessa S.A. entra dólar no mercado brasileiro, o que faz com que essa moeda exista em maior numero em nossa econômica, acarretando numa desvalorização da moeda americana, o que, consequentemente, faz com que o setor de turismo cresça, uma vez que brasileiros serão incentivados a viajar para o exterior. Tudo relacionado e ligado, de acordo com a função econômica da atividade empresarial.

Muitos não entendem porque nos últimos meses o dólar americano vem se valorizando frente ao real, mas isso se deve muito à crise do grupo EBX, que gerou uma incerteza no mercado financeiro nacional, fazendo com que os investimentos esternos fossem diminuídos ou desviados a outro país, com a consequente saída da moeda americana.

Enfim, o equilíbrio da econômica nacional, sua balança comercial e o cambio ligam-se e são alterados em virtude da boa ou da má existência da atividade empresarial.

3.4. Ambiental

A Constituição Federal de 1988, em seu artigo 225[3] preceitua que todos têm direito ao meio ambiente ecologicamente equilibrado, bem de uso comum do povo e essencial à sadia qualidade de vida, impondo-se ao Poder Público e à coletividade o dever de defendê-lo e preserva- lo para as presentes e futuras gerações.

O artigo 170, inciso VI, da CF/88[4] por sua vez menciona que a ordem econômica, pautada na livre iniciativa deve

---

3 Art. 225. Todos têm direito ao meio ambiente ecologicamente equilibrado, bem de uso comum do povo e essencial à sadia qualidade de vida, impondo-se ao Poder Público e à coletividade o dever de defendê-lo e preservá- lo para as presentes e futuras gerações.

4 Art. 170. A ordem econômica, fundada na valorização do trabalho humano e na livre iniciativa, tem por fim assegurar a todos existência digna, conforme os ditames da justiça social, observados os seguintes princípios:
(...)
VI - defesa do meio ambiente, inclusive mediante tratamento diferenciado conforme o impacto ambiental dos produtos e serviços e de seus processos de elaboração e prestação

sempre preservar, dentre outros princípios, o do meio ambiente equilibrado, pautando-se inclusive na utilização de produtos e procedimentos em sua produção que causem o menor impacto possível, a fim de evitar a degradação ambiental, mantendo-se, dessa maneira, a concretização da sustentabilidade.

O meio-ambiente composto por sua fauna, flora e biodiversidade de recursos hídricos, minerais e naturais é de extrema e fundamental importância para a manutenção da boa qualidade de vida das pessoas.

De se notar, em primeiro lugar, que a CF/88 impõe responsabilidade não só do Poder Público, mas também dos particulares no cuidado e no dever de preservação desses recursos, além de deixar explícita a preocupação em proteger a sustentabilidade na cadeia de produção das indústrias e de outros setores da ordem econômica, justamente por entender que a massificação do consumo faz com que aumente consideravelmente a necessidade de utilização de recursos que podem, se consumidos em longo prazo e sem restrições, acarretar numa escassez e numa degradação ambiental.

Tal debate ganha maior notoriedade da mídia e da população, despertando, dessa maneira o interesse das empresas em se mostrar como defensoras da sustentabilidade, no início dos anos 70, com a massificação do consumo que se difundia nas sociedades capitalistas que se impunham ao longo do mundo, o que, consequentemente, faz com que seja necessária a utilização de recursos naturais e hídricos na sua fabricação, gerando uma escassez dos mesmos, além dos resíduos e gases poluentes soltados pelas industriais e pelos veículos meios de produção na atmosfera, gerando o efeito estufa, provocando o aquecimento da terra. Tanto que a primeira Convenção Internacional de grande porte para se discutir a sustentabilidade do planeta ocorre em Estocolmo na Suécia no ano de 1972.

Os aspectos históricos que antecederam a Conferência de Estocolmo foram marcados por questionamentos dos modelos de desenvolvimento ocidentais e socialistas. Sendo que nos Estados Unidos, nos anos 60, ocorriam diversos protestos voltados para os direitos civis, bem como os efeitos da Guerra do Vietnã. Enquanto na Europa ocidental em 1968, presenciava-se uma geração mais resistente a um regime fechado. Neste mesmo período a União Soviética passava por transição de doutrina, se aproximando dos princípios vistos na doutrina Monroe.

Entretanto, em meio aos protestos e manifestações de caráter político-econômicos, também surgiam movimentos em prol da defesa do meio ambiente e de análises sobre o impacto da industrialização sobre o mesmo. Nesse contexto, a classe média dos países ricos, população mais afetada pela industrialização, diante de uma maior liberdade de expressão se dispôs a contribuir com causa.

Desde o inicio da década de 50 do Século XX, os impactos da industrialização sobre o meio ambiente já começavam a ser percebidos. Neste ponto, o fenômeno dos "Smog", na Inglaterra, foi o marco inicial, aonde oito mil pessoas vieram a óbito por este fenômeno. Outros desastres também foram relatados em vários lugares do planeta, como a poluição da baía de Minamata, no Japão, e a questão do DDT (dicloro difenil tricloetano, inseticida usado durante esse período).

Aliado a preocupação dos problemas ambientais, em 1968 um grupo de cientistas (Clube de Roma) se reuniu a fim de resolver esta problemática, a partir de foros de discussões, eles publicaram o estudo "Os limites do crescimento". Neste, eles projetaram matematicamente os efeitos do crescimento populacional sob a poluição e o esgotamento dos recursos naturais. Essas projeções se mostraram incorretas e alarmistas, no entanto, contribuíram para mudanças de comportamento e como alerta a população.

> Preocupados com o futuro do planeta, a Organização das Nações Unidas (ONU), juntamente com os Estados e a comunidade científica, realizou a Primeira **Conferência Mundial sobre o Homem e o Meio Ambiente, visando amenizar** a problemática: homem versus natureza. (COSTA, 2014).

No ano de 1992, na cidade do Rio de Janeiro, acontece a Conferência das Nações Unidas sobre o Meio Ambiente e a Sustentabilidade. Tal conferência, ocorrida vinte anos após a de Estocolmo é considerada como precursora no destaque que a mídia passa a dar para questões ambientais, haja vista que ocorrera no início dos anos 90, em que a massificação industrial e a escassez dos recursos ambientais tornavam-se cada vez mais sentidos pela população em geral.

> A Conferência das Nações Unidas sobre o Meio Ambiente e o Desenvolvimento (ECO-92), realizada no Rio de Janeiro, é considerada um marco tanto para a história do ambientalismo como para a comunicação ambiental. Nos meses que antecederam à conferência, a informação sobre o meio ambiente ganhou um destaque nunca antes registrado. Mas, nos meses seguintes ao evento, a incorporação do tema aos meios de comunicação não demonstrou ser uma tendência. Contudo, foi a partir da ECO-92 que a pauta ambiental incorporou-se de uma forma mais contínua nos meios de comunicação e abriu espaço para um novo tipo de jornalismo especializado. O fenômeno da "superexposição" ambiental durante a conferência pode ser observado também nos jornais do Ceará. Este artigo pretende fazer uma leitura crítica das matérias veiculadas no jornal cearense O Povo, a partir da observação do conteúdo e da quantidade das matérias veiculadas durante os meses de março a julho de 1992 (FERREIRA).

No ano de 2002, na cidade de Joanesburgo na África do Sul, novamente a cúpula da ONU sobre desenvolvimento sustentável se reúne para reforçar e dar continuidade aos debates iniciados no ano de 1972 na Suécia, realizando a RIO + 10, convenção que marcou os dez anos de ECO 92.

No ano de 2012, novamente na cidade do Rio de Janeiro, ocorre a Rio + 20, que culminou com a elaboração do documento final, intitulado de: O Futuro que Queremos[5].

---

[5] 1 - O excesso de hábitos consumistas é um dos fatores que mais contribuem para o esgotamento das reservas naturais do planeta. Evite substituir desnecessariamente aparelhos que agregam alta tecnologia (celulares, por exemplo) e reduza o consumo de produtos descartáveis.
2 - Lâmpadas fluorescentes e de Led (do inglês, diodo emissor de luz) são mais econômicas e duram mais tempo que as incandescentes. Dê preferência aos eletrodomésticos marcados como classe A, por serem mais eficientes no consumo de energia.
3 - As indústrias de papel e celulose estão entre as campeãs de consumo de água e energia. Por isso, papéis devem ser economizados ao máximo, imprimindo-se apenas o que for necessário e utilizando os dois lados das folhas. Papéis reciclados devem ser utilizados sempre que possível.
4 - Organize-se no seu bairro e cobre da prefeitura um sistema de coleta seletiva. É importante que também haja uma usina de reciclagem.5 - Chuveiros elétricos consomem muita energia. Os banhos devem durar 10 min. no máximo. Haverá, assim, economia de água e de energia. Os chuveiros a gás, por sua vez, emitem gases de efeito estufa.
7 - Seja um consumidor responsável. Procure saber se as empresas que produzem os seus produtos de consumo já foram multadas por crimes ambientais. Atitudes sustentáveis estão ligadas à reutilização da água, investimento em inovação tecnológica para reduzir consumo energético e em produtos biodegradáveis. Saiba mais em www.akatu.org.br
8 - Exerça a cidadania com consciência. Organize-se e use as redes sociais para cobrar dos políticos e das empresas da sua cidade, do seu estado e do seu país, tudo o que for necessário para a conservação da biodiversidade, dos recursos hídricos, dos solos, enfim, para que se alcance, de fato, a grande meta do desenvolvimento sustentável.
8 - Utilize transportes públicos ou organize sistemas de carona. Exija dos órgãos competentes a melhoria da qualidade dos serviços de ônibus, trens e metrôs. Para curtas distâncias, uti- lize a bicicleta ou vá caminhando. É melhor para a sua saúde e para o meio ambiente. (COSTA, Letícia Gozzer, DAMASCENO, Marcos Vinícius Nogueira, SANTOS, Roberta de Souza. **A Conferência de Estocolmo e o pensamento ambientalista: como tudo começou.** Disponível em:

Trata-se, a bem da verdade, de uma cartilha instrutiva, demonstrando a importância do meio ambiente, de como o debate nasceu, como se prolonga ao longo dos anos e o porquê da importância do discurso verde e da sustentabilidade, além de adentrar, também, em outros temas atuais que versam sobre a sociedade, como a diminuição da miséria e a melhor distribuição de renda. Com oito metas específicas, o documento final traz conceitos que devem ser seguidos a fim de se concretizar o desenvolvimento social de forma sustentável.

É inegável o papel hoje da atividade empresarial no cumprimento da função ambiental, principalmente numa sociedade em que esse discurso ganha destaque. As empresas, em especial as que consomem em sua atividade meio ou final grande quantia de recursos minerais, naturais ou hídricos, até por uma estratégia de marketing, procuram se apresentar como defensoras da sustentabilidade, que empregam em sua cadeia de produção medidas que diminuam ou equalizem a degradação do meio ambiente em seu processo produtivo. Isso porque, como apontando, é um tema amplamente exposto na mídia.

Por estratégia de *markenting* ou não, fato é que os resultados aparecem, pois, inegavelmente, a empresa e a atividade por ela desenvolvida é uma grande consumidora dos recursos ambientais, de forma que se continuassem utilizando-os de forma desmedida, o impacto ambiental que se veria hoje seria muito maior dos que os noticiados.

---

http://www.ambito-juridico.com.br/site/?n_link=revista_artigos_leitura&artigo_id=12292).

4. IMPORTÂNCIA DO FOMENTO E DA PROTEÇÃO DA ATIVIDADE EMPRESARIAL

A atividade empresarial ganha força com a ascensão da classe burguesa ao poder, que se deu com a Revolução Francesa, no ano de 1789, em França. Com ela, a concentração de riquezas pelas classes dominantes e o trabalho como fonte de produção estimulou o surgimento de sociedades consumeristas, que passam a pautar sua forma de vida no consumo.

Karl Marx, crítico do sistema capitalista, ensina que esse sistema que escraviza a relação de trabalho ganhou importância com a ascensão da classe burguesa ao poder em 1789, com o acontecimento e com a implementação dos ideais da Revolução Francesa. Afirma que o capitalismo faz com que as pessoas vendam o seu trabalho e, com isso, estão vendendo a si mesmos, pois produzem apenas e tão somente para a circulação de mercadorias e não propriamente para uma melhoria sua e das demais pessoas, o que ele chama de mercadoria de uso.

> A economia política oculta a alienação na característica do trabalho enquanto não analisa a imediata relação entre o trabalhador (trabalho) e a produção. É evidente, o trabalho produz coisas boas para os ricos, mas produz a escassez para o trabalhador. Produz palácios, mas choupana para o trabalhador. Produz beleza, mas deformidade para o trabalhador. Substitui o trabalho por máquinas, mas encaminha uma parte dos trabalhadores para um trabalho cruel e transforma os outros em máquinas. Produz inteligência, mas também produz estupidez e a cretinice para os trabalhadores (2001, p. 113).

Em sua obra Manifesto do Partido Comunista, Marx pondera que:

> Na mesma medida em que a burguesia, i. é, o capital se desenvolve, nessa mesma medida desenvolve-se o proletariado [...], os quais só vivem enquanto encontram trabalho e só encontram trabalho enquanto o seu trabalho aumenta o capital. Estes operários, que têm de vender à peça, são uma mercadoria como qualquer outro artigo do comércio, e estão expostos a todas as vicissitudes da concorrência [...]. O trabalho dos proletários perdeu, com a extensão da maquinaria e a divisão do trabalho, todo o caráter autônomo e, portanto, todos os atrativos para os operários. Ele torna-se um mero acessório da máquina ao qual se exige apenas o manejo mais simples, mais monótono, mais fácil de aprender. Os custos que o operário ocasiona reduzem-se por isso quase só aos meios de vida de que carece para seu sustento e para a reprodução da sua raça. (1997, p. 32).

Não diferente da maioria das economias dos países emergentes e os de primeiro mundo, o sistema econômico brasileiro adota o capitalismo como fonte de manutenção de sua produção e circulação de riquezas. Numa fase mais contemporânea, inspira-se no estilo norte americano.

No inicio da década de 60 (sessenta) o *American way of life (*estilo de vida americano) norteou o crescimento do consumo naquele país, na medida em que estimulava de maneira geral à sua população à aquisição de bens, produtos ou serviços, incutindo um ideal de pessoa bem sucedida aquela que conseguiria agrupar o maior numero possível dessas concepções[6].

---

[6] Elevando-se desde os anos 80, a surreal taxa de encarceramento dos EUA é um negócio e um instrumento de controle social: à medida que o negócio das prisões privadas alastra-se como uma gangrena, uma nova categoria de milionários consolida seu poder político. Os donos destas carcerárias são também, na prática, donos de escravos, que trabalham nas fábricas do interior das prisões por salários inferiores a 50 cents por hora. Este trabalho escravo é tão competitivo, que muitos municípios hoje sobrevivem financeiramente graças às suas próprias prisões, aprovando simultaneamente leis que vulgarizam sentenças de

Isso fez com que o consumo se tornasse parte principal e primordial na manutenção do sistema capitalista, uma vez que o consumo em alta consequentemente faz com que as empresas aumentam sua produção, devendo elas, por consequência, promover a contratação de mais trabalhadores. O ciclo, dessa maneira, se fecha: quanto mais consumo, mais empresas, quanto maior o número de empresas mais postos de trabalho serão gerados.

A partir da década de oitenta esse fenômeno se intensifica no Brasil, que hoje vive uma sociedade consumista, com seu capitalismo pautado de acordo com a cadeia acima mencionada.

O consumo hoje é estimulado pelo Estado, na medida em que ele é o termômetro da economia, a exemplo da crise mundial ocorrida no ano de 2008, ocasião em que se vivenciou uma desaceleração abrupta das relações de consumo. Nessa época, o sistema capitalista parece ter vivido um colapso, com inicio na crise imobiliária nos Estados Unidos, que rapidamente se alastrou para outros setores da produção e, depois, para outras regiões, países e continentes, gerando insegurança, demissões em massa e crise em diversos países europeus, além do próprio EUA.

A paralização de um setor da economia praticamente surte efeito cascata em todos os setores de uma determinada região, como, por exemplo, uma fábrica de automóveis situada numa cidade de médio porte. Se o consumo de automóveis diminuir sensivelmente, a produção terá impactos

até 15 anos de prisão por crimes menores como roubar chicletes. O alvo destas leis draconianas são os mais pobres, mas, sobretudo, os negros, que representando apenas 13% da população norte-americana, compõem 40% da população prisional do país. (disponível em: http://www.revistaforum.com.br/blogdomouzar/2012/12/03/american-way-of-life-e-isso-ai/)

negativos. Com isso, trabalhadores em massa serão demitidos. Com essas demissões, a produção diminuirá e trabalhadores indiretos de fábricas contratadas para fornecer peças a essa montadora começarão a perder seus empregos. Com vários trabalhadores nas ruas eles pararão de consumir em outros setores, como, por exemplo, entrarão no supermercado e comprarão só o essencial para seu sustento, deixando de lado os produtos alimentícios considerados supérfalos, tais como doces e bebidas. Consequência será de que o supermercado com a diminuição das suas vindas começará a demitir seus funcionários e assim mais trabalhadores estarão na rua, consequentemente menos consumidores.

Essa demissão até então ingênua e inofensiva numa escala maior, começa a ganhar repercussão, na medida em que ela se encaixa numa sociedade economicamente interligada e globalizada, em que as distâncias geográficas se encurtam cada vez mais. A simples notícia dessa crise em determinada região pode alardear a população de outros setores que com medo de atingi-las param de consumir, acarretando, consequentemente, em outras demissões em massa.

Trata-se, portanto de um efeito cascata, praticamente imediato que deve ser evitado e que uma vez iniciado se torna difícil de ser revertido. Seus efeitos serão sentidos por vários anos e a confiança e a credibilidade na econômica pode nunca mais voltar. Com a crise de 2008, vivenciamos um fato inédito, a quebra de um país: Grécia, que literalmente se afundou na crise econômica iniciada nos EUA e teve um colapso no seu sistema de previdência social e em outros setores de sua produção.

Nota-se, dessa maneira, que tudo passa pela manutenção da atividade empresária, que emprega a maior parte da mão de obra ativa dos países capitalistas, que se transformam em consumidores com o dinheiro nas mãos.

4.1. Princípio da Preservação da Empresa

Como visto, por certo que a empresa se mostra como de suma importância para a manutenção da economia, possuindo a função social basilar de geração de postos de trabalho, absorvendo a maior parte da mão de obra ativa do Brasil, pois atualmente a maioria dela está empregada no setor privado, nas empresas.

Por isso, a atividade empresária se mostra como importante fonte produtora de trabalho e, por consequência, importante fonte de consumo, pois quanto mais empresas existirem, mais empregos serão gerados e quanto mais empregos, mais consumidores dispostos a gastar e, assim, movimentar e fechar o ciclo das economias pautadas no sistema capitalista.

De acordo com esse cenário, em que a empresa se mostra como substancial fonte de sustento capitalista, a legislação brasileira irá protegê-la em alguns aspectos, sempre de maneira a criar incentivos ao seu nascimento, bem como dando oportunidades, benefícios e criando condições favoráveis para sua continuidade.

Com base nessa importância coletiva e social, nasce o principio da **"Preservação da Empresa"**, segundo o qual, sempre que possível, o sistema jurídico deve trazer mecanismos que estimulem o início e facilitem a continuidade da atividade empresarial.

De acordo com a teoria do funcionalismo jurídico, de Norberto Bobbio, o Estado deve incentivar de forma positiva instituições e institutos que cumprem esse papel social, por ser o Estado um ente assistencialista. Dessa forma, deve-se criar normas e encorajamento e de incentivo a essas atividades.

> ...a respeito das medidas de encorajamento e desencorajamento, sob uma perspectiva funcional, as primeiras são utilizadas com o objetivo de mudança, enquanto que as medidas de desencorajamento são usadas com o objetivo de conservação social, de manutenção do status quo. Talvez por este motivo as técnicas de desencorajamento, notadamente as sanções negativas, ainda sejam dominantes na teoria geral do direito" (BOBBIO, 2007, p.84).

O princípio da preservação da empresa ganha foco e importância na mudança de visão da atividade empresarial, que deixa de ser contratualista para a proteção de interesses individuais (sócios e controladores) e passa a exercem função institucional, de interesse coletivo.

> A transição da perspectiva contratualista para a concepção institucionalista das empresas, especialmente acentuada pela edição da lei 11.101/05 (lei de falências – clique aqui), marca a consagração do chamado princípio da preservação da empresa.
>
> Essa guinada da visão societária acerca das empresas se caracteriza pelo rompimento com o enfoque contratual individualista – marcado pela prevalência da vontade dos sócios e controladores –, realçando-se, desse modo, a ideia de função social da organização empresarial. (http://www.migalhas.com.br/dePeso/16,MI140719,21048-Breves+consideracoes+acerca+do+principio+da+preservacao+da+empresa, acesso em 29/10/2013).

Para Fábio Ulhoa Coelho:

> (...) no princípio da *preservação da empresa*, construído pelo moderno Direito Comercial, o valor básico prestigiado é o da conservação da atividade (e não do empresário, do estabelecimento ou de uma sociedade), em virtude da imensa gama de interesses que transcendem os dos donos do negócio e gravitam em torno da continuidade deste. (2008, p.13).

Referido princípio não se encontra explicito em nenhum dispositivo de lei, corpo codificado ou de forma expressa em qualquer tipo de legislação que compõe o ordenamento jurídico brasileiro, mas vem implícito em muitas legislações empresarialistas, em sua essência, tornando-se base de sua formação, de maneira que ele pode ser encontrado principalmente nas legislações.

André Luiz Santa Cruz Ramos dá destaque a diversos pontos em que a preservação da empresa é enfoque legislativo, principalmente relacionado ao direito recuperacional e ao societário, vejamos:

> O objetivo primordial do processo falimentar, segundo o dispositivo ora em análise, é "promover o afastamento do devedor de suas atividades" visando a "preservar e otimizar a utilização produtiva dos bens, ativos e recursos produtivos, inclusive os intangíveis, da empresa". Aqui se destacam dois importantes princípios do Direito Falimentar moderno: (i) o princípio da preservação da empresa e (ii) o princípio da maximização dos ativos. (2011, p.516).

> Ocorre que, muitas vezes, a ausência de *affectio societatis* pode estar restrita a determinado sócio, podendo a sociedade, portanto, continuar a existir sem ele. E mais salutar, nesses casos, excluir um sócio com quem os demais não querem mais manter relação social do que acabar com a própria relação societária. Essa e a solução mais condizente com o principio da preservação da empresa, tão caro a doutrina contemporânea do direito empresarial. (2011, p.223).

Não diferente é a jurisprudência pátria, que há muito vem reconhecendo em seus julgados a existência da importância de se preservar a empresa, principalmente ao proferir decisões relacionadas à continuidade da atividade empresária, como se observa a seguir:

> Comercial Recurso especial. Falência. Decreto-lei 7.661/45. Títulos de valor insignificante frente ao principio da preser-

vação da empresa. Decreto de quebra. Descabimento. Precedentes. I. Nos termos da jurisprudência do STJ, "Apesar de o art. 1.° do Decreto-lei n.°7.661/45 ser omisso quanto ao valor do pedido, não e razoável, nem se coaduna com a sistemática do próprio Decreto, que valores insignificantes provoquem a quebra de uma empresa. Nessas circunstancias, ha de prevalecer o principio, também implícito naquele diploma, de preservação da empresa" (REsp 959695/SP, Relatora Ministra Nancy Andrighi, DJe 10/03/2009). Precedentes. II. Recurso especial não conhecido (REsp 598.881/SC, Rei Min. Aldir Passarinho Junior, 4 a Turma, j. 15.12.2009, DJe 08.02.2010)[7].

No caso em apreço, entenderam os julgadores que mesmo no caso de impontualidade (dívida) por parte da empresa, se de valor insignificante, não é plausível que se decrete sua quebra, em virtude da importância da continuidade da atividade empresarial. Percebe-se, também, após leitura da ementa que, apesar da atual legislação que rege o procedimento falimentar datar de 2005 (Lei n. 11.101/05), mesmo em julgamento de casos que envolviam o antigo decreto-lei já se falava em preservação da atividade empresarial, sustentando ser de interesse social sua continuidade.

---

7 QUEBRA – Pedido extinto – Protestos irregulares – Inocorrência – Inexpressividade, entretanto, do valor reclamado – Sentença mantida por sua conclusão – Apelo desatendido.
Irrelevante economicamente o quantum debeatur de responsabilidade da requerida, revelando, antes de tudo, o uso da via falencial como meio coercitivo de cobrança, desacolhido impõe-se o pedido de quebra.
Emprestada à lei de falências uma visão mais critica, sob o prisma social, desaconselhável mostra-se a sujeição dos empresários e mormente de seus empregados, e dos que destes dependem, aos nocivos efeitos impostos pela quebra, efeitos esses totalmente desproporcionados em relação à inexpressividade econômica dos valores em jogo (REsp 598.881/SC, Rei Min. Aldir Passarinho Junior, 4 a Turma, j. 15.12.2009, DJe 08.02.2010)

> PROCESSO CIVIL. RECURSO ESPECIAL. AÇÃO DE FALÊNCIA AJUIZADA SOB AÉGIDE DO DECRETO -LEI 7.661/1945. IMPONTUALIDADE. DÉBITO DE VALORÍNFIMO. PRINCÍPIO DA PRESERVAÇÃO DA EMPRESA. 1. O princípio da preservação da empresa cumpre preceito da norma maior, refletindo, por conseguinte, a vontade do poder constituinte originário, de modo que refoge à noção de razoabilidade a possibilidade de valores inexpressivos provocarem a quebra da sociedade comercial, em detrimento da satisfação de dívida que não ostenta valor compatível com a repercussão socioeconômica da decretação da quebra. 2. A decretação da falência, ainda que o pedido tenha sido formulado sob a sistemática do Decreto-Lei 7.661/45, deve observar o valor mínimo exigido pelo art. 94 da Lei 11.101/2005, privilegiando-se o princípio da preservação da empresa. Precedentes. 3. Recurso especial não provido. (STJ - REsp: 1023172 SP 2008/0012014-0, Relator: Ministro LUIS FELIPE SALOMÃO, Data de Julgamento: 19/04/2012, T4 - QUARTA TURMA, Data de Publicação: DJe 15/05/2012)

No caso acima, tem-se mais um julgado proferido pelo Superior Tribunal de Justiça, que enfatiza de forma ainda mais clara a importância sócia econômica da empresa, devendo-se preservá-la, mesmo em caso de débitos, ou seja, mesmo que esteja em situação de crise econômico-financeira, mas se ainda for viável, deverá a mesma ter sua quebra impedida.

> COMERCIAL E PROCESSUAL CIVIL. PEDIDO DE FALÊNCIA. DECRETO-LEI Nº 7.661/45. VALOR ÍNFIMO. PRINCÍPIO DA PRESERVAÇÃO DA EMPRESA. INDEFERIMENTO. I. O Superior Tribunal de Justiça rechaça o pedido de falência como substitutivo de ação de cobrança de quantia ínfima, devendo-se prestigiar a continuidade das atividades comerciais, uma vez não caracterizada situação de insolvência, diante do princípio da preservação da empresa. II. "Após a Nova Lei de Falências (Lei 11.101/2005), não se decreta a falência fundada em crédito inferior a 40

> (quarenta) salários mínimos da data do pedido de falência, devendo o art. 1º do Decreto-lei 7.661/45 ser interpretado à luz dos critérios que levaram à edição da Nova Lei de Falências, entre os quais o princípio da preservação da empresa." (REsp 805624/MG, Rel. Min. Sidnei Beneti, Terceira Turma, unânime, DJe 21/08/2009). III. Recurso especial conhecido, mas desprovido. (STJ - REsp: 918399 SP 2007/0010237-6, Relator: Ministro ALDIR PASSARINHO JUNIOR, Data de Julgamento: 12/04/2011, T4 - QUARTA TURMA, Data de Publicação: DJe 15/04/2011)[8]

Portanto, percebe-se a importância da atividade empresarial, entendida atualmente como de interesse coletivo e de caráter institucional, para o cumprimento de sua função social.

---

[8] Da inicial e sentença verifica-se que o crédito não pago que embasou o pedido de quebra monta a quantia de R$ 2.912,76 (dois mil, novecentos e doze reais e setenta e seis centavos), outubro de 2003.
Dessarte, embora tenha se instaurado a demanda na vigência da revogada Lei de Falências, que não condicionava a procedência do pedido a valor mínimo do crédito em aberto, esta Corte Superior tem sufragado a tese de que, em homenagem ao princípio da preservação da empresa, que veio estampado na nova Lei de Recuperação Judicial, aliado ao fato de que não fora constatada a insolvência da devedora pelas instâncias ordinárias, improcede o decreto de quebra
Mais que isso, se o pedido de falência vem, na verdade, como substituto de ação de cobrança, o que se verifica pelas alegações da ré, que impugnou a própria prestação dos serviços, afirmando não se haverem concluídos, a macular os títulos representativos do suposto crédito e que instruíram o processo de falência (e-stj fl. 91), não é mesmo de se acolher a pretensão, haja vista que há de se adotar interpretação condizente com os princípios norteadores do novo diploma legal regente da matéria. (REsp 805624/MG, Rel. Min. Sidnei Beneti, Terceira Turma, unânime, DJe 21/08/2009). III. Recurso especial conhecido, mas desprovido. (STJ - REsp: 918399 SP 2007/0010237-6, Relator: Ministro ALDIR PASSARINHO JUNIOR, Data de Julgamento: 12/04/2011, T4 - QUARTA TURMA, Data de Publicação: DJe 15/04/2011)

III EMPRESÁRIO INDIVIDUAL

Para que alguém seja considerado empresário em nosso país, em dias atuais, é preciso que exerça atividade econômica de forma profissional e organizada, destinada à produção ou circulação de bens ou serviços, conforme leciona artigo 966 do Diploma Civil, o que nos demonstra a adoção expressa da Teoria da Empresa[9].

Note que não é suficiente para a caracterização da atividade empresária o fato da mesma ser econômica, sendo essa apenas um requisito configurador, faltando outros dois: o profissionalismo e a organização. O profissionalismo se vislumbra na habitualidade, na pessoalidade, no domínio das informações, ao passo que a organização está presente no momento em que o empresário reuni em seu domínio quatro requisitos essenciais, considerados como fatores de produção, a saber:

Capital: Trata-se do investimento pecuniário feito pelo empresário para a abertura de sua empresa. Por certo que o capital é essencial para a abertura de qualquer negócio, seja ele pequeno, médio ou grande, uma vez que a injeção de dinheiro se faz necessária para o inicio do exercício do objeto social;

---

9 Art. 966. Considera-se empresário quem exerce profissionalmente atividade econômica organizada para a produção ou a circulação de bens ou de serviços.

Mão-de-obra: é necessário o trabalho de profissionais para que uma atividade seja considerada organizada e, por consequência, empresária. A doutrina diverge no sentido de ser obrigatória ou não a contratação de mão-de-obra de terceiro para que a atividade possa ser considerada empresária. Muito embora a maioria dos juristas pense no sentido de que apenas será considerada empresa a atividade que contrata serviços de terceiros, não parece ter a legislação brasileira adotado esse pensamento, pois a LC 123/06, no artigo 18-A, prevê a figura do MEI (Micro Empreendedor Individual), que não maioria das vezes exerce a sua atividade sem a contratação de terceiros, sendo, mesmo assim, considerado empresário.

A parte da doutrina que nega ser empresarial a atividade que não contrata um funcionário sequer se apega no fato de que a empresa nasceu e é protegida por lei tendo em vista o seu caráter essencial de gerar empregos, de forma que não pode ser considerada como uma se não cumpre sua função basilar: geração de postos de trabalho;

Insumos: Tem-se por insumos toda matéria prima necessária para o exercício do objeto social, por exemplo: o pasteleiro precisa comprar farinha para fazer pastéis, mostarda, trigo etc;

Tecnologia: Esse requisito está presente quando o empresário adquire os materiais que tenham o mínimo de tecnologia possível para o exercício da atividade, por exemplo: em uma pastelaria, pode-se entender por tecnologia a compra de freezer, maquina de fritar pastéis etc. É importante destacar que tecnologia não necessariamente implica dizer que uma empresa precisa adquirir materiais de informática e de transmissão de dados de última tecnologia, não sendo essa a ideia. Tecnologia, como requisito da empresarialidade, é tudo aquilo que torna o desenvolvimento do objeto social mais fácil.

A falta de quaisquer desses requisitos desqualifica a essência de empresário, ou seja, se uma pessoa vende seus produtos de porta em porta sem contratar funcionários, para a maioria da doutrina não será considerada empresária, assim como se não exerce a atividade de forma habitual também não será considerada uma atividade empresária.

Note que para essa teoria não importa o objeto que está sendo explorado como ocorria com a Teoria dos Atos do Comércio adotada pelo Código Comercial de 1850, mas como está sendo explorado, se de forma profissional e organizada, portanto empresária.

Atualmente, como visto no capítulo anterior, a empresa pode ser exercida nas formas individual **(empresário individual)** ou coletiva **(sociedade empresária)**. A atividade empresarial exercida na forma individual geralmente é aquela que não dispensa maior complexidade, como grande disponibilidade de capital, mão-de-obra etc., haja vista que aos empresários individuais ficam reservados pequenos comércios, como por exemplo, salão de cabeleireiros, banca de jornal, entre outros.

O Empresário individual exerce a empresa em seu próprio nome e risco, assumindo desse modo responsabilização ilimitada pelas dividas decorrentes da atividade empresarial. Apesar de possuir CNPJ (Cadastro Nacional das Pessoas Jurídicas) a empresa individual de responsabilidade ilimitada não constitui uma pessoa jurídica propriamente dita, de modo que quem a exerce é a pessoa física do empresário em seu próprio nome e sob sua própria e pessoal responsabilidade. Na empresa individual de responsabilidade ilimitada, não há diferenciação do que é patrimônio pessoal do empresário e do que pode ser considerado patrimônio da pessoa jurídica, por um motivo muito simples, essa não existe.

Basta analisarmos o artigo 44 do Código Civil, que disciplina as espécies de pessoas jurídicas, para que facilmente possamos perceber que o empresário individual de responsabilidade ilimitada não se encontra nela, senão vejamos:

> Art. 44. São pessoas jurídicas de direito privado:
>
> I – as associações;
>
> II – as sociedades;
>
> III – as fundações.
>
> IV – as organizações religiosas;
>
> V – os partidos políticos.
>
> VI – as empresas individuais de responsabilidade limitada.

Marlon Tomazette leciona que:

> O empresário individual é a pessoa física que exerce a empresa em seu próprio nome, assumindo todo o risco da atividade. É a própria pessoa física que será o titular da atividade. Ainda que lhe seja atribuído um CNPJ próprio, distinto do seu CPF, não há distinção entre a pessoa física em si e o empresário individual (2009, p.48).

É inimaginável pensar que em tempos hodiernos, num mundo globalizado em que as exigências são cada vez maiores e a concorrência se mostra mais acirrada a cada dia que passa, uma pessoa possa vencer nesse cenário de forma solitária, sendo capaz de gerenciar e administrar grandes recursos financeiros, estando vulnerável a altos riscos e respondendo com seu patrimônio pessoal.

Ademais, como dito nas primeiras páginas dessa obra, é essência da natureza humana querer se agrupar para desenvolver todas as atividades da vida, desde as de lazer, tais como passear, viajar, assistir a um filme, até as profissionais, como montar uma empresa, pois é inerente ao ser humano querer unir forças para vencer em todas as atividades, sentindo-se mais forte quando atua em grupo. Por óbvio que para exercer a empresa não seria diferente.

Por isso, as atividades empresárias de maior monta são destinadas às sociedades empresárias, as quais se caracterizam como a união de pessoas e capital com o escopo de laçar esforços para figurar nesse plano e que serão estudadas em momento oportuno.

1. EXCEÇÕES À TEORIA DA EMPRESA

O parágrafo único, do já citado artigo 966 do Código Civil, traz em seu corpo uma exceção à Teoria da Empresa[10]. Tal dispositivo aduz que independentemente de como exerça sua atividade, não será considerado empresário o profissional intelectual, tais como os profissionais liberais (médicos – dentistas – psicólogos – nutricionistas etc.), os artistas (cantores, autores) e cientistas (escritores), os quais serão sempre regidos pelo direito civil e não pelo direito empresarial, independentemente de como explorem seu objeto social, salvo nos casos em que sua profissão constitua elemento de empresa.

Para entender tal preceito legal, socorremo-nos de um exemplo clássico mencionado pela maioria da doutrina, hipótese em que um médico que acabara de se formar monta seu consultório e lá atende de forma pessoal, sendo que as pessoas que lá vão estão em busca dos serviços daquele profissional específico: o médico "X". Nesse caso,

---

[10] Art.966.
Parágrafo único. Não se considera empresário quem exerce profissão intelectual, de natureza científica, literária ou artística, ainda com o concurso de auxiliares ou colaboradores, salvo se o exercício da profissão constituir elemento de empresa.

trata-se de um profissional liberal com atividade regida pelo direito civil.

Com o passar dos tempos, ganhando repercussão e fama na cidade, referido profissional da saúde expande seus negócios, contrata mais secretárias, mais médicos e monta uma clínica, contudo os pacientes que lá adentram ainda estão em busca dos serviços do médico "X". Desse modo, ainda pode ser entendida essa atividade como a de um profissional liberal, portanto não será considerada empresária.

Entretanto, os negócios crescem exorbitantemente e esse médico "X" amplia ainda mais suas atividades, montando um centro cirúrgico com equipe especializada, contratando lanchonete, diversos profissionais, advogado etc., de modo que as pessoas que vão a esse lugar, agora já um hospital, vão à procura dos serviços que esse local oferece e não mais pelos préstimos do médico "X", que passou a ser apenas um elemento da empresa. Nesse momento, o médico já não é mais entendido como um profissional liberal, pois passou a exercer atividade empresarial, na medida em que administra um hospital. Nesse caso, visualizasse a configuração de elemento de empresa e essa atividade exercida pelo hospital é considera empresária.

Outras duas exceções à Teoria da Empresa dizem respeito à Sociedade Cooperativa e às Sociedades por Ações, as quais serão oportunamente estudadas adiante, mas que por ora é salutar sabermos que a primeira sempre será considerada sociedade simples, independentemente de como exerça seu objeto social **(art. 982, § único, do CC[11])**, ao passo que a segunda será sempre

---

11 Art. 982. Salvo as exceções expressas, considera-se empresária a sociedade que tem por objeto o exercício de atividade própria de empresário sujeito a registro (art. 967); e, simples, as demais.
Parágrafo único. Independentemente de seu objeto, considera-se em-

empresária, consoante artigo 982, § único do CC e art. 2º, § 1º, da Lei 6404/76[12] (LSA).

Por fim, vale mensurar que o advogado nunca será considerado empresário, mesmo que sua atividade constitua elemento de empresa, por expressa proibição do artigo 16, da Lei nº. 8906/94 (Estatuto da Ordem dos Advogados do Brasil)

Portanto, para conceituarmos uma atividade como sendo empresária ou não, basta nos recorrermos à Teoria da Empresa, segundo a qual a atividade econômica exercida de forma organizada para a produção ou circulação de bens ou serviços será considerada empresária, caso contrário não será, salvo as exceções previstas em lei e mensuradas acima.

2. EMPRESA INDIVIDUAL DE RESPONSABILIDADE LIMITADA

Muitas discussões já se prolongaram na doutrina e na jurisprudência empresariais brasileiras sobre o porquê de o ordenamento jurídico brasileiro não prever a figura do empresário individual com responsabilidade limitada.

A limitação da responsabilidade, que será estudada nessa obra na parte de Direito Societário, faz com que o patrimônio pessoal dos sócios que compõem determinados tipos societários não seja atingido por dívidas da empresa. No entanto, para que alguém conseguisse obter essa proteção patrimonial em nosso país, até julho de 2011, deveria

---

presária a sociedade por ações; e, simples, a cooperativa.

12 Art. 2º Pode ser objeto da companhia qualquer empresa de fim lucrativo, não contrário à lei, à ordem pública e aos bons costumes.
§ 1º Qualquer que seja o objeto, a companhia é mercantil e se rege pelas leis e usos do comércio.

constituir, de preferência, uma Sociedade Limitada, estando excluídos de tal prerrogativa os empresários individuais.

Ora, sendo assim, obviamente que isso estimulou inúmeras criações de sociedades limitadas de "fachada" as quais se apresentam, em regra, da seguinte maneira: presença de dois sócios, sendo um com quase a totalidade do capital social e o outro com uma pequena parcela, não atuando em nenhum ato decisório, tampouco administrativo da sociedade, apenas emprestando seu nome ao outro sócio para que esse pudesse montar uma pessoa jurídica e conseguir a proteção patrimonial, exercendo, assim, a empresa com maiores garantias.

Nesse interim, já era hora de acabar com essa situação e conferir a mesma proteção patrimonial para aqueles que querem exercer a atividade empresarial de forma singular, sem precisar constituir uma sociedade de fachada apenas para terem seus bens pessoais protegidos.

Nesse cenário, surge a Lei 12.441/11, que altera alguns artigos do Diploma Civil e institui o chamado "Empresário Individual de Responsabilidade Limitada". Alterações essas que passamos a examiná-las nesse momento.

Referida lei insere o artigo 980-A no código civil, que passa a vigorar com a seguinte redação:

> Art.980-A. A empresa individual de responsabilidade limitada será constituída por uma única pessoa titular da totalidade do capital social, devidamente integralizado, que não será inferior a 100 (cem) vezes o maior salário-mínimo vigente no País.
>
> § 1º O nome empresarial deverá ser formado pela inclusão da expressão "EIRELI" após a firma ou a denominação social da empresa individual de responsabilidade limitada.

> § 2º A pessoa natural que constituir empresa individual de responsabilidade limitada somente poderá figurar em uma única empresa dessa modalidade.
>
> § 3º A empresa individual de responsabilidade limitada também poderá resultar da concentração das quotas de outra modalidade societária num único sócio, independentemente das razões que motivaram tal concentração.
>
> § 4º (VETADO).
>
> § 5º Poderá ser atribuída à empresa individual de responsabilidade limitada constituída para a prestação de serviços de qualquer natureza a remuneração decorrente da cessão de direitos patrimoniais de autor ou de imagem, nome, marca ou voz de que seja detentor o titular da pessoa jurídica, vinculados à atividade profissional.
>
> § 6º Aplicam-se à empresa individual de responsabilidade limitada, no que couber, as regras previstas para as sociedades limitadas.

De acordo com o *caput* desse novo artigo, o empresário individual de responsabilidade limitada deverá, necessariamente, iniciar sua atividade com todo o capital social já integralizado, sendo que a quantia deve ser de, no mínimo, cem salários mínimos, o que pensamos ser uma quantia considerável, principalmente para quem está começando seu negócio de forma individual.

A explicação para um aporte mínimo de cem salários mínimos no capital social se dá no fato da proteção aos credores, que não mais poderão buscar seu crédito no patrimônio pessoal do exercente da empresa, de modo que, por consequência, o patrimônio dessa empresa tenha que ter um lastro mínimo para saldar eventuais débitos.

A nosso ver, certo é que a lei acertou ao criar o empresário individual de responsabilidade limitada, visando acabar com as Sociedades Limitadas de fachada. Por outro lado, imputar a integralização imediata de, no mínimo, cem salários mínimos ao empresário individual é, ao menos, estimular a existência do empresário individual de responsabilidade limitada de "fachada" e explico por que.

Como visto na primeira parte deste capítulo, atualmente a empresa individual é explorada pelos pequenos negócios, sendo que as empresas com grande circulação de dinheiro e mercadoria são exercidas em forma de sociedade. Pois bem, quantos empresários individuais que irão iniciar sua atividade econômica possuem disponibilidade real e concreta de integralizar, de início, cem salários mínimos no capital da empresa? Resposta: Muito poucos.

Assim, acreditamos que muitas empresas individuais surgirão na irregularidade, mencionando no contrato que integralizaram cem salários mínimos, pois papel aceita tudo, quando na verdade não possuirão esse lastro, apurando-se tal irregularidade posteriormente numa execução, o que poderá dar ensejo ao instituto da desconsideração da personalidade jurídica (artigo 50, do CC), o que consequentemente nos remeterá ao status quo, qual seja: empresário individual de responsabilidade ilimitada.

Concordamos com o fato de que os credores devem possuir um lastro mínimo para sua garantia, mas se assim o é, porque as sociedades limitadas não possuem um limite mínimo de capital social inicial previsto em lei, tampouco precisam os sócios integralizar de imediato as quotas que subscreveram? A resposta para essa celeuma não nos foi dada pelo legislador.

Outra alteração importante que passa a valer para o empresário individual de responsabilidade limitada diz respeito ao nome empresarial a ser adotado por ele. Prevê a lei a possibilidade de utilização das modalidades firma ou denominação, acrescidos, ao final, em ambos os casos, da expressão "EIRELI", ao contrário do empresário individual de responsabilidade ilimitada que deve, necessariamente, utilizar a modalidade firma.

O empresário individual de responsabilidade limitada não pode figurar em duas empresas desse gênero, podendo constituir apenas uma.

O artigo 44 do Código Civil, que estipula as espécies de pessoas jurídicas também foi alterado com o advento dessa legislação, na medida em que a ele foi acrescido o inciso VI, que prevê uma nova figura de personalidade jurídica, qual seja: o empresário individual de responsabilidade limitada. Veja que até então, o empresário individual de responsabilidade ilimitada tinha CNPJ para fins de tributação, mas não era considerado pessoa jurídica, tratava-se da própria pessoa física exercendo a empresa em seu nome. No entanto, agora o empresário individual de responsabilidade limitada passa a ser uma pessoa jurídica distinta da pessoa física de seu exercente.

Pensamos que a alteração foi positiva, mas teremos que esperar um tempo para analisar os resultados de sua incidência na prática e torcer para que não ocorram irregularidades na constituição dessa nova modalidade de empresário, principalmente quanto ao fato de integralizar de início a quantia de cem salários mínimos, pois, caso assim seja, apenas estaremos realocando o problema, descolando-o da sociedade limitada de "fachada" para o empresário individual de responsabilidade limitada de "fachada".

Referidas alterações podem ser positivas no futuro, desde que exista uma fiscalização efetiva dos órgãos competentes.

2.1. Enunciados CJF (Conselho da Justiça Federal)

Algumas omissões legislativas na introdução da EIRELI no ordenamento jurídico brasileiro fizeram com que fossem suscitadas algumas dúvidas sobre essa nova figura, as quais foram pacificadas pelo Conselho da Justiça Federal. São as principais:

A EIRELI pode ser constituída apenas por pessoa física (natural) ou também pode ser de propriedade de pessoa jurídica?

Enunciado nº 468 – A empresa individual de responsabilidade limitada só poderá ser constituída por pessoa natural.

A EIRELI é novo tipo societário ou novo tipo de empresa individual?

Enunciado nº 469 – A empresa individual de responsabilidade limitada (EIRELI) não é sociedade, mas novo ente jurídico personificado.

Pode a Teoria da Desconsideração da Personalidade Jurídica ser aplicada à EIRELI?

Enunciado nº 470 – O patrimônio da empresa individual de responsabilidade limitada responderá pelas dívidas da pessoa jurídica, não se confundindo com o patrimônio da pessoa natural que a constitui, sem prejuízo da aplicação do instituto da desconsideração da personalidade jurídica.

Em qual momento há a atribuição de personalidade jurídica para a EIRELI?

Enunciado nº 471 – Os atos constitutivos da EIRELI devem ser arquivados no registro competente, para fins

de aquisição de personalidade jurídica. A falta de arquivamento ou de registro de alterações dos atos constitutivos configura irregularidade superveniente.

Pode ser utilizada a expressão "social" para a designação das atividades da EIRELI?

Enunciado nº 472 – É inadequada a utilização da expressão "social" para as empresas individuais de responsabilidade limitada.

3. REQUISITOS PARA O EXERCÍCIO DA ATIVIDADE EMPRESARIAL

Toda pessoa pode exercer a atividade empresarial, desde que seja capaz e não possua impedimentos (artigo 972, do CC[13]). Assim, podemos concluir que o Código Civil traça dois requisitos para o exercício da atividade empresária, um positivo (capacidade) e o outro negativo (ausência de impedimentos).

Consigna-se que tais exigências são cumulativas, de modo que a ausência de uma delas impede o inicial da atividade empresarial na modalidade individual.

3.1. Capacidade

O primeiro requisito pode ser encarado como positivo, pois diz respeito à capacidade civil, um atributo que a pessoa tem de ter, ou seja, aquele que está em perfeitas condições de gozar de todos os atos da vida civil, não se

13 Art. 972. Podem exercer a atividade de empresário os que estiverem em pleno gozo da capacidade civil e não forem legalmente impedidos.

enquadrando nesse rol os absolutamente incapazes (artigo 3º, do CC[14]) e os relativamente incapazes (art.4º, do CC[15]).

Desse modo, tanto os absolutamente incapazes quanto os relativamente incapazes não poderão iniciar atividade empresarial, pois não gozam de capacidade civil para tanto.

O instituto da incapacidade civil foi criado justamente para proteger o patrimônio daqueles que a lei presume que não possuem pleno discernimento para realização de determinados atos possíveis de implicar numa redução substancial de seus bens. Nessa mesma linha, é inegável que a atividade empresarial individual é um risco e gera a responsabilidade ilimitada de quem a exerce, de maneira que quem se arrisca por trilhar esse caminho deve estar em plena ciência do que pode vir a acontecer. Portanto, é perfeitamente correta a vedação do inicio de atividade empresarial por incapazes.

---

14 Art. 3º São absolutamente incapazes de exercer pessoalmente os atos da vida civil:

I – os menores de dezesseis anos;

II – os que, por enfermidade ou deficiência mental, não tiverem o necessário discernimento para a prática desses atos;

III – os que, mesmo por causa transitória, não puderem exprimir sua vontade.

15 Art. 4º São incapazes, relativamente a certos atos, ou à maneira de os exercer:

I – os maiores de dezesseis e menores de dezoito anos;

II – os ébrios habituais, os viciados em tóxicos, e os que, por deficiência mental, tenham o discernimento reduzido;

III – os excepcionais, sem desenvolvimento mental completo;

IV – os pródigos.

Parágrafo único. A capacidade dos índios será regulada por legislação especial.

3.1.1. Continuação de atividade por incapaz

É certo que a regra é a de que os incapazes não podem desenvolver atividade empresarial, muito embora exista uma exceção prevista no artigo 974[16], do Diploma Civil, aduzindo que o incapaz poderá, por meio de seu representante legal (incapacidade absoluta) ou assistido (incapacidade relativa), continuar a empresa nos casos de incapacidade superveniente, ou seja, quando tenha se tornado incapaz no momento em que já exercia referida atividade, ou ainda nos casos em que continue a mesma por sucessão ou herança.

Todavia, o patrimônio já existente à época da sucessão ou interdição, desde que estranho ao acervo da empresa não fica sujeito ao resultado da atividade, devendo constar tais fatos no alvará que conceder a autorização (artigo 974, §2º, do CC).

Para que essa continuação seja possível, é necessária uma autorização judicial, que será concedida após exame dos riscos do negócio, a qual poderá ser revogada pelo juiz, ouvidos os pais, tutores ou representantes, sem prejuízo das relações com terceiros (artigo 974, §1º, do CC). Caso o representante ou assistente do incapaz não possa exer-

---

[16] Art. 974. Poderá o incapaz, por meio de representante ou devidamente assistido, continuar a empresa antes exercida por ele enquanto capaz, por seus pais ou pelo autor de herança.

§ 1º Nos casos deste artigo, precederá autorização judicial, após exame das circunstâncias e dos riscos da empresa, bem como da conveniência em continuá-la, podendo a autorização ser revogada pelo juiz, ouvidos os pais, tutores ou representantes legais do menor ou do interdito, sem prejuízo dos direitos adquiridos por terceiros.

§ 2º Não ficam sujeitos ao resultado da empresa os bens que o incapaz já possuía, ao tempo da sucessão ou da interdição, desde que estranhos ao acervo daquela, devendo tais fatos constar do alvará que conceder a autorização.

cer atividade empresarial ou seja mais conveniente, o juiz poderá nomear um gerente que ficará incumbido das atividades pertinentes aos negócios, porém, o representante ou assistente continua responsável pelos atos praticados por esse administrador (artigo 975, do CC17).

Por fim, ressalta-se que o emancipado pode perfeitamente exercer atividade empresarial, pois já adquiriu a plena capacidade civil, mesmo ainda não tendo adquirido a idade de 18 anos.

Não é de se estranhar essa regra trazida pelo legislador em facultar e possibilitar o incapaz, nos casos supramencionados, de continuar a empresa, uma vez que essa quando iniciada forma uma gama de relações que se tornam importantes não só para o exercente da atividade, mas também para aqueles que dela dependem, como por exemplo, seus funcionários. Ademais, ela faz com que circule o mercado, na medida em que contrata produtos e serviços de outras empresas. Por isso, o incapaz não pode iniciar a empresa para não comprometer eventual patrimônio pessoal, mas poderá continuá-la para não prejudicar direito de terceiros e, também, terá o seu assegurado, não sendo atingido seu patrimônio pessoal quando evidentemente estranho ao exercício social.

Perfeito o Código Civil em prever a possibilidade de continuidade pelo incapaz, pois toda regra absoluta engessa o ordenamento jurídico e não consegue adentrar nas

---

17 Art. 975. Se o representante ou assistente do incapaz for pessoa que, por disposição de lei, não puder exercer atividade de empresário, nomeará, com a aprovação do juiz, um ou mais gerentes.

§ 1º Do mesmo modo será nomeado gerente em todos os casos em que o juiz entender ser conveniente.

§ 2º A aprovação do juiz não exime o representante ou assistente do menor ou do interdito da responsabilidade pelos atos dos gerentes nomeados.

nuances de cada caso. É certo que deve ser protegido o patrimônio do incapaz, mas não a qualquer custo. Não podemos proteger o interesse de um e lesar o de vários, principalmente quando a maioria é composta por trabalhadores. Com a atual regra da continuidade, a lei protege o incapaz e, também, os trabalhadores, adequando-se perfeitamente com os anseios sociais da atualidade.

3.1.2. Incapaz Sócio de Sociedade

Quando aduzimos que o incapaz não pode iniciar a atividade empresarial, estamos nos referido à modalidade singular – individual – não podendo ele pessoa física exercer a empresa. No entanto, quando se fala em sociedade, fala-se em pessoa jurídica, que será a exercente da empresa e não seus sócios.

Sendo assim, a legislação permite perfeitamente que o incapaz seja sócio de sociedade, desde que o capital esteja totalmente integralizado, que não pratique nenhum ato de gestão e que seja uma sociedade de responsabilidade limitada, ou seja, que não permite que o patrimônio dos sócios, em regra, seja atingido pelas dívidas da empresa.

Assim, como se trata de uma espécie societária que limita a responsabilidade, o incapaz poderá figurar como sócio, vez que perderá, no máximo, aquilo que investiu. Quem traz essa autorização de forma expressa é o artigo 974, §3º do Código Civil.

Completamente acertada essa regra recém-inserida na legislação, uma vez que seria totalmente danoso ao incapaz excluí-lo por completo da vida empresarial. Estando assistido (incapacidade relativa) ou representado (incapacidade absoluta) perfeitamente plausível que seja sócio.

3.2. Ausência de Impedimento

O segundo pressuposto que a lei preconiza como sendo essencial para o exercício da atividade empresarial é negativo, não podendo haver nenhum impedimento decorrente de lei que vede tal exercício.

Em regra as vedações guardam pertinência com cargos ocupados, os quais se demonstram incompatíveis com o exercício de empresa, mas podem ser oriundos de sanções, como por exemplo, o falido que não pode exercer atividade empresarial antes de quitar com suas obrigações (artigo 102, da Lei 11101/05[18]).

Desse modo, deve-se analisar o regulamento ou o estatuto específico de cada profissão a fim de averiguar se a mesma é incompatível ou não com a atividade empresarial, sendo certo que na omissão delas, entende ser perfeitamente possível a prática desse ato econômico.

As principais profissões que estão impedidas de exercer atividade empresarial são:

Agentes Públicos (artigo 117, inciso X, da Lei nº. 8112/90): Inclui os chefes do executivo em todas as esferas (Presidente; Governador; Prefeito), bem como os ministros

---

[18] Art. 102. O falido fica inabilitado para exercer qualquer atividade empresarial a partir da decretação da falência e até a sentença que extingue suas obrigações, respeitado o disposto no § 1º do art. 181 desta Lei.
Parágrafo único. Findo o período de inabilitação, o falido poderá requerer ao juiz da falência que proceda à respectiva anotação em seu registro.

de Estado e os ocupantes de cargos públicos em comissão. Não podem exercer a empresa individual nem praticar nenhum ato de gestão ou administração em sociedades, mas podem se tornar acionistas ou cotistas dessas, desde que a responsabilidade seja limitada;

Juízes de Direito (artigo 95, inciso I, da Constituição da República);

Membros do Ministério Público (artigo 128, §5º, inciso II, aliena "c", da CF);

Militares da ativa (artigo 29, da Lei nº. 6880/80);

Leiloeiros (artigo 36, Decreto nº. 21891/32);

Prepostos (artigo 1170, do Código Civil).

4. REGISTRO

O registro é obrigatório para todo empresário e sociedade empresária, muito embora esse ato apenas regularize a atividade empresarial, tanto para quem a explora na forma individual como coletiva, de modo que a não observância desse procedimento enseja apenas a irregularidade da atividade e não sua inexistência. Assim, o registro é condição para a regularidade do empresário e não de existência, de modo que a não observância desse procedimento implicará em algumas peculiaridades.

Em consonância a esse entendimento se posiciona a unanimidade da doutrina, a exemplo de Sérgio Campinho, o qual afirma de forma sábia que:

> "Temos, assim, o registro como ato declaratório e não constitutivo da qualidade de empresário. O arquivamento dos atos constitutivos das firmas individuais ou das sociedades

> na Junta Comercial não assegura, pelo só efeito do registro, a condição de empresário que se verifica pelo exercício profissional da atividade que lhe é própria, tal qual definida no artigo 966".

Em sendo o registro do empresário obrigatório, aquele que não obedece a esse preceito será considerado irregular em sua atividade e terá acarretado contra si alguns malefícios, tais como:

- Não poderá contratar com o poder público;
- Possuirá responsabilidade ilimitada, respondendo com seus bens pessoais;
- Não poderá requerer a falência de outro empresário, mas poderá ter a sua decretada etc.

Fábio Ulhoa Coelho (2009, p.66) leciona no sentido de que "são obrigações de natureza formal, mas cujo desatendimento gera consequências sérias – em algumas hipóteses, inclusive, penais. A razão de ser dessas formalidades, que o direito exige dos exercentes de atividade empresarial, diz respeito ao controle da própria atividade, que interessa não apenas aos sócios do empreendimento econômico, mas também aos seus credores e parceiros, ao fisco e, em certa medida, à própria comunidade. O empresário que não cumpre suas obrigações gerais – empresário irregular – simplesmente não consegue entabular e desenvolver o negócio com empresários regulares, vender para a Administração Pública, contrair empréstimos bancários, requerer a recuperação judicial etc. Sua empresa será informal, clandestina e sonegadora de tributos."

Tais penalidades são impostas justamente para coibir a existência de atividades irregulares, na medida em que a lei não pode proteger quem está à sua margem, não respeitando seus ditames.

Ressalto, por oportuno, que o registro é condição de regularidade da atividade e não de sua existência, uma vez que essa existe no plano fático, não estando apenas legalizada. É o caso da Sociedade em Comum, que trataremos na parte destinada ao Direito Societário, mas que, por ora, menciona-se que ela não possui registro, mas existe e é reconhecida pela própria lei (artigos 986 a 990 do Código Civil).

4.1. Órgãos de Fiscalização e Registro

A norma que disciplina e traz regras específicas para o registro do empresário é a Lei nº. 8934/94 (Lei de Registro Público das Empresas Mercantis), a qual incube a dois órgãos o dever de regular, fiscalizar e efetivar o registro das empresas mercantis. São eles: DNRC (Departamento Nacional de Registro do Comércio) e Junta Comercial.

O primeiro consiste em um órgão integrante da administração federal, tendo como características principais o poder de editar normas gerais relacionadas a questões técnicas e de fiscalização das Juntas Comerciais, não promovendo nenhum registro diretamente.

O DNRC, segundo artigo 4º, da Lei de Registro das Empresas Mercantis, supervisionará e coordenará, no plano técnico, os órgãos incumbidos da execução dos serviços de Registro Público de Empresas Mercantis e Atividades Afins; estabelecerá e consolidará, com exclusividade, as normas e diretrizes gerais do Registro Público de Empresas Mercantis e Atividades Afins; solucionará dúvidas ocorrentes na interpretação das leis, regulamentos e demais normas relacionadas com o registro de empresas mercantis, baixando instruções para esse fim, prestará orientação às Juntas Comerciais, com vistas à solução de consultas e à observância das normas legais e regulamentares do Registro Público de Empresas Mercantis e Atividades Afins, exercerá ampla fiscalização jurídica sobre os órgãos incumbidos do Registro Público de Empresas Mercantis e Atividades Afins, representando para os devidos fins às autoridades administrativas contra abusos e infrações das respectivas normas, e requerendo tudo o que se afigurar necessário ao cumprimento dessas normas; estabelecerá normas procedimentais de arquivamento de atos de firmas mercantis individuais e sociedades mercantis de qualquer natureza; promoverá ou providenciar, supletivamente, as medidas tendentes a suprir ou corrigir as ausências, falhas ou deficiências dos serviços de Registro Público de Empresas Mercantis e Atividades Afins; prestará colaboração técnica e financeira às juntas comerciais para a melhoria dos serviços pertinentes ao Registro Público de Empresas Mercantis e Atividades Afins; organizará e manterá atualizado o cadastro nacional das empresas mercantis em funcionamento no País, com a cooperação das juntas comerciais; instruirá, examinará e encaminhará os processos e recursos a serem decididos pelo Ministro de Estado da Indústria, do Comércio e do Turismo, inclusive os pedidos de autorização para nacionalização ou instalação de filial, agência, sucursal ou estabelecimento no País, por sociedade estrangeira, sem prejuízo da competência de outros órgãos federais; promoverá e efetuará estudos, reuniões e publicações sobre assuntos pertinentes ao Registro Público de Empresas Mercantis e Atividades Afins.

Por outro lado, a Junta Comercial – órgão da administração estadual – possui competência para o efetivo registro das empresas, ou seja, quem efetua o registro do empresário ou da sociedade empresária é a Junta Comercial, de modo que cada ente da federação possui sua junta, com sede na respectiva capital e competência em todo seu território (art.5º, LRE). Assim, a título de exemplo, no Estado de São Paulo, situa-se a Junta Comercial do estado de São Paulo, sediada na capital paulista e com competência para atuar em todo seu território.

Todas as Juntas se subordinam administrativamente ao Estado e tecnicamente ao DNRC, com exceção da Junta Comercial do Distrito Federal, a qual está subordinada nas modalidades técnica e administrativa ao Departamento Nacional de Registro do Comércio.

Portanto, tem-se que todo empresário ou sociedade empresária deve efetuar seu registro na Junta Comercial de sua sede, mas as atividades consideradas civis (não empresárias) deverão efetuar sua inscrição no Cartório de Registro Civil de Pessoas Jurídicas, como, por exemplo, as Sociedades Simples.

Regra peculiar vale para a Sociedade Cooperativa que, apesar de ser necessariamente uma Sociedade Simples (artigo 982, § único, do CC), efetuará seu registro na Junta Comercial.

As sociedades de advogados farão sua inscrição no Conselho Seccional da Ordem dos Advogados do Brasil (artigo 15, EOAB).

4.2. Atos de registro

Os atos de registros se apresentam sob três modalidades: Matrícula; Arquivamento e Autenticação.

A Matrícula é o ato pelo qual se faz a inscrição dos leiloeiros, tradutores públicos e intérpretes comerciais, trapicheiros e administradores de armazéns-gerais no Registro Público das Empresas Mercantis. Sempre que se pensar num profissional que deve ser regularizado perante a Junta Comercial, o ato de seu registro é batizado de matrícula, requerendo esse sua inscrição matricular para se regularizar em sua profissão.

O Arquivamento, por sua vez, é destinado à constituição, alteração, dissolução e extinção das firmas mercantis individuais ou sociedades mercantis. A empresa, individual ou coletiva, deve levar seus atos constitutivos para serem registrados na Junta Comercial, a qual o fará por meio do arquivamento, engavetando os mesmos em seus arquivos, daí a origem do nome desse ato.

Por fim, a Autenticação fica reservada aos instrumentos de escrituração das empresas ou dos agentes auxiliares do comércio, dando legitimidade a esse papeis quando autenticados.

Em síntese, temos a matricula para a inscrição das profissões acima mencionadas, o arquivamento como ato pelo qual se fará o registro da empresa e a autenticação para dar veracidade aos livros obrigatórios dessas atividades.

Ao praticar os referendados atos, a Junta Comercial sob nenhuma hipótese irá analisar o mérito daquela conduta tomada, mas, tão somente, se estão presentes seus requisitos formais. Por exemplo: Imagine uma empresa individual que requer inscrição no Registro Público das Empresas Mercantis. Ao efetuar a inscrição, a Junta Comercial analisará apenas os requisitos exigidos pela lei, tais como capacidade da pessoa para se tornar empresário, se não existem impedimentos, se no contrato consta o nome da firma etc., mas, em momento algum deliberará sobre os motivos que levaram essa pessoa física a requerer a inscrição como empresário individual.

No caso do ato de arquivamento, caso apresente vício sanável, a junta concederá um prazo de 30 dias para que o mesmo seja sanado; ao passo que se o vício for insanável, não restará alternativa senão a de indeferir o registro da empresa ou sociedade empresária[19].

Caso o empresário ou a sociedade empresária institua uma filial em outro Estado, deverá promover, também, o registro na Junta Comercial desse ente, com a prova da inscrição originária, bem como averbar o registro no órgão da respectiva sede. Por exemplo: Um empresário é registrado na Junta Comercial do Estado do Rio de Janeiro e abre uma sucursal na cidade de Manaus – AM. Deverá, então, efetuar o registro dessa atividade, com a prova da inscrição originária, na Junta Comercial do Estado do Amazonas, bem como averbar seu registro no órgão de sua sede, mencionando a abertura de outro estabelecimento. Entretanto, tal procedimento é dispensável na hipótese de essa filial se situar no mesmo Estado de sua sede, ocasião em que deverá apenas ser averbada a constituição no registro original.

---

[19] (Lei nº. 8934/94) Art. 40. Todo ato, documento ou instrumento apresentado a arquivamento será objeto de exame do cumprimento das formalidades legais pela junta comercial.

§ 1º Verificada a existência de vício insanável, o requerimento será indeferido; quando for sanável, o processo será colocado em exigência.

§ 2º As exigências formuladas pela junta comercial deverão ser cumpridas em até 30 (trinta) dias, contados da data da ciência pelo interessado ou da publicação do despacho.

§ 3º O processo em exigência será entregue completo ao interessado; não devolvido no prazo previsto no parágrafo anterior, será considerado como novo pedido de arquivamento, sujeito ao pagamento dos preços dos serviços correspondentes.

5. ATIVIDADE RURAL

É fato que toda atividade empresarial deve ser devidamente registrada na Junta Comercial de sua sede. Porém, o Novo Código Civil, em seu artigo 971[20] traz uma exceção concernente ao exercente de atividade rural, aquela desenvolvida fora do âmbito urbano, tais como agricultura, pecuária, entre outras.

Para essas atividades a inscrição no Registro Público das Empresas Mercantis é facultativa, não estando o exercente obrigado a efetuar o registro. Isso porque a lei procurou dar tratamento diferenciado a essa atividade quando desenvolvida no âmbito familiar, a fim de que o exercente não se visse coagido às obrigações comuns de qualquer empresário, tal como escriturar livros.

No Brasil, existem dois tipos de atividade rural. Tem-se aquela exercida de forma rude, em que uma família trabalha em sua própria terra e desenvolve atividade para fins de subsistência, de alimentação, não almejando maiores lucratividades com o que planta e cria.

De modo diverso, é cada vez mais presente a figura do agronegócio em terras nacionais, o qual explora atividade rural em larga escala, para a produção de alimentos e insumos destinados ao consumo estadual, nacional e até internacional. Para esse último, a melhor opção é se registrar na Junta Comercial e assim se equiparar a qualquer outra empresa, tendo em vista que se trata de uma atividade extremamente organizada.

---

[20] Art. 971. O empresário, cuja atividade rural constitua sua principal profissão, pode, observadas as formalidades de que tratam o art. 968 e seus parágrafos, requerer inscrição no Registro Público de Empresas Mercantis da respectiva sede, caso em que, depois de inscrito, ficará equiparado, para todos os efeitos, ao empresário sujeito a registro.

Entretanto, para que o agricultor familiar de subsistência não fique obrigado a diversos deveres, não estará obrigado a se inscrever no Registro Público das Empresas Mercantis.

Salienta-se que a atividade rural não está obrigada a promover o registro, mas, caso o faça, ficará equiparada à atividade rural, gozando dos benefícios e tendo os deveres de qualquer empresário.

O enunciado 202 do CJF (Conselho da Justiça Federal) estabelece que "o registro do empresário ou sociedade rural na Junta Comercial é facultativo e de natureza constitutiva, sujeitando-o ao regime jurídico empresarial. É inaplicável esse regime ao empresário ou sociedade rural que não exercer tal opção".

Em lúcida exposição, Fábio Ulhoa Coelho leciona no sentido de que o registro da atividade rural será feito, em regra, pelo agronegócio, ao passo que o pequeno produtor não se regularizará perante a Junta Comercial[21]".

6. NOME EMPRESARIAL

Nome é o instituo pelo qual uma pessoa é conhecida, seja ela física ou jurídica. Com ele há uma identificação, um registro que faz com que a pessoa tenha uma identidade única, diferente de tudo que existe. Ele traz singularidade a um mundo repleto de universalidades.

A empresa seja ela exercida na modalidade individual ou coletiva, quando devidamente constituída, também recebe um nome para se identificar e ser reconhecida, dife-

---

21 COELHO, Fábio Ulhoa. *Curso de Direito Comercial*. 13.ed. São Paulo: Saraiva, 2009, v.1, p. 76.

renciando-se das demais. Para isso, dá-se a classificação de Nome Empresarial, que pode ser adotado nas formas firma ou denominação, consoante aduz o artigo 1.155, do Código Civil de 2002[22].

A modalidade de nome empresarial conhecida como firma leva em seu bojo o patronímico da pessoa física ou das pessoas físicas que a compõem, de modo que o nome da empresa terá, necessariamente, que conter o nome das pessoas físicas que exercem a atividade. Isso significa dizer que o nome de um, de alguns ou de todos os sócios terão que constar no o núcleo do nome da sociedade que compõem, assim como o nome da pessoa física do empresário individual irá formar o nome empresarial de sua firma individual, de modo que na modalidade firma é vedada a existência de elemento fantasia.

A firma pode ser individual, quando usada pelo empresário individual. Nesse caso, ela será composta pelo nome civil do empresário de forma extensa ou abreviada, podendo constar o ramo de atividade que atua. Por exemplo, imagine uma empresa individual constituída por Benedito da Silva, que irá atuar no ramo de padaria. O nome empresarial deverá ser o nome civil do empresário de forma extensa ou abreviada, acompanhada ou não do ramo de atividade. Assim, poderíamos ter essa empresa com os seguintes nomes: B. Silva Comércio de Pães; Benedito Silva Padaria; Benedito S. Comércio de Pães etc.

A firma também pode ser social, quando utilizada por sociedades. Assim, para não precisar constar o nome de

---

[22] Art. 1.155. Considera-se nome empresarial a firma ou a denominação adotada, de conformidade com este Capítulo, para o exercício de empresa.

todos os sócios, pode ser utilizada a partícula & Cia ao final do nome, de forma extensa ou abreviada, ou seja, consta-se o nome civil um ou de alguns sócios e, ao fim, a partícula & Cia.

Ressalta-se que na modalidade firma não pode ser utilizado apelido da pessoa para constar no nome da empresa. De modo que se o sócio ou empresário individual se chama José, não poderá colocar no nome da sociedade seu apelido "Zezão".

Para aqueles que utilizam a modalidade firma, caso haja alguma alteração na composição da sociedade, como exclusão ou retirada de sócio, é necessária a alteração do contrato social, a fim de que se possa retirar o nome civil do sócio que não mais faz parte da empresa (artigo 1165, do CC[23]).

Já a modalidade denominação de nome empresarial não precisa guardar similitude com o nome civil dos sócios que formam a sociedade, uma vez que nela está autorizado o uso de um elemento fantasia para designar o exercente da atividade empresarial. Assim, temos como exemplo de denominação alguns nomes famosos como: Banco Itaú; Companhia Vale; Petrobrás etc.

Por se tratar de um elemento fantasia na composição do nome empresarial, as sociedades que dela se utilizarem deverão, obrigatoriamente, designar o objeto social exercido pela empresa de modo verídico e real, não podendo ludibriar, tampouco omitir essa informação. Por exemplo, Itaú é o nome, ao passo que o Banco é a designação do objeto social, o que a empresa exerce. Por isso, não poderia o Banco Itaú, colocar o nome de Padaria Itaú, vez que a

[23] Art. 1.165. O nome de sócio que vier a falecer, for excluído ou se retirar, não pode ser conservado na firma social.

designação do objeto social estaria errada e induzindo terceiros de boa-fé a erros.

Estão obrigados a utilizar a modalidade firma o empresário individual, por força do artigo 1156, do Código Civil, a Sociedade em Nome Coletivo, em atendimento ao disposto no artigo 1041, do Código Civil e a Sociedade em Comandita Simples, consoante artigo 1046, também do Novo Diploma Civil.

Obrigados a utilizar a modalidade denominação estão a Sociedade Anônima, artigo 1160, do Código Civil e a Sociedade Cooperativa, por regra extraída do artigo 1159, do Novo Código de 2002.

O Empresário Individual de Responsabilidade LTDA, a Sociedade Limitada e a Comandita por Ações têm a faculdade de optar por uma modalidade ou outra, conforme melhor entendam os seus sócios, de modo que poderão utilizar tanto o nome firma social como a denominação, por inteligência dos artigos 1158 e 1161, do Código Civil, respectivamente.

6.1. Princípios

Existem dois princípios que devem ser seguidos pelas duas modalidades de nome empresarial, tanto firma quanto denominação. O primeiro deles é o da novidade, segundo o qual o nome empresarial deve ser novo no Estado onde é feito registro, não sendo idêntico ou semelhante a nenhum outro já registrado na Junta Comercial daquele estado, com o escopo de se evitar a concorrência desleal e o desvio de clientela.

A novidade aqui é absoluta, ou seja, não pode existir no ente da federação onde será registrada a atividade empresarial nenhuma outra empresa, em qualquer ramo de atividade, com nome idêntico ou semelhante.

Outro princípio é do da veracidade, o qual aduz que sempre que possível, o nome empresarial deve guardar similitude e autenticidade com o mundo exterior. Assim, na modalidade firma, a veracidade é atendida na medida em que a firma individual ou social é composta pelo nome civil do empresário ou dos sócios da sociedade empresária, devendo a mesma ser modificada caso passe por alteração em sua composição. No mesmo sentido, deve também atender ao princípio da veracidade a modalidade denominação, vez que, apesar de essa poder se constituir segundo um elemento fantasia, ela não pode indicar de forma errada o objeto social exercido pela empresa.

Por isso, enganam-se aqueles que dizem que na denominação não é preciso se ter atenção ao princípio da veracidade.

Romano Cristiano (2008, p. 177) fala sobre o tema com propriedade: "O princípio da veracidade é aplicável também às denominações, na parte referente ao objeto social. Em outras palavras, a denominação da sociedade limitada, ao indicar – de forma genérica ou específica, total ou parcial, de acordo com as conveniências dos sócios – o objeto constante do texto contratual, deve fazê-lo com a maior fidelidade possível. Não poderia, assim, sociedade destinada ao transporte de passageiros mediante ônibus ter como denominação 'Mercúrio Indústria e Comércio LTDA."

6.2. Proteção

Por ser o nome empresarial registrado na Junta Comercial e por ser essa um órgão de competência estadual, a proteção conferida ao nome será dada apenas no estado em que for registrado. Assim, um registro realizado na Junta

Comercial do Estado de São Paulo ganhará proteção em todo território desse ente federativo, impedindo que qualquer outra empresa seja designada com nome semelhante ou idêntico a esse e que queira se constituir em território paulista.

Porém, nome idêntico poderá ser registrado no estado vizinho do Rio de Janeiro, por não ter a primeira junta competência para salvaguardar interesses nessa região, a qual compete à Junta Comercial do Estado do Rio de Janeiro.

Por isso, caso o empresário queira ganhar proteção em outro Estado, deverá, também, requerer seu registro nesse local e averbar o mesmo no registro original de sua sede.

6.3. Alienação

Quando se tratar de uma sociedade empresária que adote a modalidade denominação de nome empresarial, sua alienação poderá se realizar perfeitamente.

Por outro lado, em atendendo ao principio da veracidade, quando o nome empresarial se apresentar na modalidade firma, seja ela individual ou social, o mesmo não poderá ser alienado, tendo em vista que ele identifica a pessoa física exercente da atividade empresarial, bem como o sócio ou os sócios da sociedade empresária (artigo 1164[24], do CC).

Certo é que, para efeito de transferência do estabelecimento por ato entre vivos, o adquirente poderá utilizar o nome do alienante se o contrato permitir, precedido de seu

---

[24] Art. 1.164. O nome empresarial não pode ser objeto de alienação. Parágrafo único. O adquirente de estabelecimento, por ato entre vivos, pode, se o contrato o permitir, usar o nome do alienante, precedido do seu próprio, com a qualificação de sucessor.

próprio com a qualificação de sucessor (artigo 1164, parágrafo único, do CC).

7. OBRIGAÇÕES DO EMPRESÁRIO

O empresário está sujeito às obrigações genéricas e comuns a quaisquer outras pessoas que praticam negócios jurídicos, tais como: pagar tributos; pagar funcionários; agir com probidade e boa-fé nas suas relações contratuais, entre outras.

No entanto, o empresário e a sociedade empresária estão sujeitos a uma obrigação específica, prevista no Diploma Civil, que consiste na escrituração de livros contábeis, a fim de regularizar e manter escriturado o dia-dia de sua empresa, evitando, dessa maneira, a sonegação fiscal nas três esferas: federal, estadual e municipal.

Em tempos longínquos, os comerciantes conseguiam gravar na própria memória todos os contratos, vendas, lucros e saídas que possuíam no cotidiano de negócio. Isso porque geralmente eram negócios familiares que envolviam pequenas quantias de dinheiro e que não guardavam maiores complexidades. Por isso, nessa época, a lei não impunha ao comerciante nenhuma obrigação de manter livros contábeis escriturados, de modo que tudo era guardado na memória dos comerciantes.

Entretanto, na atualidade já não se pode mais ser assim, imputando todas as relações comerciais de uma empresa única e exclusivamente à memória do exercente da atividade, uma porque as relações hoje são em maior vulta, de modo que o empresário não conseguiria manter guardado consigo todos os atos, vendas e compras praticadas no dia-dia de seu negócio, duas para evitar que as empresas ajam sem regularização e soneguem créditos fiscais, trabalhistas e previdenciários. Por isso, os artigos 1179 e seguintes do

Código Civil estipulam ser obrigatória a escrituração de livros para o empresário e para a sociedade empresária, a fim de manter uma regularização contábil.

Diante do exposto, percebe-se que os livros empresariais nada mais são do que documentos que procuram legitimar e exemplificar o dia-dia de determinada empresa, a fim de que essa possa ter controle sobre suas funções, bem como possa provar que está agindo de maneira correta para com o fisco e terceiros.

Por isso, a doutrina costuma classificar as funções principais do livro em duas, quais sejam: contabilização da atividade para o empresário, mensurando o quantum da lucratividade média diária e prova de regularidade, seja para o fisco ou, em caso de sociedade, também para os outros sócios que não participam da administração.

Para Waldo Fazzio Júnior (2009, p; 45) "A escrituração é a radiografia da empresa. Por isso, a lei impõe ao empresário o dever de manter escrituração em ordem. É de seu próprio interesse, seja para atender os ditames legais, seja para propiciar a fiscalização tributária, seja para a eventualidade de fazer prova em juízo."

Marcelo Bertoldi (2009, p.79) consigna que "para a escrituração encontramos uma dupla função" e continua ao afirmar que "internamente, sua utilidade relaciona-se com a necessidade de um controle gerencial das atividades empresárias, de forma auxiliar no acompanhamento dos resultados do negócio, corrigir possíveis desvios e implementar posturas administrativas com o objetivo de aumentar o lucro ou diminuir os prejuízos . Ainda internamente, serve a escrituração para posicionar os sócios a respeito do andamento da sociedade empresária" e finaliza dizendo ter "a escrituração também grande utilidade externa à empresa, na medida em que é através dos apontamentos escriturais que o Estado irá fiscalizar e cobrar tributos e é por meio dos registros comerciais que se fará prova perante o Poder Judiciário a respeito da atividade empresarial."

7.1. Livro Obrigatório

Atualmente, segundo artigo 1.180, do CC[25], é indispensável a todos os empresários e a sociedade empresária a escrituração do livro *diário,* o qual possui finalidade precípua de lançar, com individuação, clareza e caracterização do documento respectivo, dia a dia, por escrita direta ou reprodução, todas as operações relativas ao exercício da empresa, podendo o mesmo ser substituído por fichas ou lançamento mecanizado.

Assim, todo empresário e sociedade empresária devem manter escriturado o livro diário. Referido livro, como o nome próprio mensura, irá constar efetivamente o dia econômico e financeiro da empresa, devendo nele ser lançado o que efetivamente ocorreu na prática.

O pequeno empresário (empresário ou sociedade empresária que aufira receita bruta anual de até R$ 360.000,00) e o empresário de pequeno porte (empresário ou sociedade empresária que aufira receita bruta anual de até

[25] Art. 1.180. Além dos demais livros exigidos por lei, é indispensável o Diário, que pode ser substituído por fichas no caso de escrituração mecanizada ou eletrônica.
Parágrafo único. A adoção de fichas não dispensa o uso de livro apropriado para o lançamento do balanço patrimonial e do de resultado econômico.

R$ 3.600.000,00), regidos pela LC 123/06, optantes pelo Simples Nacional, estão dispensados da escrituração do livro diário, a fim de facilitar a consecução de sua atividade. Ora, por óbvio que a escrituração desse livro traz um ônus para o exercente da atividade, sendo a mesma complexa, de modo que a LC 123/06 foi criada justamente para simplificar e facilitar o exercício daquelas empresas consideradas pequenas. Portanto, perfeitamente justificável a dispensa dessa formalidade para tais figuras.

O diário pode ser substituído por fichas em caso de escrituração mecanizada ou eletrônica (artigo 1180, do CC). Não é possível mais o Direito fechar os olhos para a tecnologia, principalmente da informática e de transmissão de dados, devendo a legislação se adequar a essas novas tecnologias que facilitam a escrituração de livros. Nesse sentido, preconiza o artigo 1180, do Código Civil.

O empresário ou a sociedade empresária deve fazer anualmente o balanço patrimonial e de resultado econômico.

Os livros serão escriturados em língua e moeda corrente nacionais e em forma contábil, por ordem cronológica de dia, mês e ano, sem intervalos em branco, nem entrelinhas, borrões, rasuras, emendas, ou transportes para as margens (artigo 1183[26], do CC).

No Diário serão lançadas com clareza todas as operações realizadas no dia da empresa.

---

[26] Art. 1.183. A escrituração será feita em idioma e moeda corrente nacionais e em forma contábil, por ordem cronológica de dia, mês e ano, sem intervalos em branco, nem entrelinhas, borrões, rasuras, emendas ou transportes para as margens.
Parágrafo único. É permitido o uso de código de números ou de abreviaturas, que constem de livro próprio, regularmente autenticado.

A escrituração deve ficar a cargo de profissional contabilista especializado, salvo se não existir um na localidade (artigo 1182[27], do CC).

7.2. Outros livros

Por óbvio que o diário não é o único livro a ser mantido, longe disso. É o único dentre os obrigatórios para todas as atividades empresariais, pois existem outros livros específicos e que se tornam obrigatórios caso a empresa atue em determinadas atividades, como, por exemplo: o empresário ou sociedade empresária que emite duplicata é obrigado a manter o "Livro de Registro de Duplicatas", com escopo de ter controle das mesmas e assim sucessivamente.

As Sociedades Anônimas, por serem grandes corporações e de maiores complexidades, devem manter escriturado diversos livros, os quais estão estampados no artigo 100, da Lei nº. 6404/74, vejamos:

I – o livro de Registro de Ações Nominativas, para inscrição, anotação ou averbação:

II – o livro de "Transferência de Ações Nominativas", para lançamento dos termos de transferência, que deverão ser assinados pelo cedente e pelo cessionário ou seus legítimos representantes;

III – o livro de "Registro de Partes Beneficiárias Nominativas" e o de "Transferência de Partes Beneficiárias Nominativas", se tiverem sido emitidas, observando-se, em ambos, no que couber, o disposto nos números I e II deste artigo;

---

[27] Art. 1.182. Sem prejuízo do disposto no art. 1.174, a escrituração ficará sob a responsabilidade de contabilista legalmente habilitado, salvo se nenhum houver na localidade.

IV – o livro de Atas das Assembleias Gerais;

V – o livro de Presença dos Acionistas;

VI – os livros de Atas das Reuniões do Conselho de Administração, se houver, e de Atas das Reuniões de Diretoria

VII – o livro de Atas e Pareceres do Conselho Fiscal

7.3. Exibição dos Livros

Os livros, em regra, são sigilosos e não podem ser mostrados para qualquer pessoa, pois eles exteriorizam e guardam o dia-dia da empresa, bem como possuem informações privilegiadas que, se caídas em mãos erradas, pode dar ensejo a muita confusão, eclodindo até em casos de concorrência desleal, uma vez que se teriam informações de como as outras empresas são e como estão procedendo.

Todavia, há exceções referendadas pela lei. Uma delas é do agente fiscal, que poderá requerer administrativamente a exibição de livros da empresa com o intuito de fiscalizar se não está havendo sonegação fiscal (artigo 195, CTN). Os agentes fiscais também possuem essa prerrogativa, consoante artigo 33, §1º, da Lei nº. 8.212/91.

O magistrado poderá requerer a exibição judicial total dos livros nos casos em que tenha decidir questões sobre sucessão, comunhão ou sociedade, administração ou gestão à conta de outrem ou em caso de falência (artigo 1191, §1º, do CC).

Pode haver também a requisição de exibição parcial dos livros em casos em que uma determinada parte seja imprescindível para solucionar tal questão.

Os livros devem estar devidamente escriturados e devem ser apresentados nessas hipóteses de exibição, pois, caso contrário, serão imputados como verdadeiros os fatos alegados contra o empresário ou a sociedade empresária.

8. PREPOSTOS DO EMPRESÁRIO

O empresário na consecução de suas atividades pode contratar pessoas que auxiliem no desenvolvimento de sua atividade, a fim de que a mesma se torne cada vez melhor para o público que atende.

Vários são os colaboradores que podem ser chamados de prepostos do empresário, ou seja, aqueles que o representa, tais como: atendentes, faxineiros, secretárias etc. Ressalta que o preponente se obriga pelos atos praticados por seus prepostos, principalmente se o mesmo ocorreu dentro do estabelecimento empresarial. Assim, qualquer prejuízo que o preposto possa vir a causar a um terceiro, o preponente responde pelos danos, de modo que poderá cobrar em regresso de seu auxiliar, caso esse tenha praticado tal conduta com dolo ou má-fé.

Como dito, várias funções de auxilio do empresário podem ser ocupadas por prepostos. Contudo, o Código Civil cuidou de disciplinar especificadamente duas delas: O Gerente e o Contabilista.

O Brasil adotou a chamada "Teoria da Aparência", segundo a qual os atos dos prepostos obrigam e vinculam o seu preponente.

8.1. Gerente

Trata-se de um preposto com funções de chefia e administração. Geralmente o cargo de gerente nas pequenas empresas é exercido pelo próprio empresário, de modo que ele mesmo organiza sua atividade.

Contudo, nada impede que o empresário contrate uma terceira pessoa para ficar no cargo de gerência da atividade empresarial.

As disposições relativas ao gerente estão previstas nos artigos 1172 a 1176, do Diploma Civil.

O gerente pode praticar todos os atos que sejam necessários para a consecução da atividade, salvo quando a lei exige poderes especiais. Tal outorga de poderes, para ganhar maior legitimidade e poder favor prova contra terceiros, deve ser devidamente averbada no Registro Público das Empresas Mercantis, a cargo da Junta Comercial.

O preponente responde pelos atos praticados por seu gerente e esse poderá representar o preponente em juízo.

8.2. Contabilista

O Contabilista é o profissional habilitado que ficará com a função de escriturar e manter a regularidade nas autenticações dos livros do empresário, de modo que o empresário apenas está dispensado de contratar um contabilista habilitado na hipótese de não existir nenhum na localidade (artigo 1182, do CC).

9. ESTABELECIMENTO EMPRESARIAL

O empresário ou sociedade empresária, para que exerça sua atividade, deve por motivos fáticos reunir elementos que possibilitem o pleno desenvolvimento de seu negócio, agrupando, para tanto, tantos bens quantos forem necessários para o exercício da empresa, sejam eles corpóreos ou incorpóreos.

Essa reunião de bens corpóreos e incorpóreos pela empresa com destinação para o exercício do objeto social é chamada de Estabelecimento Empresarial, o qual vem previsto e conceituado no artigo 1.142[28], do Novo Diploma Civil. Portanto, trata-se o Estabelecimento Empresarial de uma universalidade.

Para exemplificar a ideia, imagine uma pastelaria recém -inaugurada. Fazem parte do estabelecimento dessa empresa a cadeira para sentar, as mesas, a geladeira, o fogão, a máquina de fritar pastel, possíveis direito da propriedade industrial, nome empresarial, título de estabelecimento, ponto comercial etc.

Marcelo Bertoldi (2009, p.99), sobre a imprescindibilidade do estabelecimento empresarial, leciona no sentido de que "não se concebe a existência de um empresário, seja ele pessoa física ou moral, sem o estabelecimento empresarial, por mais rudimentar que seja, toda atividade empresarial necessita da reunião de certos bens, que, em seu conjunto, propiciam a consecução dos objetivos sociais."

Por óbvio que nenhuma empresa está imune em ter um estabelecimento empresarial, podendo ser o mais simples e rude possível, mas deve ter. Mesmo as empresas consideradas virtuais na atualidade possuem estabelecimentos empresariais, uma vez que precisam reunir os elementos e maquinários para disponibilização do produto no mundo virtual.

---

[28] Art. 1.142. Considera-se estabelecimento todo complexo de bens organizado, para exercício da empresa, por empresário, ou por sociedade empresária.

Frisa-se que o estabelecimento não se confunde com a pessoa jurídica, a empresa que o detém, de modo que uma empresa pode ter diversos estabelecimentos, como é o caso da loja de departamentos e eletroeletrônico Magazine Luiza, que possui mais de duzentos estabelecimentos espalhados pelo Brasil, mas não existe empresa que não possua um estabelecimento sequer.

Parte importante é não confundir, também, o estabelecimento empresarial com o ponto comercial, vez que esse último é apenas um elemento daquele e nada mais que isso. O conceito do primeiro é muito mais amplo, sendo o gênero do qual faz parte, também, o ponto – local físico onde se desenvolve a atividade.

O Estabelecimento empresarial também é denominado na prática de "fundo de comércio", do francês *fonds de commerce*. Todavia, tendo em vista a não mais utilização da Teoria dos Atos do Comércio em nossa legislação, mas, sim a Teoria da Empresa, melhor atualmente denominar como sinônimo de estabelecimento a palavra "fundo de empresa".

A este conjunto de bens organizados e destinados à prática da atividade empresarial deve ser dado um sobrevalor, ou seja, a venda de todos os bens de forma unitária deve corresponder a um valor maior do que se eles fossem vendidos separadamente. A esse sobre valor dá-se o nome de aviamento, que consiste na capacidade que o estabelecimento tem de gerar lucros.

O aviamento depende, por certo, da capacidade que o mesmo tem em atrair clientela ou freguesia. Clientela são pessoas que frequentam o estabelecimento porque gostam do serviço ou produto que ali é fornecido, mantendo uma relação de fidelidade com o mesmo. Por exemplo, se saio de minha casa para comer em uma churrascaria específica, isso significa que sou cliente desse estabelecimento. A freguesia, por sua vez, frequenta o estabelecimento por oportunidade, por posição geográfica, por relações de momento. Imagine que esteja passeando na Rua 25 de Março, no centro da capital paulista e fico com fome. Nessa oportunidade entro em uma lanchonete qualquer para tomar um suco e comer um salgado. Nitidamente se percebe que essa é uma relação de freguesia e não clientela. Todavia, o aviamento do estabelecimento será maior ou menor quanto maior ou menor for a clientela ou a freguesia que frequentarem o mesmo.

Ora, quando se adquire um estabelecimento, está-se adquirindo muito mais do que os valores dos bens que o compõe, mas, também, a credibilidade que o empresário adquiriu no mercado, a carteira de clientes e fregueses que por ventura frequentam o local, os fatores de produção todos já articulados e com um bom desenvolvimento, entre outros aspectos importantes.

Consigna-se que o aviamento não é um elemento do estabelecimento, sendo tão-somente um atributo, uma qualidade inerente a esse.

9.1. Natureza Jurídica

Muito já se discutiu sobre a natureza jurídica do estabelecimento empresarial. De certo que não podemos considerá-lo como sendo uma pessoa jurídica de direitos e obrigações, pois não pode se confundi-lo com a empresa (individual ou coletiva) que é sua proprietária. A empresa é sujeita de direitos, ao passo que o estabelecimento é apenas parte integrante dela, sem que, contudo, possa ser considerado pessoa de direito, mas, sim, objeto de direito.

Antes do advento do Código Civil de 2002, a maioria da doutrina convergia no sentido de ser o estabelecimento empresarial uma universalidade de fato, haja vista que seria o conjunto de bens reunidos pelo empresário ou sociedade empresária para o desenvolvimento da atividade econômica. Sendo assim, assemelhava-se a uma universalidade de fato, que não estava prevista na lei, mas cuja composição de seus bens formava um patrimônio comum para o exercício da empresa.

Após 2002, com a previsão do conceito de estabelecimento no artigo 1142, do CC, alguns autores, como Marcelo Bertoldi, passaram a afirmar que o estabelecimento empresarial teria natureza jurídica de uma universalidade de direito, haja vista que possuía previsão legal.

No entanto, a posição que ainda prepondera e corroborada pela maioria da doutrina, como Fabio Ulhoa, Marlon Tomazette e Carvalho de Mendonça é a de que o estabelecimento continua sendo uma universalidade de fato, pois, muito embora a lei preveja seu conceito, não estipula os bens que devem compor a sua formação, deixando a cargo do empresário ou da sociedade empresária essa escolha. Ademais, se fosse uma universalidade de direito, ele só poderia ser objeto unitário de direitos, ou seja, negociado de forma única e completa, o que não é o caso, pois a própria legislação autoriza a comercialização separada de seus bens, consoante nos ensina artigo 1143, do CC.

A nosso ver, concordamos com a posição que afirma ser o estabelecimento uma universalidade de fato, pois, além dos argumentos já explicitados que fundamentam essa teoria, não seria de forma alguma possível que a legislação previsse todos os bens que comporiam o mesmo, pois inúmeros são os ramos de atividade que uma empresa possa exercer e, dependendo desse, por óbvio que os elementos irão variar em cada estabelecimento empresarial. Basta pensarmos que uma padaria reunirá elementos diferentes para compor o seu estabelecimento se comparado a uma papelaria.

9.2. Ponto Comercial

Como dito, o conceito de estabelecimento empresarial não se confunde com o de ponto comercial, uma vez que esse último é apenas um elemento daquele. Estabelecimento é mais amplo, é uma universalidade que comporta diversos elementos corpóreos e incorpóreos, dentre eles está o ponto comercial.

O ponto comercial é tido como um elemento corpóreo do estabelecimento empresarial, sendo aquele lugar físico onde a atividade é desenvolvida. Por óbvio, trata-se de um elemento muito importante na consecução da atividade econômica, de modo que uma lanchonete localizada num centro comercial importante possui uma capacidade de atrair clientela e freguesia muito maior do que outra sediada em um bairro distante.

Por isso, por se tratar o ponto comercial de um elemento muito importante para a formação do estabelecimento empresarial, a Lei nº. 8245/91 (Lei de Locação de Imóveis Urbanos) conferiu proteção a ele, desde que o empresário atenda a alguns requisitos mensurados no artigo 51, de sobredita legislação, os quais serão estudados no tópico 9.2.1, deste capítulo.

É certo que o direito do locatário em renovar compulsoriamente sua locação empresarial não é absoluto, de modo que deve haver o resguardo ao direito da propriedade a que tem direito o locador. Por isso, o artigo 52, da Lei nº. 8245/91 estabelece algumas hipóteses nas quais o locador não estará sujeito a renovar o contrato, de modo que em algumas delas, tampouco será necessário existir indenização ao locatário.

9.2.1. Ação Renovatória

A locação comercial não pode ser encarada da mesma forma que uma residencial. A localização onde a empresa se estabelece é de fundamental importância para determinar, por vezes, o sucesso ou o fracasso do empreendimento. Basta imaginarmos que uma lanchonete que se localiza no centro urbano de uma cidade, por razões naturais, terá um fluxo maior de clientes e fregueses do que outra situada em um bairro afastado. Além do que, as pessoas costumam associar a empresa ao local, de modo que se esse for alterado, pode gerar consequências negativas para o exercício da atividade.

Por isso, a Lei de Locação (Lei nº. 8245/91) confere proteção às locações comerciais, assegurando o direito da renovação compulsória ao locatário, desde que, por óbvio, o mesmo atenda a alguns requisitos. Essa renovação compulsória se materializa por meio da chamada Ação Renovatória.

O artigo 51, da LL[29], elenca os seguintes requisitos para ingressar com a Ação Renovatória. São eles:

---

[29] Art. 51. Nas locações de imóveis destinados ao comércio, o locatário terá direito a renovação do contrato, por igual prazo, desde que, cumulativamente:

I – o contrato a renovar tenha sido celebrado por escrito e com prazo determinado;

II – o prazo mínimo do contrato a renovar ou a soma dos prazos ininterruptos dos contratos escritos seja de cinco anos;

III – o locatário esteja explorando seu comércio, no mesmo ramo, pelo prazo mínimo e ininterrupto de três anos.

1. Locação para fins comerciais;

2. Contrato escrito, por prazo determinado;

3. Que a soma dos prazos seja igual ou superior a 05 anos;

4. Que a empresa exerça o mesmo ramo de atividade por, pelo menos, 03 anos.

Consigna-se que esses requisitos são cumulativos. Assim sendo, a ausência de apenas um deles, desqualifica a legitimidade em pleitear a renovação compulsória.

De igual modo, importante apontar que o prazo para ingressar com referida medida se encerra antes mesmo do término do contrato de locação, o que gera, muitas vezes, a perda do direito por parte do locatário, de modo que a maioria deles se preocupa em renovar a locação quando o contrato já está no fim ou quando efetivamente já se encerrou. Infelizmente, nesse momento não haverá mais nada o que fazer, pois o prazo já terá decaído.

Por isso, tão importante quanto cumprir os requisitos, é obedecer ao prazo decadencial para ingressar com a renovatória, o qual se perdura no interregno de um ano até seis meses antes do término do contrato de locação (artigo 51, §5º, da Lei nº. 8245/91) [30].

A ação renovatória seguirá o rito do artigo 282, do CPC, devendo nela constar todos os requisitos desse dispositivo, sob pena de ser considerada inepta. Todavia, além desses, a ação deve ser instruída com as documentações exigidas no artigo 71, da Lei nº. 8245/91, quais sejam: prova

[30] Art.51
(...)
§ 5º Do direito a renovação decai aquele que não propuser a ação no interregno de um ano, no máximo, até seis meses, no mínimo, anteriores à data da finalização do prazo do contrato em vigor.

do preenchimento dos requisitos dos incisos I, II e III do art. 51; prova do exato cumprimento do contrato em curso; prova da quitação dos impostos e taxas que incidiram sobre o imóvel e cujo pagamento lhe incumbia; indicação clara e precisa das condições oferecidas para a renovação da locação; indicação do fiador quando houver no contrato a renovar e, quando não for o mesmo, com indicação do nome ou denominação completa, número de sua inscrição no Ministério da Fazenda, endereço e, tratando-se de pessoa natural, a nacionalidade, o estado civil, a profissão e o número da carteira de identidade, comprovando, desde logo, mesmo que não haja alteração do fiador, a atual idoneidade financeira; prova de que o fiador do contrato ou o que o substituir na renovação aceita os encargos da fiança, autorizado por seu cônjuge, se casado for; prova, quando for o caso, de ser cessionário ou sucessor, em virtude de título oponível ao proprietário.

9.2.2. Accessio Temporis

Questão controvertida e discutida versa sobre a continuidade ininterrupta dos contratos para perfazer a soma de cinco anos, conforme exige artigo 51, da Lei 8245/91.

Foi visto que a lei de Locação exige que haja contrato escrito, por prazo determinado e que a soma deles perfaça cinco anos. No entanto, por óbvio que, na prática, o prazo de tratativas entre um contrato e outro pode ensejar o fato de um pequeno espaço de tempo sem a formalização de contrato escrito.

Sendo assim, esse pequeno espaço de tempo entre um contrato e outro, no prazo de tratativas, teria o condão de interromper a continuidade da relação contratual e assim impedir o ajuizamento da ação renovatória?

A resposta para essa indagação não se encontra na lei, mas, sim, no posicionamento jurisprudencial pacificado pelo Superior Tribunal de Justiça, corte superior que leciona no sentido de que a *acessio temporis*, curto espaço de tempo entre um contrato e outro na fase de tratativas, em que a relação contratual fica sem documento escrito, não tem o condão de inibir a continuidade do contrato e impedir o ajuizamento da ação renovatória, senão vejamos:

> AgRg no REsp 61436 / SP. AGRAVO REGIMENTAL NO RECURSO ESPECIAL
>
> 1995/0008704-9. Relator (a). Ministro HAMILTON CARVALHIDO (1112). Órgão Julgador. T6 – SEXTA TURMA. Data do Julgamento. 16/03/2006. Data da Publicação/ Fonte. DJ 17/04/2006 p. 217. RDR vol. 39 p. 411. Ementa. AGRAVO REGIMENTAL EM RECURSO ESPECIAL. LOCAÇÃO. RENOVAÇÃO. HIATO
>
> LONGO ENTRE CONTRATOS ESCRITOS. ACCESSIO TEMPORIS. INADMISSÃO.
>
> PRECEDENTES.
>
> 1. Embora inadmitida na letra mesma da lei atualmente em vigor, a existência de hiato entre os contratos escritos, por "ininterruptos" os prazos contratuais a serem somados, esta Corte Superior de Justiça firmou sua jurisprudência no sentido de afirmar a possibilidade do accessio temporis, mesmo após a edição da Lei nº.
>
> 8.245/91, nas hipóteses em que for curto o período existente entre os contratos escritos.
>
> 2. Em hipóteses tais, em que mediou período razoável entre os contratos escritos – dezesseis meses -, não há como se ter como admissível a accessio temporis. Precedentes.
>
> 3. Agravo regimental improvido.
>
> REsp 150183 / SP
>
> RECURSO ESPECIAL
>
> 1997/0069995-1. Relator(a). Ministro VICENTE LEAL (1103). Órgão Julgador. T6 – SEXTA TURMA. Data do

Julgamento. 09/03/1999. Data da Publicação/Fonte. DJ 05/04/1999 p. 156. RT vol. 767 p. 205. Ementa. PROCESSUAL CIVIL. LOCAÇÃO. AÇÃO RENOVATÓRIA. "ACCESSIO TEMPORIS". SOMA DOS PRAZOS CONTRATUAIS. INTERRUPÇÃO MÍNIMA.

VIABILIDADE. Em sede de ação renovatória de locação comercial, se o período de interrupção entre a celebração dos contratos escritos não é significativo, é de se admitir o "accessio temporis" pela soma de seus prazos, a fim de viabilizar a pretensão renovatória pelo perfazimento do quinquídio legal exigido. Precedentes desta Corte. Recurso conhecido e provido.

Perceba que, segundo o STJ, o intervalo de tempo entre um contrato e outro deve ser mínimo, algo em torno de, no máximo, um mês, pois caso o prazo seja muito superior a isso, não há que se reconhecer e legitimar a continuidade das relações contratuais, tendo as mesmas se interrompido.

Concordamos com a acertada posição do Superior Tribunal de Justiça, que por mais essa oportunidade adequa o dispositivo legal aos casos práticos.

9.2.3. Exceção de Retomada

A ação renovatória protege o interesse de posse do ponto comercial do locatário. No entanto, por óbvio que a legislação não pode prestigiar somente esse em todos os casos e deixar ao vento e desamparado o direito constitucional de Propriedade do locador, previsto no artigo 5º, *caput*, da Carta Magna.

Portanto, em algumas situações o proprietário poderá exercer o chamado direito de retomada, de modo que mesmo que o locatário cumpra a todos os requisitos mencionados pela lei para uma renovação compulsória, tal direito não prevalecerá.

O artigo 52, da Lei 8245/91 nos diz que terá direito de retomar o imóvel o locador que por determinação do Poder Público, tiver que realizar no imóvel obras que importarem na sua radical transformação; ou para fazer modificações de tal natureza que aumente o valor do negócio ou da propriedade. Também não estará sujeito à renovação o locador cujo imóvel vier a ser utilizado por ele próprio ou para transferência de fundo de comércio existente há mais de um ano, sendo detentor da maioria do capital o locador, seu cônjuge, ascendente ou descendente.

Nessa segunda situação o locador não poderá utilizar o imóvel com o mesmo ramo de atividade exercido pelo locatário, pois isso configuraria desvio de clientela ilegal. Todavia, caso a locação não tenha sido apenas do ponto, mas de outros elementos que compunham o estabelecimento como equipamentos, poderá continuar perfeitamente.

Por fim, insta dizer que o locatário terá direito a indenização para ressarcimento dos prejuízos e dos lucros cessantes nos casos em que tiver que arcar com mudança, perda do lugar e desvalorização do fundo de comércio, se a renovação não ocorrer em razão de proposta de terceiro, em melhores condições, ou se o locador, no prazo de três meses da entrega do imóvel, não der o destino alegado ou não iniciar as obras determinadas pelo Poder Público ou que declarou pretender realizar.

9.3. Trespasse

O estabelecimento empresarial (universalidade), quando não mais interessante para o empresário, pode ser objeto de alienação (venda), efetuando-se tal ato de transferência por meio de um contrato denominado *trespasse.*

O Trespasse, então, consiste num contrato de compra e venda do estabelecimento empresarial, tratando-se de uma alienação em que se encontram duas partes: alienante (aquele que vende) e adquirente (aquele que compra). Para sua efetiva regularização perante terceiros é necessário, segundo artigo 1144[31], do Código Civil, que o mesmo seja averbado à margem da inscrição do empresário, ou da sociedade empresária, no Registro Público de Empresas Mercantis e publicado na imprensa oficial.

Contudo, quase sempre quando um empresário ou sociedade empresária pretende alienar o seu estabelecimento é porque o mesmo já não é mais lucrativo ou por motivos de dívidas, necessitando de dinheiro para pagá-las, pois é inimaginável pensar, ainda mais no mundo empresarial, que alguém venderá algo que lhe traga lucros e benefícios.

Por isso, a lei traz algumas regras peculiares a serem observadas no trespasse quando não restarem bens suficientes para o empresário saldar sua dívida após a efetivação do mesmo, ou seja, quando se vislumbrar que após o trespasse não sobrará bens suficientes no ativo da empresa para saldar todos os créditos, será necessária a concordância expressa ou tácita de todos os credores a fim de que o mesmo seja válido. Note é preciso concordância expressa ou tácita e não somente a primeira modalidade (art.1145[32], do Código Civil).

---

[31] Art. 1.144. O contrato que tenha por objeto a alienação, o usufruto ou arrendamento do estabelecimento, só produzirá efeitos quanto a terceiros depois de averbado à margem da inscrição do empresário, ou da sociedade empresária, no Registro Público de Empresas Mercantis, e de publicado na imprensa oficial.

[32] Art. 1.145. Se ao alienante não restarem bens suficientes para solver o seu passivo, a eficácia da alienação do estabelecimento depende do pagamento de todos os credores, ou do consentimento destes, de modo expresso ou tácito, em trinta dias a partir de sua notificação.

Nesses casos, notificam-se os credores para que respondam em trinta dias se estão de acordo ou não com a alienação do estabelecimento. Em caso de concordância expressa ou tácita poderá prosseguir o negócio. Por outro lado, em caso de negativa de qualquer credor, para que o mesmo seja válido, é preciso saldar a dívida, pagá-la ao credor que se opôs.

A inobservância desse preceito legal pode gerar sérias consequências, principalmente para o adquirente, pois poderá perder o estabelecimento que comprou, na medida em que poderá ser decretada a falência do devedor empresário por atos de falência, e a venda (trespasse) vir a ser considerada ineficaz.

Quando alguém adquire um estabelecimento empresarial, também carrega para si todas as dívidas existentes na data da transferência, estejam elas vencidas ou não, desde que devidamente contabilizadas (art.1146[33], do Código Civil), ficando o alienante responsável com o adquirente de forma solidária até o prazo de um ano, contados da publicação do contrato de trespasse na imprensa oficial na hipótese de dívida vencida ou, no caso de dívida que ainda não venceu, um ano a partir do vencimento. Consigna-se que o adquirente assumirá, também, as dívidas trabalhistas e fiscais, independentemente de as mesmas estarem ou não contabilizadas.

Os contratos existentes também são incorporados pelo adquirente, exceto os de caráter pessoal, os quais poderão ser revogados, por exemplo: contrato de franquia.

---

33 Art. 1.146. O adquirente do estabelecimento responde pelo pagamento dos débitos anteriores à transferência, desde que regularmente contabilizados, continuando o devedor primitivo solidariamente obrigado pelo prazo de um ano, a partir, quanto aos créditos vencidos, da publicação, e, quanto aos outros, da data do vencimento.

9.3.1. Cláusula de Não Restabelecimento

Quando há a alienação do estabelecimento empresarial, caso o contrato de trespasse não preveja nada em sentido contrário, entra em vigor uma previsão legal estampada no artigo 1147[34], do Código Civil, a qual é denominada de "Cláusula de Não Restabelecimento", segundo a qual o alienante não poderá fazer concorrência ao adquirente pelo prazo de cinco anos.

Tal cláusula serve para evitar a concorrência desleal, tendo em vista que se o alienante abre outro estabelecimento logo em seguida à venda e em local semelhante, logicamente atrairá clientela e se beneficiará por já ser reconhecido no mercado.

Por outro lado, caso as partes queiram, tal cláusula poderá não ter validade. Para tanto, deverá estar expresso no contrato de trespasse essa disposição.

Note que a existência da cláusula de não restabelecimento é implícita, tácita, de forma que a recusa deve ser expressa. Assim, se no contrato de trespasse nada constar, perfeitamente vigente referido dispositivo legal.

10. MICRO EMPRESA E EMPRESA DE PEQUENO PORTE (LC Nº. 123/06).

Por certo que as atividades empresariais consideradas pequenas e médias não possuem capacidade financeira para arcar com todas as burocracias que a legislação exige da empresa, bem como para suportar a alta carga tributária a elas imposta. Por isso, era preciso que surgisse uma le-

[34] Art. 1.147. Não havendo autorização expressa, o alienante do estabelecimento não pode fazer concorrência ao adquirente, nos cinco anos subseqüentes à transferência.

gislação que trouxesse benefícios e simplificasse a vida dos exercentes de atividades empresariais consideradas como pequenas, ou seja, que movimenta uma quantia limitada em pecúnia no desenvolvimento de seus negócios, a fim de que os mesmos não tivessem todas as obrigações comuns e burocracias impostas a todos os empresários e sociedades empresárias.

Para Gladston Mamede:

> O artigo 170, IX, da Constituição da República garante 'tratamento favorecido para as empresas de pequeno porte constituídas sob as leis brasileiras e que tenham sede e administração no país'. Um pouco adiante, o artigo 179 emenda: 'A União, os Estados, o Distrito Federal e os Municípios dispensarão às microempresas e empresas de pequeno porte, assim definidas em lei, tratamento jurídico diferenciado, visando a incentivá-las pela simplificação de suas obrigações administrativas, tributárias, previdenciárias e creditícias, ou pela eliminação ou redução destas por meio de lei'. Na sombra de tais dispositivos, editou-se a Lei Complementar 123/06, estabelecendo uma série de normas gerais que alcançam os Poderes da União, dos Estados, do Distrito Federal e dos Municípios designadamente no que diz respeito ao Direito Tributário (apuração e recolhimento dos impostos e contribuições da União, dos Estados, do Distrito Federal e dos Municípios), incluindo um regime único de arrecadação, tratamento específico no que toca ao cumprimento de obrigações trabalhistas e previdenciárias, acesso ao mercado, preferencia nas aquisições de bens e serviços pelos Poderes Públicos, políticas públicas para acesso ao crédito e à tecnologia, estímulo ao associativismo, facilitação do acesso à justiça, dentre outras. (2012, p. 24).

Por isso, no ano de 2006, surge o novo estatuto que regulamente a atividade das micro e pequenas empresas. Trata-se da Lei Complementar 123/06.

Tal legislação foi criada para disciplinar o artigo 179, da Constituição Federal, o qual preceitua que a União, os

Estados, o Distrito Federal e os Municípios dispensarão às microempresas e às empresas de pequeno porte, assim definidas em lei, tratamento jurídico diferenciado, visando a incentivá-las pela simplificação de suas obrigações administrativas, tributárias, previdenciárias e creditícias, ou pela eliminação ou redução destas por meio de lei.

A M.E e a E.P.P. estão previstas em uma Lei Complementar justamente porque sua fonte é a própria Constituição Federal. Esse fato, por si só, demonstra a importância dessas modalidades de empresário ou sociedade empresária para a economia brasileira.

Muitos devem se perguntar o fato de a legislação brasileira proteger essas figuras e trazer benefícios a ela, tendo em vista que não movimentam muito dinheiro. Se pensarmos de uma maneira isolada, certamente é fato que a M.E. e a E.P. P não movimentam uma grande soma em pecúnia. No entanto, todas elas somadas representam mais da metade das empresas existentes no Brasil. Nesse ponto se percebe a importância delas para nossa economia, justamente no seu conjunto.

De acordo com a LC 123/06, será considerada Microempresa a atividade empresarial, seja ela individual ou sociedade empresária, que aufira receita bruta anual de até R$ 360.000,00 (trezentos e sessenta mil reais), ao passo que será considerada Empresa de Pequeno Porte a atividade empresarial que aufira receita bruta anual superior a R$ 360.000,00 (trezentos e sessenta mil reais) até R$ 3.600.000,00 (três milhões e seiscentos mil reais), conforme leciona artigo 3º, incisos I e II, de supracitada legislação.

O critério para se definir se um empresário ou sociedade empresária é considerado ou não enquadrado nessa lei se deve apenas sob a ótica da receita, do quantum auferem.

Algumas sociedades, mesmo que se enquadrem na receita bruta prevista na lei, não poderão se enquadrar nos benefícios dela, por expressa vedação do §4º e incisos, do artigo 3º, tendo em vista que considerou o legislador serem essas pessoas jurídicas incompatíveis com o publico alvo que pretende referido estatuto alcançar.

Assim, as pessoas jurídicas de cujo capital participe outra pessoa jurídica; que seja filial, sucursal, agência ou representação, no País, de pessoa jurídica com sede no exterior; de cujo capital participe pessoa física que seja inscrita como empresário ou seja sócia de outra empresa que receba tratamento jurídico diferenciado nos termos desta Lei Complementar, desde que a receita bruta global ultrapasse o limite de que trata o inciso II do caput deste artigo; cujo titular ou sócio participe com mais de 10% (dez por cento) do capital de outra empresa não beneficiada por esta Lei Complementar, desde que a receita bruta global ultrapasse o limite de que trata o inciso II do caput deste artigo; cujo sócio ou titular seja administrador ou equiparado de outra pessoa jurídica com fins lucrativos, desde que a receita bruta global ultrapasse o limite de que trata o inciso II do caput deste artigo; constituída sob a forma de cooperativas, salvo as de consumo; que participe do capital de outra pessoa jurídica; que exerça atividade de banco comercial, de investimentos e de desenvolvimento, de caixa econômica, de sociedade de crédito, financiamento e investimento ou de crédito imobiliário, de corretora ou de distribuidora de títulos, valores mobiliários e câmbio, de empresa de arrendamento mercantil, de seguros privados e de capitalização ou de previdência complementar; resultante ou remanescente de cisão ou qualquer outra forma de desmembramento de pessoa jurídica que tenha ocorrido em um dos cinco

(cinco) anos-calendário anterior; constituída sob a forma de sociedade por ações não poderão se enquadrar como micro ou pequeno empresários.

10.1. MEI (Microempreendedor Individual)

A LC 123/06, com o escopo de tirar as atividades empresariais muito pequenas da informalidade, criou a figura do Microempreendedor Individual (MEI).

Para que a atividade empresária seja enquadrada nessa categoria, necessária que ela seja exercida na modalidade individual, ou seja, sociedade empresária não pode ser considerada MEI, mas tão somente o empresário individual que aufira receita bruta anual de até R$ 60.000,00 (sessenta mil reais).

10.2. Benefícios aos regidos pela Lei 123/06

Vimos que a legislação preceitua que deve ser dado tratamento diferenciado e simplificado para os enquadrados na Lei 123/06. Dessa maneira, referida legislação prevê uma série de benefícios nas esferas tributárias, fiscal, previdenciária e processual, sendo os principais:

10.2.1. Tributário (Simples Nacional)

Os beneficiados por essa legislação poderão optar por aderir uma forma simplificada de recolhimento de tributos, qual seja o Simples Nacional, o qual se consubstancia por ser um Regime de Especial Unificado de Arrecadação de Tributos e Contribuições, estando previsto nos artigos 12 e seguintes do Estatuto da Micro e Pequena Empresa.

> Art. 12 da LC nº. 123/06: Fica instituído o Regime Especial Unificado de Arrecadação de Tributos e Contribuições de-

> vidos pelas Microempresas e Empresas de Pequeno Porte – Simples Nacional.
>
> A pessoa jurídica enquadrada como ME ou EPP poderá optar pelo Simples Nacional (Regime Unificado de Arrecadação de Tributos e Contribuições devidas pela ME e EPP). Isso implica o pagamento mensal unificado do IRPJ, do PIS/PASEP, do COFINS, do IPI, CSLL, da CSS, do IOF, do ICMS do ISS. (FAZZIO JUNIOR, 2013, p.37).

As atividades enquadradas no Simples Nacional conseguem arrecadar tributos de uma maneira unificada e simplificada, o que desonera a carga tributária de tais atividades, incentivando a produção e o movimento da economia. Os Tributos que podem ser recolhidos por meio do Simples Nacional, além dos federais, também podem albergar os de competência dos Estados e dos Munícipios, dependendo de acordo entre os entes. O artigo 13, da LC nº. 123/06 lista as espécies tributárias incluídas no programa, a saber:

> Art. 13. O Simples Nacional implica o recolhimento mensal, mediante documento único de arrecadação, dos seguintes impostos e contribuições:
>
> I – Imposto sobre a Renda da Pessoa Jurídica – IRPJ;
>
> II – Imposto sobre Produtos Industrializados – IPI, observado o disposto no inciso XII do § 1º deste artigo;
>
> III – Contribuição Social sobre o Lucro Líquido – CSLL;
>
> IV – Contribuição para o Financiamento da Seguridade Social – COFINS, observado o disposto no inciso XII do § 1º deste artigo;
>
> V – Contribuição para o PIS/PASEP, observado o disposto no inciso XII do § 1º deste artigo;
>
> VI – Contribuição Patronal Previdenciária – CPP para a Seguridade Social, a cargo da pessoa jurídica, de que trata o art. 22 da Lei nº 8.212, de 24 de julho de 1991, exceto no caso da microempresa e da empresa de pequeno porte que

> se dedique às atividades de prestação de serviços referidas no § 5º-C do art. 18 desta Lei Complementar;
>
> VII – Imposto sobre Operações Relativas à Circulação de Mercadorias e Sobre Prestações de Serviços de Transporte Interestadual e Intermunicipal e de Comunicação – ICMS;
>
> VIII – Imposto sobre Serviços de Qualquer Natureza – ISS.

No dia 08 de setembro de 2014, com o advento da LC nº. 147/14, que alterou algumas disposições do Estatuo da Micro e da Pequena Empresa (LC nº. 123/06), foram incluídas algumas atividades de prestação de serviços que poderão recolher impostos pelo sistema do Simples Nacional, o que antes não era permitido, dentre elas a atividade de advocacia, desde que constituída em forma de sociedade.

Com base nessa alteração legislativa a atividade de advocacia vem a ganhar no sentido de proteger os seus exercentes para o pagamento de alíquotas inferiores às anteriormente recolhidas. Tal permissão encontra-se expressa no artigo 18, § 5º-C, inciso VII, da LC nº. 123/06.

10.2.2. Processual

O Juizado Especial Cível (JEC), procedimento instituído pela Lei nº. 9099/95 possui condão basilar de julgar ações de menor complexidade de forma mais informal e célere, apresentando-se totalmente gratuito em primeira instância.

Isso significa dizer que a pessoa que ingressa com uma ação junto a esse procedimento não necessita recolher custas judicias, conforme nos ensina artigo art. 54, ao prever que "o acesso ao Juizado Especial independerá, em primeiro grau de jurisdição, do pagamento de custas, taxas ou despesas".

No entanto, tal prerrogativa não se estende às pessoas jurídicas, de modo que elas não poderão ser autoras no JEC, mas tão somente ré, ou seja, se uma Pessoa Jurídica precisar cobrar um devedor, não poderá fazê-lo por esse procedimento, necessitando recolher custas nos ritos ordinário ou sumário.

Por óbvio que esse ônus não poderia ser imputado aos enquadrados na Lei 123/06. Nesse sentido, abre-se uma exceção para a M.E. e a E.P. P, as quais poderão sim ser autoras junto ao Juizado Especial Cível, de acordo com o artigo 8º, §1º, II, da Lei nº. 9099/05.

Note que esse é um tremendo benefício processual colocado à disposição da M.E. e da E.P. P, uma vez que poderão demandar perante esse procedimento independentemente do recolhimento de custas judiciais.

IV PERSONIFICAÇÃO JURÍDICA

1. NOÇÕES INTRODUTÓRIAS

No início dos tempos, ainda nos primórdios das civilizações, as pessoas conseguiam tirar seu sustento de uma maneira solitária, não necessitando de maiores complexidades para as realizações de seus negócios, os quais basicamente consistiam na plantação e criação de subsistência familiar, ou seja, não existiam maiores preocupações a não ser plantar para comer e alimentar suas família.

Entretanto, com o passar dos anos e dos séculos, sob a égide das evoluções social, industrial e mercantil que assolaram nossa sociedade e principalmente modificou o modo como vivemos, as relações negociais tornaram-se maiores, exigindo um alto grau de gestão que até então era prescindível.

Com isso, para alcançar uma produção em maior escala e mais célere, necessária foi a aglutinação de pessoas a fim de que pudessem alcançar seus objetivos e metas. Dessa forma, garantiriam a sobrevivência, consoante às exigências de um mundo que se modernizara, o qual ficava cada vez mais competitivo.

A junção destas pessoas físicas, unindo forças com o propósito de evoluir e aumentar a produção mercantil fez com que se formassem as primeiras pessoas jurídicas, as quais consistem na aglutinação de pessoas, capital ou bens, estabelecidos conforme a lei, dotados de autonomia jurídica e personalidade própria, para a obtenção de um fim específico, seja ele social, filantrópico, assistencial ou empresarial.

Pablo Stolze e Rodolfo Pamplona Filho afirmam que "Nessa linha de raciocínio, podemos conceituar a pessoa jurídica como sendo o grupo humano, criado na forma da lei, e dotado de personalidade jurídica própria, para a realização de fins comuns (2006, p.182)".

Muito já se discutiu a respeito sobre a natureza da pessoa jurídica.

Em tempos passados, existia uma corrente que negava a existência dessas pessoas jurídicas como entes personalizados. Afirmava, no entanto, que elas não passavam de conglomerados de pessoas ou bens, com o intuito de se chegar a um objetivo. Essa corrente que negava a existência das pessoas jurídicas como entes personalizados fez com que nascesse a ***Teoria Negativista.***

Todavia, por motivos óbvios e por não traduzir o que realmente uma pessoa jurídica é, essa teoria não prosperou por muito tempo, vindo a cair por terra.

Na atualidade, a tese que melhor explica e conceitua a natureza da pessoa jurídica é a ***Teoria da Realidade Técnica,*** segundo a qual a existência dessa pessoa é real, mas sua personalidade é conferida pelo direito, ou seja, admite-se a existência de uma pessoa jurídica como ente personalizado na vida real, muito embora sua personificação seja uma construção jurídica, conferida pelo direito (lei), com o fim de que estas entidades possam subsistir de forma autônoma, desvinculando-se das pessoas físicas que a formam.

Ressalta-se que esta teoria foi recepcionada pelo Novo Código Civil[35].

A partir da extração destas informações e da leitura do artigo 45, do Código Civil, concluímos que o surgimento da pessoa jurídica se dá no momento do registro de seu ato constitutivo na repartição competente (para as sociedades empresárias o registro é feito perante a Junta Comercial da circunscrição do estabelecimento), sendo certo que após a realização deste procedimento a entidade adquire personalidade jurídica própria, distinta de seus sócios ou fundadores (pessoas físicas).

2. CLASSIFICAÇÃO DAS PESSOAS JURÍDICAS

O Novo Código Civil, em seu artigo 40, preconiza que as pessoas jurídicas podem ser de direito público, externo ou interno, e de direito privado.

Por razões didáticas, no que tange ao escopo desta obra, será deixado de lado o estudo das pessoas jurídicas de direito público, matéria concernente ao do Direito Administrativo, para focalizar nas pessoas jurídicas de direito privado.

O artigo 44, do Diploma acima referenciado, esmiúça as espécies de pessoas jurídicas de direito privado que podem ser constituídas em nosso país, segundo nossa legislação.

---

[35] Art. 45. Começa a existência legal das pessoas jurídicas de direito privado com a inscrição do ato constitutivo no respectivo registro, precedida, quando necessário, de autorização ou aprovação do Poder Executivo, averbando-se no registro todas as alterações por que passar o ato constitutivo.
Parágrafo único. Decai em três anos o direito de anular a constituição das pessoas jurídicas de direito privado, por defeito do ato respectivo, contando o prazo da publicação de sua inscrição no registro.

São elas: as associações; **as sociedades**; as fundações; as organizações religiosas; os partidos políticos e as empresas individuais de responsabilidade limitada.

Neste diapasão, notamos que a sociedade, objeto de estudo do próximo capítulo, é uma espécie do gênero pessoa jurídica.

3. RESPONSABILIDADE CIVIL

Um tópico importante a ser destacado no estudo das pessoas jurídicas é o da Responsabilidade Civil, que nada mais é do que instituto pelo qual aquele que comete um ato ilícito terá de reparar o dano que causou, ou seja, aquele que, por ação ou omissão voluntária, negligência ou imprudência, violar direito ou causar dano a outrem, ainda que exclusivamente moral, comete ato ilícito.

Insta ressaltar, que a responsabilidade civil não exclui a penal, uma vez que as duas são independentes entre si, podendo haver, portanto, responsabilidade civil, mas não penal, ou vice-versa ou, ainda, uma cumulação entre essas.

Hely Lopes Meirelles leciona que "Preliminarmente, fixa-se que responsabilidade civil é a que se traduz na obrigação de reparar danos patrimoniais e se exaure com a indenização. Como obrigação meramente patrimonial, a responsabilidade civil independe da criminal e da administrativa, com as quais pode coexistir sem, todavia, se confundir (2004, p.624)".

Por regra, a responsabilidade civil da pessoa jurídica de direito privado é subjetiva, o que significa dizer que para ela ser compelida a reparar eventual dano, deverá ser provado o nexo de causalidade entre uma ação e resultado, bem como a sua culpa ou de seu representante que lhe faça às vezes. Perceba que, para essas pessoas jurídicas, há imprescindibilidade da prova da culpa para serem obrigadas a reparar um dano, pois caso essa não se verifique, não haverá obrigatoriedade de indenização.

No que tange à culpa, devemos saber seu conceito para quando nos depararmos com um caso efetivo de responsabilidade civil de pessoa jurídica de direito privado, possamos ter elementos essenciais para vislumbrar se há o dever dessa de reparar o dano ou não.

Para Sílvio Rodrigues a culpa deriva de uma negligência, imprudência ou imperícia que causa um dano a outrem, mas que se o agente tivesse agido conforme o *homem médio* não teria incorrido em tal lesão. Em outras palavras isso significa que, para se verificar se houve ou não culpa do agente, o julgador deve analisar de modo abstrato se uma pessoa média (homem médio) teria agido de forma igual, caso se encontrasse na situação de quem praticou o dano. Sendo assim, caso haja uma resposta negativa para essa assertiva, estará configurada a culpa, na medida em que o causador da lesão teria agido munido de imprudência, imperícia, ou negligência. Por outro lado, caso fique demonstrado que o homem padrão não agiria de forma diversa, descaracterizada estará a culpa, consequentemente o dever de reparar algo. Vejamos:

> Para se verificar se existiu, ou não, erro de conduta, e, portanto, culpa por parte do agente causador do dano, mister se faz comparar o seu comportamento com aquele que seria normal e correto em um homem médio, fixado como padrão. Se tal comparação resultar que o dano derivou de uma imprudência, imperícia ou negligência do autor do dano, nos quais não incorreria o homem padrão, criado *in abstracto* pelo julgador, caracteriza-se a culpa, ou seja, o erro de conduta (2002, p.146).

Por outro lado, apenas a título de curiosidade, importante frisar que para aquelas pessoas jurídicas denominadas de Direito Público, sejam as diretas ou indiretas, o mecanismo para aferição da responsabilidade civil é outro. Para elas, a regra a ser adotada é a da responsabilidade objetiva, a qual difere do que acontece com as de direito privado, pois nessa não há necessidade de qualquer prova de culpa para que se forme a obrigação de indenizar, bastando apenas que haja um prejuízo acarretado por essa ou por outrem na prestação de um serviço público. Essa regra nasce da adoção por nosso ordenamento jurídico à ***Teoria do Risco Administrativo,*** segundo a qual as atividades exercidas pela Administração Pública podem acarretar danos aos administrados, gerando um *risco* a estes, os quais muitas vezes não conseguem suportá-lo. Por isso, não há a necessidade da presença de culpa para que surja a obrigação de indenizar dessas pessoas.

Hely Lopes Meirelles, ao discorrer sobre o tema, opina alegando que "A teoria do risco administrativo faz surgir a obrigação de indenizar o dano do só ato lesivo e injusto causado à vítima pela Administração. Não se exige qualquer falta de serviço público, nem culpa de seus agentes. Basta a lesão, sem o concurso do lesado. Na teoria da culpa administrativa exige-se a falta do serviço; na teoria do risco administrativo exige-se, apenas, o fato do serviço. Naquela, a culpa é presumida da falta administrativa; nesta, é inferida do fato lesivo da Administração. Aqui não se cogita da culpa da Administração ou de seus agentes, bastando que a vítima demonstre o fato danoso e injusto ocasionado por ação ou omissão do Poder Público. (2004, p.626)."

Na mesma linha entende Odete Medauar: "Informada pela teoria do risco, a responsabilidade do Estado apresenta-se hoje, na maioria dos ordenamentos, como responsabilidade objetiva. Nesta linha, não mais se invoca o dolo ou a culpa do agente, o mau funcionamento ou falha da Administração. Necessário se torna existir relação de causa e efeito entre ação ou omissão administrativa e dano sofrido pela vítima. É o chamado nexo causal ou nexo de causalidade. (2004, p. 435)".

Assim, após ditas considerações, percebe-se que existem duas espécies de responsabilidade civil, quais sejam: objetiva e subjetiva. Todavia, no que concerne ao âmbito dessa obra, devemos ficar com o conceito e a regra da responsabilidade subjetiva, a qual se adequa a esses entes personalizados, ou seja, para que as sociedades de direito privado fiquem obrigadas a indenizar, há a necessidade da prova de culpa do ato ilícito por ela praticado.

4. TEORIA DA DESCONSIDERAÇÃO DA PERSONALIDADE JURÍDICA

O artigo 50, do Novo Código Civil, traz em seu corpo o instituo da *desconsideração da personalidade jurídica,* ao afirmar que quando houver desvio de finalidade, caracterizado por abuso de poder praticado por algum administrador ou sócio da pessoa jurídica, ou ainda quando houver confusão patrimonial entres os bens desta e da pessoa física que as controla, importará na aplicação do referido instituto, o qual faz com que a dívida contraída pela pessoa jurídica alcance o patrimônio pessoal dos sócios, de forma ilimitada, devido à forma abusiva com que esses geriram a mesma.

Esse instituto foi criado com fulcro de dar uma maior proteção para aquele que mantém negócios com uma determinada pessoa jurídica, lesado em virtude da prática de um ou demais ato abusivos ou ilícitos por parte daquela, tendo usado de meios fraudulentos para formalizar negócios.[36] A desconsideração pode ser pleiteada pela parte ou pelo Ministério Público quando lhe couber intervir no processo.

Para Gladston Mamede "a utilização ilícita ou fraudatória da personalidade jurídica não poderia jamais merecer a acolhida do Direito, razão pela qual se desenvolveu na doutrina estrangeira a chamada Doctrine of disregard of legal entity – doutrina da desconsideração do ente legal ou teoria da desconsideração da personalidade jurídica. A proposição, acolhida primeiro pelos tribunais e, depois, pelo legislador, permite, como se estudará neste capítulo, que os efeitos de obrigações da pessoa jurídica sejam estendidos àqueles que, de fato ou de direito, sejam seus sócios, administradores ou sociedades coligadas (2008, p.242)."

A Teoria da Desconsideração da Personalidade Jurídica ganhou força a partir da década de 50, mas suas considerações iniciais datam do ano de 1897, com o famoso caso Solomon v. Solomon, ocorrido na Inglaterra.

Nesse episódio, Solomon constituiu uma sociedade com outros seis membros de sua família. A maioria esmagadora das ações era possuída por ele, que detinha o número de vinte mil, ao passo que cada um dos outros sócios era dono apenas de uma ação representativa. Estava claro que o patrimônio pessoal de Solomon se confundia com o de sua sociedade.

---

36 Código Civil Brasileiro de 2002. Art. 50. Em caso de abuso da personalidade jurídica, caracterizado pelo desvio de finalidade, ou pela confusão patrimonial, pode o juiz decidir, a requerimento da parte, ou do Ministério Público quando lhe couber intervir o processo, que os efeitos de certas e determinadas relações de obrigações sejam estendidos aos bens particulares dos administradores ou sócios da pessoa jurídica.

Em determinado momento, Solomon começou a emitir títulos privilegiados, os quais ele próprio adquiriu. Posteriormente, a empresa veio a quebrar, sendo que Solomon tinha privilégio sobre os outros credores quirografários, pois detinha os títulos garantidos emitidos pela sua empresa. Isto acarretou num enorme prejuízo aos credores, visto que Solomon usou de manobra ardil e nada moral para se blindar usando sua empresa como meio para tal.

O caso foi para a justiça inglesa, mas as decisões de primeiro grau foram favoráveis a Solomon, que também venceu quando o feito chegou para a apreciação na Câmara dos Lordes, a qual manteve as referidas sentenças e não desconsiderou a personalidade jurídica da sociedade, alegando que não existia previsão legal para tanto.

Desde então, iniciaram-se os debates e as discussões doutrinarias, sendo que no princípio, para desconsiderar a personalidade jurídica de uma empresa, os juízes pautavam-se na jurisprudência, tendo em vista a ausência de dispositivo legal embasando esta conduta. Entretanto, com a pacificação dessa divergência e o reconhecimento de que era preciso proteger terceiro contra atos abusivos praticados em nome de uma empresa, que não poderia mais servir de escudo para manobras como a de Solomon, a desconsideração da personalidade jurídica começou a aparecer nos ordenamentos jurídicos de diversos países.

No Brasil, além do artigo 50, do Código Civil, já mencionado, o artigo 28[37] da Lei nº. 8.078/90 (Código de Defesa do Consumidor), também preceitua tal instituto.

---

37 Código de Defesa do Consumidor (Lei nº. 8078/90). Art. 28. O juiz poderá desconsiderar a personalidade jurídica da sociedade quando, em detrimento do consumidor, houver abuso de direito, excesso de poder, infração da lei, fato ou ato ilícito ou violação dos estatutos ou contrato social. A desconsideração também será efetivada quando houver fa-

Pelos dispositivos legais que regem o tema podemos perceber que a desconsideração é um instituto de exceção, que apenas possui aplicação no caso prático nas hipóteses em que sejam provados o dolo e a má-fé dos sócios na condução do objeto social. No entanto, não é isso que vem ocorrendo na prática, onde percebemos uma clara e nítida banalização da desconsideração da personalidade jurídica, uma vez que os magistrados tem aplicado esse instituto mesmo sem a presença de seus requisitos autorizadores, principalmente no âmbito da Justiça do Trabalho.

Infelizmente, o que era para ser um instituto de exceção, vem se tornando a regra na prática jurídica brasileira.

5. DISSOLUÇÃO

Por fim, não diferente de qualquer pessoa, as pessoas jurídicas de direito privado possuem seu ciclo neste mundo, onde nascem e morrem. Esse último acontecimento, quando vislumbrado em uma pessoa jurídica, recebe o nome de dissolução total, a extinção, o fim de uma sociedade, entidade etc. Esse ato pode se dar por três formas distintas:

> I. Convencional: Há uma deliberação entre os sócios do estabelecimento nesse sentido, os quais decidem tomar tal medida pelos motivos mais variáveis possíveis, seja econômico, profissional, etc. Há uma espécie de liberalidade entre eles por tomarem tal decisão, ou seja, por motivo de conveniência e interesse optam por extinguir a pessoa jurídica;
>
> II. Administrativa: Aqui não se fala em liberalidade dos sócios, mas, sim, em uma cassação da autorização de funcionamento da empresa. Ocorre geralmente quando esta desvia seu fim e vai de encontro aos interesses públicos;

lência, estado de insolvência, encerramento ou inatividade da pessoa jurídica provocados por má administração.

III. Judicial: Extinção pela qual o juiz, analisando as prerrogativas previstas em lei ou estatuto, a pedido de um dos sócios, promove sua extinção.

Ocorrendo dissolução total em determinada pessoa jurídica, essa não se extinguirá totalmente de plano, subsistindo para os devidos fins de liquidação. Somente após isto, com o pagamento das verbas trabalhistas, tributárias, entre outras, ocorrerá o cancelamento de sua inscrição, que será averbado no mesmo registro que a constituiu.

V TEORIA GERAL DE DIREITO SOCIETÁRIO

1. CONCEITO

É bem verdade que atualmente vivemos em um mundo globalizado, onde a comunicação, a distância territorial entre um espaço e outro e as culturas regionais estão intimamente interligadas e próximas. Isso demonstra o fenômeno da evolução social, em que o tema chave é unir forças, a fim de vencer em um mundo muito mais competitivo e capitalista.

Antigamente as pessoas conseguiam gerir de forma solitária seu negócio, que basicamente consistia em um pequeno comércio que oferecia produtos ou serviços. Todavia, com a evolução mercantil, com a incidência da globalização que gerou uma abertura de mercado entre países e fez com que a concorrência se tornasse mais forte, necessário se fez que essas pessoas se agrupassem, unissem força e capital, a fim de organizar sua empresa nos moldes do cenário mercantil atual.

Dessa premissa começa a explosão de nascimento de sociedades em nosso país, que nada mais são do que a união de capital e força entre duas ou mais pessoas, com escopo em ter uma atividade mais organizada, produtiva e capaz de ser bem sucedida no sentido financeiro. Por isso, importante estudá-las, trazendo suas características e modalidades.

Sociedade é a união de duas ou mais pessoas que se destinam a prática de uma atividade econômica, contribuindo cada qual com um pouco e partilhando entre si os resultados obtidos[38].

Quando a sociedade é registrada no órgão competente, ela adquire personalidade jurídica, constituindo-se uma pessoa autônoma com direitos e obrigações. A aquisição de personalidade jurídica enseja três características basilares: autonomia negocial (é certo que o sócio ou o administrador que irá contratar em nome da sociedade, mas quando pratica tal ato o faz em nome dela e assume os direitos e obrigações em nome da sociedade e não em nome próprio); autonomia patrimonial (a sociedade personificada possui patrimônio próprio que se deferência dos de seus sócios); autonomia processual (a sociedade pode demandar e ser demandada em juízo).

Para que se constituía uma sociedade é necessária à participação voluntária de duas ou mais pessoas que detêm um fim comum, qual seja: a produção ou circulação de um serviço ou de um bem, participando nas despesas e repartições dos lucros finais da atividade. Com esse elemento volitivo, para que se efetue de fato a constituição da sociedade, deixando essa de existir num plano abstrato para viger num plano de direito e deveres, seus sócios deverão registrá-la no órgão competente. Assim, ela passará a ter autonomia, personalidade própria e regularidade.

---

[38] Art. 981. Celebram contrato de sociedade as pessoas que reciprocamente se obrigam a contribuir, com bens ou serviços, para o exercício de atividade econômica e a partilha, entre si, dos resultados.

O registro, no caso de sociedade empresária, deve ser feito na Junta Comercial do Estado da Federação onde for se estabelecer, ao passo que a sociedade simples terá seu registro arquivado no Cartório de Registro Civil das Pessoas Jurídicas, com exceção da sociedade cooperativa que, apesar de ser uma sociedade simples, deverá realizar seu registro na Junta Comercial.

Uma peculiaridade ocorre com relação às sociedades de advogados, que apesar de serem simples, deverão ser registradas na Ordem dos Advogados do Brasil, consoante preceitua legislação competente[39].

Deve-se frisar que com o devido registro arquivado, a sociedade passa ter vida própria, independente da de seus sócios, podendo pactuar contratos, ter patrimônio próprio, ser legitimada ativa e passivamente numa eventual relação processual futura etc., porém, é obvio que ela não pratica todos esses atos de forma solitária, restando fundamental o intermédio de um ou mais representantes para geri-la e administrá-la. Entretanto, quando este age, atua em nome da sociedade e não em seu próprio.

2. CONSTITUIÇÃO DAS SOCIEDADES

As sociedades podem se formar por meio de dois documentos são eles: Contrato social (LTDA; Nome Coletivo; Comandita Simples) ou Estatuto social (S.A e Comandita por Ações). Constituir é o mesmo que formar, tornar algo real, fazer existir.

As sociedades possuem modos peculiares de constituição, basicamente podem se formar sob duas maneiras, dependendo sob qual ordenamento serão regidas ou qual

---

39 ???

tipo societário irão adotar, haja vista que existem sociedades que se constituem seguindo as regras do Novo Código Civil, ao passo que outras se formam de acordo com a Lei nº. 6.404/76 (Lei de Sociedades Anônimas).

O Código Civil prevê a constituição da chamada Sociedade Contratual, aquela que nasce por meio de um contrato social. Ela surge a partir de um contrato público ou particular firmado pelos sócios, que terão suas partes denominadas de "cotas" ou "quotas", as quais podem ter valores iguais ou desiguais. Sua dissolução será regida por regras especificas do mesmo diploma. Fazem parte deste grupo societário a Sociedade em Comandita Simples (C/S), a Sociedade em Nome Coletivo (N/C) e a Sociedade Limitada (LTDA) e a Sociedade Simples propriamente dita.

Por outro lado, aquela que se forma segundo os ditames da Lei nº. 6404/76 recebe o nome de Sociedades Institucional, pois são corporificadas por meio de um estatuto social e não um contrato social, podendo nascer por subscrição pública ou particular. Seu capital social é dividido por "ações" e suas regras de formação, manutenção e dissolução são específicas, estando previstas na lei acima referenciada, sendo certo que seus requisitos de constituição se encontram amparados no artigo 80 e seguintes. Desse grupo, pertencem a Sociedade Anônima (S/A) e a Sociedade em Comandita por Ações (C/A). A Sociedade Cooperativa, apesar de estar prevista no Código Civil, é uma sociedade institucional e não contratual.

2.1. Natureza Jurídica do Ato Constituidor das Sociedades

Existia divergência na doutrina sobre a natureza jurídica desses atos constitutivos, existindo duas correntes principais, uma que negava a essência de tais atos como contratuais e a outra, predominante atualmente, alegando a natureza contratualista desses dois atos, vejamos:

Teoria anticontratualista: Não aceita que a sociedade se forme por meio de um contrato, pois num contrato existem duas partes com interesses distintos e vontades antagônicas, ao passo que os que formam sociedade almejam um fim comum e muitas vezes o numero de pessoas é muito maior que dois. Ademais, as Sociedades Por Ações são formadas por um Estatuto Social e não contrato. Tal teoria não predomina em dias atuais.

Teoria Contratualista de Túlio Ascarelli: Teoria que predomina atualmente. Para ela o ato constituidor da sociedade é contratual sim, muito embora específico, tratando-se de um contrato plurilateral (com duas ou mais pessoas), as quais buscam uma finalidade específica comum, o êxito da sociedade, de modo que as sociedades estatutárias (Sociedade por Ações) também possuem natureza contratual, sendo seu documento formador um contrato exteriorizado em um estatuto.

2.2. Sociedade entre Cônjuges

O fato de a pessoa ser casada, independentemente do seu regime de bens, não a impede de contratar sociedade com terceiros. No entanto, é possível a formação de sociedade empresária entre cônjuges?

Quem nos responde a essa indagação é o artigo 977, do Código Civil, que permite a formação de sociedade entre cônjuges, desde que os mesmos não estejam casados sob o regime da comunhão universal nem do da separação obrigatória de bens.

As pessoas casadas no regime da comunhão universal não poderão formar sociedade entre si, pois não haverá pluralidade de capitais, haja vista que o de ambos é único, ao passo que as pessoas casadas no regime da separação obrigatória de bens (artigo 1641, do CC), não poderão contratar sociedade entre si em virtude de estarem juntando patrimônio em uma sociedade empresária quando a lei obrigou a separação.

Note que a pessoa que está impedida de abrir sociedade empresária com seu cônjuge é tão somente apenas aqueles que estejam casados no regime da comunhão universal ou no da separação obrigatória de bens. Esse último se dá nas situações previstas no artigo 1641, do Código Civil, quando a lei prevê que os nubentes deverão casar sob esse regime.

Assim sendo, conclui-se que os casados no regime da comunhão parcial e no da separação absoluta convencional podem perfeitamente contratar sociedade entre si.

3. CLASSIFICAÇÃO DAS SOCIEDADES

As sociedades se classificam, em primeiro lugar, entre despersonificadas e personificadas, dependendo da existência ou não de personalidade jurídica.

Apenas duas sociedades no direito brasileiro não possuem personificação, são elas: Sociedade em Comum (artigos 986 a 990, do CC) e Sociedade em Conta de Participação (artigos 991 a 996, do CC).

As Sociedades personificadas, por sua vez, podem ser consideradas simples ou empresárias, dependendo de como exercem o seu objeto social. Será simples a sociedade que exerce seu objeto sem profissionalismo e organização, ao passo que empresária será a sociedade que exerce atividade própria de empresário (artigo 982 c/c 966, do CC).

Apesar de toda sociedade possuir intuito econômico, pois, caso contrário não será sociedade, mas, sim, outra espécie de pessoa jurídica, tal como associação ou fundação, nem toda sociedade é empresária.

Para que possamos conceituar sociedade empresária, diferenciando-a da sociedade simples, é preciso que analisemos se ela explora seu objeto de forma organizada, a fim de obter lucros, ou seja, analisar se este estabelecimento trabalha de forma organizada com o intuito lucrativo. Note que é preciso o laboro de forma organizada, mais o fim lucrativo, não bastando apenas a existência deste último pressuposto para configurar uma sociedade empresária, pois existem sociedades que funcionam com o escopo lucrativo (sociedade de advogados), mas que não são consideradas empresárias, mas, sim, simples.

Salienta-se que existem duas exceções que fogem dessa regra. A Sociedade Cooperativa, apesar de ser obrigada a fazer seu registro na Junta Comercial, será, sempre, espécie de sociedade simples, pouco importando seu objeto; De modo diverso, as sociedades por ações, por assim estarem previstas no artigo 982, parágrafo único, do Código Civil serão, sempre, sociedades empresárias.

Por todo exposto, chegamos à conclusão de que sociedades empresárias são espécies de pessoas jurídicas de direito privado que exploram sua atividade de forma organizada com o intuito de obter lucro, não bastando apenas esse último requisito para a sua configuração e, sim, a forma como explora seu objeto (forma organizada), vez que a sociedade simples, como aludido, também possui intuito econômico, mas não é considerada como empresária.

Assim, podemos chegar ao seguinte quadro exemplificativo:

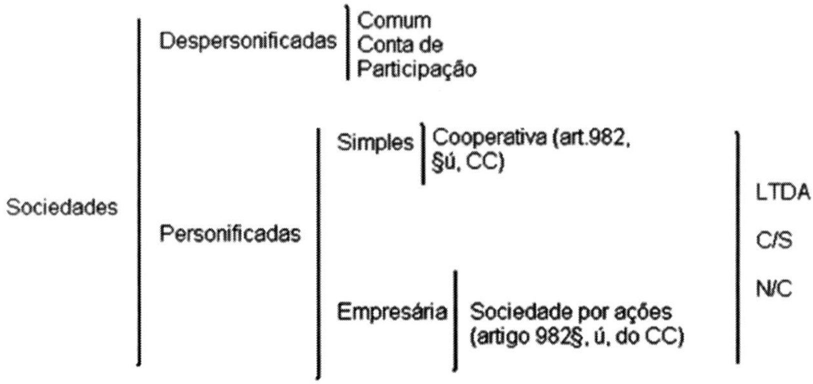

3.1. Quanto à Responsabilização pessoal dos Sócios

Responsabilidade tem a ver com dívida.

Ao falarmos em registro de uma sociedade e com sua posterior aquisição de personalidade jurídica, tornando-se autônoma e distinta da figura de seus sócios, devemos nos atentar sobre o fato de quem irá pagar as dívidas contraídas por essa no exercício de suas atividades. Será ela própria, ou seus sócios?

Num primeiro momento, ressalta-se que a responsabilidade dos sócios em uma sociedade será **subsidiária (artigo 1024, do CC)[40].** Isso quer dizer que não responderão por dívidas da empresa, caso ela tenha condições de saldar seu débito. Assim, deve-se exaurir todo patrimônio da sociedade, para só depois questionar se os sócios respondem pela dívida com seus bens pessoais ou não.

[40] Art. 1.024. Os bens particulares dos sócios não podem ser executados por dívidas da sociedade, senão depois de executados os bens sociais.

Dessa forma, claro está que quando a empresa possuir bens para saldar sua dívida, não há que se falar em responsabilização dos sócios. Todavia, a questão não se encerra neste ponto, pois existem situações em que a sociedade não é sólida o suficiente para quitar todos os seus débitos, entrando em cena, então, a figura e o patrimônio pessoal dos sócios da sociedade.

Partindo dessa premissa, após analise de nosso ordenamento jurídico, podemos extrair que ele comporta três espécies de responsabilização dos sócios, são elas:

- Responsabilidade Limitada: Aqui não há que se falar em atingir o patrimônio pessoal dos sócios, pois a empresa sozinha arcará com suas dívidas, mesmo que essa não tenha créditos suficientes para pagar seus credores. Esses, por sua vez, terão que ficar com o prejuízo, vez que o patrimônio pessoal de cada sócio não poderá ser atingido, ressalvado, por óbvio, os casos previstos como autorizadores da desconsideração da personalidade jurídica, como já apontado em momento anterior, na medida em que pessoa jurídica nenhuma pode servir de blindagem para atitudes dolosas e fraudulentas das pessoas físicas que as compõe. Fazem parte desse grupo os sócios da Sociedade Limitada (LTDA), das Sociedades por Ações (S.A), os sócios comanditários da Sociedade em Comandita Simples.
- Responsabilidade Ilimitada: Aqui, em contraposição a anterior, os sócios terão seu patrimônio pessoal atingido, não gozando de nenhuma proteção nesse sentido, muito embora isso ocorra depois de exaurido os ativos da sociedade que compõem. Primeiro se busca pagar a dívida com os bens da empresa (res-

ponsabilidade subsidiária), mas caso ela não possua liquidez para tanto, seus sócios terão seu patrimônio buscado para saldar o débito. Fazem parte desse grupo os sócios da Sociedade em Nome Coletivo e os sócios comanditados da Sociedade em Comandita Simples.

- Responsabilidade Mista: Essa certamente é um tipo diferente de responsabilidade, em que uma parte dos sócios responde de maneira limitada e outra parte, pela posição que ocupa, normalmente de representação, responde de forma ilimitada perante terceiros. É o caso das já mencionada Sociedade em Comandita Simples. Nessa, os sócios comanditados respondem de forma ilimitada e os comanditários de maneira limitada, ao passo que nesta os sócios ostensivos respondem ilimitadamente e os participantes limitadamente.

Perceba que em todos os casos, primeiro se busca o patrimônio da sociedade. Não sendo esse suficiente, passa-se a analisar a responsabilidade dos sócios, que se for limitada não arcará com nada, mas, por outro ângulo, se for ilimitada, buscará a satisfação do débito a partir da procura de seus bens pessoais.

3.2. Quanto ao ato constituidor

As sociedades podem ser classificadas em estatutárias (institucionais) ou Contratuais, dependendo de seu ato formador. Caso a sociedade seja constituída por um contrato social, será classificada como contratual, ao passo que se formada por um estatuto social, será denominada de estatutária ou institucional.

As sociedades contratuais, em regra, são aquelas previstas no Código Civil, tais como Limitada, Nome Coletivo e Comandita Simples, ao passo que as Estatutárias são aquelas disciplinadas por legislação específica, como é o caso da Sociedade Anônima e da Sociedade em Comandita por Ações, as quais são dispostas na Lei 6404/76.

Portanto, todas as sociedades que surgem por intermédio de um contrato social são conhecidas como contratuais ao passo que todas aquelas que são constituídas por um estatuto social, são denominadas de institucionais.

3.3. Quanto à Alienabilidade da Parte Social

O ingresso de terceiros estranhos ao quadro social pode afetar diretamente o bom desenvolvimento da sociedade. Diante disto, podemos dividir as sociedades em dois grandes grupos, a depender do modo como seus sócios poderão alienar sua parte do capital social, vejamos:

- Sociedades de pessoas: São assim conhecidas aquelas que dependem de anuência dos demais sócios para que outro possa alienar sua participação societária. Isso se perfaz em virtude da necessidade de se saber quem será o novo adquirente, haja vista que nessa espécie a figura pessoal do sócio interfere no bom funcionamento da empresa.
- Sociedade de capital: Nesse grupo a participação societária de um sócio pode ser alienada livremente, ou seja, não fica adstrita ao aceite dos demais sócios, pois aqui a figura de quem possui uma parte do capital societário não é imprescindível para o bom desenvolvimento geral da sociedade.

Insta ressaltar, que nenhuma sociedade é formada exclusivamente por pessoas ou capital, fazendo-se necessário uma junção destes dois elementos para sua efetiva formação. O que vai realmente dizer se uma sociedade é de capital ou de pessoas é o fato de seus sócios possuírem a faculdade de alienar sua participação livremente ou, caso contrário, seja condicionada a anuência dos demais sócios.

As sociedades institucionais, quais sejam a Sociedade Anônima (S/A) e a Sociedade em Comandita por Ações terão em todas as circunstâncias o seu capital divido por ações, não necessitando seus sócios de concordância de ninguém para alienarem suas partes a terceiros estranhos, sendo, portanto, sempre sociedades de capital. A Sociedade em Comandita Simples (C/S) e a Sociedade em Nome Coletivo (N/C) precisarão desta anuência para que os sócios disponham de seu quinhão (Artigo 1002, do CC).

No que tange à Sociedade Limitada (LTDA), o contrato social estipulará se ela será de pessoas ou capital, caso ele seja omisso, será de pessoas. Este mesmo contrato irá dispor sobre a alienação de cotas e como ficam as mesmas no caso de morte de um dos sócios. Entretanto, a regra geral é de que a participação só poderá ser cedida a um terceiro estranho à sociedade nas hipóteses em que não haja oposição de pelo menos um quarto de todo o capital social, mas a cessão para outro sócio será sempre de forma livre. Frise-se que o Diploma Civil aduz no artigo 1.057 ser um quarto do capital social e não dos sócios, o que é bem diferente[41].

---

[41] Art.1.057. Na omissão do contrato, o sócio pode ceder sua quota, total ou parcialmente, a quem seja sócio, independentemente de audiência dos outros, ou a estranho, se não houver oposição de titulares de mais de um quarto do capital social.

4. DIREITOS E OBRIGAÇÕES DOS SÓCIOS

O sócio quando ingressa em uma sociedade adquire uma série de direitos e deveres para com ela, para com outros sócios e, também, com relação a terceiros, a fim de que todos possam cumpri-los e a sociedade possa ter uma eficaz existência. A sociedade empresária é uma empresa coletiva e, como toda coletividade, precisa de regras e direitos para que nenhum de seus membros se sinta lesado ou possa praticar qualquer atitude sem imposição de limites. Tais premissas e obrigações estão estampadas nos artigos 1001 a 1009, do Novo Diploma Civil, sendo os principais:

Direitos:

1. Participar dos lucros e das perdas sociais (artigo 1007, do CC). É nula a cláusula que exclua o sócio de participar dos lucros e das perdas, sendo a mesma considerada leonina pela doutrina.

Antes do advento da nova legislação civil, o Código Comercial considerava nulo todo contrato social, caso nele estive previsto que um sócio deixaria de participar dos lucros ou das perdas. No entanto, tal legislação não vigora mais e, em consonância com o novo ordenamento, apenas a cláusula é nula e não todo o contrato, conforme se extrai após leitura do artigo 1008, do Código Civil.

O sócio que integraliza o capital social com a prestação de serviços (sócio de indústria), só participa dos lucros (artigo 1007, do CC).

2. Fiscalizar as contas da sociedade; Fiscalizar os Livros Contábeis; Participar das deliberações sobre a Sociedade; Fiscalizar o administrador.

Deveres:

1. Integralizar a cota no prazo e limite estipulados no contrato social, sob pena de ser considerado remisso (Artigo 1004, do CC);

2. Agir com probidade e boa-fé para o bom desenvolvimento da sociedade;

3. Agir com probidade e boa-fé nas relações com os demais sócios, a fim de que não gere a quebra da *affectio societatis.*

5. CONTRATO SOCIAL

O Contrato Social é o documento constituidor das sociedades contratuais. Possui natureza contratual e como tal deve obedecer aos requisitos genéricos de validade de todo negócio jurídico comum e, por ser um contrato específico, deve atender, também, a alguns elementos específicos.

Como requisitos genéricos, o Contrato Social deve atender ao preceituado no artigo 104, do Código Civil, ou seja, ser elaborado por partes capazes, possuir a sociedade objeto lícito e forma prescrita ou não defesa em lei. A forma do contrato social, em regra, é a forma escrita.

Todavia, por ser um contrato sui generis, possuirá também alguns elementos específicos, tais como a plurilateralidade e o mais importante: *affectio societatis.*

5.1. Affectio Societatis

A Constituição da República do Brasil menciona em seu artigo 5º, inciso XX que ninguém pode ser compelido a associar-se ou manter-se associado.

A formação de uma sociedade nada mais é do que um contrato em que duas ou mais pessoas se obrigam a direitos e deveres com uma finalidade lucrativa. Por isso, tem-se que quando esses sujeitam formam uma sociedade estão manifestando seu desejo em juntar forças e manterem as mesmas, a fim de que possam alcançar um objetivo comum, único.

Trata-se, então, de um elo subjetivo, um ato volitivo dos sócios, os quais demonstram vontade de contratar uma sociedade. Nada mais é do que uma obrigação em que todos os sócios se obrigam, devendo imprimir seus deveres de diligência, probidade e boa-fé, com o intuito de manter esse elo e de alcançarem efetivamente a razão pela qual se uniram.

A *affectio societatis*, portanto, é a vontade subjetiva dos sócios em se unirem uns com os outros, aceitando as qualidades pessoais de cada um, com o escopo de constituírem uma sociedade de finalidade lucrativa. Trata-se da afeição que um sócio possui com o outro para atingirem suas metas.

Para ilustrar esse instituto, percebe-se que a maioria das sociedades é composta por pessoas que já se conhecem e possuem uma convivência no mundo cotidiano e, exatamente por isso, com essa confiança mútua, constituem a sociedade, sendo que a união por pessoas desconhecidas se torna muito mais difícil e difícil de acontecer na vida prática.

A doutrina costuma dividir o instituto da *affectio societatis* em duas espécies: subjetiva e objetiva.

A *affectio societatis* subjetiva é exatamente o já explanado acima, ou seja, o elo volitivo dos sócios em formarem uma sociedade; ao passo que a objetiva encontra embasamento no Direito das Obrigações e no Contratual, estipulando que todo sócio tem o dever de agir com probidade e boa-fé, podendo aquele que praticar de forma contrária incorrer em um ato ilícito, segundo o preceituado no artigo 187 do Código Civil, estando exposto a ser compelido a uma reparação de danos, nos moldes do artigo 927 desse mesmo diploma.

Para Gladston Mamede, "Após a sua criação a affectio societatis pode ser entendida de duas maneiras distintas: por seu aspecto objetivo e por seu aspecto subjetivo. Pelo aspecto objetivo, traduz o dever geral de todos os sócios atuarem a bem da sociedade, permitindo que se realizem as suas funções jurídica, econômica e social, nos moldes discutidos acima, aplicáveis indistintamente a todos os contratos. Sob esse enfoque, a expressão está desprovida de qualquer conotação emocional, psicológica, não se relacionando coma ideia de afeição, no sentido coloquial (...)

(...) Por fim, a expressão affectio societatis pode ser empregada para traduzir o universo volitivo de cada um dos sócios quotistas ou acionistas, expressando sua vontade de permanecer na sociedade. Tem-se, portanto, um aspecto subjetivo, prolongamento do momento inicial, da vontade de contratar a sociedade, agora compreendida como a vontade de manter o contrato de sociedade (2008, p. 119/120)."

Fabio Comparato, citado por Waldo Fazzio Junior aduz no sentido de que "A affectio societatis é, portanto, não um elemento exclusivo do contrato de sociedade, distinguindo-o dos demais contratos, mas um critério interpretativo dos deveres de responsabilidades dos sócios entre si, e vista do interesse comum. Quer isto significar que a sociedade não é a única relação jurídica marcada por esse estado de ânimo continuativo, mas que ele comanda, na sociedade, uma exacerbação do cuidado de diligência próprios de um contrato bonae fidei. (...) Há, assim, dois elementos componentes a affectio ou bona fides societatis, representativos do duplo aspecto dessa relação: fidelidade e a confiança.

A fidelidade é o escrupuloso respeito à palavra dada e ao entendimento recíproco que presidiu à constituição da sociedade, ainda que o quadro social se haja alterado, mesmo completamente. Por outro lado, a confiança é também um dever do sócio para com os demais, dever de tratá-los não como contrapartes, num contrato bilateral em que cada qual persegue interesses individuais, mas como colaboradores na realização de um interesse comum (2009 p.125/126)."

Tendo em mente o conceito de *affectio* societatis, importante saber em quais sociedades ela se faz presente e em quais tipos é mais importante.

5.1.1. *Affectio Societatis* na sociedade de capital e de pessoas

A doutrina costuma classificar as sociedades em duas espécies, dependendo de como essas aceitam o ingresso de terceiros estranhos em seu quadro social, podendo ser denominadas de sociedades de pessoas ou, então, de capital.

A sociedade de capital é aquela em que o ingresso de terceiro estranho ao quadro societário, bem como a alienação da participação societária é feita de forma livre, independentemente da vontade ou anuência dos demais sócios, pois se caracterizam por serem sociedades onde o capital prepondera sobre o elo subjetivo referente às qualidades pessoais dos sócios, ou seja, o dinheiro (capital) se faz mais importante que os atributos pessoais das pessoas físicas que compõem a sociedade. Um exemplo claro de sociedade de capital no nosso é a Sociedade Anônima, regida pela Lei 6404/76 (Lei de Sociedade por Ações), em que a alienação e negociação das ações (divisão do capital social) são realizadas de maneira livre. Por outro lado, a sociedade de pessoas é aquela que não permite a alienação da parte social de forma livre a terceiros estranhos.

No entanto, seja de pessoas ou de capital, a *affectio societatis* sempre estará presente, mesmo nessa última, pois sem a vontade subjetiva não haveria que se falar em formação societária. Assim, ela existe também na sociedade limitada *intuitu pecuniae*, mas é mitigada.

Por fim, ressalta-se que a *affectio societatis,* embora presente, é um pouco mitigada na sociedade de capital, vez que, apesar de ela existir, a mesma não se faz tão importante. Em contrapartida, nas sociedades de pessoas, esse elo subjetivo entre os sócios é imprescindível, na medida em que suas qualidades pessoais influenciam diretamente no resultado social, sendo certo que a sociedade só existe porque duas ou mais pessoas concordaram com as qualidades pessoais umas das outras, o que não se percebe na de capital.

5.1.2. Quebra da Affectio Societatis

Por ser um liame subjetivo e uma afeição entre os sócios para a formação de uma sociedade, por óbvio que em decorrência de assuntos rotineiros ou por fatos supervenientes à formação da pessoa jurídica, esse elo pode se abalar ou até mesmo se quebrar, situação em que os sócios já não mais confiam um nos outros ou perderam o interesse pela atividade.

O mundo empresarial atual é muito concorrido e voraz, de modo que exige das pessoas a maior capacidade possível de resolver difíceis situações em pequenos espaços de tempo, podendo ocasionar stress e dissabores nas relações interpessoais, razão pela qual pode haver algum obstáculo que dificulte a continuação plena da sociedade ou mesmo torne impossível a sua manutenção, em virtude da quebra da *affectio societatis.*

Por isso, essa quebra pode, principalmente nas sociedades consideradas de pessoas, acarretar numa dissolução parcial, situação na qual a sociedade se resolve em relação a um sócio (retirada ou exclusão), ou até mesmo na dissolução total da pessoa jurídica, na medida em que a retirada ou exclusão pode ensejar a unipessoalidade social por mais de cento e oitenta dias, hipótese que a lei proíbe expressamente e é causa de extinção da sociedade, nos moldes do artigo 1033, inciso IV, do Código Civil.

Nesse ponto se nota o quanto a *affectio societatis* se demonstra importante para o bem desempenho social, em especial nas sociedades consideradas de pessoas, sendo que sua quebra, por diversos motivos, pode dar razão para sua própria extinção.

Tal entendimento é pacífico na doutrina e nos Tribunais, já tendo sido a questão vista por diversas vezes, conforme jurisprudências citadas abaixo[42].

---

[42] COMERCIAL E PROCESSUAL - EXCLUSÃO DE SÓCIO DE SOCIEDADE LIMITADA POR QUEBRA DA AFFECTIO SOCIETATIS - APURAÇÃO DOS HAVERES PRECEDIDA DE VERIFICAÇÃO FÍSICA E CONTÁBIL, COM ARBITRAMENTO E PERÍCIA – MATÉRIA DE FATO - JURISPRUDÊNCIA DO STJ.
I - Ocorrendo a exclusão de sócio em sociedade limitada por quebra da affectio societatis, deve a apuração dos haveres ser precedida de verificação física e contábil (balanço geral - apuração integral).
II - Matéria de fato - jurisprudência.
Resumo estruturado:
POSSIBILIDADE, EXCLUSÃO, SOCIO, SOCIEDADE COMERCIAL, HIPOTESE, COMPROVAÇÃO, JUSTA CAUSA, DECORRENCIA, DIVERGENCIA, SOCIO REMANESCENTE, OCORRENCIA, PERDA, AFFECTIO SOCIETATIS, APLICAÇÃO, PRINCIPIO, PRESERVAÇÃO, SOCIEDADE."
"AÇÃO DE DISSOLUÇÃO DE SOCIEDADE COMERCIAL QUEBRA DA AFFECTIO SOCIETATIS - NOMEAÇÃO DE LIQUIDANTE - CABIMENTO - TERMO INICIAL DA DISSOLUÇÃO - DATA DA ALTERAÇÃO DO CONTRATO SOCIAL.

Enfim, não há possibilidades para se questionar sobre a importância da *affectio societatis* na formação e continuação da sociedade, principalmente nas que não sejam de capital, podendo sua quebra resultar numa dissolução parcial ou até mesmo total da pessoa jurídica, acarretando sérios danos aos sócios e à sociedade.

5.2. Cláusulas Essenciais ao Contrato Social

O contrato social, como qualquer outro contrato, contém cláusulas que determinam as vontades dos contratantes. Entretanto, por ser um contrato diferenciado, deverá, necessariamente, conter algumas cláusulas obrigatórias, a fim de que possa ser arquivado no Registro Público das Empresas Mercantis (Junta Comercial). Dentre as diversas cláusulas que estipularão a vontade dos sócios, deverão constar obrigatoriamente as seguintes, conforme leciona artigo 997, I a IV e VI, do CC:

Gladson Mamede define o contrato social como sendo *"um negócio plurilateral por meio do qual duas ou mais pessoas, naturais ou jurídicas, ajustam entre si a constituição de uma sociedade simples ou empresária.* (2008, p.69)*,"*

Nesse ínterim, por óbvio que nesse contrato deverá constar algumas informações sobre essa nova sociedade que se forma, a fim de que fique claro e publico o objeto que ela exerce, bem como quem são seus administradores, sócios, a composição do capital social etc. Informações tais que são imprescindíveis para a consecução do objeto social e, também, para dar ciência para quem possa vir a manter relações negociais com essa sociedade, explicitando suas principais características.

Tais cláusulas são tão imprescindíveis que devem, entre outras, constar em todo e qualquer contrato social, sob pena de não ser o mesmo averbado na Junta Comercial, caso seja uma sociedade empresária ou no Cartório de Registro Civil das Pessoas Jurídicas, em sendo uma sociedade simples.

Artigo 997, inciso I:

O inciso I, do supracitado artigo 997, do CC, aduz sobre o fato de que é necessário que se conste no contrato social o nome, nacionalidade, estado civil, residência e profissão dos sócios, caso esses sejam pessoas naturais e a firma ou denominação, nacionalidade e sede dos sócios, nos caso de pessoas jurídicas.

Artigo 997, inciso II:

A sociedade é uma espécie de pessoa jurídica e, como pessoa, deve possuir um nome, o qual é conhecido como nome empresarial, estando tal instituto disciplinado nos artigos 1155 e seguintes do CC e, também, na Lei nº 8934/94 (Lei de Registro Público das Empresas Mercantis). Por isso, o inciso II aponta sobre a obrigatoriedade de se constar o nome social da empresa no contrato que a forma, além de estipular qual o objeto social que irá desenvolver.

De igual modo deve constar nesse documento se a sociedade será de prazo determinado ou indeterminado. Na hipótese de ser uma sociedade que vigorará por prazo determinado, necessário será estipular data de sua constituição e término de suas atividades. Por outro lado, em sendo uma sociedade por prazo indeterminado, o correto é informar apenas a data de sua constituição, apontando que é uma sociedade que vigorará por prazo indeterminado.

Toda sociedade deve ter um nome empresarial, de modo que existem duas espécies, a saber: firma e denominação (artigo 1155, do CC). Dependendo do tipo societário, a sociedade deverá usar a firma ou a denominação, podendo em alguns casos utilizar os dois. Exemplo: Sociedade em

Nome Coletivo (deverá usar firma social); Sociedade em Comandita Simples (deverá usar firma social); Sociedade Anônima (deverá usar denominação); Sociedade Limitada e Comandita por ações (podem optar pelo uso de firma social ou denominação para criar seu nome empresarial).

Obs.: Sociedade em Comum e em Conta de Participação não possuem nome empresarial, pois são sociedades que não possuem registro, ou seja, não possuem personalidade jurídica.

Artigo 997, III:

O capital social também deve estar mensurado no contrato social. Capital Social é a soma das riquezas que é colocada para a formação da sociedade. Trata-se da contribuição de cada sócio. Ele pode ser formado por dinheiro, bens ou prestação de serviço. Todavia, importante consignar que na sociedade limitada (artigo 1055, §2º, do CC) [43] e na sociedade anônima (artigo 7º, da Lei nº. 6404/76)[44], o capital pode ser constituído apenas por contribuição em dinheiro ou bens, não sendo possível a prestação de serviços, ou seja, sendo vedada a existência do chamado sócio de indústria.

O capital social serve de garantia aos credores e nas sociedades contratuais (formadas por um contrato social) é dividido por quotas, ao passo que nas estatutárias (formada por estatuto social), é dividido em ações.

---

43 Art. 1.055. O capital social divide-se em quotas, iguais ou desiguais, cabendo uma ou diversas a cada sócio.
(...)
§ 2º É vedada contribuição que consista em prestação de serviços.

44 Art. 7º O capital social poderá ser formado com contribuições em dinheiro ou em qualquer espécie de bens suscetíveis de avaliação em dinheiro.

Em outras palavras podemos aduzir que o capital social é tudo aquilo que os sócios se comprometem a dispor para montar seu negócio. A promessa de cada sócio de investir determinada quantia é conhecida como subscrição, ou seja, quando alguma pessoa física aduz que irá investir R$ 10.00,00 (dez mil reais) para a formação de uma sociedade, diz-se que ela esta subscrevendo, ao passo que o ato de efetivamente dispor esse montante em benefício da sociedade, recebe o nome de integralização do capital social.

Posto isso, salutar salientar que uma sociedade pode se constituir perfeita e validamente, sem estar com o seu capital social totalmente integralizado, ou seja, os sócios subscreveram, comprometeram, investir R$50.000,00 (cinquenta mil reais), mas somente injetarem metade desta quantia, qual seja: R$ 25.000,00 (vinte e cinco mil reais). Nesses casos, em algumas sociedades, a responsabilidade para a total integralização desse valor será solidária entre os sócios, até o limite estipulado para a integralização de todo o capital social. Isso será mais bem analisado no momento em que se falar das sociedades em espécie.

Artigo 997, IV:

O inciso IV esclarece que além de constar o capital social no contrato, deverá também estar previsto a cota social de cada sócio, que nada mais é do que a divisão do capital social, apresentando-se como sendo a parte que cada sócio possui na sociedade. O capital social das sociedades contratuais é dividido por cotas, em que o capital é o todo e as cotas a parte de cada sócio.

Aquele que adquire uma cota de uma sociedade tornase sócio dessa. Acontece que, em algumas delas, a figura pessoal do sócio é importante para o seu efetivo sucesso e bom funcionamento, sendo que em outras, as qualidade pessoais de quem é dono de parte societária não importará para a sua desenvoltura e o seu bom funcionamento. Esse fator é preponderante para se analisar a cessão de cotas ou ações de uma sociedade, na medida em que em algumas delas a sua transferência estará condicionada a anuência dos demais sócios, ao passo que em outras esta cessão será livre, em razão dos motivos acima referenciados.

Artigo 997, V:

Existindo algum sócio que contribua para a formação do capital social com prestação de serviços, deverá estar discriminado qual será de fato essa prestação. No entanto, essa cláusula não é muito utilizada, uma vez que a principal espécie societária existente no Brasil é a limitada e, como já apontado, ela não comporta sócio que contribuía com prestação de serviços.

Artigo 997 VI:

Não obstante, imprescindível que conste no contrato social o nome dos administradores da sociedade, lembrando que não necessariamente um administrador precisa ser sócio, tendo em vista que alguns tipos societários, como a limitada (artigo 1061, do CC) [45], autorizam que pessoas que não sejam sócias possam vir a ser contratadas para administrar os negócios sociais. Desse modo, além do nome dos sócios, é preciso, também, constar o nome dos administradores.

Artigo 997, VII:

Não pode existir no direito brasileiro a chamada sociedade leonina, aquela que exclui determinados sócios de participarem dos lucros ou das perdas sociais. Por isso, é essencial que se conste a participação de cada um tanto

---

[45] Art. 1.061. Se o contrato permitir administradores não sócios, a designação deles dependerá de aprovação da unanimidade dos sócios, enquanto o capital não estiver integralizado, e de dois terços, no mínimo, após a integralização.

nos lucros como nas perdas, sendo considerada leonina e, consequentemente, nula a cláusula que excluir qualquer um dos sócios dessas participações (artigo 1008, do CC) [46].

Frise-se que caso existe uma cláusula leonina apenas ela será considerada nula e não todo o contrato.

5.3. Modelo

Contrato de Constituição de: _________________

1. Fulano de Tal, (nome completo), nacionalidade, naturalidade, estado civil, regime de bens (se casado), data de nascimento (se solteiro), profissão, nº do CPF, documento de identidade, seu número, órgão expedidor e UF onde foi emitida (documentos válidos como identidade: carteira de identidade, certificado de reservista, carteira de identidade profissional, Carteira de Trabalho e Previdência Social, Carteira Nacional de Habilitação – modelo com base na Lei nº 9.503, de 23.9.97), domicílio e residência (tipo e nome do logradouro, número, bairro/distrito, município, Unidade Federativa e CEP) e

2. Beltrano de Tal... (art. 997, l, CC/2002) constituem uma sociedade limitada, mediante as seguintes cláusulas:

1ª A sociedade girará sob o nome empresarial... e terá sede e domicilio na (endereço completo: tipo, e nome do logradouro, número, complemento, bairro/distrito, município, Unidade Federativa e CEP). (art. 997, II, CC/2002).

2ª O capital social será R$... (... reais) dividido em... quotas de valor nominal R$... (... reais), integralizadas, neste ato em moeda corrente do País, pelos sócios: Fulano de Tal... nº de quotas............ R$... Beltrano de Tal...

---

46 Art. 1.008. É nula a estipulação contratual que exclua qualquer sócio de participar dos lucros e das perdas.

nº de quotas... R$... (art. 997, III, CC/2002) (art. 1.055, CC/2002)

3ª O objeto será...

4ª A sociedade iniciará suas atividades em... e seu prazo de duração é indeterminado. (art. 997, II, CC/2002)

5ª As quotas são indivisíveis e não poderão ser cedidas ou transferidas a terceiros sem o consentimento do outro sócio, a quem fica assegurado, em igualdade de condições e preço direito de preferência para a sua aquisição se postas à venda, formalizando, se realizada a cessão delas, a alteração contratual pertinente. (art. 1.056, art. 1.057, CC/2002)

6ª A responsabilidade de cada sócio é restrita ao valor de suas quotas, mas todos respondem solidariamente pela integralização do capital social. **(art. 1.052, CC/2002)**

7ª A administração da sociedade caberá... com os poderes e atribuições de... autorizado o uso do nome empresarial, vedado, no entanto, em atividades estranhas ao interesse social ou assumir obrigações seja em favor de qualquer dos quotistas ou de terceiros, bem como onerar ou alienar bens imóveis da sociedade, sem autorização do outro sócio. (artigos 997, Vl; 1.013. 1.015, 1064, CC/2002).

8ª Ao término da cada exercício social, em 31 de dezembro, o administrador prestará contas justificadas de sua administração, procedendo à elaboração do inventário, do balanço patrimonial e do balanço de resultado econômico, cabendo aos sócios, na proporção de suas quotas, os lucros ou perdas apurados. (art. 1.065, CC/2002)

9ª Nos quatro meses seguintes ao término do exercício social, os sócios deliberarão sobre as contas e designarão administrador (es) quando for o caso. (arts. 1.071 e 1.072, § 2º e art. 1.078, CC/2002).

10 A sociedade poderá a qualquer tempo, abrir ou fechar filial ou outra dependência, mediante alteração contratual assinada por todos os sócios.

11 Os sócios poderão, de comum acordo, fixar uma retirada mensal, a título de "pro labore", observadas as disposições regulamentares pertinentes.

12 Falecendo ou interditado qualquer sócio, a sociedade continuará suas atividades com os herdeiros, sucessores e o incapaz. Não sendo possível ou inexistindo interesse destes ou do(s) sócio(s) remanescente(s), o valor de seus haveres será apurado e liquidado com base na situação patrimonial da sociedade, à data da resolução, verificada em balanço especialmente levantado.

Parágrafo único - O mesmo procedimento será adotado em outros casos em que a sociedade se resolva em relação a seu sócio. (art. 1.028 e art. 1.031, CC/2002)

13 (Os) Administrador (es) declara(m), sob as penas da lei, de que não est(ão) impedidos de exercer a administração da sociedade, por lei especial, ou em virtude de condenação criminal, ou por se encontrar(em) sob os efeitos dela, a pena que vede, ainda que temporariamente, o acesso a cargos públicos; ou por crime falimentar, de prevaricação, peita ou suborno, concussão, peculato, ou contra a economia popular, contra o sistema financeiro nacional, contra normas de defesa da concorrência, contra as relações de consumo, fé pública, ou a propriedade. (art. 1.011, § 1º, CC/2002)

Inserir cláusulas facultativas desejadas.

14 **Fica eleito o foro de...** para o exercício e o cumprimento dos direitos e obrigações resultantes deste contrato.

E por estarem assim justos e contratados assinam o presente instrumento em _______ vias.

_______________, ___ de ____________de 20__

aa)_____________________ aa)________________

Fulano de Tal Beltrano de Tal

Visto **advogado**___________

Nome

OABnº...

Testemunhas:

____

Nome, Identidade, Org. Expedidor.

6. SOCIEDADE NACIONAL, ESTRANGEIRA E DEPENDENTE DE AUTORIZAÇÃO.

Para que uma sociedade enquanto pessoa jurídica seja considerada nacional, é preciso que tenha se organizado de acordo com a legislação brasileira, pouco importando a origem do seu capital. Mesmo que a maioria do capital seja estrangeiro, se ela foi constituída sob a égide da legislação pátria, é o primeiro passo para que possa ser tida como nacional.

O segundo passo é o fato de que a sociedade precisa manter sua sede administrativa dentro do território brasileiro. Assim, em consonância com o artigo 1126 do Código Civil podemos notar que dois requisitos são imprescindíveis para a conceituação de sociedade nacional: sede administrativa no Brasil e formação de acordo com a legislação nacional.

Por outro lado, mesmo que a sociedade possua a maior parte de capital nacional, se não foi criado de acordo com as regras nacionais, será tida como estrangeira.

Ser considerado sociedade nacional é favorável, haja vista que a sociedade estrangeira depende de autorização do poder público para funcionar no território brasileiro, senão vejamos:

> Art. 1.134. A sociedade estrangeira, qualquer que seja o seu objeto, não pode, sem autorização do Poder Executivo, funcionar no País, ainda que por estabelecimentos subordinados, podendo, todavia, ressalvados os casos expressos em lei, ser acionista de sociedade anônima brasileira.

Por isso, na formação de uma empresa coletiva (sociedade empresária) atentar para essas regras para que a mesma possa ser considerada nacional.

VI SOCIEDADES DESPERSONIFICADAS

1. SOCIEDADE EM COMUM

Também conhecida como irregular, ou de fato, a Sociedade em Comum é regida pelos artigos 986 a 990, do Código Civil. É uma sociedade sem personalidade jurídica, devido ao fato de seus sócios não registrarem o contrato social na Junta Comercial ou nem mesmo o possuírem.

A doutrina costuma diferenciar a terminologia entre sociedade irregular e sociedade de fato, alegando que a primeira consiste naquela em que os sócios formularam um contrato social, mas o mesmo não foi levado a registro, ao passo que na segunda nem ao menos contrato social existe. Entretanto, tal discussão atualmente se mostra infrutífera e sem maiores complexidades, na medida em que a Sociedade em Comum consegue abranger as formas da sociedade irregular e da de fato, pois em ambos os casos elas não possuem registro, sendo desprovidas, portanto, de personalidade jurídica. Assim se manifesta o enunciado 58, do Conselho da Justiça Federal, vejamos:

Enunciado 58 – CJF "A sociedade em comum compreende as figuras doutrinárias da sociedade de fato e da irregular".

1.2. Responsabilização dos Sócios

É certo que o registro do empresário e da sociedade empresária e obrigatório para a regularização da atividade, muito embora a atividade possa existir sem tal formalidade, só que de forma irregular, haja vista, como já abordado tratar o registro de ato declaratório e não constitutivo.

Desse modo, em sendo a sociedade em comum uma espécie social desprovida de registro, ou seja, que atua de forma irregular, não poderia a legislação contemplar maiores benefício para quem a exerce, sendo que o legislador, em regra, tenta criar dificuldades e impor sanções para aqueles que estão à margem dos diplomas legais.

A principal sanção para quem exerce a Sociedade em Comum é o fato de todos os sócios responderem de forma ilimitada e solidária pelas obrigações sociais, sendo certo que perderão seu patrimônio pessoal no caso de dificuldade financeira da sociedade em dívidas oriundas de suas atividades.

Todavia, importante frisar, que mesmo esse tipo societário não tendo personalidade jurídica, a legislação reconhece uma espécie de "patrimônio especial", que nada mais é do que a soma de tudo que foi dispensado pelos sócios para a formação da atividade, de modo que mesmo a responsabilização dos sócios sendo ilimitada e solidária eles terão o chamado "benefício de ordem", previsto no artigo 1024, do Código Civil, o qual aduz que em primeiro lugar deve exaurir o patrimônio da sociedade para depois buscar o patrimônio pessoal de cada sócio. Em contrapartida, fica excluído do benefício de ordem o sócio que contrata pela sociedade. Esse terá responsabilização ilimitada, a qual poderá ser direta, o que em outras palavras significa dizer que em uma execução o credor pode exigir o cumprimento do patrimônio especial ou do sócio que contratou em nome da sociedade diretamente, não precisando esgotar o primeiro.

1.3. Prova da Sociedade

Terceiros podem provar a existência da sociedade por qualquer meio de prova em direito admitido, ou seja, por testemunhas, documentos etc. Agora, os sócios nas suas relações com os demais ou com terceiros só podem fazer prova da existência da sociedade por documento, necessitando de um recibo, de um contrato ou outra forma escrita semelhante.

Por fim, consignação que a Sociedade em Comum, por ser irregular, não pode requerer a falência de outro empresário (Artigo 97 da Lei 1101/05), mas poderá ter a sua decretada.

2. SOCIEDADE EM CONTA DE PARTICIPAÇÃO

É a segunda espécie de sociedade sem personalidade jurídica presente no ordenamento jurídico brasileira, mas essa se diferencia da sociedade em comum porque o legislador quis que ela adquirisse essa característica.

Marlon Tomazette (2009, p. 288) a define alegando que "A Sociedade em Conta de Participação não aparece para o público, quem aparece é o sócio ostensivo, daí dizer-se que ela é uma sociedade oculta, o que não significa que tenha fins fraudulentos, mas que não é ou não precisa ser conhecida pelo público."

Regida pelos artigos 991 a 996, do Diploma Civil, a Sociedade em Conta de Participação possui duas espécies de sócios, a saber:

Sócio ostensivo: Sócio que pratica em nome próprio a atividade e aparece perante terceiros. Esse sócio, geralmente um empresário ou outra sociedade empresária, é quem irá aparecer perante terceiros e se responsabilizará totalmente perante esses.

Sócio Participante: Também conhecido como sócio oculto, trata-se daquele sócio que não aparece perante terceiros, tampouco pratica relações negociais com esses, respondendo tão somente perante o ostensivo no exato limite pactuado entre ambos.

A Sociedade em Conta de Participação não sofre falência, quem poderá sofrê-la é o sócio ostensivo, que no caso dessa hipótese haverá a dissolução da sociedade, ou o sócio participante, mas nessa situação não necessariamente haverá a extinção da Conta de Participação[1]. Ela pode ser criada verbalmente ou por documento escrito, mas mesmo que esse ato seja levado a registro, ela não adquirirá personalidade jurídica. De igual modo, ela não possui nome empresarial.

---

[1] Art. 994. A contribuição do sócio participante constitui, com a do sócio ostensivo, patrimônio especial, objeto da conta de participação relativa aos negócios sociais.

§ 1º A especialização patrimonial somente produz efeitos em relação aos sócios.

§ 2º A falência do sócio ostensivo acarreta a dissolução da sociedade e a liquidação da respectiva conta, cujo saldo constituirá crédito quirografário.

§ 3º Falindo o sócio participante, o contrato social fica sujeito às normas que regulam os efeitos da falência nos contratos bilaterais do falido.

VII SOCIEDADES CONTRATUAIS MENORES

1. SOCIEDADE EM NOME COLETIVO

A Sociedade em Nome Coletivo é considerada o tipo societário mais simples, genérico, de modo que se no contrato social não ficar estipulado qual o tipo social, considerar-se-á a mesma em Nome Coletivo.

Marlon Tomazette leciona que "A sociedade em nome coletivo é a sociedade mais simples, tanto nas estruturas como nas funções, por isso ela é considerada o protótipo das sociedades empresariais em geral. Se os sócios não demonstrarem expressamente a opção por um determinado tipo societário, pode-se considerar que estamos diante de uma sociedade me nome coletivo (2009, p.324)."

É regida, em primeiro lugar, pelos artigos 1039 a 1045, do Código Civil, sendo que na omissão desses dispositivos, será regulada em caráter supletivo pelas normas da Sociedade Simples, conforme menciona artigo 1040, do CC.

Art. 1.040. A sociedade em nome coletivo se rege pelas normas deste Capítulo e, no que seja omisso, pelas do Capítulo antecedente.

Atualmente é pouco utilizada no mundo prático em nosso país. Isso se deve, principalmente, pela responsabilização solidária e ilimitada que possuem seus sócios, os quais podem comprometer seu patrimônio pessoal por dívidas decorrentes do exercício social. Tal fato gera uma insegurança para os empreendedores em abrirem uma sociedade desse tipo.

Apenas pessoas físicas podem ser sócias de uma Sociedade em Nome Coletivo, sendo que seus administradores deverão ser obrigatoriamente sócios, não se admitindo gestores que não fazem parte do quadro social.

No que tange o nome empresarial, apenas poderá utilizar a modalidade firma social, ou seja, o patronímico de seus sócios ou de apenas um deles deve constar no nome da sociedade, sendo vedada a utilização da modalidade denominação na Sociedade em Nome Coletivo.

Trata-se de uma sociedade estritamente personalista, uma vez que a pessoa física de seus sócios, com seus atributos característicos é importantíssima para o desenvolvimento da sociedade e para as boas relações negociais com terceiros. Confirma-se tal premissa no fato de que para cederem suas quotas a terceiros estranhos, os sócios precisam da concordância dos demais (artigo 1003, do CC), bem como pelo fato de que apenas sócios podem se tornar administradores da sociedade.

2. SOCIEDADE EM COMANDITA SIMPLES

Trata-se de tipo societário regido pelos artigos 1046 a 1051, do Código Civil e, em caráter, supletivo pelas regras referentes à Sociedade em Nome Coletivo. Na omissão dessa última será regulada pelas normas da sociedade simples[48].

O traço fundamental da Sociedade em Comandita Simples é a existência de duas espécies de sócios, cada qual com suas peculiaridades, finalidades e tipos de responsabilidade, a saber:

Sócio Comanditado: Sócio que irá participar diretamente dos atos de gestão da sociedade, normalmente como administrador, tendo, por esse motivo, acarretado contra si a responsabilização ilimitada e solidária com os demais sócios comanditados pelas dividas sociais, não ganhando proteção o seu patrimônio pessoal.

Sócio Comanditário: É a figura do sócio não administrador, que não pratica atos de gestão, tampouco toma parte nas relações negociais sociais. É também chamado pela doutrina de sócio investidor, ou seja, só entra com o capital. Por essa razão, responderá de forma limitada pelas dívidas da sociedade, podendo perder apenas o dispensado na consecução da atividade.

Apenas poderão ser administradores dessa sociedade os sócios comanditados, não podendo haver terceiros estranhos ao quadro social como gestores.

O nome empresarial deverá obrigatoriamente ser composto pela modalidade firma social, evidenciando o fato de que no nome social apenas pode constar o nome civil de um ou de todos os sócios comanditados, não podendo constar o nome de nenhum sócio comanditário, sob pena

---

48 Art. 1.046. Aplicam-se à sociedade em comandita simples as normas da sociedade em nome coletivo, no que forem compatíveis com as deste Capítulo.

desse ser considerado comanditado e ter acarretado contra si responsabilização ilimitada[49].

Por fim, consigna-se, também, ser esse tipo societário uma sociedade eminentemente de pessoas.

[49] Art. 1.047. Sem prejuízo da faculdade de participar das deliberações da sociedade e de lhe fiscalizar as operações, não pode o comanditário praticar qualquer ato de gestão, nem ter o nome na firma social, sob pena de ficar sujeito às responsabilidades de sócio comanditado.

VIII SOCIEDADE LIMITADA

1. ORIGEM E LEGISLAÇÃO APLICÁVEL

Com o passar dos tempos cresceu o anseio de que existisse uma sociedade que limitasse a responsabilidade dos sócios, mas que não tivesse todas as complicações e burocracias para abertura de uma sociedade anônima (única sociedade de responsabilidade limitada até então).

Com isso, em 1892, surge na Alemanha a Sociedade por Cotas de Responsabilidade Limitada.

No ordenamento jurídico brasileiro, a sociedade limitada foi introduzida pelo Decreto 3.708, de 10 de janeiro de 1919 (Lei de Sociedades por Quotas de Responsabilidade Limitada), legislação que contava apenas com dezoito dispositivos para regulamentar a matéria, sendo omissa em diversos aspectos, justamente pelo fato de ser muito sucinta, razão pela qual seu artigo 18 previa que nas omissões do contrato formador e das regras referentes às sociedades limitadas, essas seriam regidas de forma supletiva pela Lei de Sociedade Anônima.

Desse modo, diferentemente dos dias atuais, a limitada era regida de modo supletivo pelas regras norteadoras da sociedade.

Contudo, a partir da entrada em vigor do Novo Código Civil de 2003, a Sociedade Limitada passa a ser regida por esse diploma, o qual trata da matéria em seus artigos 1.052 a 1.087, e, de modo diverso do decreto revogado, o artigo 1053 do Diploma Civil leciona que na omissão de normas específicas e do contrato social, aplicar-se-á à limitada o disposto às sociedades simples, dando claramente a entender que esse tipo societário rege-se de forma supletiva com as regras da sociedade simples (artigos 997 a 1038 do Código Civil) e não mais da sociedade anônima. Mas, caso o contrato social preveja de forma expressa, poderá a limitada adotar como fonte subsidiária os ditames das Sociedades por Ações, atualmente previstas na Lei nº. 6404/76 (Lei de Sociedade por Ações).

Portanto, para conseguir resolver alguma questão que trate de sociedade limitada, primeiro deverá ser analisado seus artigos específicos estampados no Código Civil. Em sendo esses omissos, observar-se-á o contrato social. Caso persista a omissão, atentar-se-á para as normas referentes às sociedades simples, porém se o contrato vier expresso nesse sentido, a ela se aplicará as normas referentes às sociedades por ações.

Muito utilizada, a Sociedade Limitada se faz presente em mais de 90% (noventa por cento) das sociedades registradas nas Juntas Comerciais de todo o Brasil. Isso se deve a vários fatores, dentre os quais, a responsabilidade limitada dos sócios, tendo o legislador dado uma proteção patrimonial aos bens pessoais de seus sócios. Talvez, esse fator seja basilar para toda abundância de limitadas existentes em nosso país.

A responsabilização de forma limitada não foi criada unicamente para proteger os sócios, mas, sim, para incentivar a atividade empresarial, na medida em que era preciso criar um mecanismo que desse as pessoas a tranquilidade de investirem seu capital, protegendo seu patrimônio pessoal não disponibilizado para a atividade societária. Pois, caso contrário, muito perigoso seria investir em uma atividade empresarial, vez que se trata de uma atividade de risco que, se não houvesse nenhuma proteção quanto ao patrimônio pessoal, mais arriscada seria. Vejamos o que diz Gladston Mamede (2008, p.231) a respeito do tema: "Nesse contexto, o Estado percebeu que seria necessário constituir mecanismos jurídicos de estímulo ao investimento, garantindo uma proteção legal que limitaria os riscos corridos por aqueles que resolvessem agir economicamente. Essa proteção legal concretizou-se sob a forma de um limite de responsabilidade pelas obrigações geradas pelo empreendimento no qual se investira; os riscos limitar-se-iam ao capital que fora investido, protegendo-se o patrimônio particular do sócio da investida dos credores do empreendimento."

2. RESPONSABILIZAÇÃO DOS SÓCIOS

Vimos que a Sociedade Limitada é o principal tipo societário existente no Brasil atualmente. Isso se deve ao fato de seu caráter limitador da responsabilidade de seus sócios, os quais não respondem, em regra, com o patrimônio pessoal por dívidas contraídas em nome da pessoa jurídica a que fazem parte. Fabio Ulhoa Coelho menciona que dentre todas as sociedades empresárias registradas nas juntas comerciais de todos os Estados, 90% adotam como forma societária a espécie limitada.

É obvio que o fator principal para a maciça existência dessa espécie societária em nosso país se deve ao fato da limitação da responsabilidade patrimonial das pessoas físicas que a compõe, na medida em que os investidores se sentem estimulados a prática da atividade negocial, haja vista que, embora seja uma atividade de risco e possa trazer sérias consequências patrimoniais e financeiras, eventuais perdas só alcançarão o estipulado, o previamente acordado em investir no negócio, na medida em que todo o capital subscrito (prometido) já estiver integralizado, ressalvado, por certo, as hipóteses que ensejam a desconsideração da personalidade jurídica por atos fraudulentos e contrários ao contrato social (artigo 50, do Código Civil ou artigo 28 do Código de Defesa do Consumidor), bem como na hipótese de incorrer o administrador na teoria *ultra vires* (artigo 1015, do Código Civil), pois nenhuma sociedade pode servir de blindagem para atos fraudulentos de seus sócios que agem em desconformidade com a ética e o estipulado, acarretando sérios prejuízos a terceiros inocentes de boa-fé.

Sobre o tema, são os dizeres de Gladston Mamede (2008 p.320/321):

> "Esse investimento, porém, sempre implica o risco da ruína, pois o empreendedor pode perder não apenas o que investiu, como também pode ver obrigações variadas surgirem do empreendimento e, por essa via, atingirem o restante do seu patrimônio. Essa possibilidade seria suficiente para afastar muitos dos empreendimentos econômicos e de seus riscos, preferindo o entesouramento mesquinho de quem regula a quantidade de moedas que tira de um baú enterrado, para usar uma figura comum do imaginário social.
>
> Nesse contexto, o Estado percebeu que seria necessário constituir mecanismos jurídicos de estímulo ao investimento, garantindo uma proteção legal que limitaria os riscos corridos por aqueles que resolvessem agir economicamente. (...)
>
> (...) Na sociedade limitada, os sócios são responsáveis apenas pelo valor da quota ou quotas sociais que subscreveram e, assim, devem adimplir, como se afere do artigo 1.052 do Código Civil. Uma vez que todo capital subscrito tenha

> sido integralizado, realizado, não se fazem necessários novos desembolsos, não havendo responsabilidade subsidiária pelas obrigações sociais".

Os sócios respondem de forma limitada pelas obrigações sociais, mas todos respondem solidariamente pela integralização do capital social. (artigo 1052, do CC).

Isso quer dizer que os sócios respondem apenas com a sua cota, ou seja, o que ele se dispôs a entregar pela sociedade, não respondendo com seu patrimônio pessoal. Todavia, caso as cotas não estejam totalmente integralizadas, irá responder solidariamente com o sócio que não integralizou.

Exemplo: Imagine uma Limitada constituída por três sócios: **Manoel, Joaquim, Ana.**

Manoel prometeu entregar R$ 10.000,00 reais à sociedade e efetivamente entregou toda a quantia. Joaquim também prometeu entregar R$ 10.000,00 reais a sociedade e entregou toda a quantia. Todavia, Ana prometeu entregar R$ 100.000,00 reais a sociedade, mas só dispensou a metade. Pelos R$ 50.000,00 mil reais faltantes para a integralização de todo o capital, responderão de forma solidária todos os três sócios. Obviamente que se Manoel ou Joaquim pagar a quantia terá direito de regresso contra Ana.

3. NOME EMPRESARIAL

A constituição da sociedade limitada se dá por meio de um *contrato social*, documento assinado por duas ou mais pessoas, as quais possuem o escopo de constituir uma pessoa jurídica com finalidade lucrativa.

Esse contrato, para efetiva regularização da sociedade, deverá ser levado a registro, podendo o mesmo se efetivar em dois órgãos distintos:

1º. Em se tratando de uma Sociedade Limitada empresária, o registro deverá ser feito no Registro Público das Empresas Mercantis, tratado pela Lei nº. 8934/94, devendo o ato constitutivo ser arquivado na Junta Comercial do Estado em que esteja localizada a sede.

2º. Por outro lado, caso se trate de uma Sociedade que explore seu objeto de forma simples, deverá, então, promover seu registro no Cartório Civil das Pessoas Jurídicas.

Com o efetivo registro, a sociedade limitada adquire personalidade jurídica, distinguindo-a da de seus sócios, adquirindo autonomia funcional e patrimonial, sendo titular de direitos e deveres próprios. O contrato social será devidamente arquivado, registrando-se a sociedade, caso traga em seu corpo as disposições previstas no artigo 997 do Código Civil.

Consigna-se que o registro é o ato pelo qual se confere personalidade jurídica a uma sociedade, bem como a regulariza, de modo que podem existir sociedades que não possuem registro, mas existem no plano fático ou a lei a estabeleceu como despersonalizada, mas, nesses casos, não serão sociedades limitadas.

Regra bastante peculiar é percebida com relação ao nome empresarial de uma sociedade do tipo limitada, havendo a possibilidade de essa adotar as formas firma ou denominação, conforme estipulação expressa do artigo 1158 do Novo Código Civil.

Todavia, em ambos os casos, deverá obrigatoriamente seguir os princípios norteadores do nome empresarial, quais sejam: o da novidade e o da veracidade, preceituados no artigo 34, da Lei 8934/94, enganando-se quem aduz que na denominação não é preciso obedecer ao princípio da veracidade, podendo essa espécie usar na composição de seu nome um elemento fantasia, no qual não se precisa mencionar o nome civil dos sócios.

É certo que na denominação utiliza-se um elemento fantasia para compor o nome, mas na indicação do objeto social da sociedade limitada não podem constar elementos fantasiosos – enganosos -, os quais são capazes de ludibriar terceiros que possam eventualmente vir a contratar com a pessoa jurídica, não correspondendo corretamente o objeto social ao produto que é produzido ou comercializado ou ao serviço que é prestado de fato pela sociedade, razão pela qual se observa também ao princípio da veracidade na espécie denominação de nome empresarial.

Romano Cristiano (2008, p.177) fala sobre o tema com propriedade ao lecionar que "O princípio da veracidade é aplicável também às denominações, na parte referente ao objeto social. Em outras palavras, a denominação da sociedade limitada, ao indicar – de forma genérica ou específica, total ou parcial, de acordo com as conveniências dos sócios – o objeto constante do texto contratual, deve fazê-lo com a maior fidelidade possível. Não poderia, assim, sociedade destinada ao transporte de passageiros mediante ônibus ter como denominação 'Mercúrio Indústria e Comércio LTDA."

Caso adote a modalidade firma de nome empresarial, esse será composto pelo nome de um ou mais sócios, desde que pessoas físicas; ao passo que na denominação poderá ser utilizado um nome fantasia, mas com a devida indicação do objeto social.

Em ambos os casos, ao final do nome empresarial, deverá constar a partícula "limitada" ou sua abreviatura "LTDA", caso contrário os sócios responderão de forma ilimitada, deixando de lado a proteção patrimonial pessoal conferida pela lei nesse tipo societário.

4. CAPITAL SOCIAL

O Capital Social se apresenta como sendo a soma de todas as riquezas que os sócios se comprometeram a disponibilizar para o exercício do objeto social da sociedade que irão constituir, de modo que para que uma sociedade se constitua, não basta a simples vontade de duas ou mais pessoas em se reunirem e formarem uma pessoa jurídica com intuito econômico. É preciso a disposição delas em investir nessa pessoa jurídica.

Com a injeção de capital dos sócios na sociedade, cria-se um patrimônio comum, titularizado pela pessoa jurídica, a fim de que a sociedade possa exercer de modo pleno seu objeto social, tornando-se solúvel e com a possibilidade de participação em suas relações obrigacionais.

A quantia investida deve vir expressa em moeda corrente nacional, consoante artigo 997, inciso III, do Diploma Civil, sendo certo que os bens terão que ser avaliados para estipular seu real valor pecuniário.

É evidente que para que qualquer sociedade possa nascer e existir num plano fático e de direito, necessário se faz que seus sócios ou aqueles que a fundaram, contribuam com certa quantia, a fim de que se torne possível a atividade por eles imaginada. Cada um, com o intuito de firmar um contrato de sociedade, explorando uma atividade com finalidade de lucro, terá necessariamente que contribuir. Todos os sócios devem contribuir para a sociedade.

Como regra, essa contribuição pode vir por meio da disponibilização de um bem (exemplo: imóvel; carro etc.), injeção de uma quantia em pecúnia ou na forma de prestação de serviço, hipótese em que o sócio se compromete a prestar seus préstimos como modo de colaborar e contribuir para a formação do capital social.

Porém, essa é a regra não se aplica para todas as sociedades contratuais previstas no Novo Diploma Civil.

Consigna-se que uma exceção vigora para a Sociedade Limitada, tendo em vista que os sócios poderão apenas contribuir para a formação do capital social entregando uma quantia em dinheiro ou um bem móvel ou imóvel, mas nunca com prestação de serviços, por expressa vedação legal constante no artigo 1055, §2º, do Código Civil.

Por isso, é vedada na limitada a existência do chamado "sócio de serviço", aquela pessoa que contribui apenas com sua colaboração laboral. Nela os sócios podem contribuir apenas com bens (móveis ou imóveis), os quais serão avaliados, ou dinheiro propriamente dito.

4.1. Aumento e redução

Por certo que o capital social inicial não precisa se manter o mesmo ao longo dos anos, vez que a atividade iniciada pode ter se expandido ou diminuído ou, por outro motivo, seja necessário alterar o montante inicial injetado. Isso porque uma sociedade não se mantém imutável ao longo dos anos e alheia às relações mercantis.

Por isso, prevê a legislação que é possível alterar o capital social tanto para mais quanto para menos, muito embora estipule os casos em que isso pode acontecer.

Estipula o artigo 1081, do Código Civil que o capital social poderá ser aumentado, desde que esteja devidamente integralizado, bastando para a isso aprovação dos votos que correspondam a 75% do capital social. Haverá, então, uma alteração no contrato social, no sentido de aumentar o valor correspondente do capital, sendo que, geralmente, esse aumento se dá por meio da injeção de novas quantias pelos sócios na sociedade.

Nesse caso, será assegurado o direito de preferência aos sócios para adquirirem as novas quantias nas proporções de suas cotas.

Gladston Mamede (2008, p. 344/345) afirma que "O direito de preferência previsto no artigo 1081, §1º, do Código Civil, afirma-se em dois níveis distintos. Em primeiro lugar, a preferência de cada sócio à subscrição de novas quotas, na proporção de sua participação – até então – no capital social; nesse nível, constata-se uma opção do legislador pela manutenção da proporção em que cada sócio participa do capital social, mesmo após o seu aumento.

(...)

Se não há, pelo sócio correspondente, o exercício do direito de preferência ou a sua cessão para terceiro, coloca-se, em segundo lugar, outro nível de preferência. Subsidiariamente, tem-se o direito dos demais sócios às novas quotas, representativas do aumento do capital social, quando o sócio que as poderia subscrever deixa de exercer sua preferência ou cedê-la a alguém. Essa preferência decorre diretamente da previsão do artigo 999, cominado com o artigo 997, I, ambos do Código Civil, a exigir unanimidade dos votos (...)"

Por outro lado, também há a possibilidade de redução do capital social e, segundo artigo 1082 e incisos do Novo Código Civil, essa alteração a menor só poderá ocorrer em duas situações, a saber:

1ª. Depois de integralizado o capital, se houver perdas irreparáveis;

2ª. Se excessivo em relação ao objeto da sociedade.

Considera-se perda irreparável quando a sociedade não consegue atender às expectativas de liquidez e lucratividade imaginada pelos sócios, sendo o seu patrimônio liquido inferior ao capital social estipulado. Trata-se de uma situação contábil defasada, em que se terá uma redução proporcional no valor das cotas sociais.

Já quando o capital é excessivo para o exercício da atividade, ou seja, quando ele está além do preciso para o exercício social, pode-se ter também uma redução de seu valor, mesmo sem estar devidamente integralizado, diminuindo-se o valor das cotas e restituindo eventual sobra aos sócios.

Todavia, nesse último caso, o credor quirografário, nos trinta dias subsequentes à publicação da ata da assembleia que deliberou pela redução poderá se opor a mesma, impugnando tal medida e, caso não haja impugnações, a redução poderá ser averbada no registro competente.

5. LIMITADA DE PESSOAS OU DE CAPITAL

A sociedade limitada pode ser tida como de pessoa ou de capital, a depender do que o contrato social estipular. Essa posição é adotada por Fabio Ulhoa Coelho, ao afirmar que a Sociedade Limitada pode ser uma sociedade de pessoas ou de capital, só conseguindo definir um tipo ou outro dependendo das cláusulas contratuais. Em se observando no contrato social cláusulas de controle, dificultando a participação de terceiros estranhos ao quadro social, necessariamente essa limitada será de pessoas, por exemplo: contrato social que dispõe que as cláusulas são impenhoráveis; que para ingresso de terceiro é preciso a concordância dos demais sócios.

Ademais, a limitada atualmente também será considerada de pessoas na omissão do documento constituidor, prevalecendo nessa situação a regra de controle do artigo 1057, do Código Civil.

Veja o que diz referido doutrinador sobre o tema (COELHO, 2004, 371):

> Em relação, entretanto, à sociedade limitada, o tipo não define a natureza. Noutras palavras, são os sócios, e não a lei, que a definem. A negociação, traduzida no contrato social, elucida se a limitada será de pessoa ou de capital.
>
> A discussão sobre a natureza da sociedade limitada é um dos mais importantes temas do direito societário brasileiro. Deriva, por certo, do contexto em que ela surgiu, como um novo tipo de sociedade, isto é, o da busca de uma alternativa para a exploração de atividades econômicas, em parceria, que pudesse assegurar a limitação da responsabilidade característica da anônima, mas sem as formalidades próprias dessa. No meio do caminho, portanto, entre as sociedades de pessoas, existentes ao tempo de sua introdução no direito alemão no fim do século XIX, e a anônima, sempre de capital, a limitada acabou assumindo uma configuração híbrida, revelando ora traços daquelas, ora os desta.

Corroborando desse entendimento, são as lições de Calixto Salomão Filho (2006, p.54):

> O caráter associativo de todo contrato de sociedade, tão bem destacado pela doutrina, revela-se exatamente através da comunhão de interesse entre os sócios. É esse objetivo comum que os leva e deve levar à cooperação.
>
> Note-se que esse princípio é aplicável tanto a sociedades de pessoas como de capitais. Não é a existência ou não de cooperação entre os sócios que diferencia ambos os tipos societários, mas sim a relevância da identidade dos sócios e o tipo de relação (pessoal ou não) que entre eles se estabelece.

Não diferente, são os dizeres de Rubens Requião (2008, p.491): "Como se vê, a sociedade limitada está situada, na classificação personalista ou não das sociedades, num 'divisor de águas'. Seu contrato social poderá inculcar-lhe um estilo personalista ou capitalista".

Portanto, nota-se que o que irá definir se uma limitada será de pessoas ou de capital será o contrato social, ao dispor ou não sobre cláusulas restritivas para o ingresso de terceiros, de modo que em sua omissão, será a sociedade considerada de pessoas.

Por outro lado, em posição única, Sérgio Campinho (2007, p.160) afirma que a Sociedade Limitada será sempre de pessoas, pois os artigos específicos referentes à matéria (artigos 1052 a 1085, CC) dão a entender que a relação pessoal entre os sócios é importante, por exemplo: solidariedade pela não integralização do outro sócio; possibilidade de exclusão de sócio por uma falta grave; quando o legislador dispõe sobre cessão de cotas, aduz que essa só será possível a terceiros não sócios caso não haja oposição de sócios que tenham mais de ¼ do capital social.

Afirma que mesmo os sócios estipulando a livre cessão de cotas ou a regência subsidiária da Lei de Sociedade por Ações, a limitada não perderá seu caráter *intuitu personae.*

> Afora sua natureza contratual, a limitada apresenta-se, também, como sociedade intuitu personae.
>
> Já nos filiávamos à ideia quando do seu tratamento pelo Decreto nº. 3708/19, apesar de toda a divergência existente. Sob o império do Novo Código Civil, não vemos motivação jurídica plausível a arrimar conclusão oposta.
>
> No seu âmago, a sociedade limitada é uma sociedade de pessoa, sem descurar para o inconteste fato, como já se tinha no direito anterior, de que a lei permite que os sócios venham a ela conferir a livre cessão de quotas, o que, contudo, não lhe retira a essência personalista. (CAMPINHO, 2007, p.160).

A nosso ver, pensamos que a sociedade limitada é uma espécie societária que poderá ser considerada de pessoas ou de capital, dependendo de como os sócios estipularam no contrato formador da mesma.

Em outras palavras, isso significa dizer que em determinadas limitadas a affectio societatis pode ter o condão de impedir que alienígenas ao quadro social possam vir facilmente fazer parte da sociedade, de modo que a penhorabilidade de cotas poderia resultar numa consequente quebra dessa afeição.

Para que uma limitada seja considerada de capital, é preciso que os sócios expressamente estipulem no contrato social que a cessão de quotas para terceiros é livre ou que adote como fonte subsidiária de regência as normas da Lei de Sociedade Por Ações, pois na omissão de normas específicas para a sociedade limitada, essa será regida pelas regras da Lei supramencionada, caso o contrato social preveja categoricamente dessa forma.

A regra é que a limitada seja de pessoas, pois sempre que o contrato social for omisso com relação à cessão de cotas e regência supletiva e ele geralmente o é, a transferência de cotas para terceiros estranhos dependerá da não discordância de mais de ¼ do capital social, sendo certo que as normas que se aplicarão de forma supletiva são aquelas referentes às sociedades simples.

Ora, então, a affectio societatis é um instituto importante e de grande presença na maioria das sociedades limitadas, devendo, portanto, ser respeitado o elemento subjetivo inerente aos sócios quando firmaram o contrato.

6. COTAS SOCIAIS

O capital social de uma limitada é dividido por cotas (quotas), ou seja, a soma das riquezas dispostas em prol da sociedade será dividida entre seus sócios por cotas, as quais poderão ser de valores iguais ou desiguais.

As cotas, então, são partes representativas do Capital Social, é a sua exata divisão. Assim, todas as cotas somadas dão o exato valor do capital da sociedade.

Para Waldo Fazzio Junior (2009 p. 155/156):

> Cota é o quinhão em dinheiro ou bens com que cada sócio contribui para a constituição do capital social. Em outras palavras, é a entrada ou contingente de bens, coisas ou valores com o qual cada um dos sócios contribui ou se obriga a contribuir para a formação do capital social.
>
> Cota social é a fração do capital da sociedade. Sua titularização, pelo cotista, tem natureza bifrontal: confere aos sócios direitos patrimoniais e direitos pessoais. Os primeiros, traduzidos no direito à percepção dos lucros e no direito à partilha da massa residual (ativo líquido) depois da liquidação.
>
> Os direitos pessoais consistem na participação em sentido estrito (como administrador) e em sentido amplo (na fiscalização inerente à condição de sócio).

A pessoa física se torna sócia de uma sociedade por meio da aquisição de cotas sociais. São elas que conferirão o *status* de sócio e trarão diversos direitos sobre a sociedade, tais como fiscalização, controle, participação nos lucros, administração etc.

Ressalta-se, entretanto, que a sociedade limitada poderá ser administrada por uma ou mais pessoas, sejam elas sócias ou não (artigos 1060 e 1061 do Código Civil).

O ato que uma pessoa se compromete a disponibilizar certa quantia em prol da formação da sociedade chama-se subscrição da cota ou cotas, ao passo que a efetiva entrega dessa quantia se dá o nome de integralização da cota ou cotas sociais.

Percebe-se, então, que são atos distintos e que podem ocorrer em momentos distintos, na medida em que o contrato social poderá estipular data futura para a realização da obrigação social, bastando para a constituição da sociedade a mera subscrição das cotas e não a efetiva integralização das mesmas, vez que essa última poderá se dar em momento posterior.

Todavia, nessa situação hipotética, em que as cotas não estejam devidamente integralizadas, todos os sócios responderão de forma ilimitada e solidária até o limite total da efetiva integralização.

Como exemplo, pode-se imaginar uma sociedade limitada constituída por dois sócios: A e B. Estipule que "A" subscreveu (prometeu) entregar a quantia de R$ 50.000,00 (cinquenta mil reais) para a formação do capital social e efetivamente disponibilizou (integralizou) R$ 30.000,00 (trinta mil reais), ao passo que o sócio "B" subscreveu R$ 50.000,00 (cinquenta mil reais) e integralizou toda a quantia no ato de constituição.

Dessa forma, é evidente que falta para a total integralização do capital, a quantia de R$ 20.000,00 (vinte mil reais), devida pelo sócio "A", mas, nesse caso, ambos respondem de forma solidária e ilimitada pelo montante faltante.

Nesse diapasão, certo é que o contrato social poderá prever uma data futura para que o sócio efetive sua obrigação social, no exemplo acima, integralização de suas cotas, de modo que, caso o sócio não cumpra com referidas obrigações pactuadas no documento constituidor, nos limites temporal e quantitativo estabelecidos, será então considerado "remisso" e poderá ter contra si uma série de sanções, dentre elas a mais fatídica: ser expulso da sociedade.

O artigo 1.004, do Código Civil, aplicável à Sociedade Limitada, aduz os sócios são obrigados, na forma e prazo previstos, às contribuições estabelecidas no contrato social, e aquele que deixar de fazê-lo, nos trinta dias seguintes ao da notificação pela sociedade, responderá perante esta pelo dano emergente da mora.

O artigo 1.058, do mesmo diploma, por sua vez, traz expresso que não integralizada a quota de sócio remisso, os outros sócios podem, sem prejuízo do disposto no art. 1.004 e seu parágrafo único, tomá-la para si ou transferi-la a terceiros, excluindo o primitivo titular e devolvendo-lhe o que houver pagado, deduzidos os juros da mora, as prestações estabelecidas no contrato mais as despesas.

Nessa linha, extrai-se que o sócio que não tenha integralizado no prazo estipulado todas as cotas por ele subscritas (sócio remisso), será notificado pela sociedade para que cumpra seu dever em 30 (trinta) dias e em caso de persistência da inadimplência, poderão os demais sócios optar pela exclusão do inadimplente dos quadros sociais. Trata-se de uma faculdade dos demais sócios e não uma obrigação. De igual modo, trata-se de uma espécie de exclusão extrajudicial.

Optando os demais sócios pela exclusão do remisso, poderão adquirir as cotas para si ou transferi-las para terceiros, devendo, na ocasião, pagar ao remisso o que ele já havia desembolsado na sociedade, descontados os juros de mora e as despesas.

Sobre o assunto são as lições de Gladston Mamede (2008, p.341):

> (...) Interpreta-se como relacionado diretamente com o artigo 1.004 do Código Civil, como deixou claro o legislador: o sócio esta obrigado a cumprir com a obrigação social, na forma e prazo previstos no contrato social; se não o faz, a sociedade poderá executa-lo ou os demais sócios poderão decidir excluí-lo, devendo, para tanto, providenciar notificação pela sociedade para que cumpra sua obrigação em 30 dias, contados do recebimento da notificação, segundo regra do 132, caput, do Código Civil, os sócios poderão deliberar a exclusão do sócio remisso ou a redução de sua participação societária ao montante que já tenha realizado. Da forma como colocado no artigo, trata-se de uma faculdade discricionária da maioria, conforme se apure na votação: pode-se excluir (restituindo os valores já entregues à sociedade) ou, transigindo com a mora, deliberar pela mera redução da participação societária, reduzida ao montante já integralizado.

Por se tratar de direito privado, podem existir quantas cotas sociais forem estipuladas, mas como se trata de sociedade (comunhão ou união de bens e pessoas com intuito econômico) elas terão necessariamente que estar nas mãos de, no mínimo, dois sócios, na medida em que se elas se concentrarem sob a propriedade de um só, tornando-se a sociedade unipessoal por mais de 180 (cento e oitenta dias), haverá a obrigatória extinção da limitada, por expressa determinação legal do artigo 1.087, combinado com artigos 1044 e 1033, inciso IV, todos do Código Civil.

Por isso, tem-se que as cotas sociais podem ser livremente distribuídas e criadas pelos sócios, mas não podem se tornar propriedade de apenas um deles, pois nesse caso haveria a chamada sociedade unipessoal, proibida de existir no ordenamento jurídico brasileiro, salvo exceção da Sociedade Subsidiária Integral, pois o contrato de sociedade tem com base a pluralidade de sócios, ou no mínimo, dois.

6.1. Indivisibilidade

A cota social não pode ser dividida. Isso significa dizer que uma cota que valha R$ 100 (cem reais) não pode ser dividida em outras duas com valor correspondente a R$ 50,00 (cinquenta reais).

Essa regra se extrai a partir da leitura do artigo 1056, do Código Civil, sendo certo que esse dispositivo prevê uma ressalva para a divisibilidade, qual seja: para os casos de transferência.

Contudo, não se pode afirmar que nos casos de transferência haverá uma divisibilidade da cota, mas, sim, um condomínio na propriedade dela, na medida em que duas ou mais pessoas serão proprietárias do mesmo quinhão social, mas esse não terá seu valor dividido, sendo certo que referida transferência deverá observar o estipulado no artigo 1057, do mesmo diploma, que traz regras sobre a cessão de cotas a terceiros estranhos ao quadro social, caso contrato social seja omisso.

Só haverá divisão caso seja feita alteração contratual e uma consequente repactuação no número e no valor das cotas.

6.2. Condomínio de Cota

Ainda com relação à propriedade das cotas sociais, pode existir o que a legislação e a doutrina chamam de "condomínio de cota", que nada mais é do que a propriedade de apenas uma cota social por duas ou mais pessoas, sejam elas físicas ou jurídicas. Trata-se de uma copropriedade da cota social, devendo ser observado, no entanto, que ela não conferirá direitos múltiplos a esses sócios, mas tão somente direitos conferidos pelas cotas como se elas fossem de propriedade singular, sendo certo que apenas um sócio será escolhido para representá-la.

Posto isso, vislumbra-se que os direitos conferidos pela cota na participação societária serão exercidos por apenas um condômino, o qual será o representante e tomará as decisões em nome de todos. Nesse caso de cota indivisa, a solidariedade entre todos os condôminos pela integralização da cota social.

6.3. Aquisição de Cotas pela Sociedade

É certo que o Código Civil atual, legislação que trata de forma principal da sociedade limitada, é omisso com relação à aquisição de cotas sociais pela própria sociedade.

A matéria não é nova e era tratada no antigo Decreto 3708/19, que estipulava em seu artigo 8º que era perfeitamente possível a aquisição das cotas pela sociedade. Para tanto, era preciso a existência de quatro requisitos:

1. As cotas estarem devidamente integralizadas;

2. A sociedade somente poderia comprar a cota ou cotas pagando com seus fundos líquidos, situação em que o patrimônio líquido é maior que o capital social, de modo que esse excesso seria ingerido na aquisição dessas cotas;

3. Não poderia haver redução do capital social;

4. Era preciso concordância unânime dos sócios.

A doutrina não se opunha a isso, pelo contrário, era favorável e continua sendo, mas argumentando que os direitos patrimoniais e de voto conferidos pela cota não poderiam ser exercidos pela sociedade.

O direito de voto não poderia ser exercido porque quem o efetivamente faria seria o administrador, recaindo sobre ele maiores poderes que os demais sócios, ao passo que os lucros havidos pela cota de propriedade da própria sociedade seriam redistribuído para os sócios, na proporção da participação desses, pois não haveria o menor sentido reter os lucros para a sociedade.

Como mencionado, o Código Civil nada prevê sobre a aquisição de cotas pela sociedade, mas a doutrina ainda entende ser esse ato perfeitamente possível, ainda mais porque a Lei de Sociedade por Ações, a qual pode ser adotada também pela limitada autoriza expressamente esse ato.

Para José Edwaldo Tavares Borba (2003, p. 118):

> (...) Deve-se começar pela constatação de que não existe incompatibilidade lógica ou jurídica para essa aquisição, tanto que na sociedade anônima continua admitida. Além disso, a Lei 6404/76 pode ser adotada contratualmente como legislação supletiva do contrato, atuando nesse caso no sentido de permitir a auto aquisição das cotas. Ora, se o contrato pode, por via da supletividade, acolher determinadas regras, poderá, também, e por idênticas razões, incorporar diretamente essas regras.
>
> Cabe, pois, estabelecer as seguintes assertivas: a) o contrato social poderá prever expressamente a aquisição das próprias cotas pela sociedade; b) no silêncio do contrato, caso este adota regra da aplicação supletiva da lei das sociedades anônimas, a auto aquisição será admitida; c) sem previsão contratual e sem supletividade, a aquisição dependerá de decisão unânime dos sócios.

Rubens Requião (2008, p. 508), em nota de rodapé, afirma que:

> O Código Civil não traz norma semelhante à do art.8º do Decreto nº. 3708. Também não proíbe a aquisição, pela sociedade, de suas próprias quotas. O art.1057, regulando a cessão das quotas, não se refere ao tema de modo direto. Com algum esforço de argumentação,

> poderá ser entendido que a sociedade, que não é sócio de si mesma, e que num negocio de cessão de quotas é terceira (pois não se confunde com o cedente ou cessionário e suas quotas, na verdade, são objeto do negócio de cessão) poderá adquirir as suas próprias quotas, sem prejuízo do capital, com os fundos disponíveis, podendo haver oposição de sócios que detenham mais que um quarto do capital social. Será mentida, assim, a tradição inaugurada pelo Decreto nº. 3708, cujo sistema, peculiar, não trouxe problemas de maior monta ao funcionamento da sociedade limitada.

Por isso, não há maiores discussões sobre a possibilidade de aquisição da limitada em adquirir suas próprias cotas, estando a doutrina pacificada nesse sentido.

6.4. Modos de Composição

Já se falou que as cotas sociais consistem na contribuição que cada sócio dispõe para a formação do capital social da sociedade que irão constituir, sendo que essas injeções serão o combustível inicial para que a limitada possa existir e se tornar viável no começo de suas relações negociais.

Diante disso, nasce o seguinte questionamento: poderão os sócios contribuir para a formação do capital social de uma limitada apenas com dinheiro? Com bens e dinheiro? Com bens, dinheiro e prestação de serviços?

É bem verdade que a maioria das sociedades contratuais previstas no Novo Código Civil poderá ter suas cotas integralizadas por meio de capital, hipótese em que o sócio despende uma quantia em dinheiro; bens, podendo ser ele móvel ou imóvel ou, ainda, prestação de serviço, haja vista que um ou mais sócios poderão contribuir para a formação do capital social com seu trabalho pessoal. Essa é a regra que se extrai após a leitura do artigo 997, inciso V, do Código Civil.

No entanto, regra diferente vale para a Sociedade Limitada, na medida em que ela possui normas específicas para sua constituição e funcionamento, sendo que o artigo 1.055, §2º, do Código Civil, é enfático ao prever que é vedada a contribuição nessa espécie societária que consista em prestação de serviços.

Ora, foi dito que apenas no que as normas específicas sobre a limitada forem omissas, aplicar-se-ia as regras suplementares da Sociedade Simples na omissão do contrato social.

Todavia, nessa situação a lei é específica e expressa ao tratar do assunto vedando a contribuição que consista em trabalho, de modo que para a Sociedade Limitada, os sócios só poderão integralizar a cota social e consequentemente formar seu capital social, desde que injetem dinheiro ou bens.

Tal vedação pode ser atribuída ao fato da responsabilidade do sócio ser limitada ao integralizado na cota, não sendo atingido, em regra, seu patrimônio pessoal, ficando praticamente impossível aferir o *quantum* seria a contribuição do sócio de serviço, analisando concretamente o valor em pecúnia daquele serviço dispensado por esse sócio em prol da sociedade que faz parte.

Waldo Fazzio Junior (2009, p. 157) leciona da seguinte maneira:

> Já vimos que a responsabilidade de cada sócio está limitada à força do capital social. Por isso, todos os cotistas, sem exceção, estão obrigados a contribuir para a formação do capital. Isso alija da sociedade limitada a possibilidade de incluir o chamado sócio de indústria, prestador apenas de serviços. É o que está expressamente declarado no ar. 1.055, §2º, do CC, singelo eco do art.4º, da LSQL.

No caso do sócio que contribui com dinheiro em espécie – moeda corrente nacional -, a estimação do valor de sua cota se torna tarefa fácil, haja vista que o valor será aquele por ele oferecido. Sendo assim, o sócio que entrega R$ 50.000,00 (cinquenta mil reais) para a sociedade, terá que possuir cotas que representem essa quantia.

Por outro lado, tarefa mais difícil fica sendo a de estipular o valor da cota ou cotas sociais do sócio que contribui para a formação da limitada com bens, seja ele móvel ou imóvel, pois terá que haver, em caso de divergência, uma avaliação para a necessária mensuração do *quantum* esse objeto efetivamente vale em moeda corrente nacional.

Dessa questão surgem duas possibilidades:

1ª. Se o sócio que contribua com um bem estipular um valor para o mesmo e essa quantia for aceita pelos demais, então não haverá necessidade de uma avaliação do mesmo, pois todos os sócios concordaram com a quantia estipulada;

2ª. De modo diverso, caso os demais sócios não concordem com a atribuição de valor dada pelo sócio que integra com o bem, deverá haver uma real avaliação do mesmo, a fim de que se possa chegar a exata mensuração do quanto aquele objeto vale em moeda corrente nacional.

Do ponto de vista patrimonial e de responsabilidade dos sócios, essa problemática é importante, uma vez que os demais sócios devem evitar fraudes, pois o artigo 1.055, §1º, do CC é categórico ao prever que pela exata estimação de bens conferidos ao capital social respondem solidariamente todos os sócios, até o prazo de cinco anos da data do registro da sociedade. Veja, todos os sócios responderão pela integralização dessa quantia de forma solidária.

Celso Marcelo de Oliveira (2003, p.173) fala que.

> Originou-se o artigo da emenda 92 'Dá nova redação inciso I do art.1058' de autoria do Senador Gabriel Hermes. No texto original do projeto temos que 'pela exata estimação de bens conferidos ao capital social, respondem solidariamente todos os sócios'. O texto proposto pelo Senador temos que 'Pela exata estimação de bens conferidos ao capital social respondem solidariamente todos os sócios, até o prazo de cinco anos da data do registro.

Isso significa dizer que caso o bem colocado na sociedade seja avaliado de forma singular pelo sócio que o integralizou, alegando esse valer o objeto R$ 100.000,00 (cem mil reais) quando de fato o valor real é bem inferior, chegando a monta de R$ 50.000,00 (cinquenta mil reais), tal diferença será de responsabilidade de todos os sócios pelo prazo de cinco anos contados do registro da sociedade, ou seja, a diferença faltante deverá ser suportada por todos eles. Por isso, é importante a fiscalização dos demais sócios quando um pretende integralizar que não seja com dinheiro.

No mesmo sentido diz o enunciado 224 do CEJ (Centro de estudos judiciários do Conselho da Justiça Federal):

> A solidariedade entre os sócios da sociedade limitada pela exata estimação dos bens conferidos ao capital social abrange os casos de constituição e aumento do capital e cessa após cinco anos da data do respectivo registro.

6.5. Valor das Cotas

A cota social nada mais é do que a divisão do capital formador de uma limitada.

Entretanto, engana-se quem pensa que para obter o seu valor, seja preciso apenas realizar uma simples operação matemática entre o valor total do capital pelo número de cotas existentes, pois elas poderão apresentar valores iguais ou desiguais, não sendo necessariamente atribuída a mesma importância a cada uma delas.

Foi visto que a relação que cerca a formação de uma limitada é regida pelo direito privado e, em assim sendo, a lei afere uma maior liberalidade para que os sócios possam se adequar e compor a pessoa jurídica da maneira que seja mais confortável e viável, ressalvado, por óbvio, os impedimentos e as vedações trazidas pela legislação, as quais servem de ditames e moldes que todos devem seguir.

Por isso, o artigo 1.055, *caput,* do Código Civil de 2003, traz estampado em sua redação que o capital social divide-se em cotas, iguais ou desiguais, cabendo uma ou diversas a cada sócio, o que permite perceber que os sócios poderão livremente estipular qual o montante de cada fração do capital, bem como em qual número elas existirão e a quem ficará a maior fatia, não existindo óbice nem barreiras quanto a essa liberalidade.

Dessa maneira, imagine o caso de uma sociedade limitada que possua capital social no importe de R$ 100.000,00 (cem mil reais). Poderá, então, essa quantia ser fracionada em dez mil cotas no valor de R$ 10,00 (dez reais) cada, caso em que se terão cotas com valores iguais.

De maneira oposta, também há a possibilidade de dividir esse montante em três cotas, sendo a primeira com valor de R$ 50.000,00 (cinquenta mil reais), a segunda com valor de R$ 20.000,00 (vinte mil reais) e a terceira no valor de R$ 30.000,00 (trinta mil reais), hipótese na qual existirão cotas com valores desiguais.

Por fim, ainda é possível a estipulação entre os sócios de outra forma de divisão, da forma como bem entenderem.

É certo que não há limites para o número máximo de cotas que devem existir, podendo ser criadas quantas forem necessárias, tampouco existe qualquer vedação legal quanto a liberalidade em atribuir valor as mesmas.

Contudo, ressalta-se mais uma vez que é obrigatória a existência, no mínimo, de duas cotas sociais, não podendo o capital estar dividido em apenas uma fração, bem como é necessário que essas partes estejam nas mãos de duas ou mais pessoas físicas ou jurídicas, na medida em que, como aludido, é vedada a sociedade unipessoal no ordenamento brasileiro, com exceção para a Subsidiária Integral.

6.5.1. Valor utilizado na prática

A regra é essa, muito embora o cenário que se apresente na vida prática seja outro, uma vez que o mais usual e adotado pela maioria das sociedades contratuais é a divisão de seu capital em cotas com valores iguais, até mesmo para que se possa tornar mais acessível a participação e votação de cada sócio e também para garantir uma maior negociabilidade dessas cotas. No plano prático, costuma-se dividi-las em valores iguais, sendo cada uma correspondente a quantia de R$ 1,00 (um real), ou seja, no exemplo supracitado, como aludido, as cotas poderiam obter os mais variados valores possíveis, mas por questões práticas, a maioria dos sócios preferiria fracioná-las em cem mil cotas no valor de R$ 1,00 (um real) cada.

Waldo Fazzio Junior (2009, p. 157) menciona que.

> A LSQL (art.5º), ao ditar que 'para todos os efeitos, serão havidas como cotas distintas a cota primitiva de um sócio e as que posteriormente adquirir', adotou o sistema alemão de cota inicial única. Em consequência, no art. 6º, intentou disciplinar a comunhão na cota indivisa.

> Contudo, embora não fosse esta a intenção do legislador de 1919, por força dos usos e costumes, o capital social, hoje, divide-se em cotas de igual valor. Na prática, o que 'pegou' foi o sistema francês de pluralidade de cotas. É que esse sistema torna mais viável a negociabilidade das cotas e mais cômoda sua divisibilidade.
>
> Em outras palavras, as cotas das sociedades limitadas identificam-se com as ações da companhia. Por isso, hoje, adota-se a divisão do capital social em contas do mesmo valor nominal, atribuindo-as em quantidades diversas a cada sócio, conforme parcela da contribuição que realizou.
>
> Assim, as disposições modeladas nos arts. 5º e 6º da LSQL ficaram sem nenhuma razão de ser.
>
> Contudo, o art.1055 do CC admite cotas desiguais.

6.6. Cessão de Cotas

Ceder significa o mesmo que vender. Assim, entende-se por cessão como a faculdade que o sócio dispõe a seu favor em vender sua participação societária (cota) para outro sócio ou para um terceiro não sócio.

Todavia, essa alienação, em certos casos, não poderá ser feita de forma livre e arbitrária, devendo ser observadas algumas regras, como se verá abaixo.

O artigo 1057, do Código Civil é claro ao estipular que na omissão do contrato, o sócio pode ceder sua quota, total ou parcialmente, a quem seja sócio, independentemente de audiência dos outros, ou a estranho, se não houver oposição de titulares de mais de um quarto do capital social.

Após a leitura desse dispositivo, claro está que a cessão de cotas entre os sócios de uma limitada poderá se realizar de forma livre e independente de anuência de outros sócios, mesmo que o contrato social nada disponha sobre o assunto, pois nessa situação, entende que aquele já integra o quadro societário é porque já possui concordância dos demais sócios para participar da sociedade, sendo, então, desnecessária uma eventual anuência desses.

Por outro lado, questão importante nasce na hipótese em que um sócio quer vender sua participação a um terceiro estranho que não faça parte da sociedade, surgindo dessa premissa duas regras.

A primeira a se observar diz respeito ao contrato social, ou seja, se esse instrumento trouxer previsto que a cessão de cotas a terceiros estranhos independe de concordância de outros sócios, assim será, pois se trata de regra de direito privado, em que as partes poderão estipular tudo que não estiver vedado em lei.

É fato que as características pessoais de um sócio influenciam para a perfeita manutenção e gestão de uma sociedade que é tida como de pessoas, mas se os próprios formadores dessa preferiram estipular no contrato que a cessão será livre, óbvio que abriram mão da prerrogativa que a lei os confere, o que poderá dar ensejo a entender que se trata de uma sociedade *intuitu pecuniae.*

Por outro lado, caso o contrato social seja omisso, nada dispondo sobre o assunto, vale a regra do artigo supracitado em que a cessão de sócio para não sócio só poderá se realizar desde que não haja discordância de mais do que ¼ do capital social, ou seja, não poderá haver discordância dos sócios que representem mais de 25% do capital social.

Note que o artigo fala em valor do capital social e não em número de sócios.

Assim, apenas um sócio que possua 30% do capital social poderá sozinho obstar o ingresso de terceiro estranho ao quadro social, pois não vale a regra de quantos sócios se oponham, mas, sim, de quanto do capital está se voltando contra.

Esse maior grau de dificuldade para ingressos de terceiros estranhos em uma limitada se dá justamente pelo fato de um eventual ingresso de um alienígena poder prejudicar o andamento de uma sociedade típica de pessoas.

Alguns autores chegam a dizer que na situação de um contrato social da limitada estipular ser livre a venda de cotas de sócio para não sócio, essa terá caráter de uma sociedade de capital, desvinculando-se das características de uma sociedade de pessoas.

Importante consignar uma observação que diz respeito ao sócio que possua em suas mãos 75% ou mais do valor do capital social, sendo certo que para esse a cessão de suas cotas sempre será livre e independente da anuência de outros participantes, pois ele possui a maior parte da sociedade e o capital restante, distribuído nas mãos dos outros sócios, não é suficiente para se tornar superior a ¼ do valor do capital social, não podendo, então, existir qualquer objeção contrária à alienação. Isso se o documento formador da sociedade não trouxer outro quórum que não o previsto em lei.

O instrumento de venda de cotas deve ser devidamente averbado na Junta Comercial, caso se trate de uma limitada do tipo empresária ou no Cartório de Registro Civil de Pessoas Jurídicas nos caso seja simples, só possuindo eficácia essa cessão contra terceiros e contra a própria sociedade depois de obedecida essa formalidade.

6.7. Penhor de Cotas

As cotas de uma limitada poderão ser objetos de penhor, direito real de garantia, previsto nos artigos 1431 e 1432 do Novo Código Civil.

Entretanto, por se tratar de um bem imaterial, ao contrário do que ocorre com os bens móveis materiais que são dados em penhor, em que há efetiva transmissão da posse, nessa não será transmitida, devendo o instrumento que formalizou o ato ser levado a registro no Cartório de Registro de Títulos e Documentos.

Gladson Mamede (2006, p. 336) aduz que para os casos em que se tenha penhor de uma cota social, será oportuno, também, averbar o documento no Cartório de Registro Civil de Pessoas Jurídicas, caso a sociedade seja simples ou na Junta Comercial, caso empresária, veja: "Neste sentido, será recomendável providenciar a averbação do negócio constituído sobre a quota à margem de sua inscrição no Registro Civil das Pessoas Jurídicas, se sociedade simples, ou no Registro Mercantil, a cargo das Juntas Comerciais, se sociedade empresária. Atente-se, porém, para o fato de não se fazer necessária qualquer alteração contratual para a concretização do empenho da quota social.

Apesar de a posse não ser transmitida nesse caso, o credor poderá zelar pela conservação do bem dado em garantia, podendo praticar atos de defesa, nas situações em que perceba deterioração do mesmo, muito embora esses atos não possam ser prejudiciais à sociedade nem ao devedor pignoratício.

Há que existir um consenso, um limite, um bom senso entre devedor e credor, a fim de que ambos tornem passível o contrato de penhor.

Por esse penhor recair sobre uma cota social e essa estar vulnerável à atividade econômica, por óbvio que poderá existir alterações em seu valor, de modo que pequenas modificações devem ser suportadas pelo credor, pois esse já podia prever essa situação no tempo em que firmou o penhor.

Contudo, caso a perda seja muito grande e brusca, haverá o vencimento antecipado da dívida, nos moldes do artigo 1425, inciso I, do Diploma Civil, o qual aduz que a dívida considera-se vencida se, deteriorando-se, ou depreciando-se o bem dado em segurança, desfalcar a garantia, e o devedor, intimado, não a reforçar ou substituir.

Não há que se confundir penhor com penhora, pois são institutos diferentes, sendo o primeiro perfeitamente possível com relação às cotas, mas o segundo, objeto de estudo desse trabalho, gera uma discussão, a qual será analisada no capítulo seguinte, momento em que se discutirá sobre a possibilidade ou não de se penhorar a cota social de uma sociedade limitada por dívidas pessoais do sócio.

6.8. Penhora de Cotas

6.8.1. Início da Discussão

Não é de hoje que a doutrina e a jurisprudência enfrentam uma discussão que versa sobre a possibilidade ou não de se penhorar a cota ou cotas sociais de uma sociedade de responsabilidade limitada em virtude de dívidas pessoais de seus sócios, quando essa se caracteriza por ser uma sociedade *intuitu personae.*

O tema é bastante complexo e aborda alguns institutos de direito e, embora o Superior Tribunal de Justiça e a doutrina venham se posicionando em um sentido, certo é que tema é controverso como se verá.

A legislação sempre foi omissa a respeito do assunto, tanto o antigo Decreto nº. 3708/1919, quanto o derrogado Código Comercial, bem como as leis atuais.

Referido debate sempre teve importância, mas, com o advento do Código de Processo Civil de 1973, o qual se eximiu no momento de seu nascimento de tratar a matéria em seus artigos deu, então, ensejo a uma maior controvérsia, necessitando os juristas se socorrerem da analogia e dos princípios gerais do direito para tentarem resolver tal problemática.

Antes do advento do código supramencionado, a questão era tratada de forma indireta pelo Código Comercial Brasileiro, o qual foi derrogado pelo Novo Código Civil de 2002 e, também, pela legislação processual civil da época, qual seja: Código de Processo Civil de 1939 (Decreto-Lei 1608/39).

Essa legislação adjetiva, em seu artigo 942, inciso XII, trazia que eram absolutamente impenhoráveis os fundos sociais, pelas dívidas particulares do sócio, não compreendendo a isenção aos lucros líquidos verificados em balanço.

Esse dispositivo, aliado ao artigo 292 do Código Comercial de 1850, que dizia que o credor particular de um sócio só poderia penhorar os fundos líquidos que o devedor possuísse na companhia ou sociedade, fez com que a doutrina e jurisprudência da época se posicionassem, de forma absolutamente majoritária, no sentido de ser impossível a penhora da cota social na sociedade de responsabilidade limitada, pois essa integraria o fundo social e, como tal, não poderia ser objeto passível de penhora. Não se trava a cota de um fundo líquido.

É certo que a legislação dava todos os meios necessários para se entender que as cotas em si eram mesmo impenhoráveis, vez que após leitura desses dispositivos, não se poderia chegar a outra conclusão senão essa, muito embora houvesse divergência minoritária.

Entretanto, como aludido, o Código de Processo Civil de 1973, de início, se absteve de tratar do tema, não mencionando em nenhum de seus artigos sobre ser ou não impenhoráveis tais cotas em casos de dívidas pessoais dos sócios, momento em que começou a fortalecer a corrente favorável à penhorabilidade.

E mais, no rol que trata dos bens absolutamente impenhoráveis, não fez nenhuma menção sobre o tema, dando a entender a vontade do legislador em não mais dar proteção a essas cotas, vejamos:

> Art. 649. São absolutamente impenhoráveis:
>
> I - os bens inalienáveis e os declarados, por ato voluntário, não sujeitos à execução;
>
> II - os móveis, pertences e utilidades domésticas que guarnecem a residência do executado, salvo os de elevado valor ou que ultrapassem as necessidades comuns correspondentes a um médio padrão de vida;
>
> III - os vestuários, bem como os pertences de uso pessoal do executado, salvo se de elevado valor;
>
> IV - os vencimentos, subsídios, soldos, salários, remunerações, proventos de aposentadoria, pensões, pecúlios e montepios; as quantias recebidas por liberalidade de terceiro e destinadas ao sustento do devedor e sua família, os ganhos de trabalhador autônomo e os honorários de profissional liberal, observado o disposto no § 3º deste artigo;
>
> V - os livros, as máquinas, as ferramentas, os utensílios, os instrumentos ou outros bens móveis necessários ou úteis ao exercício de qualquer profissão;
>
> VI - o seguro de vida;
>
> VII - os materiais necessários para obras em andamento, salvo se essas forem penhoradas;
>
> VIII - a pequena propriedade rural, assim definida em lei, desde que trabalhada pela família;
>
> IX - os recursos públicos recebidos por instituições privadas para aplicação compulsória em educação, saúde ou assistência social;

> X - até o limite de 40 (quarenta) salários mínimos, a quantia depositada em caderneta de poupança.
>
> XI - os recursos públicos do fundo partidário recebidos, nos termos da lei, por partido político.

Note que na extensa lista trazida pelo Código vigente, nada se fala sobre cotas sociais, diferentemente da legislação revogada, a qual tratava do tema, mesmo que de forma indireta.

Para complicar ainda mais a situação, o Novo Código Civil de 2002, que praticamente revogou o Código Comercial de 1850, também não fala do assunto, dispondo apenas em alguns artigos sobre o caráter pessoal de algumas sociedades e impondo certos limites a cessão de cotas a terceiros estranhos ao quadro social.

Ademais, fala em seu artigo 1026 sobre a possibilidade de o credor, na insuficiência de outros bens do devedor, fazer recair a penhora sobre os lucros do devedor na sociedade ou na parte que lhe couber em uma possível liquidação.

Referidos motivos foram determinantes para que tanto doutrina quanto jurisprudência divergissem ainda mais sobre o tema, sendo que a maioria dos doutrinadores mudou de posicionamento e começou a afirmar sobre a possibilidade de penhorar as cotas sociais, vez que o legislador não proibiu expressamente e, caso quisesse, teria que assim o fazer.

Essa tese ganhou ainda mais força com a reforma do Código de Processo Civil em 2006, realizada pela Lei 11382 de 07 de dezembro de 2006, a qual inseriu no rol de objetos penhoráveis as cotas sociais das sociedades empresárias, estando essa em sexto lugar na ordem de preferência que deve seguir a penhora, vejamos:

> Artigo 655 – A penhora observará, preferencialmente, a seguinte ordem:
>
> (...)
>
> VI – ações e cotas de sociedades empresárias

Perceba que o artigo fala em sociedades empresárias, mas nem toda sociedade é empresária e, como já afirmado, a sociedade limitada pode adotar a forma simples ou empresária.

Por isso, tal posicionamento não é tão fácil quanto parece. A conclusão para o assunto passa por uma análise muito mais complexa e demorada do que uma simples afirmação, pois ainda há aqueles que defendem a tese de que, mesmo as cotas não estando previstas no rol de bens impenhoráveis e sendo mencionada na ordem de preferência da penhora, não se pode deixar de lado a *affectio societatis* (instituto que se verá adiante).

Sendo assim, é fato que a matéria envolve, também, a forma como é regido o processo de execução em nosso país, o qual também passou por recente reforma.

6.8.2. Execução e Penhorabilidade

A penhora é o instituto pelo qual o credor tenta recuperar seu crédito sacrificando um patrimônio do devedor, de modo que esse bem fica comprometido para a integralização daquela dívida.

Ela se dá por meio de um processo de execução, muito embora esse não seja o meio pelo qual se busca uma punição, não sendo uma espécie de vingança por aquele não ter cumprido com suas obrigações, longe disso. Trata-se apenas de uma cobrança judicial, uma via satisfativa.

A execução pode se dar por meio de um processo autônomo ou em por intermédio de uma fase de um processual em um processo de conhecimento, fase essa conhecida como cumprimento de sentença.

O atual processo de execução autônomo no Brasil, aquele que se inicia um procedimento próprio para a satisfação do crédito, sendo pautado em um título executivo extrajudicial, é regido pelos artigos 566 e seguintes do Código de Processo Civil de 1973, possuindo diversos princípios norteadores, dentre os quais o da menor onerosidade possível da execução para o devedor, o que em outras palavras significa dizer que o procedimento executivo visa satisfazer o crédito do credor buscando bens no patrimônio do devedor, a fim de que essa expropriação seja a menos gravosa possível para o executado, senão vejamos o que diz o artigo 620, do Código de Processo Civil:

> Art. 620. Quando por vários meios o credor puder promover a execução, o juiz mandará que se faça pelo modo menos gravoso para o devedor.

Ademais, a penhora deverá seguir uma lista de preferência estipulada pelo Código de Processo Civil, em seu artigo 655.

> Art. 655. A penhora observará, preferencialmente, a seguinte ordem:
>
> I - dinheiro, em espécie ou em depósito ou aplicação em instituição financeira;
>
> II - veículos de via terrestre;
>
> III - bens móveis em geral;
>
> IV - bens imóveis;
>
> V - navios e aeronaves;
>
> VI - ações e quotas de sociedades empresárias;
>
> VII - percentual do faturamento de empresa devedora
>
> VIII - pedras e metais preciosos;

> IX - títulos da dívida pública da União, Estados e Distrito Federal com cotação em mercado;
>
> X - títulos e valores mobiliários com cotação em mercado;
>
> XI - outros direitos.

Trata-se de um procedimento de cognição sumária, que não comporta diligência probatória ampla, uma vez que se apresenta como medida satisfativa e não de conhecimento, sendo que o direito do autor, na maioria das vezes, já está provado no título executivo extrajudicial, restando apenas ser cumprida a obrigação.

De outra monta, com a recente reforma processual civil trazida pela Lei 11232/05, que adicionou mais uma fase no processo de conhecimento, qual seja a fase de cumprimento de sentença, também existe a possibilidade de se satisfazer o crédito do credor dentro do processo de conhecimento que originou tal obrigação, não sendo necessária a abertura de um processo autônomo para tanto. Tudo isso tendo em vista a economia e a celeridade processual, haja vista que se economiza tempo e dinheiro reconhecendo o direito e o cobrando dentro de um mesmo procedimento.

Por isso, não mais se tem a abertura de um processo de execução autônomo para que se cumpram os títulos executivos judiciais, na medida em que a sentença que impõe um dever obrigacional a um devedor será satisfeita no próprio processo, segundo as regras dos artigos 475-I e seguintes do Código de Processo Civil.

Com isto, nota-se que o processo de execução autônomo é necessário para aqueles que possuem um titulo executivo extrajudicial, os quais estão previstos no artigo 585 do Código de Processo Civil, e tentam satisfazer seu crédito, a saber: a letra de câmbio, a nota promissória, a duplicata, a debênture e o cheque; a escritura pública ou outro documento público assinado pelo devedor; o documento particular assinado pelo devedor e por duas testemunhas; o instrumento de transação referendado pelo Ministério Público, pela Defensoria Pública ou pelos advogados dos transatores; os contratos garantidos por hipoteca, penhor, anticrese e caução, bem como os de seguro de vida; o crédito decorrente de foro e laudêmio; o crédito, documentalmente comprovado, decorrente de aluguel de imóvel, bem como de encargos acessórios, tais como taxas e despesas de condomínio; o crédito de serventuário de justiça, de perito, de intérprete, ou de tradutor, quando as custas, emolumentos ou honorários forem aprovados por decisão judicial; a certidão de dívida ativa da Fazenda Pública da União, dos Estados, do Distrito Federal, dos Territórios e dos Municípios, correspondente aos créditos inscritos na forma da lei; todos os demais títulos a que, por disposição expressa, a lei atribuir força executiva.

Por outro lado, a fase de cumprimento de sentença servirá para aquele que possui um título executivo judicial satisfazer seu direito nele estampado, de modo que a lei traz como sendo títulos executivos judiciais a sentença proferida no processo civil que reconheça a existência de obrigação de fazer, não fazer, entregar coisa ou pagar quantia; a sentença penal condenatória transitada em julgado; a sentença homologatória de conciliação ou de transação, ainda que inclua matéria não posta em juízo; a sentença arbitral; o acordo extrajudicial, de qualquer natureza, homologado judicialmente; a sentença estrangeira, homologada pelo Superior Tribunal de Justiça; o formal e a certidão de partilha, exclusivamente em relação ao inventariante, aos herdeiros e aos sucessores a título singular ou universal.

Fredie Didier Junior (2007, p. 417/418) ao falar sobre o assunto aduz que:

> Há duas técnicas processuais para viabilizar a execução da sentença: a) processo autônomo de execução: a efetivação é objeto de um processo autônomo, instaurado com essa preponderante finalidade; b) fase de execução: a execução ocorre dentro de um processo já existente, como uma de suas fases. É preciso, pois, perceber que nem toda execução de sentença ocorre, necessariamente, em um processo autônomo de execução. No entanto, convém frisar: toda execução realiza-se em um processo de execução, procedimento em contraditório, seja em um processo instaurado com esse objetivo, seja como fase de um processo sincrético.
>
> (...)
>
> A Lei 11.232/2005 pretendeu eliminar o processo autônomo de execução de sentença. Criou-se a fase de execução de sentença (arts. 475-I a art. 475-R), que corresponde à execução de sentença, só que em uma fase de um mesmo procedimento, e não como objeto de um processo.

Portanto, aquele que possui um direito de crédito contra terceiro, o satisfará mediante processo de execução autônomo ou pela fase de cumprimento de sentença.

Todavia, em ambas as hipóteses se buscará a satisfação do crédito penhorando-se bens do devedor, caso esse citado ou intimado não pague, de forma que nessa parte surge o debate de nosso trabalho, aparecendo a seguinte pergunta: É possível ou não a penhora de cotas sociais por dividias pessoais de seus sócios, vez que elas representam bens desses?

Como já mencionado, o artigo 649 do Diploma Processual Civil estipula uma série de bens sobre os quais não pode recair uma penhora, pois entendeu o legislador que esses são necessários a vida básica de qualquer ser – humano e nele não consta nada sobre cotas sociais.

Há interpretação de que estaria previsto no inciso I, do referido artigo, pois, por vezes, as cotas podem ser inalienáveis e, de acordo com artigo 648, do mesmo diploma, e, portanto impenhoráveis, mas parece que esse argumento não ganhou atualmente não é carregado de muito embasamento.

Ademais, com a reforma trazida pela Lei 11382/06, a qual adicionou o inciso VI, do artigo 665, que fala sobre a ordem de preferência da penhora e coloca as cotas sociais das sociedades empresárias em sexto lugar, a corrente favorável à penhora aumentou.

E mais, a Carta Magna, em seu artigo 5º, inciso II, aduz que ninguém será obrigado a fazer ou deixar de fazer alguma coisa senão em virtude de lei.

Por isso, entende-se que o particular só é obrigado a deixar de fazer algo caso essa proibição esteja prevista na lei, exteriorizando-se, então, o principio da legalidade negativa.

Regra inversa vale para a Administração Pública e outros ramos do Direito Público, os quais seguirão o principio da legalidade positiva, ou seja, só podem praticar atos que venham expressamente autorizados pela legislação.

Desse modo, não há dúvidas sobre a natureza jurídica do Direito Societário e do Civil, sendo ambos pertencentes ao ramo privado de matéria jurídica, valendo então o princípio constitucional da legalidade negativa, segundo o qual tudo que não está proibido pela lei, é permitido.

Por isso, uma análise superficial no assunto permitiria a conclusão de que a penhorabilidade das cotas sociais de uma limitada é perfeitamente possível e irrestrita, uma vez que se trata de matéria de direito privado, submetendo-se, pois, ao principio da legalidade negativa, sendo certo que não há na lei nenhuma vedação para tal ato, vez que o artigo 649 do Código de Processo Civil não traz estampado em suas proibições.

Contudo, vale ressaltar que o contrato social nas sociedades pessoais e mesmo nas de capital carregam em seu cerne o instituto da *affectio societatis,* liame subjetivo que faz com que os sócios formem a sociedade em virtude de conhecerem as qualidades pessoais entre si, de modo que a penhorabilidade da cota social e o possível ingresso de terceiro no quadro societário poderia quebrar essa afeição.

6.8.3. Penhorabilidade das Cotas Sociais na Limitada de Capital

A penhorabilidade de cotas na sociedade de capital não é um tema que leva em seu cerne maiores complicações, em virtude de sua maior acessibilidade para receber pessoas estranhas ao quadro social.

É pacífico o entendimento de que é perfeitamente possível a penhora da cota como qualquer outro bem do devedor, a fim de satisfazer o crédito do credor, não tendo a mesma nenhum privilégio, não podendo os demais sócios impedir o ingresso do credor estranho ao quadro social quando esse adjudicar o bem.

Deve-se, contudo, observar a ordem da penhora estabelecida no artigo 655, do Código de Processo Civil, encontrando-se as cotas em sexto lugar.

Desse modo, a penhora pode sim recair sobre a cota ou cotas sociais e o credor pode evidentemente ingressar no quadro societário sem nenhum empecilho.

Trata-se de uma corrente bastante utilizada, mas apenas para aquelas sociedades consideradas de capital, na medida em que nelas a qualidade dos sócios não influencia muito no desenvolvimento da gestão societária, sendo, portanto, passível perfeitamente o ingresso de terceiros ao quadro societário, independentemente da anuência de outros credores.

Como afirmado, em regra, a limitada é considerada de pessoas. Em outras palavras quer dizer que caso o documento formador seja omisso quanto a livre alienação de cotas, esse ato dependerá da não discordância de mais de ¼ do capital social (artigo 1057, do Código Civil).

Por isso, para que uma limitada seja considerada *intuitu pecuniae*, é preciso previsão expressa no contrato social sobre a possibilidade dos sócios alienarem sua cota ou cotas a estranhos de forma livre, razão pela qual essa leva a entender que o mais importante nessa pessoa jurídica é o capital e não a qualidade pessoal daqueles que a compõe.

Em sendo assim, já que é possível o ingresso de estranhos de forma livre, não há porque vedar a penhora de cota, uma vez que essa é um bem componente do patrimônio do sócio devedor, tampouco o ingresso do credor no quadro societário, de sorte que os próprios sócios formadores abriram mão dessa prerrogativa e aceitam esse fato de forma expressa no documento constituidor.

Ademais, quando o quadro apresentado for esse, tanto doutrina quanto jurisprudência são pacíficas no sentido de admitir não só penhora da cota, como também o livre ingresso do credor no quadro social, tornando-se sócio da sociedade, adquirindo todos os direitos de voto e patrimoniais inerentes a qualquer membro da limitada, senão vejamos:

> COMERCIAL. PROCESSUAL CIVIL. DIVIDA **DE** SOCIO. **PENHORA. COTAS** SOCIAIS. SOCIEDADE POR **COTAS DE** RESPONSABILIDADES **LIMITADA**. NATUREZA DA EMPRESA **DE** CONSTITUIÇÃO **DE CAPITAL.** POSSIBILIDADE.

> 1. SENDO A NATUREZA DA CONSTITUIÇÃO DA EMPRESA PREPONDERANTEMENTE **DE CAPITAL,** FORMADA PELA REUNIÃO **DE** PESSOAS NATURAIS E PESSOAS JURIDICAS, TENDO ESTE ULTIMO SOCIO EXPRESSIVA MOVIMENTAÇÃO FINANCEIRA DA ORDEM **DE** QUINHENTOS MILHÕES **DE** REAIS, SÃO PENHORAVEIS AS **COTAS** SOCIAIS POR DIVIDAS PARTICULARES DOS SOCIOS, UMA VEZ QUE NÃO IMPORTA NA EXTINÇÃO DA EMPRESA A ALTERAÇÃO DA TITULARIDADE DAS **COTAS** SOCIAIS.
>
> 2. RECURSO NÃO CONHECIDO.[50]

No mesmo sentido Rubens Requião (2008 p.504/505):

> A quota somente era penhorável, em nosso entender, se houvesse, no contrato social, cláusula pela qual pudesse ser ela cessível a terceiros, sem a anuência dos demais companheiros. A sociedade demonstraria, com isso, sua completa despreocupação e alheamento com relação à pessoa dos sócios, dando-lhe um nítido saber de sociedade de capital.
>
> (...)
>
> O Supremo Tribunal Federal, sensível ao problema, vinha admitindo a penhora da quota por dívida pessoal do quotista, em sociedade por quotas, desde que do contrato social se permita a cessão e transferência das quotas sem a prévia anuência dos demais sócios. Essa sociedade, assim, constituída mais em relação ao capital do que à pessoa dos sócios, deixaria de ser sociedade de pessoas para se assemelhar à sociedade de capital. As quotas penhoradas seriam suscetíveis, mais razoavelmente, de arrematação em hasta pública, permitindo ao arrematante o livre ingresso na sociedade.

Por fim, com o mesmo entendimento, assevera Sérgio Campinho (2007, p. 188):

---

50 Superior Tribunal de Justiça. Resp. 60796/SP. Ministro Relator Edson Vidigal. Quinta Turma. Data: 18/11/2007.

> Portanto, em nosso livro sobre sociedade limitada, externamos, resumidamente, a seguinte conclusão: 1) a penhora de quotas por dívidas dos sócios seria possível, pois não veria empecilho legal; 2) havendo permissão à livre cessão das quotas no contrato social, nada impediria que o arrematante ou adjudicante livremente ingressasse na sociedade, usufruindo de todos os direitos decorrentes da condição de sócio (...).

Conclui-se, então, sobre a penhorabilidade nos casos de sociedade de capital, pelos motivos acima expostos e por essa ser a vontade dos sócios, uma vez que, em se tratando de direito privado, podem estipular com uma maior liberalidade, desde que não incorre no que está vedado em lei.

Nesse caso, não há vedação alguma para a estipulação da livre cessão das frações do capital social e consequente ingresso do credor em caso de uma possível penhora.

Não obstante, mesmo nos casos em que a penhora é considerada irrestrita, havendo o ingresso de terceiro, como acontece na limitada de capital, deve-se, também, observar a ordem de preferência conferida pelo artigo 685-A, §4º, do Código de Processo Civil, a fim de que os demais sócios possam adquirir essa cota penhorada e, assim, manterem o quadro social estável, sem a presença de novos agentes.

Tal ordem de preferência tem razão de se manifestar mesmo nessa situação, pois não é porque a entrada de terceiro é livre que essa não poderá, eventualmente, prejudicar o funcionamento social em determinadas situações.

Veja o que diz Sérgio Campinho (2007, p. 193/194) sobre o tema:

> É no âmbito da adjudicação que a regra de preferência dos sócios sobre o credor exequente, estranho ao quadro social, se estabelece.

> (...)
>
> Outra indagação se apresenta ao intérprete: a regra se aplica a qualquer sociedade sob a forma limitada, inclusive naquelas em que se adote o regime da livre cessão? Parece-nos que sim. Para a nova legislação não há margem de se proceder à investigação do contrato social, a fim de se saber como a cessão de cotas será realizada. A matéria foi relegada a um plano secundário para a solução da penhora de cotas. A lei não diferencia os regimes de cessão para aplicação do direito de preferência que estabelece. Portanto, aonde a lei não discrimina, não é dado ao seu aplicador fazê-lo.

Enfim, na limitada considerada de capital, a penhora é plenamente possível, pacífica, bem como há a possibilidade de ingresso de terceiro no quadro social, devendo-se dar preferência, então, aos demais sócios para a aquisição das cotas do sócio devedor.

6.8.4. Penhorabilidade das Cotas Sociais na Limitada de Pessoas

Questão polêmica se nota quando a limitada se apresenta como sendo de pessoas, seja porque o contrato foi expresso no sentido de coibir livre alienação de cotas ou omisso a respeito, de modo que surge na doutrina e na jurisprudência, em face da omissão legislativa, tanto passada quanto atual, um debate se é possível uma eventual penhora recair sobre cota ou cotas sociais por dívidas particulares do sócio, de modo que ela poderia acarretar em um grave dano à pessoa jurídica, a qual seria compelida a aceitar um estranho em seu quadro, colocando em risco o negócio, bem como ensejando a quebra da do instituto da *affectio societatis*.

Assim, nasce a controvérsia sobre a possibilidade ou não de se penhorar cotas nessas situações, sendo certo que a proibição irrestrita pode estar prejudicando o credor e, noutra ponta, com a permissão irrestrita, com o devido ingresso do credor no quadro social, poderia estar onerando demais a pessoa jurídica em virtude da dívida particular de apenas um sócio.

6.8.4.1. Corrente contrária à penhorabilidade

É certo que com as recentes reformas ocorridas no Código de Processo Civil, as quais inseriram artigos que falam sobre a penhorabilidade de cotas em sociedades empresárias, não restou muito margem para alegações da corrente contrária à penhorabilidade, mas em um passado não remoto a impenhorabilidade tinha força na doutrina e jurisprudência.

Desse modo, importante estudá-la, bem como expor os argumentos que a embasavam nesse sentido, citando os autores que eram adeptos da impenhorabilidade.

Em primeiro lugar, necessário saber que antes das reformas ocorridas no ano de 2006 no Código de Processo Civil e, também, do advento do Novo Código Civil, tanto doutrina quanto jurisprudência se posicionavam de forma majoritária no sentido da impossibilidade de se penhorar cotas sociais de uma sociedade, quando essa era constituída em caráter pessoal, mesmo ausentes legislações que falassem expressamente do tema.

Nessa época, pautavam-se os doutrinadores e juristas no Decreto 3708/19 e no Código Comercial de 1850, os quais, como já afirmado, eram omissos de tratar a questão de forma direta e expressa.

Tal omissão fez com que os estudiosos do direito procurassem resposta no artigo 292 do Código Comercial, então vigente e já derrogado, o qual trazia em suas letras que o credor particular de um sócio só poderia penhorar os fundos líquidos que o devedor possuísse na companhia ou sociedade, dando ensejo a considerações no sentido de que a cota social não se enquadraria nesse conceito, uma vez que não era fundo líquido da sociedade, mas, sim, partes divisoras do capital social, caracterizando-se por ser um fundo social.

Ademais, entendiam que por ser o contrato social regido pelo direito privado, poderia haver cláusulas que exprimissem a vontade dos sócios em não aceitar o ingresso de terceiros, não podendo haver cessão ou alienação das cotas sociais a estranhos, a não ser que houvesse concordância unânime dos demais sócios, razão pela qual se entendia que a cota, nessa circunstância, tornava-se um bem impenhorável, pois se tratava de algo de tão difícil alienação, que praticamente tornava-se impossível sua cessão.

Por isso, a cota ou cotas sociais eram, por consequência, impenhoráveis, tendo em vista a conjugação dos artigos 648 e 649, inciso I, do Código de Processo Civil, os quais alegam que são impenhoráveis os bens inalienáveis.

Entendiam também, que a cota ou cotas eram patrimônios da sociedade e não do sócio, diferenciando-se claramente a personalidade jurídica da sociedade das pessoas físicas que a compunham, dando efetiva autonomia a aquela e, como o capital social pertencia à sociedade e não aos sócios, devido a sua autonomia patrimonial, a penhora não poderia recair sobre a cota.

Ficou conhecida essa corrente como a da IMPENHORABILIDADE IRRESTRITA, a qual aduzia não ser em nenhuma hipótese penhorada a cota de uma sociedade *intuitu personae*, em virtude de dívidas pessoais dos sócios. Admitiam tão somente que a penhora recaísse sobre os lucros líquidos havidos pela sociedade, tal como era previsto no supracitado artigo 282 do Código Comercial e nada mais, não podendo pleitear a liquidação da cota, tampouco ingressar o credor com os direitos conferidos aos sócios.

Não restava muito espaço para interpretações, de modo que a maioria dos juristas negava vigência à penhorabilidade das cotas sociais, pelos motivos supramencionados.

Fran Martins (1960, p. 678 – 679), em sua obra Sociedade Por Quotas no Direito Brasileiro e Estrangeiro, afirmava que:

> Pelas razões enunciadas, não podem as quotas ser representadas por títulos negociáveis, já que a condição de sócio depende do consentimento dos demais, refletindo-se no contrato social.
>
> (...)
>
> Igualmente não poderá ser a cota objeto de venda judicial, por depender a cessão da vontade do seu proprietário que contratou com os demais. Nesse caso, poderá a quota ser anulada e, se os demais sócios quiserem, outro poderá ser admitido no lugar do que foi excluído. Também não se justifica a venda judicial por não ser a quota um título negociável, uma vez que dá responsabilidade subsidiária ao seu possuidor. Fazendo-se a venda judicial, qualquer pessoa poderia adquirir a quota; mas o estado de sócio de sociedade contratual não se adquire a não ser que todos os participantes do contrato deem o seu consentimento, já que o contrato é um acordo de vontades que a lei não pode impor a ninguém.

De igual modo era o entendimento de Celso Neves (1999, p. 22), em seu Código de Processo Civil Comentado, trazendo jurisprudência e aduzindo que:

> 'Pelas dívidas particulares dos sócios, só podem ser penhorados os fundos líquidos que o devedor possua na sociedade, mas não a própria cota social (RT, vol.386, p.209)'.
>
> Essas observações prevalecem, na disciplina do Código de 1973, para o efeito de verificar-se, ou a penhorabilidade de

> fundos líquidos do executado em sociedades comerciais, ou a sujeição deles ao rateio eventual que elimina a apreensão judicial, desde logo, como direito de crédito.
>
> De referir-se, a esta altura, a impenhorabilidade extensiva a que alude Luiz Carlos de Azevedo, a propósito da Lei n. 8009/90.

Pugnava, também, pela impenhorabilidade o processualista Sérgio Sahione Fadel (1982 p. 422/423):

> A inalienabilidade pode decorrer da lei (ope legis) ou de declaração de vontade, unilateral ou coletiva. Tanto num caso, como no outro, a inalienabilidade impede a penhora, porque esta, no fundo, corresponde a um ato preparatório da alienação.
>
> (...)
>
> Não são também penhoráveis as cotas sociais de sociedade, quando o contrato social possua cláusula expressa, impeditiva da disposição livre das cotas pelo sócio, sem o assentimento dos demais, salvo se estes concordarem com a penhora. Não se podem coagir os sócios a aceitarem na sociedade pessoas estranhas, e a possibilidade de se declararem não sujeitas à execução as cotas sociais encontra fundamento no art.640 da lei adjetiva.

Porém, existia uma parte da doutrina, exceção, que já sustentava ser as cotas perfeitamente penhoráveis, afirmando que a limitada possui requisitos para inibir a entrada de terceiros ao quadro social, quando não for de vontade dos demais sócios, de modo que não haveria a quebra da *affectio societatis*. Alegava ser possível a penhora, mas dizia ser impossível o credor se tornar sócio da sociedade em dissonância com a vontade do quadro social.

Com certeza se mostrava essa corrente uma posição de vanguarda, vez que antes do advento do Novo Código Civil e das reformas processuais ocorridas em 2006 poucos pensaram em uma solução nesse sentido, sendo que, talvez, a mesma pode até ter influenciado o legislador a incluir no rol dos bens penhoráveis as cotas sociais da sociedade empresária.

Nelson Abrão (1995, p.89 – 91), já em meados dos anos noventa, pugnava pela penhorabilidade das cotas, mas de forma restrita, afirmando o seguinte:

> Parte ideal representativa do quinhão do sócio da sociedade limitada, insuscetível de representação por título ou certificado, estaria a quota sujeita à medida constritiva da penhora em caso de execução contra seu titular, naturalmente observada a graduação art.655 do Código de Processo Civil? É incontestável que a quota, representando um direito, pode ser penhorada. Mesmo porque não se compreende ela, nem qualquer outra parte social das chamadas sociedades de pessoas, entre os bens absolutamente impenhoráveis arrolados no artigo 649 do Código de Processo Civil.
>
> (...)
>
> Parece-nos necessário separar uma coisa da outra, a fim de que não se cause violência à regra da affectio societatis vigente na sociedade limitada. Não haverão os demais em consentir o ingresso à outrance, como sócio, de pessoa com quem não desejam estar em sociedade. Por isso, poderá o próprio executado, ou qualquer sócio, usar da remição, nos termos do art.651 do Código de Processo Civil, evitando a entrada de um intruso na sociedade, 'pagando ou consignando antes de arrematados ou adjudicados os bens, a importância da dívida, mais juros, custas e honorários advocatícios'.
>
> (...)
>
> Qualquer sócio e também a sociedade têm interesse em evitar o ingresso de um estranho e, segundo tudo indica, efetuarão a remição. Caso, porém, isso não ocorra, e a quota chegue à arrematação ou adjudicação, ainda sim o terceiro arrematante ou adjudicatário não adquirirá o direito de ingressar na sociedade, devendo liquidar-se a cota, com a redução do capital, se for necessário.

Tal posicionamento começou a ganhar força com o advento do Novo Código Civil em 2002, diploma que derrogou o Código Comercial, não repetindo os mesmos dizeres do artigo 292 dessa legislação e com a reforma do Código de Processo Civil em 2006, ao qual foram adicionados artigos, já mencionados, que autorizam a penhorabilidade de cotas sociais de sociedade empresária, partindo a maioria dos doutrinadores para o sentido favorável à penhorabilidade, entendendo que não lhes restavam mais argumentos favoráveis para insistir na impossibilidade de penhora da cota ou cotas sociais.

6.8.4.2. Corrente favorável à penhorabilidade

Para tentar solucionar tal problemática, doutrina e jurisprudência encontraram uma saída, a qual é aderida maciçamente em dias atuas por essas fontes do direito, ensinando que é possível sim a penhora da cota social, mesmo na sociedade *intuitu personae*, mas ela será restrita, não admitindo o ingresso do credor ou terceiro no quadro social.

Trata-se de uma corrente que prega a chamada PENHORABILIDADE RESTRITA, na qual a cota será penhorada, mas não conferirá direitos patrimoniais e de voto ao credor ou a qualquer outro arrematante que não tenha o consentimento dos demais sócios para ingressar no quadro social.

Tal tese já era prevista em meados dos anos noventa, mas de forma minoritária, ganhando força por estar em consonância com os dispositivos que regem a matéria em dias atuais, mesmo esses ainda sendo um tanto omissos a respeito.

Quando o contrato formador da limitada é expresso ao estipular a livre circulação das cotas entre não sócios, não há dúvidas de que a penhorabilidade das mesmas é expressamente aceitável, na medida em que essa se torna uma sociedade *intuitu pecuniae*, abraçando a entrada de terceiros no quadro social independentemente da anuência dos demais sócios. Isso é pacífico.

Por outro lado, na maioria das vezes, o contrato social é omisso a respeito, prevalecendo os artigos que limitam a cessão de cotas e o ingresso de terceiros estranhos ao quadro social, dando claramente a entender que essa limitada é *intuitu personae.*

Desse modo, haveria a possibilidade de se penhorar uma cota social por dívida particular do sócio?

Como apontado, o processo de execução no Brasil é satisfativo, visando dar oportunidade ao credor de receber o seu crédito sacrificando bens do devedor e não há dúvidas de que a cota social é um patrimônio, é um bem de uma pessoa física, que lhe dá direito de participar de uma pessoa jurídica. Sendo assim, é perfeitamente possível se falar em penhorabilidade de cotas, vez que essa recai sobre um bem, se amoldando ao processo executivo.

Mas, já é sabido que a limitada, principalmente as de *intuitu personae,* possuem um elemento subjetivo entre os sócios, chamado de *affectio societatis*, o qual dá muita importância para quem integra o quadro social, pois suas qualidades pessoais são fundamentais, de modo que uma possível penhora dessas cotas afetaria esse liame subjetivo entre os sócios, na medida em que poderia ser possível o ingresso de agentes estranhos ao quadro social, o que eventualmente poderia acarretar no mau desenvolvimento da sociedade.

A doutrina atenta a esse problema encontrou uma saída pela qual não haverá nenhum dano à sociedade caso as cotas sejam penhoradas, tampouco haverá quebra da *affectio societatis,* defendendo tal tese com os seguintes argumentos que serão demonstrados abaixo:

Em primeiro lugar, caso o legislador quisesse proteger as cotas sociais, as teria inserido no rol dos bens impenhoráveis, previsto no artigo 649, do Código de Processo Civil.

Pois bem, não fez, pois inexiste vedação legal para impedir a penhora de cotas sociais.

Ademais, o artigo 655, inciso VI, do mesmo diploma, após recente reforma processual trazida pela Lei 11382/06, menciona explicitamente na ordem dos bens a serem penhorados a possibilidade dela recair sobre cotas sociais de sociedades empresárias, dando a entender claramente a vontade do legislador em não proteger esse bem.

O argumento de que nem toda limitada é considerada empresária, sendo algumas essencialmente simples e, portanto, para essas últimas não valeria a penhora prevista nesse dispositivo, não prospera em virtude de que em momento algum o legislador pode ter imaginado dar preferência às cotas de sociedades simples em detrimento das empresárias, pois essa classificação serve apenas para indicar a forma como o objeto social é desenvolvido e não se é uma sociedade de pessoas ou de capital, de modo que tratamento igualitário deve ser dado tanto para a limitada simples quando para a empresária.

Em assim sendo, não haveria razão para se falar em impenhorabilidade, pois não há nada no ordenamento legal brasileiro atual que vá nesse sentido, pelo contrário, todas as reformas recentes estão na rota oposta.

Por isso, é plenamente possível a penhorabilidade das cotas sociais na sociedade limitada, mesmo que essa seja considerada de pessoas.

Mas, e a *affectio societatis*, como fica? Vai-se ignorá-la e fingir que a mesma não é importante para o bom funcionamento da limitada?

A corrente favorável à penhorabilidade restrita afirma que não haveria a quebra desse vínculo subjetivo, uma vez que não se admitiria o ingresso do credor (estranho ao quadro social) na sociedade.

Concordam ao dizer que a *affectio societatis* é extremamente importante e não pode ser ignorada, mas dão uma saída alternativa, lecionando que a penhora é possível, mas o ingresso na sociedade é proibido, por isso poderia se entender como sendo uma penhorabilidade restrita, não tendo essa o condão de se igualar às demais, tratando a cota social como outro bem qualquer, pois ela não é.

Ademais, o artigo 1026, do Novo Código Civil, aplicado supletivamente às sociedades limitadas, afirma que o credor particular de sócio pode na insuficiência de outros bens do devedor fazer recair a execução sobre o que a este couber nos lucros da sociedade, ou na parte que lhe tocar em liquidação e, continua afirmando no parágrafo único, que se a sociedade não estiver dissolvida, pode o credor requerer a liquidação da quota do devedor, cujo valor, apurado na forma do art. 1.031, será depositado em dinheiro, no juízo da execução, até noventa dias após aquela liquidação.

Por ela, o credor não ingressaria na sociedade. Ele teria o direito de penhorar a cota de seu devedor, mas para receber seu crédito deveria pleitear a apuração dos haveres, participar dos lucros ou requerer a liquidação da cota, ou seja, transformar à mesma em dinheiro e assim receber o montante que lhe é devido podem aferir.

Para tanto, essa liquidação seguiria o estipulado no artigo 1031, do Novo Diploma Civil, referente à resolução da sociedade em relação a um sócio, sendo que o montante apurado corresponderia à situação patrimonial da sociedade na data da resolução, a ser apurado em um levantamento específico para esse fim.

Duas situações surgiriam dessa hipótese:

(1ª) A cota liquidada poderia ser adquirida pelos outros sócios que já fazem parte da sociedade, sendo a compra por eles perfeitamente livre, de modo que não haveria redução no capital social da pessoa jurídica;

(2ª) O valor seria levantado e liquidado e haveria uma diminuição do capital social, sendo o sócio devedor que teve sua cota liquidada excluído do quadro social. É o que prevê o § 1º, do artigo 1031, do Código Civil ao aduzir que o capital social sofrerá a correspondente redução, salvo se os demais sócios suprirem o valor da quota.

Nessa situação estaria penhorando a cota em si, mas impedindo o ingresso de terceiros no quadro societário, não se tornando sócio da sociedade o credor da pessoa física, salvo se estiver se houver concordância dos demais membros dessa pessoa jurídica.

Assim, não se estaria prejudicando a sociedade, apenas satisfazendo um direito do credor, recaindo a penhora sobre os direitos patrimoniais da cota, ou seja, de seus lucros (haveres), não conferido ao exequente direitos sociais, adquirindo condição de sócio da pessoa jurídica, podendo tomar decisões e participar das deliberações, a não ser que houvesse autorização dos demais sócios.

A principal diferença entre a corrente da penhorabilidade restrita e a que alegava a impossibilidade de penhora da cota, mas tão somente seu lucro líquido, reside no fato de que nessa última não poderia ser pleiteada a liquidação da cota, pois não havia penhora sobre ela, ao contrário da penhorabilidade restrita, situação em que é perfeitamente possível ao exequente requerer a penhora da fração do capital social para satisfazer seu crédito, caso esse não tenha como de outra forma pagar o débito por meio de seus lucros.

São adeptos dessa posição diversos doutrinadores, tais como Gladston Mamede, Waldo Fazzio Júnior, Alfredo de Assis Gonçalves Neto, José Edwaldo Tavares Borba, Candido Rangel Dinamarco, Humberto Theodoro Júnior, entre outros, vejamos:

Waldo Fazzio Junior (2009, p. 161) trata a questão da seguinte maneira:

> Assinalamos, desde logo, que a cota social é um bem penhorável, à medida que não integra as relações de bens impenhoráveis contidas nos arts. 649 e 655 do CPC.
>
> Como já se decidiu, não há porque inadmitir a penhora de cotas representativas do capital social da sociedade limitada, mesmo porque, em um sistema processual em que a execução é esmagadoramente real e em que o patrimônio do devedor é garantia comum dos credores, somente a existência de regra expressa de exclusão permite arredar de determinados bens sua afetação à responsabilidade de seu titular na execução contra ele dirigida.
>
> O artigo 1026 do CC reza que o credor particular de sócio pode, na insuficiência de outros bens do devedor, fazer recair a execução sobre o que a este couber nos lucros da sociedade, ou na parte que lhe tocar na liquidação. O credor pode, se a sociedade não estiver dissolvida, requerer a liquidação da cota do devedor, depositando-se seu valor em dinheiro, no juízo da execução, no prazo de 90 dias.

Para Gladston Mamede (2008, p. 336 – 338):

> A impossibilidade de cessão de quotas quando há oposição de titulares de mais de um quarto do capital social (ou mesmo quórum específico, maior ou menor, disposto no ato constitutivo), não traduz impenhorabilidade. (...)

> (...)
>
> Portanto, aplicam-se aqui as considerações feitas no Capítulo 6, item 4.4, e no Capítulo 11, item 5, reconhecendo a ampla possibilidade de penhora da quota ou quotas sociais, reconhecendo a sua dimensão de direito próprio do patrimônio econômico ativo do sócio e, como tal, garante, garante genérico das obrigações que constam de seu patrimônio passivo. A quota, porém, não deve ser considerada como qualquer outro bem, em face do que se encontra disposto no artigo 1026 do Código Civil (...).
>
> (...) Se há recusa, poderá o adjudicante ou o arrematante pedir a liquidação da quota ou quotas cuja titularidade lhe conferiu o Judiciário, implicando uma dissolução parcial da sociedade; haverá, via de consequência, a exclusão do sócio de pleno direito, da sociedade, conforme a previsão do artigo 1030, parágrafo único, do Código Civil e uma correspondente redução do capital social (capital registrado), como previsto no artigo 1031, §1º, da mesma lei.

Alfredo de Assis Gonçalves Neto (2004, p. 213 – 214) prepondera que:

> No que se refere à penhora de quota, deve-se considerar superada a corrente que sustentava sua impossibilidade. Tal orientação partia do pressuposto de que, sendo então a sociedade por quotas de responsabilidade limitada uma sociedade de pessoas, a penhora de quotas poderia permitir o ingresso de estranhos ao quadro social. Assim, como o contrato social necessitava da anuência da maioria para sua alteração, se não houvesse cláusula prevendo a livre cessibilidade de quotas a estranho, não poderia ser admitida a penhora de quotas.
>
> Ocorre que a penhora só recai sobre os direitos patrimoniais da quota e, portanto, se tais quotas forem a leilão, quem as adjudicar não estará adquirindo o direito de ser sócio, mas tão somente, o direito de receber os valores em dinheiro mediante a apuração dos haveres que representa.

Pontofinalizando, com o mesmo entendimento, leciona José Edwaldo Tavares Borba (2003, p. 116):

> Cabe deduzir que a penhora das cotas – como medida processual – encontra-se sujeita às mesmas condições ora examinadas. Se as cotas forem intransferíveis, resolver-se-á em apuração de haveres; se houver direito de preferência, esse se exercerá durante a praça.

Portanto, após as devidas considerações desses autores, percebe-se que a doutrina atual se dirige no sentido da possibilidade de penhora das cotas sociais, mas com uma devida reserva: os credores não poderão ingressar livremente no quadro social quando a limitada for considerada de pessoas, pois isso poderia resultar na quebra da *affectio societatis*, não sendo plausível prejudicar toda uma pessoa jurídica em virtude de dívida pessoal de um de seus componentes.

Por outro lado, quando o contrato social prever expressamente que a limitada se regerá de forma supletiva pelas normas das Sociedades por Ações (Lei 6404/76) ou que a circulação de cotas é feita de forma livre mesmo a terceiros estranhos, haverá o que a doutrina chama de penhorabilidade irrestrita, na qual o credor pode perfeitamente pleitear a penhora e ingressar no quadro social, participando das deliberações, tomando todos os direitos que uma cota confere a um sócio, tornando-se, portanto, membro dessa sociedade. Isso se deve ao fato de essa pessoa jurídica constituir-se como uma sociedade de capital.

Consigna-se que não é só a doutrina comercialista quem vem adotando esse entendimento de forma majoritária, mas, também, os processualistas, estudiosos desse ramo, que vêm as modificações no Código de Processo Civil com escopo de privilegiar a penhorabilidade das cotas, mesmo nas sociedades de pessoas, uma vez que não haverá domínio sobre essa, mas apenas o direito à apuração dos haveres, dos créditos que ela confere ao sócio: dos lucros ou dinheiro resultante de sua liquidação.

Nesse sentido, ensina Cândido Rangel Dinamarco (2005, p. 335) ao afirmar que:

> Durante longos anos muito se discutiu sobre a possibilidade ou impossibilidade de se penhorar cotas sociais por obrigações pessoais do sócio, estranhas ao giro da sociedade. Constitui poderoso argumento em contrário a natureza das sociedades por quotas como sociedades de pessoas, não de capital, não sendo lícito impor aos demais sócios um novo sócio, o arrematante – especialmente nos casos em que o ato constitutivo da sociedade faz depender qualquer ingresso do consenso dos demais. Depois de vacilar, a jurisprudência encaminhou-se, com razoável firmeza, no sentido de autorizar a penhora dos haveres do sócio, os quais são objetos de avaliação para que afinal a sociedade pague seu valor ao arrematante, eventualmente reduzindo seu capital social; são haveres a parte ideal de cada sócio, na proporção do capital representando por suas cotas.

Corroborando desse entendimento escreve o processualista Humberto Theodoro Júnior (2008, p. 315):

> Respeitada, portanto, a impenhorabilidade da qualidade personalíssima de sócio, não vemos obstáculo a que a penhora incida sobre a expressão econômica da participação do devedor nos bens sociais.
>
> A arrematação ou adjudicação da cota social, destarte faz-se por meio de sub-rogação apenas econômica do adquirente sobre os direitos do sócio de requerer a dissolução total ou parcial da sociedade, a fim de receber seus haveres na empresa, nunca, como adverte Amílcar Castro, como substituição ao devedor, como se fosse, na qualidade de novo sócio, um sucessor do devedor.
>
> Daí por que se nos afigura melhor o entendimento de que a penhora dos fundos líquidos do sócio deve alcançar não apenas os créditos dele perante a sociedade, mas igualmente sua cota-parte no patrimônio social.

Os adeptos dessa corrente, maioria doutrinária na atualidade, são categóricos ao dizer que além da penhorabilidade das cotas na limitada de pessoas não esmiuçar a *affectio societatis,* uma vez que não se terá o domínio da cota por um terceiro, mas, sim, uma liquidação em dinheiro, conforme razões explanadas acima, admitir a impenhorabilidade total seria uma irresponsabilidade e uma proteção a maus pagadores e até mesmos a pessoas de má-fé, as quais procurariam se blindar por trás de pessoas jurídicas, aplicando nelas todo seu patrimônio pessoal em forma de cota, a fim de que em uma futura cobrança judicial não pudesse essa dívida ter o condão de recair sobre tais bens, tornando-se apenas mais um devedor insolvente – aquele devedor que não possui ativo suficiente para satisfazer seu passivo -, o que não é o caso, pois o sócio é proprietário de bens suficientes para pagar a divida, mas não a pagará em virtude de uma proteção que, caso fosse aplicada, chocar-se-ia com os bons costumes e, também, com os princípios norteadores do processo de execução moderno.

Sob outro prisma, Rubens Requião (2008, p. 506) mantém a afirmativa no sentido de que a penhora é sobre os fundos líquidos, ou seja, dos haveres e não da cota em si, dando claramente a entender que prefere chamar essa tese de Impenhorabilidade Restrita, na qual não se pode penhorar a cota, mas, sim, apenas seus haveres, veja:

> (...) Disso se infere que a quota, ou fundos sociais, como aludia o antigo Código de Processo Civil, não pode ser penhorada, para garantia do pagamento em execução de dívida particular de sócio.
>
> (...) O que se precisa ter em mente, na hipótese em exposição, é a certeza de que os fundos sociais não pertencem ao quotista, mas à sociedade. Sustentar-se o contrário é pôr-se abaixo toda a teoria da personificação da pessoa jurídica e negar-se a autonomia do seu patrimônio em relação aos

> seus componentes. Preocupa a alguns juízes, pressionados pelas partes, o fato de que, não existindo outros bens do devedor-quotista, ficará ele imune ao processo de execução, apresentando-se como aparente devedor insolvente. Não, não é assim. A penhora deve recair sobre os créditos que o devedor possuir em conta corrente da sociedade, ou sobre os lucros que da sociedade resultar, após o balanço. Se este não ocorrerem, a penhora somente poderá ser feita na liquidação da sociedade, sobre o produto liquido que couber em pagamento ao cotista devedor (...).

É fato que a maioria da doutrina alterou seu posicionamento, mas nem toda, haja vista que ainda existem autores que defendem essa impenhorabilidade, embasando esse entendimento em dois institutos principais: *personalidade jurídica das sociedades é autônoma e, portanto, difere das pessoas físicas que a compõem; affectio societatis,* conforme aduz Rubens Requião citado acima.

6.8.4.3. Entendimento da jurisprudência, uma visão evolutiva e atual.

É bem verdade que os Tribunais Superiores (Supremo Tribunal Federal e Superior Tribunal de Justiça) adotam atualmente um posicionamento favorável à penhorabilidade de cotas, mesmo nas sociedades de pessoas, mas não dão ao credor o domínio sobre essa, mas apenas o direito de ter ressarcido seu crédito por meio dos lucros que as cotas podem gerar ou o quanto elas valham no caso de uma liquidação, de modo que não são adeptos da **Penhorabilidade Irrestrita** - aquela em que a penhora recai sobre a cota e dá o direito de terceiro entrar no quadro social sem anuência dos outros sócios, ficando essa restrita às sociedades de capitais -, tampouco da **Impenhorabilidade Irrestrita** - corrente segundo a qual não se pode penhorar a cota ou cotas sociais nos casos da limitada ser de pessoas, em virtude da possível quebra da *affectio societatis* - uma vez que essa corrente daria base às fraudes contra credores e ao aumento no número de inadimplência no país.

Adota, portanto, a jurisprudência atual, o entendimento da **Penhorabilidade Restrita,** segundo a qual é possível a penhora de cotas sociais, mesmo na sociedade *intuitu personae,* mas, nesses casos, a penhora recai sobre os haveres, o quantum a cota pode gerar em dinheiro, seja na continuação da sociedade, ou em uma eventual liquidação, mas não confere direitos ao credor concernente ao domínio da cota, não se tornando sócio da sociedade.

Os Tribunais seguiram a doutrina e começaram a decidir nesse sentido, de modo que as decisões atuais proferidas andam em consonância umas com as outras e com a corrente da penhorabilidade restrita, conforme se extrai a partir da leitura das ementas transcritas abaixo:

> RECURSO ESPECIAL – PROCESSUAL CIVIL E COMERCIAL – PENHORA DE QUOTAS **SOCIAIS** DE SOCIEDADE POR **COTAS** DE RESPONSABILIDADE **LIMITADA** –POSSIBILIDADE.
>
> I – É possível a penhora de **cotas** pertencentes a sócio de sociedade de responsabilidade **limitada,** por dívida particular deste, em razão de inexistir vedação legal. Tal possibilidade encontra sustentação, inclusive, no art. 591, CPC, segundo o qual 'o devedor responde, para o cumprimento de suas obrigações, com todos os seus bens presentes e futuros, salvo as restrições estabelecidas em lei'.
>
> II - Os efeitos da penhora incidente sobre as **cotas sociais** devem ser determinados em levando em consideração os princípios societários. Destarte, havendo restrição ao ingresso do credor como sócio, deve-se facultar à sociedade, na qualidade de terceira interessada, remir a execução, remir o bem ou concedê-la e aos demais sócios a preferência na aquisição das **cotas,** a tanto por tanto (CPC, arts. 1117, 1118 e 1119), assegurando-se ao credor, não ocorrendo so-

lução satisfatória, o direito de requerer a dissolução total ou parcial da sociedade.[51]

SOCIEDADE POR COTAS DE RESPONSABILIDADE LIMITADA. PENHORA DAS COTAS SOCIAIS. CONTROVÉRSIA DOUTRINÁRIA E JURISPRUDENCIAL.

1. As **cotas sociais** podem ser penhoradas, pouco importando a restrição contratual, considerando que não há vedação legal para tanto e que o contrato não pode impor vedação que a lei não criou.

2. A penhora não acarreta a inclusão de novo sócio, devendo ser 'facultado à sociedade, na qualidade de terceira interessada, remir a execução, remir o bem ou conceder-se a ela e aos demais sócios a preferência na aquisição das **cotas,** a tanto por tanto (CPC, arts. 1.117, 1.118 e 1.119)', como já acolhido em precedente da Corte.

3. Recurso especial não conhecido.[52]

DIREITO COMERCIAL - RECURSO ESPECIAL - PENHORA DE **COTAS SOCIAIS** - VIOLAÇÃO A DISPOSITIVO CONSTITUCIONAL (ART. 93, IX, DA CF/88) - IMPOSSIBILIDADE DE ANÁLISE - OFENSA AO ART. 458 DO CPC E AO ART. 292 DO CÓDIGO COMERCIAL - SÚMULA 211/STJ - NÃO ALEGAÇÃO DE INFRINGÊNCIA AO ART. 535 DO CPC - EXECUÇÃO - DÍVIDA PARTICULAR DE SÓCIO – **COTAS** DE SOCIEDADE DE RESPONSABILIDADE LIMITADA **- PENHORABILIDADE** – SÚMULA 83/STJ.

(...)

4 - A previsão contratual de proibição à livre alienação das **cotas** de sociedade de responsabilidade limitada não impede a penhora de tais **cotas** para garantir o pagamento de

---

51 Superior Tribunal de Justiça. Resp. 221625/SP. Terceira Turma. Ministro Nancy Andrighi. Data: 07/12/2000.

52 Superior Tribunal de Justiça. Resp. 234391/MG. Terceira Turma. Ministro Carlos Alberto Menezes Direito. Data: 14/11/2000.

> dívida pessoal de sócio. Isto porque, referida penhora não encontra vedação legal e nem afronta o princípio da affectio societatis, já que não enseja, necessariamente, a inclusão de novo sócio. Ademais, o devedor responde por suas obrigações com todos os seus bens presentes e futuros, nos termos do art. 591 do Código de Processo Civil. (...)[53]

Por outro lado, o entendimento desse Tribunal nem sempre foi nesse sentido.

Há alguns anos, o Superior Tribunal de Justiça se manifestava em alguns votos no sentido de não reconhecer a possibilidade de penhora de cotas sociais de sociedade limitada, quando essa era instituída no caráter *intuito personae*, alegando que tal prerrogativa poderia ocasionar uma eventual quebra da *affectio societatis.*

Referidas decisões se pautavam no sentido de considerar a cota social um bem inalienável, quando o contrato não permitia a livre cessão a terceiros estranhos e, portanto, impenhorável, consoante inteligência do artigo 649, inciso I, do Código de Processo Civil.

É certo que ao tempo desses julgados, não se encontrava vigente o Novo Código Civil, mas, sim, o Código Comercial de 1850, diploma que trazia estampado em seu artigo 334 que só era lícita a cessão de cotas a terceiros estranhos ao quadro societário, na omissão do contrato social, se houvesse concordância de todos os demais sócios, tornando muito mais dificultosa, então, a venda de cotas a terceiros do que em dias atuais, em que só é necessária a não discordância de ¼ do capital social, razão pela qual se entendia que quando o contrato era omisso, as cotas eram

---

53 Superior Tribunal de Justiça. Resp. 317651/AM. Quarta Turma. Ministro Jorge Scartezzini. Data: 05/10/2004.

inalienáveis, devendo, portanto incidir na regra do artigo 649, I, do Código de Processo Civil.

Ademais, não se encontrava em vigência nenhuma das reformas processuais já mencionadas, as quais inseriram artigos no Diploma Processual Civil no sentido de prever a penhora de cotas de sociedades empresárias, bem como colocá-las de forma expressa na ordem de penhora.

A jurisprudência seguia a doutrina em suas afirmações e proferia julgados no sentido da impenhorabilidade das cotas sociais, devendo apenas o credor, na falta de outros bens, fazer a execução recair tão somente sobre os direitos líquidos da parte representativa da cota na sociedade, não dando ensejo a nenhum pedido de liquidação da mesma.

Assim se manifestava o Supremo Tribunal Federal:

> SOCIEDADE COMERCIAL. RESPONSABILIDADE LIMITADA. DÍVIDA DE SÓCIO. PENHORA DE COTA.
>
> A cota social não pode ser penhorada por dívida de sócio. Na ausência de disposição específica na Lei 3708/19, aplicável às sociedades limitada as regras do artigo 292 do Código Comercial.[54]
>
> Na mesma esteira se manifestava o Superior Tribunal de Justiça:
>
> SOCIEDADE POR COTAS DE RESPONSABILIDADE LIMITADA – PENHORABILIDADE DAS COTAS DO CAPITAL SOCIAL. O ARTIGO 591 DO C.P.C., DISPONDO QUE O DEVEDOR RESPONDE PELO CUMPRIMENTO DE SUAS OBRIGAÇÕES, COM TODOS OS SEUS BENS, RESSALVA AS RESTRIÇÕES ESTABELECIDAS EM LEI. ENTRE ELAS SE COMPREENDE A RESULTANTE DO DISPOSTO NO ARTIGO 64, I DO MESMO CODIGO QUE AFIRMA IMPENHORAVEIS OS BENS INALIENAVEIS. A PROIBIÇÃO DE ALIE-

[54] Supremo Tribunal Federal. RE 95381-7-PR. 2ª turma. Relator Ministro Décio Miranda. Data: 12/12/84.

> NAR AS COTAS PODE DERIVAR DO CONTRATO, SEJA EM VIRTUDE DE PROIBIÇÃO EXPRESSA, SEJA QUANDO SE POSSA CONCLUIR, DE SEU CONTEXTO, QUE A SOCIEDADE FOI CONSTITUIDA "INTUITU PERSONAE". HIPOTESE EM QUE O CONTRATO VEDA A CESSÃO A ESTRANHOS, SALVO CONSENTIMENTO EXPRESSO DE TODOS OS DEMAIS SOCIOS. IMPENHORABILIDADE RECONHECIDA.[55]

No acórdão supramencionado, o Ministro Eduardo Ribeiro negou a possibilidade de penhora no caso em questão, devido ao fato de o contrato ser omisso a respeito da cessão de cotas, devendo recair, portanto, a regra do artigo 334 do Código Comercial, então vigente, ora derrogado, razão pela qual se concluiria que as cotas eram impenhoráveis, conforme trechos transcritos abaixo:

> (...)
>
> Não empresto, com a devida vênia, importância decisiva ao argumento tirado do artigo 591 do CPC, conjugado com a afirmação de que não há lei excluindo as cotas sociais. Cumpre ter-se em conta que o artigo 649, I, do mesmo Código estatui que são absolutamente impenhoráveis os bens inalienáveis. A questão está em saber se as cotas são alienáveis. Se não o forem, incidirá a vedação legal, malgrado a inexistência de norma que expressamente as excepcione de responderem pelas dívidas de quem delas seja titular.
>
> (...)
>
> A primeira indagação está, pois, em verificar se as cotas sociais podem ser alienadas. A respeito do tema dissentem os comercialistas. Negar de modo absoluto não parece adequado e nunca soube de quem o fizesse. Muitos, entretanto, consideram que, incidindo o disposto no artigo 334 do Código Comercial, será mister o consentimento de todos os sócios.

---

55 Superior Tribunal de Justiça. Resp. 34882/RS. Terceira Turma. Ministro Eduardo Ribeiro. Data: 30/06/1993.

> (...)
>
> Como essa norma é de defesa dos interesses dos sócios, poderiam a isso renunciar e estabelecer, no contrato, que bastaria a maioria do capital para autorizar a cessão. Ou mesmo fazê-la inteiramente livre.
>
> (...)
>
> A proibição da cessão poderá resultar de disposição expressa do contrato ou advir de seu contexto, quando se possa concluir que a sociedade foi constituída intuitu personae.
>
> Se decorre do contrato a proibição, não será possível forçar os demais sócios a agir em desconformidade com o pactuado e admitir um estranho. A cessão, pois, não será viável. Isso se verificando, não se admitirá igualmente a penhora, pois se estará diante de caso de inalienabilidade.
>
> (...)
>
> No caso em exame, como salientou a sentença, o contrato veda a cessão a estranhos, salvo consentimento expresso de todos os demais sócios. Em tais circunstâncias, tenho que correto o acórdão. Nego provimento.[56]

Não divergindo do entendimento das cortes superiores e da maioria da doutrina presente à época, os Tribunais Estaduais também acompanhavam as decisões proferidas acima e o entendimento explanado, decidindo no sentido da impossibilidade da penhora da cota em si.

> PENHORA. COTA DE SÓCIO EM SOCIEDADE COMERCIAL. IMPENHORABILIDADE. EMBARGOS PROCEDENTES. APELAÇÃO IMPROVIDA.

---

[56] Voto proferido pelo Ministro Relator Eduardo Ribeiro no julgamento do Resp. 34882/RS.

> Na sociedade por cotas de responsabilidade limitada, dívida de sócio não permite a penhora de cotas deste, nos termos dos artigos 648 do CPC e 292 do Código Comercial.[57]

Ora, é óbvio que as decisões partiriam nesse sentido, pois, até então, a lei processual civil não trazia nenhuma menção sobre a possibilidade de, ao menos, se interpretar pela analogia serem as cotas passíveis de penhora quando o contrato social não autorizasse expressamente.

6.8.5. Conclusões

Por todo exposto, não restam dúvidas sobre a possibilidade de penhora nas cotas sociais, mesmos na limitada de pessoas, com as ressalvas já feitas.

No então, será que deve mesmo preponderar a corrente favorável à penhorabilidade, mesmo aquela que defende a liquidação da cota ou cotas sociais ou a participação nos lucros, sem, no entanto, ingressar o terceiro no quadro social?

Mesmo nessa situação será que não poderia ser quebrado o tão importante instituto da *affectio societatis*, na medida em que o sócio devedor poderia vir a ser excluído da mesma, acarretando numa diminuição do capital social e na possível perda de uma pessoa qualificada?

Uma possível redução do capital social já não daria ensejo a uma perda significativa para o exercício do objeto social porque ele demonstra a liquidez, o quanto a sociedade é sólida e grande, sendo que a maioria dos empréstimos, necessários à toda atividade lucrativa, pauta-se no capital social da pessoa jurídica para determinar o quanto de crédito será aprovado?

---

57 Tribunal de Alçada do Estado do Paraná. Apelação Cível 1098/80. 2ª Câmara Cível. Relator Sydney Zappa. Data: 16/09/1980.

E mais, com o registro da pessoa jurídica no órgão competente, no caso sociedade, se empresária no Registro Público das Empresas Mercantis por meio da Junta Comercial ou, se não empresária, no Cartório de Registro Civil de Pessoas Jurídicas, essa adquire personalidade própria, autônoma e diferente das pessoas físicas que a compõem, possuindo patrimônio próprio, bens próprios, créditos próprios, dívidas próprias etc.

É certo que elas são regidas por pessoas físicas, na maioria das vezes pelos sócios, vez que pessoa jurídica apenas por si não consegue manifestar seus atos e, os fazem, por meio de seus representantes, mas quando esses atuam, atuam em nome da sociedade, como se ela fosse, contraindo uma obrigação a ser cumprida pela pessoa jurídica e não pela pessoa física, a não ser que o administrador incorra na prevista *teoria ultra vires* (artigo 1015, do Código Civil) ou quando os sócios pratiquem atos que ensejam a desconsideração da personalidade jurídica, nos moldes do artigo 50, do Código Civil ou 28 do Código de Defesa do Consumidor.

Hipótese completamente diferente não diria respeito à penhorabilidade de cotas sociais por dividas pessoais dos sócios, pois esse agiu em seu próprio nome, contraindo a dívida em qualquer circunstância não relacionada com a pessoa jurídica, não sendo justo a sociedade ter que arcar com o débito de outra pessoa (outra personalidade jurídica)?

E, se admitir a penhora de cotas nesses casos quem sairá prejudicada não seria a sociedade como um todo?

Fábio Ulhoa Coelho (2003, p. 39) admite a penhora das cotas sociais, também na limitada *intuitu personae,* mas adverte quanto aos perigos e danos injustificáveis que a sociedade pode sofrer em virtude de uma dissolução parcial a pedido de liquidação de cota por credor do sócio.

> A liquidação da quota do sócio devedor, entretanto, não pode ser vista da mesma forma. Ao privilegiar o atendimento ao interesse do credor do sócio em detrimento dos da sociedade e dos demais sócios, a lei se mostra anacrônica e injusta.
>
> Na verdade, os interesses do credor do sócio são e continuarão a ser inteiramente satisfeitos na penhora das quotas sociais, instituto largamente admitido no direito brasileiro, que deveria ter sido lembrado pelo legislador de 2002. A liquidação da quota a pedido de não sócio é uma intromissão injustificável na vida da sociedade e pode servir, sem dificuldade, à fraude. Imagine que a sociedade possua patrimônio de valor elevado, mas, por qualquer razão, seu valor econômico é inferior. Isso ocorre, por exemplo, se a empresa se encontra tecnologicamente defasada, ou se há a perspectiva de ingresso de novos e poderosos concorrentes no mesmo segmento de mercado. Nesses casos, os sócios encontrariam pessoas interessadas em adquirir, pelas quotas sociais, valor inferior ao patrimonial. Um deles poderia, então, simular divida com terceiro, que, valendo-se da faculdade aberto pelo art.1026, parágrafo único, do Código Civil, obteria a liquidação da quota pelo valor patrimonial. A sociedade (quer dizer, os demais sócios) teriam de pagar ao pretenso credor um valor maior que o da quota social liquidada.

Enfim, em meio a tantas indagações já feitas e que ainda serão realizadas em torno da penhorabilidade ou não cota social na limitada de pessoas, ficam mais essas, com a certeza de que ainda não há uma resposta na doutrina atual sobre o tema, tampouco certa intenção sobre de fato qual corrente pode ser mais benéfica ou se poderia ser criada outra para solucionar essa problemática.

Atualmente, de concreto, é que tanto doutrina quanto jurisprudência utilizam em sua grande maioria a Teoria da Penhorabilidade Restrita para a limitada *intuitu personae* e a Teoria da Penhorabilidade Irrestrita para a limitada *intuitu pecuniae.*

7. ADMINISTRADOR

É preciso que alguém faça a administração da sociedade, estando presente em seus atos, contraindo direitos e obrigações em nome da pessoa jurídica, exercendo as atividades da sociedade no dia-dia.

Não se deve, de forma nenhuma, confundir a figura do administrador com a de sócio, pois esses últimos adquirem cotas da sociedade e se tornam donos de uma parcela da mesma, ao passo que o administrador é apenas aquela pessoa que está nomeada no contrato social para exercer a condução do objetivo social. Por óbvio que na maioria das vezes o contrato social estipula que os próprios sócios serão os administradores em comum da limitada. No entanto, quando isso ocorrer, estarão acumulando duas funções, a de sócio e a de administrador, haja vista que possuem naturezas diferentes.

O administrador de uma limitada pode ser um sócio ou não. Desse modo, caso haja autorização no contrato social, um terceiro que não seja sócio pode ser nomeado administrador da sociedade limitada. Para que um não sócio se torne administrador, é necessária a concordância unânime de todos os sócios, caso o capital não esteja totalmente integralizado ou a concordância de 2/3 do capital social, em estando o capital totalmente integralizado (artigo 1061, do CC).

Muito já se discutiu sobre a possibilidade ou não de pessoa jurídica especializada ser administradora de uma limitada. Atualmente a discussão ainda se estende, mas a maioria da doutrina leciona no sentido negativo, embasando tal entendimento no artigo 1062, §2º, do CC. Contudo, existem autores como Waldo Fazzio; Marlon Tomazetti e Marcelo Bertoldi que admitem a administração de uma

LTDA por uma pessoa jurídica, vez que a legislação não proíbe tal hipótese.

É inegável hoje a existência de sociedades que nascem cujo objeto social é o de ser uma empresa de administração de outras. A afirmativa dos que negam essa prerrogativa da sociedade limitada ser administrada por outra pessoa jurídica se atem apenas e tão somente ao texto da lei, na medida em que o artigo 1062, §2 do Código Civil determina que o administrador deva estar qualificado no contrato social com seu nome, nacionalidade e estado civil. Por óbvio que pessoa jurídica não possui estado civil, alegando parte da doutrina que essa seria a proibição, uma vez que se o legislador quisesse permitir essa figura, não obrigaria a sua qualificação incluindo o estado civil.

Por outro lado, a corrente que defende a possibilidade da pessoa jurídica administrar a sociedade limitada aduz no sentido de que o Direito Empresarial está sob a égide da legalidade negativa, o que significa dizer que para todos os institutos empresarialistas tudo que não é proibido é permitido. Por isso, em decorrência da inexistência de norma proibidora no sentido de vedar a pessoa jurídica da administração, a mesma poderá ocorrer perfeitamente.

Concordamos com a posição que defende referida possibilidade, uma vez que em momento nenhum o legislador pensou que ao incluir estado civil na qualificação do administrador estaria proibindo a pessoa jurídica de assumir essa função. Caso assim quisesse, deveria existir uma norma expressa proibidora.

O administrador pode ser nomeado no contrato social ou em ato separado. Caso seja nomeado em ato separado, o administrador precisará averbar sua nomeação na Junta Comercial nos dez dias seguintes à sua investidura, pois se não observa essa formalidade, responderá pessoal e solidariamente com a sociedade pelas obrigações que contrair, até que a averbação seja feita (artigos 1062, §2º, c/c artigo 1012, do CC).

7.1. Teoria ultra vires

A legislação brasileira consagra, em seu artigo 1015, § único, do CC, a chamada *Teoria ultra vires,* segundo a qual nas hipóteses em que o administrador agir de má-fé, contrariamente ao contrato social, ou contrair obrigações e deveres que são evidentemente estranhos ao objeto social da sociedade, ele próprio responderá pessoalmente, não se imputando à sociedade nenhum tipo de responsabilidade nesses casos. Trata-se de uma teoria que não se utiliza mais em lugar nenhum do mundo, mas que foi recepcionada pelo CC, no artigo 1015, de modo que gera muita discussão a respeito em dias atuais.

O excesso por parte dos administradores pode ser oposto pela sociedade a terceiros desde que ocorra alguma das situações abaixo:

I) limitação de poderes do administrador esteja devidamente averbada;

II) provando-se que era conhecido de terceiro;

III) tratando-se de operação evidentemente estranho ao objeto da sociedade.

Para Fábio Ulhoa, a limitada só se eximirá de responsabilidade nessas situações, caso adote como forma subsidiária as regras da sociedade simples, de modo que caso utilize a LSA como regência supletiva, não se eximirá da responsabilidade mesmo nesses casos, podendo, apenas, cobrar posteriormente do administrador que agiu erroneamente.

8. CONSELHO FISCAL

Trata-se de um órgão de existência facultativa na limitada, existindo normalmente nas sociedades limitadas maiores, que possuem uma negociação e um número de sócios elevado, não se justificando para toda e qualquer limitada.

É composto por três ou mais membros e seus respectivos suplentes. Pode ser membro do conselho fiscal tanto sócios quanto não sócios, devendo apenas, em ambos os casos, os mesmos serem residentes no país.

Os membros são eleitos pela assembleia anual. Sócios que representem pelo menos 1/5 do capital social podem eleger um conselheiro e seu suplente (artigo 1066, §2º, do CC).

Possuem remuneração, sendo a mesma fixada na assembleia.

As funções do Conselho Fiscal estão descritas no artigo 1069, do CC, podendo o contrato social estipular outras. Porém, basicamente a função do conselho fiscal é a de fiscalizar trimestralmente as contas da sociedade, elaborar parecer para ser apresentado na assembleia anual, fiscalizar se está ocorrendo fraudes na sociedade com os atos do administrador etc.

9. DELIBERAÇÕES DOS SÓCIOS

Há matérias que devido a sua importância não podem ser decididas simplesmente pelo administrador, devendo existir deliberação entre os sócios para a definição do assunto. O artigo 1071, do CC menciona as matérias que devem ser decididas por deliberações dos sócios, podendo o contrato estipular outras que julgar necessária.

As deliberações são tomadas em "Reunião" ou "Assembleia".

9.1. Reunião

A reunião, em regra, será realizada pela sociedade que possui até 10 sócios no quadro social. Todavia, poderá a sociedade optar pela Assembleia ao invés da Reunião. Mas, na prática isso não ocorre, pois a Reunião é uma deliberação que não guarda tantas formalidades quanto à assembleia (artigo 1072, §2º, do CC).

9.2. Assembleia

Obrigatória na sociedade limitada que possui mais de 10 sócios.

A Assembleia é obrigatória para a Limitada que possui mais de 10 sócios em seu quadro social. Assim, a limitada só poderá deliberar com os sócios por meio de Assembleia caso tenha mais de 10 sócios em seu quadro social.

A assembleia ordinária se realizará nos quatro meses seguintes ao término do exercício social. Na prática, o exercício social coincide com o ano calendário. Assim, a assembleia geral ordinária se realizará entre janeiro e abril do ano seguinte do término do exercício social (artigo 1078, do CC).

Será convocada mediante três anúncios em jornais de grande circulação e no diário oficial, devendo a primeira publicação ocorrer com antecedência mínima de oito dias a data da assembleia.

Presentes no dia ¾ do capital social, instala-se a assembleia geral.

Caso não esteja presente o quórum de ¾ do capital social, a assembleia não poderá se realizar. Haverá uma segunda convocação, novamente com três publicações em jornal de grande circulação e no diário oficial, desta vez a primeira publicação deve ter antecedência mínima de cinco dias da data da assembleia.

Nessa segunda convocação, a assembleia se instalará não necessitando de nenhum quórum específico.

A convocação pode ser dispensada quando todos os sócios comparecem no dia da assembleia, ou quando se declaram, por escrito, cientes da mesma (artigo 1072, §2º, do CC).

Pode haver dispensa da assembleia ou reunião, desde que todos os sócios tenham decidido por escrito sobre a matéria que ia ser deliberada na assembleia.

Os quóruns para a aprovação das deliberações estão estampados no artigo 1076, do CC, de modo que será levado em conta o capital social.

Caso haja empate, o desempate será feito contando o voto de cada sócio e caso persista o empate, a questão poderá ser decidida judicialmente ou por meio de arbitragem.

10. DIREITO DE RETIRADA

As deliberações são tomadas tendo em vista o capital social, pelo quórum previsto no artigo 1076, do CC.

Todavia, o sócio que é voto vencido pode, se preferir, retirar-se da sociedade caso não concorde com a alteração contratual ou quando ocorra fusão, cisão ou incorporação da sociedade (artigo 1077, do CC).

A maioria da doutrina entende, também, que o sócio pode se retirar em qualquer hipótese da sociedade por prazo indeterminado, devendo apenas notificar os demais sócios com antecedência mínima de 60 dias, pois ninguém é compelido a ficar preso em um contrato, ou, caso a sociedade seja por prazo determinado, quando haja justa causa para tanto (artigo 1029, CC).

Todavia, há posição que entende que na limitada o sócio pode apenas se retirar ocorrendo um dos motivos previstos no artigo 1077, do CC.

11. EXCLUSÃO DE SÓCIO

Há hipóteses em que o sócio pode ser excluído da sociedade, tendo em vista que os demais não mais o aceitam no quadro social. A exclusão pode ser judicial ou extrajudicial, a depender da circunstância.

11.1. Hipóteses de Exclusão Extrajudicial

11.1.1. Sócio remisso:

Trata-se daquele sócio que não integraliza sua cota. Assim, a maioria dos demais sócios pode excluí-lo da sociedade. A exclusão do sócio remisso na sociedade limitada vem disciplinada no artigo 1058 do Código Civil, o qual aduz que não integralizada a quota de sócio remisso, os outros sócios podem, sem prejuízo do disposto no art. 1.004 e seu parágrafo único, tomá-la para si ou transferi-la a terceiros, excluindo o primitivo titular e devolvendo-lhe o que houver pagado, deduzidos os juros da mora, as prestações estabelecidas no contrato mais as despesas.

11.1.2. Sócio Minoritário:

Desde que haja autorização no contrato social, o sócio minoritário pode ser excluído extrajudicialmente, mediante a anuência de mais da metade do capital social, caso os sócios demonstrem uma justa causa. Todavia, nesse caso, deverá haver uma reunião ou assembleia especialmente convocada para essa finalidade, com o intuito de poder se defender o sócio minoritário. Nesse caso, deverá ser feito um balanço patrimonial que apurará o ativo e o passivo da empresa, devendo o sócio ser restituído na proporção de suas cotas. (artigo 1085, do CC). Note que mesmo nesse caso de exclusão extrajudicial deve ser dada a oportunidade do contraditório para que o sócio minoritário possa se defender na assembleia ou na reunião a ser realizada para esse fim,

11.2. Exclusão Judicial

O sócio majoritário pode ser excluído judicialmente nos casos em que tenha praticado falta grave ou por incapacidade superveniente, mediante a iniciativa dos demais sócios, representantes de mais da metade do capital social restante. (artigo 1030).

A primeira situação que a lei taxa como sendo possível ensejar a exclusão é a de quando o sócio comete falta grave. No entanto, o Código Civil foi muito vago em não conceituar o que ensejaria efetivamente a falta grave, missão essa que ficou para a doutrina e jurisprudência.

Importante destacar que dissabores e divergências entre os sócios não ensejam falta grave, sendo certo que na condução do objeto social, por inúmeras vezes, essas divergências existirão e elas chegam a ser consideradas como saudáveis para a condução da empresa. Para que se configure a falta grave, a fim de que o sócio que a ensejou possa ser excluído, necessário se faz que efetivamente exista um ato lesivo praticado por esse que ponha em risco a sua lealdade para com a sociedade, como, por exemplo, o sócio que rouba a empresa e faz caixa dois, o sócio que vende os segredos industriais da sociedade que pertence ou que passa informações de marketing para a concorrente etc.

Enfim, caso um sócio pratique algum ato efetivamente lesivo para a sociedade ou que fuja do padrão com relação aos demais sócios, existirá a figura da falta grave e poderá ser excluído dos quadros sociais.

A segunda hipótese que o artigo 1030 do Diploma Civil taxa como sendo autorizadora de exclusão é a incapacidade superveniente, que não requer muita dificuldade para entendê-la, pois ela existira sempre que um sócio que era capaz se tornar incapaz no curso do objeto social. Para tanto, remetemos o leitor aos artigos 3º e 4º do Código Civil que aborda esse instituto.

12. APURAÇÃO DE HAVERES

Ocorrida a exclusão ou retirada, deverá ser feita a apuração de haveres para o pagamento do sócio que sairá dos quadros sociais. Consigna-se que o sócio terá direito a apuração com base no valor do patrimônio social, ou seja, todos os bens que compõem a sociedade, e não apenas com base no capital social, soma das riquezas iniciais que os sócios colocam na mesma.

O artigo 1031 do Código Civil, que disciplina esse procedimento, é claro ao lecionar que nos casos em que a sociedade se resolver em relação a um sócio, o valor da sua quota, considerada pelo montante efetivamente realizado, liquidar-se-á, salvo disposição contratual em contrário, com base na situação patrimonial da sociedade, à data da resolução, verificada em balanço especialmente levantado. O capital social sofrerá a correspondente redução, salvo se os demais sócios suprirem o valor da quota. A quota liquidada será paga em dinheiro, no prazo de noventa dias, a partir da liquidação, salvo acordo, ou estipulação contratual em contrário.

IX DISSOLUÇÃO DAS SOCIEDADES CONTRATUAIS

1. RESOLUÇÃO DA SOCIEDADE EM RELAÇÃO A UM SÓCIO

Também conhecida como Dissolução Parcial, a resolução da sociedade em relação a um sócio ocorre nos casos em que um ou mais deles se desligam da pessoa jurídica, sem, contudo, ensejar a extinção da mesma.

As hipóteses desse fato estão previstas nos artigos 1028 (morte do sócio), 1029 (retirada do sócio) e 1030 (exclusão de sócio), do Código Civil.

1.1. Morte de sócio

O artigo 1028, do CC prevê a possibilidade da sociedade ser dissolvida parcialmente no caso de morte do sócio, não podendo os herdeiros nela ingressas sem a concordância do quadro social. Claro que essa situação se volta para a sociedade *intuitu personae*, em que a figura pessoal do sócio importa para a condução da sociedade.

> Art. 1.028. No caso de morte de sócio, liquidar-se-á sua quota, salvo:

> I - se o contrato dispuser diferentemente;
>
> II - se os sócios remanescentes optarem pela dissolução da sociedade;
>
> III - se, por acordo com os herdeiros, regular-se a substituição do sócio falecido.

Por isso, caso um sócio venha a falecer, as cotas serão liquidadas e pagas aos herdeiros, salvo acordo em contrário.

1.2. Retirada de sócio

O artigo 1029, do Código Civil, por sua vez, prevê a possibilidade do sócio se retirar da sociedade por prazo indeterminado sem apresentar justo motivo, notificando os demais sócios com antecedência mínima de sessenta dias.

> Art. 1.029. Além dos casos previstos na lei ou no contrato, qualquer sócio pode retirar-se da sociedade; se de prazo indeterminado, mediante notificação aos demais sócios, com antecedência mínima de sessenta dias; se de prazo determinado, provando judicialmente justa causa.
>
> Parágrafo único. Nos trinta dias subsequentes à notificação, podem os demais sócios optar pela dissolução da sociedade.

Caso a sociedade seja por prazo determinado, deverá apresentar justo motivo, por entender a lei que dentro do prazo estipulado de vigência da sociedade houve a concordância de todos os sócios nela permanecer.

1.3. Exclusão de Sócio

A expulsão de um sócio não pode se dar de forma injustificada, devendo os demais apresentar um justo motivo, consubstanciado numa falta grave (ato lesivo contra a sociedade). Meros dissabores entre os sócios não tem a finalidade de configurar falta grave para embasar pedido de exclusão.

> DIREITO SOCIETÁRIO. RECURSO ESPECIAL. AÇÃO DE DISSOLUÇÃO PARCIAL DE SOCIEDADES. EXCLUSÃO DE SÓCIO. JUSTA CAUSA. APURAÇÃO DE HAVERES. DATA-BASE. EFETIVO DESLIGAMENTO. FORMA DE PAGAMENTO. JUROS DE MORA. TERMO INICIAL. PRAZO NONGESIMAL PARA PAGAMENTO. ARTS. ANALISADOS: 1.030, 1.031, 1.044 E 1.085 DO CC/02. 1. Ações de ajuizadas em 1997. Recurso especial concluso ao Gabinete em 2011/2012. 2. Demandas em que se discute a caracterização de justa causa para exclusão de sócio; as datas-bases para apuração de haveres, bem como a forma de pagamento e o termo inicial dos juros de mora eventualmente incidentes. 3. A prática de atos reiterados como padrão de normalidade por ambos os sócios e nas três sociedades que mantêm há mais de 40 anos, ainda que irregulares e espúrios, não servem como causa necessária da quebra da affectio societatis a fim de configurar justa causa para exclusão de sócio em relação à Concorde Administração de Bens Ltda. 4. A apuração dos haveres tem por objetivo liquidar o valor real e atual do patrimônio empresarial, a fim de se identificar o valor relativo à quota do sócio retirante. 5. Para que não haja enriquecimento indevido de qualquer das partes, a apuração deve ter por base para avaliação a situação patrimonial da data da retirada (art. 1.031, CC/02), a qual, na hipótese dos autos, foi objeto de transação entre as partes ao longo da demanda. 6. A retirada do sócio por dissolução parcial da empresa não se confunde com o direito de recesso, que possui hipóteses de incidência restrita e forma de apuração de haveres distinta. 7. A existência de cláusula contratual específica para pagamento de haveres na hipótese de exercício do direito de recesso não pode ser aplicada por analogia, para os fins de afastar a incidência do art. 1.031, § 2º, do CC/02 na situação concreta de retirada do sócio. 8. Os juros de mora eventualmente devidos em razão do pagamento dos haveres devidos em decorrência da retirada do sócio, no novo contexto legal do art. 1.031, § 2º, do CC/02, terão por termo

> inicial o vencimento do prazo legal nonagesimal, contado desde a liquidação dos haveres. 9. Em face da alteração da proporcionalidade da sucumbência, devem ser redistribuídos o respectivo ônus. 10. Recursos especiais parcialmente providos.
>
> (STJ - REsp: 1286708 PR 2011/0214536-0, Relator: Ministra NANCY ANDRIGHI, Data de Julgamento: 27/05/2014, T3 - TERCEIRA TURMA Data de Publicação: DJe 05/06/2014).

Caso o sócio incorra na prática de ato lesivo contra o sócio, a maioria do capital social restante poderá ajuizar ação de exclusão contra ele.

2. DISSOLUÇÃO TOTAL

Aqui há a extinção da sociedade, uma vez que ela se dissolve por completo, não tendo continuidade.

EXPIRAÇÃO DO PRAZO (artigo 1033, I).

A sociedade contratada por prazo determinado tem seu fim após o transcurso do prazo de tempo estipulado. Todavia, caso o tempo passe sem que haja a liquidação da mesma, ela se prorrogará por prazo indeterminado.

CONSENSO UNÂNIME DOS SÓCIOS (artigo 1033, II).

Trata-se do conhecido distrato, ou seja, quando todos os sócios estão de acordo em desfazer o contrato de sociedade celebrado.

DELIBERAÇÃO DOS SÓCIOS, POR MAIORIA ABSOLUTA, NA SOCIEDADE POR PRAZO INDETERMINADO (artigo 1033, III).

Ocorre quando a maioria do capital social, em decisão em assembleia, decide dar fim à sociedade. Todavia, em atendimento ao princípio da preservação da empresa, a jurisprudência admite que os sócios minoritários que queiram continuar a sociedade, desde que tenha condições para tanto, podem o fazer.

UNIPESSOALIDADE POR MAIS DE 180 DIAS (artigo 1033, IV).

A Sociedade não pode se tornar unipessoal, ou seja, composta apenas por uma pessoa. De modo que se um sócio sai da sociedade e ela fique contando apenas com mais um sócio no seu quadro social, esse deve reaver a pluralidade de sócios no prazo de 180 dias, sob pena de extinção da mesma.

EXITNÇÃO DE AUTORIZAÇÃO PARA FUNCIONAR (artigo 1033, V).

Algumas sociedades que atuam em ramos específicos, tais como aeronáutico, exploração de minérios, entre outros precisam de autorização de autarquias para funcionar, de modo que a mesma pode ser revogada, dissolvendo-se, portanto, a sociedade.

ANULADA A CONSTITUIÇÃO (artigo 1034, I).

Aqui ocorre em casos em que o contrato social foi arquivado de forma errada ou quando ocorre algum vício, de modo que precisará de uma decisão judicial para anular a constituição da sociedade.

EXAURIDO O FIM SOCIAL OU VERIFICADO SUA INEXEQUIBILIDADE (artigo 1034, II).

O fim social é exaurido naquelas sociedades contratadas para o desenvolvimento de determinada atividade.

A inexequibilidade do objeto social se verifica nos casos em que os sócios assim entendem ou quando o capital social já não é mais suficiente para o desenvolvimento da atividade ou quando o mercado já não se interessa mais para o produto ou serviço prestado por aquela sociedade. Exemplo: sociedade constituída para a fabricação de fitas a serem usadas em máquinas de escrever. Em tempos atuais, ninguém mais comprará essas fitas, tendo em vista que ninguém mais utiliza máquina de escrever, ou seja, se verifica a inexequibilidade do objeto social.

X SOCIEDADE ANÔNIMA

A Sociedade Anônima é o tipo societário voltado ao desenvolvimento de grandes negócios, ou seja, geralmente optarão por essa modalidade de sociedade as grandes corporações.

Para o desenvolvimento de grandes atividades empresariais é necessária a existência e utilização de muito recurso financeiro, a fim de que a mesma se torne viável. Por isso, em regra, optarão as grandes sociedades pelo tipo Sociedade Anônima, na medida em que essa pessoa jurídica poderá fazer apelo ao público para a captação de recursos para desenvolver sua atividade, mediante a emissão de valores mobiliários, os quais serão oportunamente estudados.

1. CARACTERÍSTICAS

Tendo em vista a importância da sociedade anônima, não poderia a legislação deixar de dispensar tratamento exclusivo a ela, elaborando uma lei específica para sua regência, qual seja: Lei 6404/76 (Lei das Sociedades por Ações). Referido tipo societário não poderia estar disciplinado no Código Civil, juntamente com as demais sociedades, em virtude de suas peculiaridades e do alto grau de complexidade na sua formação, estruturação e administração, que não se percebe com relação às demais sociedades contratuais.

A Sociedade Anônima, independentemente de como explora seu objeto social, será sempre tida como empresária, por expressa disposição legal do artigo 982, parágrafo único do Código Civil e, também, do artigo 2º, da Lei 6404/76. Não há que se discutir se a S.A desenvolve ou não sua atividade econômica com profissionalismo ou organização para enquadrá-la como simples ou empresária, pois pela sua própria natureza, é fato que reunirá esses elementos da empresarialidade.

De igual modo, a S.A será sempre tida como eminentemente de capital, uma vez que a circulação de suas ações é livre, ou seja, o que importa nela é o capital e não a qualidade pessoal de cada sócio. Muito embora o artigo 36 da LSA preveja que a Sociedade Anônima fechada possa restringir a circulação das ações, esse mesmo dispositivo leciona no sentido de que a restrição não pode impedir a livre circulação. Por essas ponderações chega-se a conclusão de que a S.A é de capital.

Seu capital social não é dividido por cotas, mas, sim, ações, que possuem natureza de valores mobiliários e conferem ao seu titular o status de acionista de uma Sociedade Anônima. As ações serão oportunamente estudadas nessa obra.

A responsabilidade dos sócios é limitada ao valor de emissão das ações que subscreveu, não sendo solidariamente responsável com os demais, ou seja, se o Sócio “A” subscreve uma ação com preço de emissão de R$ 100,00 reais e apenas integraliza R$ 50,00. Sua responsabilidade é até o limite da integralização de suas ações subscritas, ou seja, R$ 50,00 (artigo 1º, da LSA).

Note que na S.A a responsabilidade é limitada e ainda mais limitada do que na Sociedade Limitada, pois nessa todos os sócios respondem solidariamente pela integralização do capital social, o que não se percebe na companhia, até porque seria inimaginável e incompatível pensar quem um acionista pequeno, que adquiriu uma ação nominal de R$ 70,00 (setenta reais), por exemplo, pudesse ser solidariamente responsável com toda a integralização do capital, que normalmente é muito alto em uma sociedade anônima.

2. NOME EMPRESARIAL

Em regra, a sociedade anônima possui diversos acionistas (sócios) e a alteração do quadro social se dá praticamente todos os dias, tendo em vista que a compra e venda das ações pode ser feita de forma livre. Por isso, inviável seria se a lei previsse a possibilidade de uma companhia adotar a modalidade firma de nome empresarial, a qual é composta pelo nome dos sócios, pois, como visto, esses são muitos nesse tipo societário e qualquer alteração de um membro que compusesse a firma, teria que se alterar, também o contrato social.

Pensando nisso, a legislação permitiu que a S.A. utilize apenas a modalidade denominação de nome empresarial, conforme estipula artigo 3º, da LSA. Esse artigo corrobora o entendimento de que é impraticável a firma para essa espécie societária.

Juntamente com o núcleo da denominação, elemento fantasia que se atribuirá para a S.A., o nome empresarial deverá ser acompanhado das designações "Companhia" ou "Sociedade Anônima", de forma extensa ou abreviada. Todavia, a expressão "Companhia" só poderá ser utilizada no início do nome, a fim de que não seja confundida com a sociedade em nome coletivo e outras espécies societárias que utilizam a modalidade firma e que, por vezes, não colocam o nome de todos os sócios no nome da empresa, devendo acrescentá-lo com a partícula "& CIA" ao final.

Podemos tomar como exemplo alguns nomes empresaria da S.A., tais como: Companhia Vale; CIA Vale; Banco Itaú S.A; Banco Itaú Sociedade Anônima; Sociedade Anônima Macarenhas etc.

O §1º, do artigo 3º, da LSA permite que a Sociedade Anônima possa colocar em seu nome empresarial o nome do fundador, acionista ou pessoa que tenha contribuído para o bom sucesso da empresa, mas isso não descaracteriza a modalidade de nome denominação. Trata-se de uma exceção que pode ser conferida aquela pessoa que tenha sido muito importante para a sociedade.

Por exemplo: Olavo Setúbal, fundador do Banco Itaú, poderia colocar seu nome na denominação de referida instituição financeira; Abílio Diniz poderia se quisesse colocar seu nome no Grupo Pão de Açúcar etc.

Todavia, importante consignar que o fato de o nome do sócio fundador constar no nome empresarial da S.A não tem o condão de descaracterizar a modalidade denominação de nome empresarial, pois em momento algum esse será considerado como firma. Continua sendo denominação, só que composta com um nome civil de um membro importante.

3. CLASSIFICAÇÃO

A S.A pode ser aberta ou fechada, dependendo se aceita ou não a negociação de suas ações ou outros valores mobiliários no mercado de capitais (bolsa de valores e mercado de balcão) – artigo 4º, da LSA.

A classificação entre S.A. aberta ou fechada não depende da incidência em parte ou total de dinheiro público. Caso uma sociedade seja formada exclusivamente por dinheiro público, ter-se-á uma empresa pública, ao passo que se for composta por capital público e privado, ter-se-á uma sociedade de economia mista.

A classificação em aberta ou fechada diz respeito tão somente à negociação dos valores mobiliários no mercado de capitais, independente da formação e origem do seu capital.

3.1. Bolsa de Valores e Mercado de Balcão

Bolsa de Valores são pessoas jurídicas, entidades civis ou Sociedade Anônima formada por instituições corretoras que negociarão os valores mobiliários em mercado secundário, ou seja, na bolsa de valores não há a comercialização de ações novas ou valores mobiliários novos. A bolsa de valores surge para aumentar a comercialização dos valores mobiliários, devendo as sociedades interessadas em ofertar seus papeis ser credenciada junto a essa instituição.

O Mercado de Balcão, por sua vez, pode atuar tanto nos mercados primário como secundário. Assim quando uma S.A emite uma nova ação, esta será comercializada no mercado de balcão. Geralmente quem faz essa intermediação de novos valores mobiliários são as instituições financeiras. O Mercado de Balcão é importantíssimo para a difusão de compra e venda de valores mobiliários, uma vez que o Brasil possui poucas Bolsas de Valores, de modo que muitos investidores que vivem longe dos grandes centros deixarem de ter interesse nessas negociações, ao passo que podendo formaliza-las junto a uma instituição financeira próxima de sua casa, passa a ter um incentivo melhor.

4. COMISSÃO DE VALORES MOBILIÁRIOS

A CVM (Comissão de Valores Mobiliários) é uma autarquia federal, vinculada ao Ministério da Fazenda que atua na fiscalização e na autorização de constituição de sociedade anônima aberta, bem como regula e fiscaliza o mercado de capitais de um modo geral. Foi criada pela Lei 6387/76 e é um órgão vinculado ao Poder Executivo. É composta por cinco membros, os quais são escolhidos pelo Presidente da República e aprovados pelo Senado Federal.

Atua, principalmente, na regulação e fiscalização de: emissão e distribuição de valores mobiliários no mercado; negociação e intermediação no mercado de valores mobiliários; negociação e intermediação no mercado de derivativos; organização, o funcionamento e as operações das Bolsas de Valores; organização, o funcionamento e as operações das Bolsas de Mercadorias e Futuros; administração de carteiras e a custódia de valores mobiliários; auditoria das companhias abertas; serviços de consultor e analista de valores mobiliários.

5. CONSTITUIÇÃO DA SOCIEDADE ANÔNIMA

A constituição de uma S.A pode ocorrer por subscrição pública ou particular. A S.A se constituirá por subscrição pública quando fizer apelo ao público para captação de recursos, ao passo que a subscrição particular ocorrerá quando os fundadores já subscreveram todo o capital, não necessitando de apelo ao público.

Por óbvio que algumas companhias querem se estruturar para desenvolver um projeto muito grande, de forma que necessitará de uma boa soma de recursos, sendo que seus fundadores poderão procurar no público em geral interessados em injetar determinadas quantias para a formação do todo. Por outro lado, pode ser que os fundadores já tenham toda a soma do capital de que precisam, não necessitando fazer apelo ao público, constituindo de forma privada, fechada.

A constituição de uma S.A por subscrição pública é também conhecida como sucessiva, pois depende da realização de diversos e sucessivos atos, ao passo que a subscrição particular é conhecida como simultânea, em virtude de o capital já estar totalmente subscrito para sua constituição.

5.1. Subscrição Particular (S.A Fechada)

Uma companhia constituída por subscrição particular consegue se formar com menos formalidade que outra que passará por subscrição pública, não fazendo a lei muitas exigências para esse ato.

O artigo 88 da Lei 6404/76 lista as seguintes etapas necessárias para a formação de uma S.A. por subscrição fechada, a saber:

Subscrição de todas as ações por pelo menos duas pessoas;

Depósito como entrada de 10% do preço das ações subscritas;

Depósito dessa quantia no Banco do Brasil ou em outra instituição financeira autorizada pela CVM.

Realização de Assembleia de Constituição ou Elaboração de Escritura Pública;

Registro do Estatuto na Junta Comercial.

5.2. Subscrição Pública (S.A Aberta)

A S.A. que pretende se formar por subscrição pública, deverá passar pelas seguintes fases até sua constituição:

Registro prévio na CVM (autarquia federal que fiscaliza e regula o mercado de capitais – Lei 6385/76);

Subscrição de todas as ações por pelo menos duas pessoas (Aqui a S.A deverá contratar uma instituição financeira para ofertar as ações ao público, por meio de boletim de subscrição);

Depósito como entrada de pelo menos 10% do preço de emissão das ações. **Observação: Para as instituições financeiras, o depósito mínimo é de 50% (artigo 27, da Lei 4595/64).**

Depósito no BB ou em instituição financeira autorizada;

Realização de assembleia de constituição;

Registro na Junta Comercial.

6. CAPITAL SOCIAL

O Capital Social da Sociedade Anônima é formado por ações. Assim, caso alguém queira se tornar sócio de uma companhia deverá, necessariamente, comprar ações.

Sua composição pode se dar apenas com a ingestão de dinheiro ou bens, sendo vedada a figura do sócio de indústria (sócio que integraliza o capital social com prestação de serviços) também nesse tipo societário, por expressa vedação legal do artigo 7º, da LSA.

Caso o capital seja composto por bens, o mesmo passará por uma avaliação pormenorizada para a aferição de seu real valor, de acordo com o procedimento estipulado no artigo 8º da LSA.

Assim, a avaliação dos bens será feita por três (três) peritos ou por empresa especializada, nomeados em assembleia-geral dos subscritores, convocada pela imprensa e presidida por um dos fundadores, instalando-se em primeira convocação com a presença de subscritores que representem metade, pelo menos, do capital social, e em segunda convocação com qualquer número. Os peritos ou a empresa avaliadora deverão apresentar laudo fundamentado, com a indicação dos critérios de avaliação e dos elementos de comparação adotados e instruído com os documentos relativos aos bens avaliados, e estarão presentes à assembleia que conhecer do laudo, a fim de prestarem as informações que lhes forem solicitadas. Se o subscritor aceitar o valor aprovado pela assembleia, os bens incorporar-se-ão ao patrimônio da companhia, competindo aos primeiros diretores cumprir as formalidades necessárias à respectiva transmissão. Se a assembleia não aprovar a avaliação, ou o subscritor não aceitar a avaliação aprovada, ficará sem efeito o projeto de constituição da companhia. Por fim, os bens não poderão ser incorporados ao patrimônio da companhia por valor acima do que lhes tiver dado o subscritor.

O Capital Social poderá ser aumentado ou diminuído, conforme o caso, desde que em atendimento as regras do artigo 168, da LSA.

Assim, poderá ser majorado com a emissão de novas ações, desde que o capital esteja integralizado em pelo menos ¾. Nesse caso, deverá haver assembleia geral extraordinária para aprovação com a consequente alteração do estatuto social.

No caso de ser uma Sociedade de Capital Autorizado, aquela que no momento da elaboração do estatuto já estava previsto um limite de aumento aprovado pela CVM, a majoração ocorrerá de uma maneira mais simplificada, tendo em vista que poderá emitir ações que correspondem até o limite do capital autorizado, não necessitando de alteração no estatuto social.

Por fim, o capital poderá ser aumentado no caso de conversão de outros valores mobiliários em ações, tais como Conversibilidade de partes beneficiárias e debêntures em ações ou, também, no caso da conversão do patrimônio social em capital social.

Com relação à diminuição, a mesma poderá ocorrer em havendo perdas irreparáveis ou se o capital se tornar excessivo para a consecução do objeto social.

7. AÇÕES

Como já falado, as ações formam o capital social de uma Sociedade Anônima. Quem as adquire, torna-se sócio de uma companhia, recebendo o nome de acionista, possuindo os direitos e deveres inerentes a essa função.

Certo é que o acionista para se tornar sócio pode apenas subscrever a ação e somente integralizá-la em momento posterior, na forma e prazo estipulados no boletim de subscrição. Todavia, caso o que fora pactuado seja descumprido pelo mesmo, será considerado remisso (artigos 107 e 108, da LSA) e poderá a companhia promover a execução contra ele ou colocar as ações subscritas para venda.

As ações, dependendo de onde se compra ou do momento da compra pode assumir valores diferentes, assim como ocorre, por exemplo, com um imóvel. Dependendo do momento e da ótica que se olha para ele, o mesmo pode assumir importes diferentes. Explico: O IPTU (Imposto Predial e Territorial Urbano) é calculado com base no valor venal do imóvel, que geralmente é inferior ao valor de mercado, utilizado para a venda do mesmo para o público em geral.

As ações, por sua vez, também possuem diferentes valores, razão pela qual passamos a analisa-los agora.

7.1. Valores

Os principais valores que podem ser atribuídos a uma ação são:

Valor nominal: Divisão do capital social pelo número de ações. A ação pode ou não ter o seu valor nominal. Referido valor está disciplinado nos artigos 11 a 14, da LSA.

Valor Patrimonial: É a divisão do patrimônio liquido da sociedade pelo número de ações. Geralmente o valor patrimonial será devido no caso de liquidação da sociedade, em que se aferirá o patrimônio liquido da empresa e pagará os sócios na proporção de suas ações.

Valor econômico: Aqui se leva em conta diversos fatores, tais como porte da sociedade, expectativa de rentabilidade entre outros. Para se chegar ao valor econômico deverá ser realizado um estudo levando em conta diversas probabilidades.

Valor de mercado: Talvez o mais importante. Trata-se daquele valor obtido na bolsa de valores ou no mercado de balcão. O valor de mercado das ações varia todos os dias, de modo que pode iniciar o pregão valendo x e terminar valendo 2 x. Usualmente quando compramos uma ação no mercado de capitais, estaremos pagando por ela o seu valor de mercado, que é extremamente volátil.

Preço de emissão: Valor pago por ações novas, que acabaram de ser emitidas e estão sendo subscritas pela primeira vez. Perceba que a bolsa de valores apenas atua no mercado secundário, não podendo comercializar ações novas. Portanto, não há que se falar em preço de emissão quando se compra esse valor mobiliário junto à Bolsa de Valores.

7.2. Classes

Por ser uma grande empresa, a regra é a de que a sociedade anônima possua diversos sócios, cada qual com interesses distintos com relação à empresa. É nítida a divisão dos sócios na sociedade anônima, vez que existem os chamados sócios gestores, que pretendem abrir uma anônima para gerir os seus negócios e, por outro lado, a figura do sócio investidor, aquele que apenas investe uma pequena ou média quantia nos papeis da empresa pensando em sua rentabilidade, não querendo, tampouco tendo conhecimento para desenvolver qualquer ato de gestão. Por exemplo, o Eike Batista quando pensa em abrir uma nova sociedade anônima, pretende, além de ganhar dinheiro com ela, gerir a mesma, ao passo que as pessoas que compram ações na bolsa, apenas e tão somente esperam ter uma valorização desse valor mobiliário.

Para atender a esses interesses distintos, a LSA precisou criar classes diferentes de ações para atender a todos, na medida do possível. Nesse ponto devemos perceber que as ações podem ser dividias em três classes diferentes, podendo conferir direitos diferentes aos sócios.

Ordinárias: São ações comuns, que conferem direitos de voto e participação nos lucros a todos aos seus detentores. Não possuem privilégios. Em regra, os sócios gestores preferirão adquirir ações ordinárias, uma vez que possuirão sempre o direito de voto e poderão conduzir o futuro da mesma.

Preferenciais: Podem conferir privilégios patrimoniais aos seus detentores, tais como preferência na participação dos dividendos e exatamente por isso, podem restringir ou suprimir o direito de voto.

Consigna-se que nem toda ação preferencial suprime o direito de voto, pelo contrário ela pode trazê-lo de forma plena ou restringida, mas a essência é que esse direito seja suprimido para conferir ao seu titular direito a receber os dividendos em primeiro lugar. Em regra, os sócios investidores preferirão adquirir esse tipo de ação, tendo em vista que não estão preocupados em gerir a S.A., mas tão somente lucrar com ela.

Caso a ação preferencial suprima o direito a voto, elas não poderão representar mais do que 50% do capital social (artigo 15, §2º, da LSA), pois caso contrário a direção da anônima estaria nas mãos dos acionistas minoritários.

Por fim, a caso os dividendos não sejam pagos por três anos consecutivos, as ações preferenciais sem direito a voto podem adquirir esse direito (artigo 111,§1º, da LSA).

Gozo ou fruição: São ações já amortizadas, ou seja, o acionista que detém essa espécie de ação já recebeu o que investiu pela mesma.

6.3. Formas

Por fim, as ações podem adotar duas formas basilares, a depender do modo como são comercializadas no geral. Podem ser:

Nominativas: São aquelas ações que para serem transferidas precisam de registro no "Livro de Registro das Ações Nominativas", o qual é mantido pela S.A. Em regra, as ações nominativas conferem ao seu titular um título no qual consta o seu nome atestando a propriedade da ação. Por isso, para manter controle sobre as mesmas, a S.A. que comercializa ações dessa forma precisa manter escriturado o Livro de Registro das Ações Nominativas. Não é muito usual atualmente, tendo em vista à burocracia e formalidades imposta a essa forma as quais, de certa forma, dificulta sua circulação.

Escriturais: Para evitar a formalidade de se efetivar vários registros, as ações podem ser mantidas em contas de depósito, mantidas por uma instituição financeira, de modo que a comprovação da propriedade da ação se dá por meio de um extrato e sua transferência se opera sem a necessidade de alteração de nenhum livro de registro mantido pela S.A. Tratam-se essas das ações que assumem a forma escritural, extremamente difundida na atualidade, as quais são mantidas em conta de depósito e o seu titular possui o controle das mesmas por meio de um extrato. As ações escriturais são muito mais fáceis de serem negociadas no mercado.

7. VALORES MOBILIÁRIOS

Os valores mobiliários podem ser conceituados como sendo papéis – títulos - que uma S.A. pode emitir com a finalidade de captar recursos. A função primordial dos valores mobiliários é a de capitalização da companhia, a qual pode se dar de diferentes maneiras, como veremos abaixo. Os principais valores mobiliários emitidos por esse tipo societário são as ações, as quais já foram devidamente estudadas e que formam o capital social, as debêntures, os bônus de subscrição e as partes beneficiárias.

Importante destacar que os valores mobiliários não possuem natureza jurídica de títulos de crédito, por diversas razões. Num primeiro momento, o título de crédito é apenas um documento que confere ao seu titular um direito creditório contra o devedor da cártula, ao passo que os valores mobiliários podem conferir muito mais do que um simples direito de crédito, como é o caso das ações, que conferem ao seu titular direito de participar da assembleia, de fiscalizar os diretores da companhia entre outros. Tal fato por si só já obsta a tese daqueles que argumentam serem os valores mobiliários títulos de crédito.

As diferenças entre esses dois conceitos não para por ai, os títulos de crédito são tidos como títulos executivos extrajudiciais, tais como estipulados no artigo 585, I, do CPC, ao passo que apenas a debênture, uma modalidade de valor mobiliário, também é tida com força executiva.

Sobre os títulos de crédito pairam os princípios da cartularidade, da literalidade e o da autonomia das obrigações cambiárias, extraídos do próprio conceito desse instituto previsto no artigo 887, do Código Civil. Assim, para que o credor de um título exerça seu direito, necessário se faz que esteja com a cártula em mãos, o que não precisa necessariamente ocorrer para quem possui um valor mobiliário; Pela literalidade, os títulos de crédito só podem ser cobrados nas responsabilidades literais constantes na cártula, ao passo que nos valores mobiliários podem ser inseridas cláusulas em apartado.

Sendo assim, não se pode de forma alguma confundir a natureza dos títulos de crédito com a dos valores mobiliários, sendo esses últimos papéis emitidos pela S.A. com a finalidade de capitalização, razão pela qual passamos a estudar suas espécies nesse momento.

7.1. Partes beneficiárias

São títulos emitidos pela S.A, não componentes do capital social, que conferem direito de crédito eventual contra a companhia. As partes beneficiárias conferem direito ao seu titular de participar dos lucros da companhia em determinado período. São eventuais porque os lucros podem não existir, momento em que o proprietário da parte beneficiária não terá direito a receber nenhum valor.

Geralmente são emitidas em contraprestação de um serviço prestado por alguém a S.A. Por exemplo, um administrador que se saiu muito bem naquele mês, ao invés da S.A lhe pagar em dinheiro uma gratificação, pode emitir uma parte beneficiária.

As partes beneficiárias só podem alcançar até 10% dos lucros líquidos anuais (artigo 46, §2º, da LSA). Isso porque os sócios também possuem direito na participação dos lucros, ao passo que se a companhia compromete a maior parte dele para o pagamento das partes beneficiárias, estar-se-á prejudicando os acionistas das mesmas.

Referido título pode ser emitido em caráter oneroso, para venda, ou em caráter gratuito, em forma de gratificação. No entanto, caso seja emitida nessa última modalidade não poderá prever prazo superior a 10 anos (artigo 48, §1º, da LSA).

Muitos devem se perguntar o porquê de investir num titulo que confere direito de crédito eventual. Como é sabido, quem compra valores mobiliários está optando por um investimento de risco, sendo assim, faz parte do risco do negócio, na medida em que o titular pode ter pagado uma quantia "x" por uma parte beneficiária e o lucro daquela sociedade naquele ano ter sido exorbitante, tendo direito a receber uma boa porcentagem do mesmo, que supera e muito que fora investido.

Por fim, importante deixar claro que apenas podem emitir partes beneficiárias a S.A. Fechada. Estão impedidas de emitir partes beneficiárias as instituições financeiras (Artigo 35, Lei 4595/64) e a S.A Aberta (artigo 47, §único, da LSA).

7.2. Debêntures

As debêntures nada mais são do que verdadeiros empréstimos feitos pela S.A. Ou seja, grosso modo, é um contrato de mútuo realizado pela companhia para captação de recursos para o desenvolvimento de suas atividades.

Geralmente as debêntures serão emitidas quando a companhia precisar comprar maquinário, aumentar a produção, realizar obras importantes na sede etc., ou seja, precisar de recursos para financiar alguma atividade que necessite de muito dinheiro. Nesses casos, ela pode emitir Debêntures, sendo que as pessoas que compram, emprestam dinheiro à sociedade e, em contrapartida, possuem um direito de crédito certo contra a companhia.

As debêntures podem ser conversíveis em ações.

A vantagem de emitir debêntures e não se socorrer de empréstimos junto às instituições financeiras está ligado ao fato das altas taxas de juros cobradas pelos bancos. As pessoas físicas normais ou outras pessoas jurídicas que não sejam S.A., quando precisam de recursos para o desenvolvimento de algum projeto, socorrem-se das instituições financeiras, as quais praticam juros considerados altos, contudo, outra opção não lhes resta. Por outro lado, a fim de desonerar a S.A. desse ciclo, foram instituídas as debêntures, podendo a mesma contrair empréstimo com a população em geral, pagando juros mais baixos. Quem compra debênture e empresta para a S.A. também possui uma vantagem, pois a companhia pagará um juro maior a ela se comparado aos juros pagos pelos bancos para quem aplica na poupança ou em outra renda fixa ou fundo.

A debênture pode conferir a seu titular alguns privilégios, de modo que elas podem ser classificadas em:

Debêntures com garantia real – Quando a S.A coloca um determinado bem para garantir o pagamento da dívida. Exemplo: a S.A. deixa como garantia a sua sede específica. Nessa modalidade de garantia, a companhia não pode alienar o bem sem antes pagar o débito, pois o mesmo foi dado em garantia, salvo se houver consentimento dos credores.

Debênture com garantia flutuante – Quando a S.A não coloca um bem específico para a garantia da dívida, mas todo seu patrimônio líquido, no geral. Trata-se de uma garantia muito boa para quem empresta e, também, para a companhia, pois nessa modalidade a dívida é garantida por todo patrimônio e não somente um bem. Para companhia essa garantia se faz vantajosa, uma vez que poderá alienar quaisquer bens, desde que conserve em seu patrimônio o suficiente para o pagamento das debêntures. Perceba que na garantia real o determinado bem não pode ser alienado, na flutuante poderá.

Debênture quirografária – Não confere nenhuma garantia.

Debênture Subordinada – Além de não conferir nenhuma garantia, só serão pagas depois de esgotados outros pagamentos.

Quando se fala nessa modalidade de valor mobiliário, é importante estudar a figura do agente fiduciário. Por óbvio que a debenture será emitida para contratação de um empréstimo de valor alto, no qual vários credores emprestaram em conjunto, precisando de alguém que os represente e os defenda junto à companhia no que diz respeito a esse crédito. Por isso, os debenturistas podem estar representados por um agente fiduciário, pessoa que defenderá seus direito perante a companhia. O agente fiduciário precisa ser pessoa idônea e não ter interesses conflitantes com os debenturistas.

Caso a debênture seja vendida no mercado de capitais, deverá, necessariamente, haver a contratação do agente fiduciário. Caso contrário, essa formalidade é facultativa.

7.3. Bônus de Subscrição

Os bônus de subscrição é um título emitido pela companhia de capital autorizado que confere ao seu proprietário o direito de subscrever novas ações da S.A no momento em de sua emissão.

Algumas companhias são muito sólidas e as pessoas sentem que se comprarem a ação no momento da sua emissão pagarão um preço mais baixo ao que efetivamente será cobrado no mercado. Por isso, podem se interessar em comprar um direito de preferencia na subscrição no momento da emissão de novas ações..

Quem é titular desse valor mobiliário não é credor, tampouco sócio da companhia, mas tão somente possui um direito de preferência na aquisição de novas ações, quando essas forem lançadas. No momento da emissão das ações, a S.A. deve primeiramente perguntar se os titulares desse valor mobiliário se interessam em adquiri-las. Caso a resposta seja positiva, devem pagar pelas ações.

8. ACIONISTA

A pessoa (física ou jurídica) quando adquire ações de uma companhia se torna acionista desta, de modo que adquire direitos e deveres para com a sociedade. Basicamente duas espécies de acionistas existem dentro de uma companhia: sócio investidor, aquele que irá preferir adquirir ações preferenciais, para obter resultados em primeiro lugar; sócio gestor, aquele que irá adquirir ações ordinárias, as quais irão sempre conferir a ele direito de votação em assembleia.

8.1. Direitos

A sociedade é a empresa sendo exercida na modalidade coletiva. Por isso, os sócios de uma S.A possuem direitos e deveres basilares, sendo os principais: Participar dos lucros; Participar da liquidação da sociedade; Fiscalizar a sociedade; Retirada: Como a S.A se trata de uma sociedade eminentemente de capital, em que a circulação das ações é livre, melhor do que se retirar, o acionista pode vender suas ações, de modo que nesse caso não haverá diminuição do capital social, tampouco dissolução parcial da companhia. Caso contrário, cada retirada acarretaria num prejuízo para a sociedade, tendo em vista que o capital social seria reduzido.

Por isso, a retirada na S.A não é livre, devendo ocorrer alguns dos motivos previstos no artigo 136, da LSA, tais como:

→ fusão, cisão, incorporação da companhia;

→ mudança no objeto social;

→ diminuição dos dividendos obrigatórios;

→ criação e aumento de ações preferenciais sem guardar proporção com as demais.

8.2. Deveres

Os principais deveres dos sócios são os de lealdade para com a sociedade, bem como para com os demais acionistas e o de integralização das ações subscritas, sob pena de ser considerado remisso (artigos 107 e 108, da LSA).

Caso o estatuto ou o boletim de subscrição não especifique quando o acionista deva integralizar as suas ações, os órgãos de administração devem notificá-lo para efetuar o pagamento em prazo não inferior a trinta dias. Caso isso não ocorra, a sociedade poderá executar o acionista ou mandar vender suas ações no mercado de capitais.

9. ÓRGÃOS DA SOCIEDADE ANÔNIMA

A S.A foi concebida para a realização de grandes negócios, com um número expressivo de sócios. Por isso, inimaginável pensar que todos os sócios irão participar do dia-dia da sociedade, estando em sua sede e participando das relações negociais.

Assim, necessário se faz que a S.A crie órgãos que ajam para exprimir a vontade da companhia.

Uma sociedade anônima pode possuir os seguintes órgãos:

→ ASSEMBLÉIA GERAL

→ CONSELHO DE ADMINISTRAÇÃO

→ DIRETORIA

→ CONSELHO FISCAL

Perceba que a formação dos órgãos de administração e fiscalização de uma companhia é complexa, haja vista a complexidade que a mesma demanda no seu dia-dia, pois se trata de grandes empresas, algumas, até, com lucratividade bruta anual que supere o PIB de alguns países.

Dessa maneira, foi preciso criar órgãos de administração e controle, a fim de que o poder não se reunisse nas mãos de uma pessoa só, repartindo-se as funções, dando, na medida do possível, autonomia para um órgão fiscalizar o outro.

Por isso, nesse momento, passamos a apresentar esses órgãos.

9.1. Assembleia Geral

A assembleia geral é órgão de deliberação máxima em uma Sociedade Anônima, pois nela os sócios irão deliberar sobre diversos assuntos de interesse da companhia.

É importante consignar que a assembleia geral é o órgão máximo de deliberação dentro de uma sociedade anônima. Trata-se do mais importante, na medida em que colhe a deliberação dos sócios, que na verdade são os donos da companhia. Vimos, ao abordar as classes de ações, que as preferenciais podem restringir ou suprimir o direito de voto. No entanto, jamais poderão restringir ou suprimir o direito de voz, pois todos os sócios têm o direito de participar da assembleia geral, embora nem todos possam votar nas deliberações. O acionista preferencial sem direito a voto, não poderá votar, mas poderá participar da deliberação e palpitar.

9.1.1. Espécies

A Assembleia Geral pode ser Ordinária ou Extraordinária.

A Assembleia Geral ordinária é aquela de realização obrigatória anual, devendo ser instalada nos quatro meses seguintes ao término do exercício social. Nela só pode ser deliberadas as matérias constantes no artigo 132, da LSA, de modo que tais matérias devem ser sempre decididas. São elas:

→ Tomar as contas dos administradores;

→ Decidir a destinação dos lucros e dividendos;

→ Eleger os administradores e fiscais.

A Assembleia Geral Extraordinária possui competência residual, ou seja, decide todas as matérias que não é de competência da assembleia geral ordinária, de modo que sua realização é facultativa. Geralmente a Assembleia Geral Extraordinária ocorrerá para deliberar sobre assuntos como: fusão, incorporação, cisão; emissão de debêntures e partes beneficiárias; mudança no objeto da companhia; pedido de autofalência ou plano de recuperação judicial.

9.1.2. Convocação e Quórum de Instalação

A Assembleia Geral será convocada mediante publicação de três anúncios no diário oficial e em jornal de grande circulação.

S.A FECHADA:

1ª Convocação: três publicações no diário oficial e em jornal de grande circulação;

1ª publicação com antecedência de oito dias;

1ª Instala-se com a presença de ¼ do capital social votante.

2ª Convocação: três publicações no diário oficial e em jornal de grande circulação;

1ª publicação com antecedência de cinco dias;

Instala-se com qualquer quórum.

S.A ABERTA:

1ª Convocação: três publicações no diário oficial e em jornal de grande circulação;

1ª publicação com antecedência de quinze dias;

1ª Instala-se com a presença de ¼ do capital social votante.

2ª Convocação: três publicações no diário oficial e em jornal de grande circulação;

1ª publicação com antecedência de oito dias;

Instala-se com qualquer quórum.

Quem convoca?

Conselho de Administração, se existir ou a Diretoria.

Caso esses órgãos não convoquem, qualquer sócio pode convocá-la caso haja retardo de 60 dias.

Pode ser convocada por acionistas que representem 5% do capital social, caso os administradores não convoquem assembleia após oito dias de pedido formulado por eles com a devida fundamentação.

Quórum de deliberação:

As matérias serão aprovadas pelo quórum de 50% mais um dos votos presentes na assembleia.

As matérias previstas no artigo 136 possuem quórum qualificado, ou seja, para sua aprovação será necessária a concordância de 50 % dos votos mais um de todas as ações com direito a voto.

Quem Participa:

Todos acionistas podem participar, ou ser representando por outro acionista ou advogado.

9.2. *Conselho de Administração*

O conselho de administração é o órgão de deliberação colegiada da S.A que pode deliberar sobre todos os assuntos que não são de competência da Assembleia Geral, tais com análise de contrato, eleição de diretores, convocação de assembleia geral, fiscalização dos administradores, entre outros previstos no artigo 142, da LSA.

Existência (artigo 138, §2º, da LSA).

Obrigatória: S.A Aberta e de Capital Autorizado

Facultativa: S.A Fechada

Composição:

O Conselho de Administração é composto por, no mínimo, três membros, de modo que todos devem ser acionistas da Companhia. O mandato não pode ser superior a três anos, sendo permitida a recondução.

Os membros do Conselho são eleitos na Assembleia Geral Ordinária (artigo 132, da LSA).

A fim de garantir a representatividade dos acionistas minoritários no Conselho de Administração, o legislador instituiu a figura do "voto múltiplo", que consiste em atribuir a cada ação com direito a voto, tantos votos quantos forem os membros do conselho. Assim, se o Conselho de determinada Companhia possuir sete conselheiros, cada ação terá direito a sete votos, de modo que o acionista poderá cumular todos eles em apenas uma pessoa.

Para se utilizarem do "voto múltiplo", acionistas que representem pelo menos 10% do capital social com direito a voto deverão requerer esse benefício até 48h antes da assembleia.

9.3. Diretoria

A Diretoria é o órgão de representação da sociedade, que conduzirá a companhia para alcançar o que for traçado pela Assembleia e pelo Conselho de Administração.

Trata-se de órgão de existência obrigatória em toda S.A, sendo composto por, no mínimo, dois membros, não necessitando que os mesmos sejam acionistas da sociedade. Os membros da Diretoria são eleitos pelo Conselho de Administração, possuindo um mandato que não poderá superar três anos, sendo permitida a recondução.

Geralmente a S.A possui diversos diretores, cada um encarregado de coordenar uma função como, por exemplo: Diretor Financeiro; Diretor de Marketing; Diretor de Vendas; Diretor de Produção; Diretor de RH etc.

9.4. Conselho Fiscal

Como o próprio nome já diz, trata-se de um órgão de fiscalização, o qual deve ser composto por, no mínimo, três membros e, no máximo, cinco, os quais são eleitos pela Assembleia Geral.

Trata-se de um órgão de existência obrigatória, mas de funcionamento facultativo (artigo 161, da LSA). Sua competência esta disposta no artigo 163, da LSA.

10. ALTERAÇÕES NAS ESTRUTURAS SOCIETÁRIAS

10.1 Transformações (artigos 1113 a 1115, do CC e 220 a 222, da LSA).

→ É o ato pelo qual uma sociedade empresária altera seu tipo societário. Por exemplo: S.A vira LTDA; LTDA vira S.A; Comandita Simples vira S.A etc.

→ Trata-se de uma transformação que a sociedade empresária sofre no seu tipo societário sem que ocorra a extinção de nenhuma pessoa jurídica.

→ Para ocorrer, deve-se obter aprovação unânime dos sócios, salvo se já prevista no estatuto ou no contrato social.

→ Os credores não podem ser prejudicados, sendo certo que as obrigações já contraídas não serão alteradas.

10.2. Incorporação (artigos 1116 a 1118, do CC e artigo 227, da LSA).

→ Ato pelo qual uma sociedade empresária absorve outra, acarretando na extinção dessa última.

→ Hoje em dia é muito comum vivenciarmos uma sociedade empresária comprando outra, ou seja, incorporando outras empresas em seu conglomerado. Isso porque o mundo capitalista atual tende a favorecer cada vez mais as empresas maiores e mais sólidas, o que acarreta numa consequente extinção das médias companhias. Exemplos: Incorporação da Nossa Caixa pelo Banco do Brasil; Incorporação do Banco Real pelo Grupo Santander; Incorporação do Banco Bamerindus pelo HSBC etc.

→ A sociedade que incorpora outra é chamada de Incorporadora, ao passo que a que deixa de existir recebe o nome de Incorporada.

→ A sociedade Incorporadora assume todos os direitos e obrigações que a incorporada possuía.

→ Para que haja a incorporação, deverá ser realizado um Protocolo de Justificação, no qual constarão todos os procedimentos e atos que serão adotados, bem como deixará especificado o patrimônio liquido da incorporada, devendo tal documento ser aprovado na sociedade incorporada e, depois, pela Assembleia Geral da sociedade incorporadora.

→ Na incorporação, caso se trate de uma S.A, os credores poderão se opor à mesma até o prazo de 60 dias após a publicação do ato, de modo que a sociedade poderá consignar em pagamento a dívida a fim de regularizar a situação o mais rápido possível (artigo 232, da LSA).

10.3. Fusão (artigos 1119 a 1121, do CC e 228, da LSA).

→ Operação pela qual duas ou mais sociedade se unem para a formação de uma nova pessoa jurídica. A nova sociedade, devido a extinção de todas as antigas, sucederá essas em todos os direitos e obrigações.

→ Como na Incorporação, deverá ser elaborado um Protocolo de Justificação, o qual deve ser aprovado pela assembleia de todas as sociedades relacionadas ao negócio.

→ Trata-se de um ato que é muito vivenciado atualmente, tendo em vista que as sociedades buscam unir forças umas com as outras a fim de conseguirem sobreviver no mundo das grandes corporações.

→ Exemplo: Sociedade A + Sociedade B = Sociedade Nova C.

→ Na fusão, caso se trate de uma S.A, os credores poderão se opor à mesma até o prazo de 60 dias após a publicação do ato, de modo que a sociedade poderá consignar em pagamento a dívida a fim de regularizar a situação o mais rápido possível (artigo 232, da LSA).

10.4. Cisão (artigo 229, da LSA).

→ Ato pelo qual uma sociedade cede parcela ou o todo de seu patrimônio para outra já existente ou que vai se constituir.

→ A Cisão pode ser total (cessão de todo patrimônio) ou parcial (cessão de parte do patrimônio). Na cisão total, a sociedade cindida é extinta.

→ A Cisão total pode ser classificada em cisão pura e cisão absorção. Na cisão pura, tem-se a cessão total da sociedade para a formação de duas ou mais novas sociedades que irão se constituir ou duas ou mais já existentes. Já na cisão absorção tem-se a extinção da sociedade cindida, a qual é absorvida por uma só já existente, assemelhando-se, nesse caso, a incorporação.

XI A EMPRESA EM CRISE

1. NOÇÕES INTRODUTÓRIAS

Tudo na vida possui um ciclo, com início, meio e fim. É a ordem natural das coisas, valendo tal regra tanto para as pessoas físicas como jurídicas.

O mercado empresarial em dias atuais se mostra voraz e arriscado, de modo que algumas empresas podem, por alguns momentos, se verem em situações não muito satisfatórias ou mesmo de literal insolvência, devido a fatores de gestão (internos) ou externos, como problema de economia mundial.

É necessária a presença de uma legislação que possa regular a empresa em situações de deficiência, visando proteger os créditos das pessoas envolvidas e, também, sempre que possível, dar continuidade ao negócio, tendo em vista que uma empresa, na maioria das vezes, traz em seu bojo o interesse de muitas pessoas que com ela contratam e que dela sobrevivem, como, por exemplo: funcionários, vendedores, fornecedores etc.

Por isso, para não deixar à margem do direito uma situação importantíssima, no ano de 2005 nasce a Nova Lei de Falência e de Recuperação de Empresas, totalmente modificada e se adequando ao Novo Código Civil, o qual aderiu expressamente a Teoria da Empresa.

Completamente aperfeiçoada e atendendo as necessidades atuais, se amoldando ao direito contemporâneo, a Nova Lei traz em seu bojo três institutos, quais sejam: **Recuperação Judicial e Extrajudicial e Falência.**

Os dois primeiros se voltam para empresas que passam por crise financeira, mas que ainda possuem possibilidade de continuação, ao passo que a falência é destinada à literal insolvência empresarial, situação em que o passivo (dívidas) já é maior que o (ativo), razão pela qual se protege os mais variados créditos, satisfazendo ao máximo o interesse de todos os credores por meio de uma execução concursal.

Assim sendo, atualmente a dificuldade das empresas é disciplinada pela Lei nº. 11.101/05, a qual regulamenta e impõe novas acepções no procedimento a ser seguido quando as empresas ou sociedades empresárias se encontram em situações de crise ou em circunstâncias ainda mais graves, apresentando literal estado de insolvência.

Essa nova legislação revogou o antigo Decreto Lei nº. 7.661/45, norma que até 2005 cuidava da empresa em crise e trazia procedimentos que se adequavam à Teoria dos Atos do Comércio, razão pela qual se tornou obsoleta e antiquada devido ao novo sistema jurídico empresarial, sendo necessária uma nova legislação para se amoldar à Teoria da Empresa, incorporada no ordenamento pátrio no ano de 2002.

A Lei nº. 11.101/05 extinguiu a concordada e em seu lugar implementou os institutos da Recuperação Judicial e Extrajudicial. O processo de falência, embora um pouco alterado, foi mantido.

Referida norma consiste num conjunto de regras que visa disciplinar as empresas quando se encontram em situação desfavorável, trazendo benefícios para que elas possam passar pela crise que as macula e assim continuar sua atividade de modo normal, dando prioridade, então, ao principio da preservação da empresa, necessário para a plena circulação da economia e, também, para a manutenção dos postos de trabalho em geral.

Por ser a atividade empresarial um risco, por óbvio que a empresa por diversas vezes e por motivos que extrapolam suas decisões, pode passar por alguns dissabores, enfrentando crises, que podem ser contornadas e ultrapassadas e outras que, de modo contrário, engessam a empresa de tal maneira que torna impossível a continuação do objeto social.

Assim entende Waldo Fazzio Júnior (2009, p. 576):

> A atividade empresarial afeta o mercado e a sociedade. O modo de produção econômica, no sistema capitalista, é determinante das demais instâncias sociais. Por isso, o interesse de agir nos processos regidos pela LRE reside na necessidade de um provimento judiciário para deslindar não só a crise econômico-financeira de um empresário, mas toda espécie de relações daí decorrentes e suas repercussões sociais.
>
> A preservação da atividade negocial é o ponto mais delicado do regime jurídico de insolvência. Só deve ser liquidada a empresa inviável, ou seja, aquela que não comporta uma reorganização eficiente ou não justifica o desejável resgate.

A crise empresarial pode se dar em diversos setores e pode resultar de uma série de combinações, tais como: política, econômica e até mesmo social. Por isso, por questões didáticas, a doutrina classifica a dificuldade de uma empresa em três diferentes níveis, dependendo de como ela se apresenta.

A primeira delas é a Crise Econômica, situação na qual se tem uma crise de mercado, não tendo o empresário atendido às suas expectativas no montante da venda dos produtos ou serviços que presta.

Não obstante, tem-se a denominada Crise Financeira, a qual ocorre quando a empresa não tem condições, fundo líquido – dinheiro em caixa – suficiente para pagar fornecedores e outras dívidas rotineiras feitas no decorrer da atividade empresarial.

Por fim, existe a Crise Patrimonial, enquadrando-se nela a empresa que não possui patrimônio suficiente para saldar seu ativo, ou seja, seu passivo torna-se maior do que todos os seus rendimentos e propriedades juntos.

É fato que a empresa pode passar por alguns problemas econômicos, sem, contudo, ser necessário o encerramento de suas atividades, podendo tal revés se apresentar de forma passageira, sendo rapidamente absorvido por grandes lucros nos meses subsequentes, de modo que até o Estado está legitimado a intervir no Direito Privado para salvaguardar a continuação da empresa, ocasião em que se entra a chamada Recuperação Judicial, a qual será analisada mais a frente.

Entretanto, caso não seja possível a continuação da empresa, não restando nenhuma expectativa de melhoria, estando nítido que a atividade não terá chances de se recuperar, vez que a situação é drástica, estando a crise inerente ao exercício do objeto social, não haverá outra saída senão a decretação da falência da empresa devedora, a fim de que seus credores possam, em condições iguais, pelo menos, amenizar seu prejuízo, recebendo, ao menos, uma parte do que lhes é devido.

De sorte que, pela atual Lei de Falência e Recuperação de Empresas, percebe-se que o procedimento falimentar se reserva às empresas inviáveis, ao passo que para as viáveis fica colocado à disposição, caso atenda os requisitos exigidos pela legislação, os mecanismos da Recuperação Judicial ou da Recuperação Extrajudicial.

2. FALÊNCIA

O processo executivo no Brasil é o meio pelo qual o credor tenta satisfazer seu crédito sobre o patrimônio do devedor, pois os bens são a garantia do credor de que um dia poderão receber o seu crédito.

Existem dois tipos de processo executivo: o singular e o coletivo. Esse último, em regra, reserva-se àquelas situações em que vários credores num mesmo processo tentam receber suas quantias, ou seja, a dívida atinge um devedor, mas vários credores.

A Falência nada mais é do que um processo de execução coletivo – uma execução concursal – em que todos os credores se reúnem para tentar extrair bens do devedor empresário, caso se perceba que o passivo desse (dívidas) é maior que seu ativo (créditos; patrimônio).

Para se chegar à conclusão de que o passivo realmente é maior do que o ativo, não é necessário a realização de nenhuma operação matemática, tampouco qualquer levantamento contábil, seja por perito judicial ou profissional contratado, apresentando-se essa como uma presunção relativa, a qual será aferida caso ocorra um dos atos previstos no artigo 94, incisos I, II ou III da Lei de Falência, hipóteses essas que serão vistas em momento oportuno.

A principal finalidade do processo de falência é a de dar condições igualitárias aos credores de uma mesma classe, a fim de que todos possam satisfazer, ao menos um pouco, seu direito de receber o crédito, tendo em vista que os bens do devedor não serão suficientes para saldar a totalidade da dívida, sendo justamente esse motivo o ensejador do processo de falência.

Fabio Ulhoa Coelho aduz que (2009, p. 243):

> Se for prestigiada a regra da execução individual, quando o devedor não tem meios de pagar tudo o que deve, os credores que se antecipassem na propositura das respectivas execuções individuais teriam grandes chances de receber a totalidade de seus créditos, enquanto os que se demorassem – até porque, eventualmente, nem tivesse ainda vencido a respectiva obrigação – muito provavelmente não receberiam nada, visto que, ao moverem suas execuções individuais, encontrariam o patrimônio do devedor já totalmente exaurido.

Para Gladston Mamede (2006, p. 33 / 34):

> Ao longo do processo de evolução histórica do Direito, percebeu-se cedo que a insolvência criava um desafio para o Estado e para a sociedade como um todo: sobre um mesmo devedor – e seu respectivo patrimônio – concorriam as pretensões de diversos credores, sem que todos pudessem ser satisfeitos. Obviamente, para tais circunstâncias, não funcionava o modelo de execução individual, no qual cada credor pede ao Judiciário que faça uma incursão ao patrimônio do devedor para penhorar e levar à praça bem ou bens suficientes para a satisfação do seu crédito. A implicação de tal modelo implicaria ver alguns credores plenamente satisfeitos, em prejuízo dos demais que nada receberiam, certo que, em face da insolvência, parte das obrigações do devedor não será satisfeitas.
>
> (...)

> O caminho escolhido para a realização desses objetivos foi a submissão obrigatória do patrimônio do insolvente a uma execução coletiva, ou seja, a um procedimento no qual concorressem todos os credores: um concurso de credores (concursus creditorum).

Ora, referida execução concursal foi criada justamente para coibir injustiças, não permitindo que apenas um credor do empresário, em processo de execução singular, viesse a receber a totalidade de seu crédito, deixando outros impossibilitados de também terem seu prejuízo amenizado.

Caso não houvesse a falência, muito provavelmente aquele que ingressasse com uma execução em primeiro lugar receberia toda a sua quantia, ao passo que o outro credor, mesmo sendo de uma mesma classe e, em tese possuindo os mesmos direitos sobre o patrimônio do devedor, não chegaria a ter seu crédito abatido, tampouco saldados, em virtude do ativo do devedor empresário, menor que o ativo, já ter se exaurido de forma integral na primeira expropriação procedida.

2.1. Sujeito passivo

O artigo 1º, da Nova Lei de Falência, leciona que somente empresário ou sociedade empresária pode sofrer falência.

Isso quer dizer que qualquer outra atividade que não seja empresária não estará sujeita a legislação falimentar, podendo, apenas, sofrer a execução concursal regida pelo Direito Civil, chamada de Insolvência Civil.

Assim, segundo supramencionado dispositivo, nota-se que a Sociedade Simples não sofrerá falência, tampouco a Sociedade Cooperativa, a qual, segundo artigo 982, parágrafo único, do Código Civil, será necessariamente uma Sociedade Simples e não empresária, bem como os profissionais liberais e intelectuais, tais como os médicos, advogados, artistas, atores, cantores e outros, em virtude do disposto no artigo 966, parágrafo único, também do Diploma Civil.

De igual modo não se sujeitarão a esse procedimento a sociedade de economia mista e a empresa pública, por expressa exclusão legal do artigo 2º, inciso I, da Lei de Falência.

Tais hipóteses sofrem exclusão total da incidência dessa lei, seja porque não são empresários ou sociedades empresárias, assim como previsto pela Teoria da Empresa, ou porque na formação do capital social está presente dinheiro público, como é o caso da sociedade de economia mista e da empresa pública, preferindo a lei excluí-las do processo falimentar.

Por outro lado, algumas empresas ou sociedades empresárias, pela natureza de sua atividade, estarão excluídas parcialmente desse procedimento, adotando como fase preliminar uma intervenção, para posteriormente, caso seja autorizado, sofram a decretação de insolvência empresarial, ora denominada como falência.

2.1.1. Exclusão parcial

Algumas atividades, embora empresárias, receberão tratamento diferenciado caso se encontre em situação financeira crítica, tendo em vista a natureza específica do objeto que desenvolvem, sendo que, na maioria das vezes, albergam interesses de terceiros de boa-fé que contratam com ela, ou se garantem em determinadas situações em virtude da relação que mantém com as mesmas.

Ademais, existem leis específicas para essas atividades, que ainda se encontram em vigor e que preveem intervenção do órgão fiscalizador daquela atividade, precedendo a falência, só podendo essa existir caso o relatório feito realmente constate que é inviável a permanência da empresa devedora no mercado.

Encontram-se nessa situação:

1) Instituições financeiras (bancos; operadoras de cartão de crédito; empresas de *factoring)*, as quais sofrerão uma intervenção do Banco Central, consoantes Leis nº. 6.424/74 e 5.768/71 e resolução do BACEN nº. 2.309/96.

Um exemplo claro e recente de instituição financeira que sofreu a referida intervenção e que o relatório veio a pugnar pela falência da mesma, pois não havia como se continuar a atividade exercida, ocorreu com o Banco Santos, cuja sede encontrava-se em São Paulo.

Na ocasião, o relatório de intervenção decidiu que não havia possibilidade de continuidade dessa instituição financeira, em virtude de diversas fraudes que lá ocorreram e, também, por ter sido a situação de insolvência descoberta muito tarde, ocasião em que as dívidas eram enormes e a reversão do quadro se mostrava quase que impossível, apontando como ineficaz qualquer tentativa a respeito.

Nesse caso, muitos credores viram-se prejudicados e ficaram sem receber, mesmo com a execução concursal decretada.

> As instituições financeiras (públicas ou privadas), cooperativas de crédito, administradoras de consórcio, sociedades seguradoras, de capitalização e entidades equiparadas, não se sujeitam também à Lei. Ente o legislador que a atividade desenvolvida por estes empresários são específicas e merecem tratamento em legislação especial, cabendo, no âmbito da atividade financeira, ao Conselho Monetário e ao Ban-

> co Central do Brasil, responsáveis pelo Sistema Financeiro Nacional, intervir diretamente quando apresentam dificuldade econômico-financeira, tendo em vista que a falta de confiabilidade em tais instituições pode resultar em crise de todo o sistema[58].

(2) Companhias de seguro, sociedade de previdência privada aberta e as de capitalização, as quais receberão intervenção da SUSEP (Superintendência de Seguros Privados), nos termos da Lei nº. 10.190/2001 Decreto – Lei 73/1966 e Decreto Lei 261/1967.

Nesse caso em específico, ressalta-se que excluída parcialmente da Lei de Falência está a sociedade de previdência privada aberta, de modo que a fechada, aquela que faz planos destinados à determinadas pessoas, tais como funcionários da empresa etc., está excluída totalmente dessa lei, não podendo sofrer falência ou recuperação judicial, sujeitando-se, apenas, à liquidação extrajudicial, conforme aduz artigo 47, da Lei Complementar 109/01.

(3) Operadoras de planos de assistência médica, as quais sofrerão intervenção da ANS (Agência Nacional de Saúde), nos termos da Lei nº. 9656/98.

2.2. Sujeito ativo

Tem legitimidade para requerer a falência do empresário e da sociedade empresária o próprio devedor (autofalência), seu cônjuge sobrevivente ou herdeiro, o cotista ou acionista do devedor, ou qualquer credor, conforme leciona artigo 97, da Lei nº. 11.101/05.

---

[58] BEZERRA FILHO, Manoel Justino. *Nova Lei de Recuperação e Falências Comentada.* 3.ed. São Paulo: Revista dos Tribunais, 2005, p. 52.

Quando a falência é requerida pelo próprio devedor, dá-se o nome de "autofalência", encontrando tal procedimento embasamento legal nos artigos 105 a 107, da Lei de Falência. Todavia, importante consignar que dificilmente o empresário requererá sua própria falência, uma porque o empreendedor sempre imagina que a crise que o assola é passageira, duas porque tem a sua disposição o instituto da recuperação judicial ou extrajudicial, em que poderá superar sua crise formulando um plano sem que isso acarrete a extinção da empresa.

Vale ressaltar que para que o credor empresário requeira a falência de outro, deverá estar devidamente inscrito no Registro Público das Empresas Mercantis (Lei nº. 8934/94), caso contrário será considerado empresário irregular e, como consequência, não poderá requerer a falência de ninguém, muito embora possa ter a sua decretada. Nesse diapasão, a sociedade em comum (Artigos 986 a 990, do CC) não poderá requerer a falência de outra empresa, tendo em vista que não está inscrita na Junta Comercial, mas, por outro lado, pode ter a sua decretada.

Regra especial existe, também, para o credor que não tem domicílio no Brasil. Esse, ao requerer a falência, deverá prestar caução para garantir eventuais indenizações que tenham que ser feitas ao devedor ou para cobrir as despesas do processo judicial (artigo 97, §2º, da LF).

Tal regra existe para coibir que o credor domiciliado fora do país, caso sai sucumbente do procedimento falimentar, ou seja, derrotada, tenha deixado uma quantia para cobrir as despesas judiciais.

2.3. Atos sujeitos à decretação da falência

Como já aludido, a falência se dá quando o passivo de uma empresa superar o seu ativo, ou seja, quando as dívidas já superam seu ativo.

Todavia, tal constatação não é feita de forma absoluta, mas, sim presumida. Isso quer dizer que o passivo de uma sociedade empresária pode nem ser efetivamente maior que seu ativo, mas caso ela incorra em uma das hipóteses previstas em lei, tal fato será presumido.

Presumir-se-á que o passivo é maior que o ativo do devedor empresário, decretando-se consequentemente a falência, quando qualquer credor estiver de posse de um título executivo com quantia superior a quarenta salários mínimos; quando o devedor empresário, em processo de execução individual, não paga, não nomeia bens a penhora e não deposita ou, ainda, nas hipóteses em que se presumem os denominados *atos de falência* (artigo 94, incisos I, II e III, da LF).

2.3.1. Impontualidade

O primeiro caso ocorre numa situação na qual o credor está de posse de um título executivo com valor líquido superior a quarenta salários mínimos, sendo impossível o pedido de falência caso o montante seja inferior a esse (artigo 94, inciso I, da LF).

Todavia, para atingir tal montante os credores podem se reunir em litisconsórcio ativo, com o escopo de somarem suas quantias, atendendo ao requisito quantitativo exigido pela lei, pleiteando, então, a falência do devedor empresário. Tal prerrogativa se encontra exposta no §1º, do artigo supramencionado.

Não obstante, os títulos devem ser devidamente protestados para fim falimentar. Nesse caso, o protesto deve indicar a pessoa que recebeu a notificação, pois caso contrário não será considerado regular, tendo como consequência a não decretação da falência do devedor empresária.

Esse posicionamento foi firmado pela sumular 361, do STJ e vem sido cobrada reiteradamente sem seus julgados, vejamos:

> A notificação do protesto, para requerimento de falência da empresa devedora, exige a identificação da pessoa que a recebeu. (Súmula 361, SEGUNDA SEÇÃO, julgado em 10/09/2008, DJe 22/09/2008).
>
> RECURSO ESPECIAL. PROTESTO. FALÊNCIA. IRREGULARIDADE. SÚMULA 361 DO SUPERIOR TRIBUNAL DE JUSTIÇA.
>
> 1. Nos termos da súmula 361 do Superior Tribunal de Justiça, "a notificação do protesto, para requerimento de falência da empresa devedora, exige a identificação da pessoa que a recebeu".
>
> 2. Recurso especial conhecido e provido.
>
> (REsp 437.154/SP, Rel. Ministro FERNANDO GONÇALVES, QUARTA TURMA, julgado em 04/03/2010, DJe 22/03/2010).

2.3.2. Execução Frustrada

O segundo caso diz respeito à execução individual, a qual pode ter o condão de decretar a falência do empresário. Trata-se da hipótese de execução frustrada, em que o devedor não paga o que deve, não nomeia bens a penhora para garantir a dívida, tampouco deposita para contra argumentar, de modo que a lei faz presumir que esse devedor empresário se encontra em situação de grave insolvência, sendo necessária, portanto, a decretação de sua falência (artigo 94, inciso II, da LF).

Ressalta-se que para a execução frustrada ser convertida em falência não é preciso que o valor da execução seja superior a quarenta salários mínimos, podendo essa ser de qualquer monta.

2.3.3 Atos de Falência

Por fim, a falência também pode ser decretada por qualquer ato praticado pelo empresário que seja tido como estado de falência, fazendo com que os credores percebam que o mesmo está dispondo de seus bens, tendo em vista que já notou sua grave situação financeira, de modo que com atos fraudulentos tentará transferir a terceiros ativos em nome da empresa, a fim de que lhe possa restar algum patrimônio.

Em regra são atos maculados, suspeitos, que qualquer empresário ou sociedade empresária não faria em uma situação de normalidade, proba e com um bom desempenho econômico. A lei, em seu artigo 94, inciso III, alíneas "a" a "g" enumera um rol dessas condutas, vejamos:

> Art. 94 (...)
>
> (...)
>
> III – pratica qualquer um dos seguintes atos, exceto se fizer parte de plano de recuperação judicial.
>
> a) procede à liquidação precipitada de seus ativos ou lança mão de meio ruinoso ou fraudulento para realizar pagamentos;
>
> b) realiza ou, por atos inequívocos, tenta realizar, com o objetivo de retardar pagamentos ou fraudar credores, negócio simulado ou alienação de parte ou da totalidade de seu ativo a terceiro, credor ou não;
>
> c) transfere estabelecimento a terceiro, credor ou não, sem o consentimento de todos os credores e sem ficar com bens suficientes para solver seu passivo;
>
> d) simula a transferência de seu principal estabelecimento com o objetivo de burlar a legislação ou a fiscalização ou para prejudicar credor;
>
> e) dá ou reforça garantia a credor por dívida contraída anteriormente sem ficar com bens livres e desembaraçados suficientes para saldar seu passivo;

> f) ausenta-se sem deixar representante habilitado e com recursos suficientes para pagar os credores, abandona estabelecimento ou tenta ocultar-se de seu domicílio, do local de sua sede ou de seu principal estabelecimento;
>
> g) deixa de cumprir, no prazo estabelecido, obrigação assumida no plano de recuperação judicial.

Ressalta-se que essa lista é exemplificativa e não taxativa, de modo que podem existir outros atos que, também, façam presumir a falência.

2.3.4. Depósito Elisivo

Nas duas primeiras hipóteses de decretação de falência (Impontualidade ou Execução Frustrada), para se livrar de uma eventual decretação falimentar, é facultado ao devedor empresário realizar o depósito elisivo, ou seja, depositar a quantia em juízo, a fim de que se possa discutir o débito, razão pela qual estará impedido o juiz de decretar a falência do devedor, caso o depósito seja feito de forma integral ao valor da dívida que originou o pedido de falência. (artigo 98, parágrafo único, da LF).

O depósito elisivo é uma faculdade colocada à disposição da empresa cuja falência foi requerida, justamente para rechaçar a presunção de que ela estaria em estado de insolvência. Todavia, o parágrafo único, do artigo 98, da LFRE não permite a possibilidade da realização do pagamento da dívida quando a falência for requerida com base nos atos de falência (artigo 94, III), por entender que nessa situação, por ser a falência requerida com base numa situação fraudulenta e não em virtude de um débito em específico, não há como se mensurar o *quantum* da dívida para ser depositado.

Todavia, muito embora a lei não preveja essa faculdade para a falência requerida com base nos atos fraudulentos, Fabio Ulhoa Coelho defende a possibilidade de realização do depósito também nessa situação, por entender que o valor da dívida a ser depositado será o valor do crédito do credor que a requereu.

2.4. Competência do Juízo Falimentar

Diferentemente do que preceitua o artigo 100, do Código de Processo Civil, ao estabelecer em seu inciso IV que é competente o foro da sede das pessoas jurídicas, nas ações que essa figurar como ré, o processo falimentar segue regra específica e diferente.

Para o processo de falência será competente o juízo do principal estabelecimento da pessoa jurídica, consoante artigo 3º, da Lei nº. 11.110/05.

Como principal estabelecimento, apesar de a legislação não conceituar o que seja, entende a unanimidade da doutrina como sendo o local onde fica concentrando o maior numero de vendas e operações financeiras da empresa, ou seja, principal estabelecimento é onde se obtém maior lucro e não a sede propriamente dita.

Assim entende Waldo Fazzio Júnior (2009, 589/590):

> Para conceituação de 'principal estabelecimento', não interessa o domínio contratual ou estatutário do devedor. Ao direito concursal, aproveita o domicilio do real, de caráter econômico, ou seja, aquele onde se localiza o estabelecimento em que o empresário exerce maior atividade, o de maior expressão patrimonial. Isso vale também para a filial de empresa que tenha sede fora do país.

Fabio Ulhoa Coelho (2005, p. 27) leciona no mesmo sentido:

> Por principal estabelecimento entende-se não a sede estatutária ou contratual da sociedade empresária devedora, a que vem mencionada no respectivo ato constitutivo, nem o estabelecimento maior física ou administrativamente falando. Principal estabelecimento, para fins de definição da competência para o direito falimentar, é aquele em que se encontra concentrado o maior volume de negócios da empresa; é o mais importante do ponto de vista econômico.

Portanto, havendo a decretação da falência, seu procedimento ocorrerá no principal estabelecimento (aquele onde se transaciona maior quantia econômica). Isso porque entende a doutrina que no estabelecimento de maior volume financeiro, em regra, concentram-se todos os dados da empresa, bem como a administração, razão pela qual tornar-se mais fácil fazer um levantamento de todo ativo e passivo da pessoa jurídica.

De outra sorte, caso o juízo competente fosse o da sede contratual ou estatutária da empresa, fácil seria praticar fraude com o intuito de modificar a competência do juízo para longe dos credores, por exemplo: Imagine a situação em que uma empresa calçadista possui como principal estabelecimento econômico sua filial na cidade de Franca-SP. Por óbvio que lá ela desenvolve suas maiores relações negociais e, por consequência, por lá está a maioria dos seus credores. Sendo assim, apenas para modificar e dificultar a falência, caso o juízo competente fosse o da sede contratual, os dirigentes da empresa, antevendo a quebra, poderiam por mera liberalidade modificar a sede e recolocá-la na cidade de Queluz SP, localidade que fica a mais de 600 km do principal estabelecimento econômico, ou seja, onde estão os credores.

Muito embora pareça que o descumprimento a essa regra gera incompetência relativa do juízo (não pode ser declarada de ofício pelo magistrado, deve ser alegado pelas partes até o prazo de contestação sob pena do juízo incompetente tornar-se competente), é assente no STJ o entendimento de que a incompetência será absoluta (juiz pode se declarar de ofício, pode ser alegada a qualquer fase do processo e não há prorrogação de competência), em virtude da lei dizer que para conhecer da matéria de *falência* será o juízo do principal estabelecimento econômico e não o da sede.

> RECURSO ESPECIAL. PROCESSUAL CIVIL. FALÊNCIA. COMPETÊNCIA DO JUÍZO QUE DECRETOU A QUEBRA (LF, ART. 7º). PRINCIPAL ESTABELECIMENTO DO DEVEDOR. SÚMULA 7/STJ. CITAÇÃO EDITALÍCIA. POSSIBILIDADE JORNAL LOCAL (LF, ARTS. 11 E 205). SENTENÇA FALIMENTAR. REQUISITOS (LF, ART. 14, PARÁGRAFO ÚNICO, I). RECURSO DESPROVIDO. 1. Inexiste violação ao art. 535 do CPC quando as questões tidas como omissas forem suficientemente apreciadas no acórdão recorrido. 2. A alegada incompetência absoluta do juízo que decretou a falência foi decidida pelo Tribunal de Justiça com base em aspectos fáticos da causa, o que torna inviável seu reexame na via estreita do recurso especial (Súmula 7/STJ). 3. Não procede o argumento de nulidade da citação editalícia quando não demonstrado prejuízo para a defesa da parte. 4. Quanto à nulidade da sentença que decretou a falência, pela ausência dos requisitos exigidos no inciso I do parágrafo único do art. 14 da Lei de Falências, qual seja, os nomes dos sócios e dos diretores da ora recorrente, tem-se que as omissões desses elementos indicativos não comprometem a validade da sentença, na medida em que pode ocorrer a complementação posterior dos dados. Ademais, na hipótese, após a prolação da sentença, alegadamente nula, não opôs a ora recorrente embargos declaratórios suscitando a questão. 5. Recurso especial desprovido. (STJ - REsp: 439965 RS 2002/0067682-9, Relator: Ministro RAUL ARAÚJO, Data

> de Julgamento: 20/06/2013, T4 - QUARTA TURMA Data de Publicação: DJe 01/07/2013).

Portanto, caso ajuizada a Falência ou a Recuperação em juízo incompetente, estaremos diante de incompetência absoluta.

2.5. Juízo Universal

No principal estabelecimento da empresa (local de maior transação financeira) será instaurado o processo de falência, momento em que se cria o chamado "Juízo Universal", de modo que todas as ações existentes contra a empresa devedora serão atraídas, avocadas para esse juízo, a fim de que se possa resolver todas as pendências creditícias envolvendo a devedora de uma forma mais célere.

> "Art. 76. O juízo da falência é indivisível e competente para conhecer todas as ações sobre bens, interesses e negócios do falido, ressalvadas as causas trabalhistas, fiscais e aquelas não reguladas nesta Lei em que o falido figurar como autor ou litisconsorte ativo." (Lei nº. 11.101/05).

Assim, todas as demandas contra a empresa devedora serão atraídas -avocadas - para um único juízo, com o escopo de facilitar a habilitação dos créditos, bem como mensurar a quantia total devida.

Entretanto, a lei traz exceções, afirmando que algumas ações não serão atraídas para o juízo falimentar, continuando a ter tramite natural nos foros competentes originários, são elas:

(1) Ações trabalhistas: Essas ações, por sua natureza específica, terão trâmite normalmente na Justiça do Trabalho até que se apure o crédito devido ao trabalhador, fase em que habilitará seu crédito no juízo universal. Nesse caso,

pode o juiz trabalhista requerer reserva em pecúnia no procedimento falimentar para solver o débito. Em suma, a ação trabalhista correrá normalmente na justiça especial, mas o recebimento do crédito será feito no juízo falimentar.

(2) Créditos fiscais: Tais créditos, por gozar a Fazendo Pública de prerrogativas e privilégios, não se sujeitam à execução concursal, de modo que as execuções fiscais não serão suspensas com a decretação da falência, tendo continuidade de forma normal o seu processamento.

(3) Ações em que a empresa devedora for autora, seja de forma singular ou em litisconsórcio ativo, também estão excluídas do juízo da falência.

(4) Ações que demandem quantia ilíquida: Para esses processos, primeiro apurar-se-á o *quantum* é devido pela massa falida, para depois ser satisfeito o crédito pelo juízo universal.

(5) Ações que em que a União, suas autarquias e empresas públicas, forem parte ou tiver interesse. Essas demandas correrão normalmente na Justiça Federal.

2.6. Órgãos da Falência

Por óbvio que com a decretação da falência, começa-se um procedimento judicial que por vezes pode se tornar um tanto complicado, tendo em vista o tamanho da empresa falida e o número de credores existentes. O foco principal da falência é o de levantar todo o ativo e liquidá-lo para solver o passivo na medida do possível. Contudo, o juiz sozinho, em virtude do atolamento do judiciário que acarreta numa sensível falta de tempo para analisar mais a finco alguns problemas, não terá como de forma solitária gerir o processo falimentar, fazendo todo levantamento do ativo, habilitando os credores, classificando os créditos e, por fim, pagando as dívidas, de modo que precisa de órgãos que possam auxiliá-lo nessa tarefa.

Assim surgem, então, os órgãos da falência, em que se agruparão as funções administrativas, deliberativas e de fiscalização, a fim de que se tenha um bom desenvolvimento do procedimento falimentar, bem como para que exista a participação efetiva dos credores nessas etapas, uma vez que eles são os maiores interessados nesse processo.

2.6.1. Administrador Judicial

O encarregado de gerir, de administrar a massa falida, será o Administrador Judicial, o qual era chamado pela antiga lei de "síndico". Ele será nomeado e fiscalizado pelo juiz responsável pelo processo falimentar.

Não é obrigatória a figura de um advogado como administrador judicial, pois a Nova Lei de Falência, em seu artigo 21, autoriza qualquer profissional idôneo para ocupar esse cargo, muito embora assegure uma preferência para profissionais advogados, economistas, administradores e contabilistas, por já terem esses, em virtude do trabalho que exercem, alguma noção de administração ou de leis.

De igual modo, pode também ser nomeada para gerir a massa falida uma pessoa jurídica especializada no ramo.

Assim, qualquer pessoa idônea pode ser nomeada para o cargo de administrador judicial de um procedimento falimentar. Todavia, dar-se-á preferência aos profissionais idôneos que atuam na advocacia, na administração de empresas, com econômica e com contabilidade. De igual modo, pode perfeitamente uma pessoa jurídica ser nomeada para tal função.

Como aludido, o Administrador Judicial será o gestor da massa falida e, sob sua responsabilidade, estarão diversos deveres, tais como: enviar correspondência aos credores; fornecer, com presteza, todas as informações pedidas pelos credores interessados; dar extratos dos livros do devedor, que merecerão fé de ofício, a fim de servirem de fundamento nas habilitações e impugnações de créditos; exigir dos credores, do devedor ou seus administradores quaisquer informações; elaborar a relação de credores; consolidar o quadro-geral de credores; requerer ao juiz convocação da assembleia-geral de credores nos casos previstos nesta Lei ou quando entender necessária sua ouvida para a tomada de decisões; contratar, mediante autorização judicial, profissionais ou empresas especializadas para, quando necessário, auxiliá-lo no exercício de suas funções; manifestar-se nos casos previstos na lei de falência e recuperação de empresas.

Trata-se de um cargo remunerado, com o valor do serviço apurado pelo juiz de acordo com o trabalho despendido, com a complexidade do caso e com a efetiva atuação no processo, não podendo essa quantia ultrapassar o limite de 5% do valor auferido com a venda dos bens na falência, ou dos créditos na recuperação judicial, conforme aduz artigo 24, §1º, da Lei 11.101/05.

A remuneração do administrador será paga em duas parcelas. A primeira, correspondente a 60% do valor devido, será satisfeita quando do atendimento dos créditos extraconcursais e os 40% restantes, após a aprovação de contas.

Quem pagará esse valor será a massa falida no caso de falência e o devedor empresário em se tratando de recuperação judicial, podendo, com autorização judicial, o administrador contratar auxiliares para ajudá-lo em suas atribuições, sendo, de igual forma, tais remunerações pagas pela massa.

Sobre o assunto explicita Manoel Justino Bezerra Filho:

> "O administrador muitas vezes desenvolve árduo trabalho, podendo sofrer sanções judiciais, culminando até com sua responsabilização penal e civil, caso não se desincumba dele. Por outro lado, no serviço de administração da falência ou da recuperação, desempenha trabalho constante e, por isso, deve ser remunerado. O art.24, em seus §§ 1º e 2º, prevê que base será fixada tal remuneração.
>
> (...)
>
> Aliás, ocorre com extrema frequência, principalmente em processos de grande porte, com arrecadação acentuada e número expressivo de credores habilitados, que o trabalho absorve grande parte do tempo do administrador, exigindo às vezes dedicação exclusiva, com prejuízo de suas outras atividades. Nestes casos, é possível o administrador pedir ao juiz que fixe em seu favor uma remuneração mensal, a ser paga enquanto o trabalho vai sendo efetuado. Em tais casos, o juiz ouvirá o devedor, o Ministério Público, se entender necessário, e os demais interessados, entendendo-se que tal remuneração pode ser fixada, evidentemente de forma módica e dentro da força econômica da massa ou da sociedade empresaria, sempre em consonância com o trabalho exigido do administrador[59]."

Alguns autores, a exemplo de Fábio Ulhoa Coelho, adotam a posição de que o administrador da falência é o juiz que preside o processo falimentar, mas esse, pela incompatibilidade de tempo e função nomeia um administrador judicial para auxiliá-lo na gestão da massa falida, sendo essa pessoa fiscalizada pelo magistrado.

É certo que no plano fático quem exerce efetivamente a administração da falência é o administrador judicial.

> "Ao juiz compete presidir a administração da falência, superintendendo as ações do administrador judicial. É o juiz,

---

59 BEZERRA FILHO, Manoel Justino. *Nova Lei de Recuperação e Falências Comentada.* 3.ed. São Paulo: Revista dos Tribunais, 2005, p. 98 e 99.

> em última análise, o administrador dos bens da falida, cabendo-lhe autorizar a venda antecipada dos de fácil deterioração ou desvalorização, ou de custosa conservação, aprovar a prestação de contas do administrador judicial, fixar remuneração dos auxiliares deste, autorizar o aluguel de bem arrecadado para renda da massa (quando inexistente o comitê) e outros atos de conteúdo preponderantemente administrativo definido em lei. É claro que não pode o juiz se alicerçar, em cada ato de administração que a lei falimentar lhe impõe, em laudo técnico de especialistas, já que a massa não possui, via de regra, recursos para remunerar esses profissionais. Na administração dos bens da empresa quebrada – função que, embora estranha aos contornos da atividade jurisdicional e à formação dos magistrados, é-lhes atribuída pela lei falimentar -, o juiz será diretamente auxiliado por dois agentes: o promotor de justiça e o administrador judicial[60]."

Por fim, consigna-se que o promotor de justiça, no processo falimentar, atua como fiscal da lei em defesa dos interesses dos credores.

2.6.2. Comitê de Credores

O Comitê de Credores é um órgão de existência facultava, geralmente estando presente naquelas falências de grandes empresas, que envolvem muitos direitos e interesses, assim como a falência da construtora Encol, decretada no ano de 1997. Por outro lado, para o procedimento falimentar de empresas de pequeno porte, o normal é que não esteja presente o comitê de credores.

É um órgão de fiscalização e consulta. Fiscalização porque estará incumbido de fiscalizar as contas apresentadas pelo administrador judicial, bem como ficar de olho para

---

60 COELHO, Fábio Ulhoa. *Curso de Direito Comercial – Direito de Empresa.* 10 ed. Saraiva: São Paulo, 2009, v.3, p. 273.

que o processo falimentar tenha um bom andamento sem a existência de fraudes; Consultivo porque elabora pareceres sobre o trabalho desenvolvido pelo administrador judicial.

Sua composição é disciplinada pelo artigo 26, da Lei nº. 11.101/05, sendo a seguinte:

Um representante da classe dos créditos trabalhistas, com dois suplentes;

Um Representante da classe dos créditos com privilégios reais ou especiais, com dois suplentes;

Um representante da classe dos créditos quirografários ou gerais, com dois suplentes.

Todavia, importante salientar que o comitê pode funcionar mesmo sem a existência de algum representante (artigo 26, §1º, da LF).

Os membros do comitê não exercem atividade remunerada, mas as despesas que tiverem em relação a sua função serão reembolsadas pela massa falida.

Um das funções do comitê de credores é a prerrogativa que possui de convocar assembleia geral dos credores (artigo 27, inciso I, aliena "e", da LF).

2.6.3. Assembleia de Credores

A Assembleia Geral de Credores é um órgão deliberativo, tratando-se de uma reunião dos credores para deliberarem sobre determinados assuntos que lhes interessa. Encontra-se disciplinada nos artigos 35 a 46, da Lei nº. 11.101/2005.

A Assembleia Geral de Credores é um órgão deliberativo, tratando-se de uma reunião dos credores para deliberarem sobre determinados assuntos que lhes interessa.

Suas principais funções na falência são:

Adotar especificada forma de realização do ativo;

Debater sobre qualquer matéria que seja de interesse dos credores;

Deliberar sobre a instalação e constituição do comitê de credores.

A assembleia geral pode ser convocada pelo juiz, pelo administrador judicial, pelo comitê de credores (se existir) e por titulares de créditos que representem mais do que 25% de uma determinada classe. Ela será presidida pelo administrador judicial e os credores poderão votar de forma proporcional a seus créditos. Nesse ínterim, importante salientar que o credor pode ser representado por procurador.

A assembleia de credores é um órgão de existência obrigatória no procedimento falimentar, pois ela é composta pelos credores, os mais interessados no procedimento, sendo inimaginável deixá-los de fora de tão importante processo. Todavia, seu funcionamento é facultativo, só deliberando nas situações em que é convocada.

2.7. Processo falimentar

Estando presentes um dos motivos do artigo 94, da Lei de Falência, as pessoas legitimadas (artigo 97, da LF) poderão peticionar ao Poder Judiciário requerendo a decretação da falência do devedor empresário. Esse, então, será citado para apresentar contestação no prazo de 10 dias, podendo nessa defesa requerer a Recuperação Judicial.

Em entendendo o juiz que estão presentes os pressupostos autorizadores da falência, decretar-se-á a mesma, cabendo contra essa decisão o recurso de Agravo de Instrumento.

Por outro lado, se após a contestação, o juiz acolhe as defesas feitas pela empresa ré e resolve não dar início ao processo falimentar, caberá, contra essa decisão, recurso de Apelação. Ambas as medidas estão previstas no artigo 100, da Lei 11.101/05.

2.7.1. Pedido de Restituição

É certo que a falência é uma execução e, como toda, visa satisfazer o crédito dos credores sacrificando o patrimônio do devedor.

Por isso, o administrador judicial é o incumbido de levantar todos os bens do devedor, fazendo um relatório e mantendo os mesmos sob o domínio da massa falida. É literalmente uma varredura feita no passivo da empresa devedora.

Assim, imagine uma concessionária de automóveis que tem sua falência decretada. Em seguida, todos os bens que estão sob o domínio da mesma serão confiscados e destinados à massa falida, por exemplo: automóveis, computadores, mesas, maquinário etc. Ocorre que, por vezes, o determinado bem pode estar de posse de determinada empresa, mas não ser de domínio – propriedade – dessa.

Ainda no exemplo anterior, no caso da concessionária, essa pode ter um carro sob sua posse, mas que lá foi deixado por um cliente para realização de manutenção preventiva, sendo o mesmo confiscado de forma errônea pela massa.

Sendo assim, o terceiro de boa-fé prejudicado, que teve seu bem confiscado, poderá ingressar com medida chamada de pedido de restituição, a fim de obter o seu bem de volta.

2.7.2. Termo legal

É certo que a insolvência não se trata de uma situação pontual, que é percebida no exato momento da decretação da falência ou do pedido de recuperação judicial.

Trata-se de um processo que se tem uma situação que vai se agravando ao longo do tempo, de modo que a decretação de insolvência empresarial não poderia ter efeitos da decisão para frente, na medida em que muitos devedores empresários ou sociedades empresárias, por já preverem sua situação desfavorável, poderiam praticar atos em favor de alguns credores e, por consequência, em desfavor a outros.

Sobre o assunto ensina Gladston Mamede:

> "Na sentença, o juiz deverá fixar o termo legal da falência, determina o artigo 99, II, da Lei 11.101/05. Em torno dessa ideia de fixação de um termo legal da falência, fortalece-se a natureza declaratória da sentença falimentar, em desaproveito, nesse aspecto específico, de sua natureza constitutiva. Reconhece o Direito que o devedor cuja falência foi decretada por certo não se tornou insolvente – de fato – no momento da sentença. Também não é o momento da distribuição da ação, seja de falência, seja de recuperação judicial, o momento no qual se principiou a situação de insolvabilidade. É óbvio que a insolvência é um processo gradual que se inicia antes de a questão ser levada ao Judiciário. Por vezes muito antes, por vezes pouco antes. Portanto, seria um erro pretender que os efeitos do decreto se fizessem apenas ex nunc, ou seja, da sentença (ou do pedido) em diante, desprezando os momentos que lhes antecederam. Há um período anterior em que as relações jurídicas extraordinárias travadas pelo falido devem ser postas em dúvida, motivo pelo qual esse período, a partir do termo leal fixado, é chamado de período suspeito[61]."

Por isso, ao decretar a falência, a atual Lei de Falência e Recuperação de Empresas, em seu artigo 99, inciso II, prevê a obrigatoriedade de o juiz fixar o *termo legal,* período que compreende até noventa dias anteriores ao pedido, ou o primeiro protesto por falta de pagamento, ou, no caso da

---

61 MAMEDE, Gladston. *Direito Empresarial Brasileiro – Falência e Recuperação de Empresas.* São Paulo: Atlas, 2006, v.4, p. 379 e 380.

recuperação judicial, ao pedido dessa, a fim de que alguns atos que sejam praticados nesse interregno de tempo sejam ineficazes perante a massa falida, tendo em vista o escopo de se evitar fraudes aos credores.

O antigo Decreto-lei nº. 7.661/45, de modo contrário à atual legislação, previa como sendo faculdade do magistrado a fixação do termo legal, nos termos do artigo 14, parágrafo único, inciso III, dessa norma.

Entretanto, na nova lei ela é obrigatória, não podendo o juiz ter a faculdade de deliberar se fixa ou não o referido período de tempo.

O atos ineficazes perante à massa falida estão disciplinados no artigo 129, da Nova Lei de Falência, sendo os principais: o pagamento de dívidas não vencidas realizadas dentro do termo legal, por qualquer meio extintivo do direito de crédito, ainda que pelo desconto do próprio título; o pagamento de dívidas vencidas e exigíveis realizado dentro do termo legal, por qualquer forma que não seja a prevista no contrato; a constituição de direito real de garantia, inclusive a retenção, dentro do termo legal, tratando-se de dívida contraída anteriormente, se os bens dados em hipoteca forem objeto de outras posteriores, a massa falida receberá a parte que devia caber ao credor da hipoteca revogada; prática de atos a título gratuito, desde anos antes da decretação da falência, entre outros.

Tais atos podem ser declarados ineficazes de ofício, a requerimento da parte ou por meio de ação judicial, pouco importando se realmente houve conluio fraudulento entre o devedor empresário e o beneficiário do ato para que a conduta seja anulada.

2.7.2.1. Ação revocatória

A ação revocatória consiste numa medida judicial colocada à disposição de qualquer credor, do administrador judicial e do Ministério Público, a fim de se evitar e revogar atos fraudulentos praticados pela massa, devendo, para tanto, ser comprovado o *concillius fraudis,* caso a causa da revogação não seja uma das hipóteses previstas no já mencionado artigo 129, ou seja, a revocatória poderá ser utilizada nas hipóteses do artigo 129, ocasião em que não será necessária a prova do conluio fraudulento, ou de outras ocorrências que não estejam disciplinadas nesses dispositivos, razão pela qual, nessas situações, a intenção da conduta de má-fé entre o devedor empresário e o beneficiário em praticar o ato que venha acarretar em prejuízos aos credores deverá restar comprovada.

Tal medida deve ser ajuizada no prazo de até três anos após a decretação da falência.

2.7.3. Classificação dos créditos

Por se tratar a falência de uma execução concursal em que se figuram vários credores de diferentes classes, com diferentes tipos de crédito, a lei estabelece uma sequência obrigatória a ser observada no pagamento – satisfação – das pendências existentes no processo falimentar.

Em primeiro lugar devem ser pagos os créditos tidos como extraconcursais, aqueles que a lei estabeleceu que não entram no concurso com os demais e devem ser satisfeitos de forma precedente a qualquer outro.

São tidos como créditos extraconcursais, de acordo com o artigo 84, da Lei nº. 11.1101/05, as remunerações devidas ao administrador judicial e seus auxiliares; créditos derivados da legislação do trabalho ou decorrentes de acidente de trabalho relativos a serviços prestados após a decretação da falência; quantia fornecida à massa pelos credores; despesas com arrecadação, administração, realização do ativo e distribuição do seu produto, bem como custas do processo de falência; custas judiciais relativas às ações que a massa falida tenha sido vencida; obrigações resultantes de atos jurídicos válidos praticados durante a recuperação judicial.

Após a satisfação de todos os créditos extraconcursais, é hora de pagar os créditos concursais, devendo ser observada a seguinte ordem:

Em primeiro lugar devem ser satisfeitos os créditos trabalhistas com importância até 150 salários mínimos e decorrentes de acidente de trabalho, seja qual for o montante;

Em segundo lugar estão os créditos com garantia real, até o limite do valor do bem gravado, ou seja, caso uma dívida de R$ 200.000,00 (duzentos mil reais) seja garantida por um imóvel com valor de R$ 150.000,00 (cento e cinquenta mil reais), será satisfeito, em segundo lugar na ordem dos créditos, até o limite do valor do bem gravado, qual seja: R$ 150.000,00 (cento e cinquenta mil reais);

Em terceiro lugar os créditos tributários, com exceção das multas tributárias;

Em quarto lugar os créditos com privilégio especial, tais como os previstos no artigo 964, do Código Civil, aqueles a cujos titulares a lei confira direito de retenção sobre a coisa dada em garantia e qualquer outro que assim seja definido em lei;

Em quinto lugar os créditos com privilégio geral, a saber: os previstos no artigo 965, do Novo Código Civil, os previstos no parágrafo único, do artigo 67 da Nova Lei de Falência e qualquer outro que a lei atribuir essa natureza;

Em sexto lugar os créditos quirografários, como, por exemplo, os saldos dos créditos derivados da legislação do trabalho que excederam o limite estabelecido de 150 salários mínimos;

Por fim, os créditos subordinados, tais como créditos de sócios, os previstos no contrato ou na lei etc.

Ressalta-se que essa ordem está prevista no artigo 83 da Lei nº. 11.1101/05 e deve ser obedecida justamente porque entendeu o legislador dar preferência a satisfação dos créditos daqueles mais necessitados, talvez, por isso, colocou os de relação trabalhista em primeiro lugar.

2.7.3.1. Honorários Advocatícios na Falência

Em recente decisão, o Superior Tribunal de Justiça (STJ), por meio do julgamento do Resp. 1.152.218/RS, de relatoria do Ministro Luís Felipe Salomão, entendeu que os créditos oriundos de custas sucumbenciais ao advogado possuem natureza alimentar e, portanto, devem ser equiparados e habilitados na classe dos créditos trabalhistas e não na de privilégio geral. Trata-se de uma inovação jurisprudencial que reconhece a importância da proteção dos honorários do advogado.

Em que pese o artigo 24, da Lei nº. 8.906/94, aduzir no sentido de que o crédito do advogado possui privilégio especial, deve-se, por bem, equipará-los aos trabalhistas, em natureza de sua prestação alimentar, entendendo, dessa maneira, o Superior Tribunal de Justiça.

2.7.4 Extinção da falência

Após serem levantados todos os bens do devedor, bem como ter sido os mesmos liquidados e pagos os credores na medida do possível, o procedimento falimentar será extinto, uma vez que não se vislumbra outro motivo para sua continuação. Se já se esgotaram os bens do falido, não há razão plausível para a continuação do procedimento falimentar.

Obs.: Cuidado, extinguir a falência não significa extinguir as obrigações do falido.

É certo que a falência se dá quando o passivo da empresa é presumivelmente maior que seu ativo, ou seja, não haverá dinheiro suficiente para pagar todos os credores. Então, como fica a situação daquele credor que não conseguiu receber seu crédito na falência e esse procedimento já foi encerrado, uma vez que o falido não possui mais ativo?

Nesse caso, o credor que não conseguiu receber seu crédito na falência pode requisitar uma certidão ao juiz falimentar mensurando o seu crédito contra a empresa falida. Com essa certidão, ele poderá cobrar o falido de forma individual até que a obrigação prescreva. Por óbvio que na prática esse credor certamente não receberá, tendo em vista que dificilmente o falido adquira outros bens.

2.7.5. Extinção das Obrigações do Falido

Vimos que um dos efeitos da decisão que decreta a falência é a de que o falido fica inabilitado para o exercício da atividade empresarial. Assim, enquanto ele não esteja reabilitado, ele não poderá voltar a praticar atividades empresariais.

O falido só se reabilita quando se extingue suas obrigações e não quando se extingue o processo falimentar. Uma coisa é a extinção do processo falimentar, que ocorre após serem liquidados os bens do falido e pago os credores que deram para pagar. Outra coisa é a extinção das obrigações, tendo em vista que mesmo com o encerramento da falência, o falido ainda terá obrigações com outros credores.

Pois bem, quando se encerra as obrigações do falido então?

As obrigações do falido são extintas em três hipóteses:

1º Quando consegue pagar todos os credores;

2º Se conseguir pagar até 50% dos créditos quirografários, ou seja, caso o falido pague os créditos trabalhistas, os créditos com garantia real, os créditos tributários, com privilégio especial, geral e 50% dos quirografários, terá declarada extinta suas obrigações e poderá se reabilitar.

3º Quando esperar o curso da prescrição das obrigações que ocorrerá em cinco anos após o encerramento da falência, caso não tenha sido condenado por crime falimentar ou em 10 anos após o encerramento da falência na situação em que tenha sido condenado por crime falimentar.

3. RECUPERAÇÃO DE EMPRESAS

Os institutos da recuperação judicial e extrajudicial foram trazidos pela Nova Lei com escopo de disciplinar e dar continuidade àquelas empresas que passam por crise nas suas relações, mas que ainda podem continuar a existir, tendo em vista se tratar de uma situação passageira, ou seja, encontram-se em dificuldades, mas conseguem sair dela, atendendo, então, ao princípio empresarial da continuação da empresa.

Na atual conjuntura econômica mundial, não se trata de uma alternativa viável fechar uma empresa que passa por crise, mas que pode sair da mesma, pois esse fato pode acarretar no encerramento de todas as relações negociais que aquela pessoa jurídica exercia, de modo que a mesma deixaria de atender uma série de pessoas que dela dependem, causando, então, uma série de prejuízos não só para os exercentes da empresa como também para seus funcionários, colaboradores, outras pessoas jurídicas etc.

Marcelo Bertoldi diz que:

> "O foco principal da nova lei deixa de ser a satisfação dos credores e se desloca para um patamar mais amplo: a proteção jurídica do mercado, o qual, desenvolvendo-se de modo sadio, potencialmente atua em benefício da sociedade como um todo e do crescimento econômico do País. O princípio da preservação da empresa, sua função social e o estimulo à atividade econômica figuram como cânones interpretativos expressamente previstos no texto legal (art.47), tornando imperativa a manutenção do agregado empresarial sempre que possível e viável ao bom funcionamento do mercado.
>
> (...)
>
> Portanto, o empresário (aí incluída a sociedade empresária) em crise e outros interessados poderão optar pelo estabelecimento de um regime de recuperação judicial ou extrajudicial para desencadear uma tentativa de retomada do equilíbrio econômico e financeiro da empresa, ou pelo pedido de decretação de falência, nas hipóteses em que não se mostrar viável a recuperação[62]."

Os institutos da Recuperação Judicial e Extrajudicial, previstos, respectivamente, nos artigos 47 e seguintes e 161 e seguintes, todos da Lei de Falência e Recuperação de Empresas, vieram a substituir a antiga Concordada, a qual era prevista no antigo Decreto-lei nº. 7661/45.

Assim sendo, a recuperação de empresas é o plano de viabilização econômico previsto na Lei 11.101/05 e que se volta para aquelas empresas que passam por uma crise atual, mas que ainda são viáveis.

---

62 BERTOLDI, Marcelo, RIBEIRO, Márcia Carla Pereira. *Curso Avançado de Direito Comercial.* 5.ed. São Paulo: Revista dos Tribunais, p. 471 e 472.

Obs.: Tal procedimento visa a atender o princípio da preservação da empresa, o qual leciona que sempre que possível, uma empresa deve dar continuidade as suas atividades. Pois assim, dar-se-á continuidade a fonte produtora, as relações negociais e empregatícias que aquela empresa mantém.

A Recuperação de empresas se apresenta em duas modalidades:

Recuperação Judicial: Situação em que o devedor empresário se socorre ao Poder Judiciário para apresentar seu plano de recuperação;

Recuperação Extrajudicial: Situação em que o devedor empresário elabora um plano diretamente com seus credores e o levará apenas para homologar no Judiciário.

3.1. Recuperação Judicial (artigos 47 e ss, da Lei 11.101/05)

Plano de recuperação para aquela empresa que se encontra em crise, mas que ainda é viável. O devedor se socorre ao Poder Judiciário para, por meio dessa instituição, chamar os credores para elaborar um plano que recuperará a empresa.

Quem pode requerer o plano de recuperação judicial?

Assim como na falência, apenas podem requerer o plano de recuperação o empresário individual e a sociedade empresária. Desse, não pode requerer o plano de recuperação judicial as sociedades simples, tais como as cooperativas e a sociedade de advogados.

Também não podem requerer o plano de recuperação a empresa pública e a sociedade de economia mista, por expressa vedação legal preceituada no artigo 2º, da Lei 11.101/05.

Requisitos para requerer a recuperação (artigo 48, da LRE).

Ser empresário ou sociedade empresária regularmente registrada há pelo menos dois anos; (assim sendo, sociedade em comum não pode requerer recuperação, uma vez que se trata de sociedade irregular);

Não ser falido e caso seja, que estejam extintas suas obrigações;

Não ter sido agraciado por outro plano de recuperação nos últimos 05 anos **(Obs.: Microempresa e Epp não devem ter sido agraciadas por plano de recuperação há pelo menos 08 anos);**

Não ter sido condenado por crime falimentar;

Quais medidas serão tomadas para recuperar a empresa?

O artigo 50, da LRE, prevê diversas medidas que podem ser tomadas para recuperar uma empresa, não sendo tal rol taxativo, mas sim, exemplificativo.

São os principais:

1º Parcelar seus créditos e conceder prazos para pagamento com os credores, bem como obter diminuição na taxa de juros;

2º Pode ser proposta a fusão, cisão, incorporação da empresa;

3º Pode ser proposta a mudança dos administradores;

4º Pode ser proposta a venda de algum estabelecimento empresarial da empresa para saldar suas dívidas;

5º Dação em pagamento; novação dos créditos.

3.1.1. Procedimento da Recuperação Judicial

Caso o empresário cumpra os requisitos exigidos pelo artigo 48, da LRE, quais sejam: ser devedor empresário registrado há pelo menos 02 anos; não ter sido beneficiado por outro plano de recuperação nos últimos 05 anos; não estar falido e não ter sido condenado por crime falimentar, poderá ingressar em juízo com uma petição inicial requerendo o plano de recuperação judicial.

Trata-se de uma petição inicial como qualquer outra. Todavia, além dos requisitos exigidos pelo artigo 282, do CPC, deverá também nela constar os seguintes dados, conforme leciona artigo 51, da LRE.

Exposição das causas e motivos da crise econômica;

Demonstrações contábeis dos três últimos exercícios sociais;

Relação dos credores, indicando até o endereço deles;

Relação integral dos empregados;

Certidão de regularidade na Junta Comercial;

Extrato atualizado das contas bancárias do devedor;

Certidões de protestos que existem;

Relação das ações judiciais;

Relação dos bens dos sócios controladores e administradores da sociedade.

Estando a petição inicial completa, contendo todos os dados exigidos, o juiz poderá deferir o processamento da recuperação judicial.

Obs.: Cuidado!!! O juiz vai apenas despachar no sentido do processamento da recuperação judicial. Ele ainda não decidiu se concede o benefício da recupera-

ção ou não. Nesse ato de despacho de processamento, o juiz apenas alega que a petição inicial contém todos os requisitos exigidos pelo artigo 51, da LRE.

Obs.: Após o despacho de processamento, o devedor não pode mais desistir do pedido de recuperação judicial, sob pena de ter seu pedido convertido em falência, salvo se obtiver autorização da assembleia de credores.

Após o despacho de processamento da recuperação judicial, o juiz ordenará:

Nomeação do administrador judicial (Na recuperação judicial também se tem um administrador que obrará no sentido de manter e fiscalizar a boa continuidade do plano de recuperação);

Suspensão das ações e execuções contra a empresa devedora, salvo as exceções legais, tais como: ações trabalhistas; execuções fiscais; ações que demandem quantia ilíquida;

3.1.2. Apresentação do Plano

Após o despacho de processamento da Recuperação Judicial, o devedor empresário tem 60 dias para apresentar em juízo um plano pormenorizado de como se dará sua recuperação econômica.

Obs.: Caso o devedor não apresente o plano no prazo supramencionado, será decretada a sua falência.

Apresentado o plano, se houver impugnação de algum credor quanto a ele, ou seja, caso algum credor faça objeções quanto ao plano, o juiz convocará assembleia geral dos credores para decidir se aprova o plano ou não. Caso a assembleia o aprove, o juiz deferirá a Recuperação Judicial; Caso a assembleia denegue o plano, o juiz decretará a falência do devedor empresário.

Obs.: O plano não poderá prever prazo superior a um ano para pagamento das dívidas trabalhistas, nem das decorrentes de acidente do trabalho; O plano não poderá prever prazo superior a 30 dias para pagamento dos créditos estritamente salariais, ou seja, aqueles que somem até cinco salários mínimos vencidos nos três meses anteriores ao pedido de recuperação judicial. (artigo 54, da LRE).

Deferido o plano, o devedor deve cumpri-lo fielmente, sob pena de ter sua falência decretada.

O plano pode ter o prazo máximo de duração de dois anos.

Depois de cumprido o plano o juiz o encerra.

3.2. Recuperação Extrajudicial

A Recuperação Extrajudicial é o instituto pelo qual o devedor negocia diretamente com seus credores, com a finalidade de elaborar entre eles um plano para que as dividas possam ser pagas da melhor maneira possível, bem como para que o devedor possa sair da crise em que se encontra.

É certo que se todos os credores concordarem com o plano de recuperação extrajudicial não se fará necessária sua homologação no judiciário, tendo em vista que todos os credores já se obrigaram com o acordo.

Todavia, na maioria das vezes, alguns credores discordam do plano e não o aceitam, estando resignados em fazer um acordo com o devedor, tendo em vista que terão seus prazos de pagamentos dilatados. Nesse caso, não há como o devedor obrigar esse credor ao plano, ocasião em que se socorrerá do Judiciário para pedir a homologação do plano de recuperação extrajudicial e, assim, eventualmente, conseguir vincular ao acordo todos os credores, mesmo aqueles dissidentes.

Obs.: Nota-se, então, que a homologação do plano de recuperação no Judiciário é facultativa, ou seja, o devedor leva o plano para ser homologado se quiser, caso lhe seja conveniente.

Homologação do plano no Judiciário

Como visto, caso nem todos os credores concordem com o acordo extrajudicial proposto pelo devedor, outra solução não resta a esse senão se socorrer do Judiciário para homologar seu plano e, se possível, vincular todos os credores.

Caso queira homologar seu plano no judiciário, o devedor deve cumprir todos os requisitos da recuperação judicial, qual seja:

Obs.: O devedor não poderá pleitear a homologação do plano caso já tenha obtido recuperação extrajudicial nos últimos 02 anos (Artigo 161, §3º, da LRE).

4º Não ter sido os administradores ou sócios controladores condenados por crime falimentar.

Para que o plano de recuperação extrajudicial consiga vincular todos os credores, é preciso, além da homologação judicial, que haja concordância de mais de 3/5 de todos os créditos de cada classe por ele abrangidos.

XII TÍTULOS DE CRÉDITO (TEORIA GERAL)

1. NOÇÕES INTRODUTÓRIAS

A relação comercial e a consumerista devem ser incentivadas, pois elas movimentam todo o sistema capitalista no qual estamos acostumados a viver. Quanto mais uma empresa cresce, mais ela contrata mão-de-obra e, consequentemente, esses trabalhadores empregados consomem, fazendo com que o sistema funcione.

Ora, basta imaginarmos que nem todos podem pagar por um produto em dinheiro, de forma à vista, de modo que se assim fosse, uma gama de relações que poderiam existir, deixariam de se originar, tendo em vista que a condição de pagamento seria desfavorável para a maioria da população.

Não é só isso, o empresário ou a sociedade empresária, quando contrata com seus fornecedores, na maioria das vezes requer um prazo para o pagamento dessa mercadoria que está adquirindo, uma vez que possui outros compromissos a serem adimplidos de maneira imediata.

Percebe-se, assim, que a dilação de prazo para pagamento é essencial para que as relações empresariais e consumeristas possam existir em larga escala. Por outro lado, não se pode deixar desamparado juridicamente aquele que entrega seu produto ou serviço e permite que o mesmo seja pago de alguma forma que não em dinheiro. É preciso dar garantias a essa pessoa de recebimento, dando a ela uma cártula (papel) que dê o mínimo de certeza de que irá receber o crédito ali estampado como se fosse dinheiro, na data e hora aprazadas para o adimplemento da dívida ali estampada.

Nesse contexto surgem os títulos de créditos, que nada mais são do que documentos que expressam um direito creditório contra uma ou mais pessoas, dando maiores garantias possíveis de que o seu beneficiário irá receber a quantia ali estampada como se dinheiro fosse. Em contrapartida, os títulos estimulam a relação negocial, uma vez que, na maioria das vezes, concede prazos e formas mais favoráveis de pagamento.

Certo é que em dias atuais o devedor responde com seu patrimônio e não mais com sua vida ou com sua integridade física como era em tempos passados, em legislações não mais vigorantes, tal como a Lei da XII Tábuas. Por isso, para garantir o adimplemento dos títulos de crédito e dar uma maior segurança para o portador de uma cártula como essa, o Código de Processo Civil, em seu artigo 585, I, leciona no sentido de ser o título de crédito um documento executivo extrajudicial, o que significa dizer que o beneficiário desse título não precisa ingressar com uma ação de conhecimento para ver satisfeito o seu crédito, tendo que comprovar a obrigatoriedade do mesmo, bastando que ingresse com a via satisfativa da execução, desde que, por óbvio, o mesmo não esteja prescrito, como se verá mais adiante.

2. CONCEITO

Pelo extraído acima fica claro qual o objetivo de um título de crédito e quais as garantias que o mesmo precisa ter. Entretanto, defini-lo no plano nominal torna-se uma tarefa um pouco mais dificultosa.

Muitos autores tentaram, sem sucesso, conceituar o título de crédito, trazendo palavras que não se adequavam ao real significado desse documento no plano prático. Quem resolveu a celeuma, trazendo uma conceituação que praticamente é adotada em todo o mundo e, também, em nosso país, foi Vivante, ao aduzir que **título de crédito é o documento necessário para o exercício do direito literal e autônomo nele representado.** Tal conceito foi recepcionado pelo ordenamento jurídico brasileiro e se encontra exteriorizado no artigo 887, do CC.

3. PRINCÍPIOS

Todo o Direito é pautado nos princípios, os quais servem de substrato para a criação das normas e para embasar o norte a que elas devem seguir. Não diferente, os títulos de crédito possuem três princípios basilares, os quais vêm a corroborar premissas de dar garantia ao credor para que receba a quantia nele estampado, bem como facilitar sua circulação, pois quanto mais um título circula, maiores são as chances de o credor receber, haja vista que mais coobrigados ao pagamento da cártula teremos. Sendo assim, podemos apontar os três principais princípios do título de crédito no próprio conceito acima apresentado, sendo eles: Cartularidade; Literalidade; Autonomia.

3.1. Cartularidade

A Cartularidade exige que o credor esteja de posse do título para que possa receber. O Código Civil aduz que o título de crédito é o documento necessário, deixando claro sobre o fato de que deve existir um documento para que o credor possa satisfazer seu crédito no momento da cobrança da dívida estampada, pois, caso contrário, o devedor não estará obrigado a quitar a dívida sem a apresentação do mesmo.

Marcelo Bertoldi leciona no sentido de que "Assim, sem o documento (cártula) não pode ser exercido o direito nele incorporado. Ao tempo do credor exigir seu crédito, deve ele apresentar o original com a finalidade de que a obrigação nele transcrita possa ser satisfeita". (BERTOLDI, Marcelo M., RIBEIRO, Márcia Carla Pereira. Curso Avançado de Direito Comercial. 5. ed. São Paulo: Revista dos Tribunais, 2009, p.368).

Tal princípio visa dar legitimidade à cártula, bem como fazer com que o devedor possa identificar facilmente o credor daquele título, pois, entende-se que o legitimo credor é o possuidor do documento.

Como os títulos de crédito nasceram para circular, no momento do pagamento pode ser que ele não esteja mais com o credor original. Por isso, caso não existisse a cartularidade, muito vaga ficaria a identificação do verdadeiro credor. Assim sendo, na hora do adimplemento de um título de crédito, o devedor deve pedir ao credor que lhe apresente o título, caso contrário melhor é não quitá-lo.

Não obstante, é evidente que vivemos em uma sociedade globalizada, pautada na era digital, em que a troca de informações e a circulação de crédito se dão de maneira demasiada num mundo virtual, onde, por óbvio, perde-se a cartularidade. É fato hoje que as pessoas praticamente podem fazer de tudo num ambiente virtual.

Colocando esse assunto na esfera creditória, podemos realizar transferência, fazer pagamento, tirar extratos, realizar aplicações em poupanças e fundo de investimentos etc. Poderia então os títulos de crédito estar isentos a toda essa avassaladora onde virtual que nos assola? Por óbvio que não.

Já existem atualmente as chamadas "duplicatas virtuais", as quais são transmitidas por meios eletrônicos. Na duplicata virtual, o fornecedor passa a instituição financeira uma operação realizada que ensejou o direito de crédito contra determinada pessoa, de modo que essa instituição procede a emissão do boleto (documento que não é um título de crédito), o qual também pode ser transmitido por via magnética de dados, sem necessitar de papel impresso, quando o banco não o prefira imprimi-lo e enviá-lo pelo correio.

A duplicata virtual é aceita. Todavia, ainda não existe legislação para tratá-la de forma específica. Não podemos deixar de notar que a duplicata virtual mitiga o principio da cartularidade. Todavia, ainda hoje, na maioria dos títulos de crédito, deve-se obedecer a esse princípio.

Ainda com relação ao principio da Cartularidade, muitos, ao ingressarem com uma execução de título extrajudicial, lastreada num título de credito, perguntam se é realmente necessária à juntada aos autos do título original ou se pode ser anexada como forma de comprovação da dívida uma cópia autenticada.

Nesse diapasão, mister salientar que é necessária a juntada do título original, a fim de que se obedeça ao principio da Cartularidade, pois, mesmo que se apresente uma cópia autenticada, esse documento não é suficiente para comprovar que o exequente ainda está de posse da cártula, de modo que pode ter a endossado para terceiros.

Assim entende a jurisprudência, vejamos:

> STJ - RECURSO ESPECIAL: REsp 330086 MG 2001/0079397-1. Relator (a): Ministro CASTRO FILHO. Julgamento: 02/09/2003. Órgão Julgador: T3 - TERCEIRA TURMA. Publicação: DJ 22/09/2003 p. 315
>
> PROCESSUAL CIVIL -EXECUÇÃO -CÓPIAS AUTENTICADAS DE TÍTULOS EXECUTIVOS EXTRAJUDICIAIS (CHEQUES) - DETERMINAÇÃO JUDICIAL DE DEVOLUÇÃO DOS ORIGINAIS AO CREDOR -APRESENTAÇÃO EM AUDIÊNCIA -NULIDADE -INEXISTÊNCIA.
>
> I - A juntada da via original do título executivo extrajudicial é, em princípio, requisito essencial à formação válida do processo de execução, visando assegurar a autenticidade da cártula apresentada e afastar a hipótese de ter o título circulado, sendo, em regra, nula a execução fundada em cópias de cheques, ainda que autenticadas.

No entanto, caso o exequente ingresse com uma execução lastreada numa cópia autenticada, cabe a ele levar a documentação original em audiência, ocasião em que será de forma excepcional aceitada a cópia autenticada.

3.2. Literalidade

Em complemento ao principio da Cartularidade encontramos o principio da Literalidade, segundo o qual só é exigível o que estiver literalmente contido no título.

Assim sendo, o valor da dívida deve vir expresso na própria cártula, sendo que todos os atos cambias devem ser praticados na própria cártula. Por exemplo: veremos adiante que o ato pelo qual se transfere e garante o pagamento do título de crédito é o endosso. Todavia, essa assinatura do endossante deve constar no próprio título, sob pena de não ser valida, pois o que não está no título não está no mundo.

Por esse principio, quando o devedor quita um título de crédito, deve exigir que o pagamento seja lançado na própria cártula, constando que houve o adimplemento da dívida, de nada adiantando pegar recibo, pois esse ato está em dissonância com o principio da literalidade, ocasião em que se um terceiro de boa-fé cobrar novamente a dívida, a mesma será exigível.

Por isso, os coobrigados cambiários só de obrigam ao pagamento caso o tenham feito no próprio título. De igual modo, quando o devedor quitar o débito, deve exigir a quitação na própria cártula ou pegá-la de volta.

Por esse principio, garante-se que um novo credor desse título possa saber qual a obrigação exata que pode receber, bem como quem são os coobrigados que pode cobrar em juízo, ficando, assim, mais fácil a circulação do mesmo, uma vez que um só documento contém todas as informações necessárias para seu recebimento.

Portanto, se um título representa uma quantia de R$ 500,00 (quinhentos reais), não pode o seu beneficiário exigir o pagamento de R$ 15.000,00 (quinze mil reais), pois extrapola os limites da literalidade.

Marlon Tomazette faz uma observação interessante com relação ao principio da literalidade, ao falar sobre a chamada literalidade indireta, que se traduz em obrigações que ele considera exigíveis mesmo não constando no título de crédito, desde que sejam obrigações decorrentes de lei, tais como juros de mora, vejamos:

> "Martorano entende que é possível falar-se também numa literalidade indireta, sem perder a segurança, podendo

> tal literalidade decorrer de uma remissão do título ou do próprio regime jurídico a que ele se sujeita. Assim, quando determinados valores decorrem da lei (juros de mora), poderão ser exigidos, mesmo que não expressamente previstos no título. Da mesma forma, encargos decorrentes de uma remissão que o título faz a outro documento também poderão ser exigidos. Em ambos os casos, o devedor tem como conhecer os exatos limites do que pode ser exigido, seja em razão da lei, seja em razão da referência a outro documento." (TOMAZETTE, Marlon. *Curos de Direito Empresarial.* V.2. São Paulo: Atlas, p.31).

A nosso ver, extremamente feliz e correta a observação feito pelo ilustre Doutrinador, uma vez que as obrigações decorrentes de lei são a todos imposta, de forma que ninguém poderá alegar seu desconhecimento. Nesses casos, portanto, entende-se também que houve uma literalidade, só que indireta.

3.3. Autonomia

O principio da Autonomia é o cerne do título de crédito. Trata-se da regra que faz com ele adquira a sua finalidade principal: circulação.

Quando pensamos num título de crédito, pensamos em atribuir ao credor um documento que garanta o máximo possível de certeza de que irá receber a quantia ali estampada como se dinheiro fosse.

Pois bem, o Principio da Autonomia preceitua que as obrigações cambiárias são autônomas e independentes entre si. Assim sendo, se uma obrigação é viciada, a mesma não tem o condão de macular as demais. Por exemplo: se um devedor emite um cheque para a compra de automóvel em favor de um beneficiário, esse beneficiário pode passar o cheque para outra pessoa, por meio do endosso, de modo que essa terceira pessoa de boa-fé que recebeu esse cheque não precisa se preocupar com a relação originária. Nessa situação, caso o veículo apresente defeitos, tais vícios não poderão ser opostos a esse terceiro de boa-fé, devendo o cheque ser adimplido, tendo em vista que as obrigações cambiárias são autônomas.

A autonomia das obrigações cambiárias está albergada pelo artigo 17, do Decreto nº. 57663/66 e, também, pelo artigo 896, do Código Civil.

O principio da autonomia facilita a circulação dos títulos de crédito, fato esse que pode ser considerado bom, pois quanto mais um título circula, mas coobrigados vão existindo na cadeia de pagamento e, por consequência, mais pessoas o credor pode cobrar essa dívida.

Gladston Mamede leciona no sentido de que "É na circulação do título que essa autonomia se revela mais forte, pois impede que ao terceiro de boa-fé, que não conhece eventuais vícios do negócio originário, nem tenha a obrigação de conhecê-los em virtude de sua posição negocial, sejam opostas exceções (defesas) que digam respeito ao negócio fundamental, aquele está na raiz da formação do título de crédito." (MAMEDE, Gladston. *Direito Empresarial Brasileiro. V.3. 5ª edição.* São Paulo: Atlas, 2009, p.27.).

Certo é que sem o principio da autonomia, muito difícil seria a circulação de um título de crédito, pois imagine uma nota promissória que já tenha circulado por mais de quinze vezes, de modo que o atual credor para quem essa nota vai ser entregue tenha que se preocupar com a relação originária e todas as outras que a sucederam. Não restam dúvidas de que o mesmo não irá aceitar essa cártula, descaracterizando, assim, o escopo dos títulos de crédito.

Do Principio da Autonomia decorrem dois subprincípios, quais sejam:

3.3.1. Abstração

Pela abstração, podemos entender que o título de crédito se desvincula da sua origem no momento em que circula. Por exemplo: se um cheque é emitido em virtude da existência de uma compra e venda de um veículo, que será pago por meio desse título de crédito, a partir do momento em que esse título circula, ou seja, no momento em que o beneficiário passa esse cheque para outro, o título se desvinculou da relação que lhe deu origem.

3.3.2. Inoponibilidade das Exceções Pessoais aos Terceiros de Boa-Fé

O devedor do título de crédito não pode opor exceções pessoais na relação originária para obstar o pagamento quando a dívida está sendo cobrada por um terceiro de boa-fé. No exemplo citado acima, o devedor em sede de embargos a execução não poderá alegar que o carro veio maculado e que, por isso, não pagará esse terceiro.

Contudo, caso o título ainda não tenha circulado, estando com o credor originário, o devedor poderá opor exceções com base na relação que deu origem ao nascimento do título.

4. LEGISLAÇÃO APLICÁVEL

Os principais títulos de crédito em nosso país são a Letra de Cambio, a Nota Promissória, a Duplicata Mercantil e o Cheque. Referidos títulos possuem legislações específicas que os disciplinam, quais sejam: Letra de Câmbio e

Nota Promissória (Decreto nº. 57663/66); Duplicata Mercantil (Lei nº. 5474/68); Cheque (Lei nº. 7357/85).

Não obstante, o Código Civil, em seus artigos 887 a 926, também contém alguns dispositivos que regulam os títulos de crédito. Nesse caso, qual legislação devemos aplicar no caso de divergência entre elas?

Quem responde a essa pergunta é o próprio artigo 903, do CC, ao lecionar no sentido de que esse Diploma, com relação aos títulos de crédito, possui aplicação subsidiária, aplicando-se apenas quando não exista uma lei específica sobre aquele título ou nos casos em que essa lei seja omissa em determinado assunto.

Assim sendo, em primeiro lugar, a legislação aplicável a um título de crédito deve ser a sua específica. Contudo, caso não exista uma, ou caso essa seja omissa em determinado assunto, aplica-se de forma subsidiária os dispositivos do Código Civil.

5. CLASSIFICAÇÃO

Os títulos de crédito podem possuir algumas classificações, a depender sob a ótica que os analisa.

Se um título de crédito possui uma causa pré-determinada para que possa nascer, então se trata de um título de crédito causal. O título de crédito causal mais conhecido que temos é a duplicata mercantil, uma vez que ela só poder nascer com base numa compra e venda mercantil, bem como numa prestação de serviços (artigo 1º, da Lei nº. 5474/68). Assim, para que uma duplicata seja extraída, é preciso necessariamente que ela esteja lastreada numa das hipóteses supracitadas.

Outro exemplo de Título Causal é a Nota Promissória Vinculada a um Contrato, título que serve para lastrear o adimplemento de um contrato que não possui força executiva.

O cheque, a nota promissória e a letra de cambio, são modalidades de títulos não causais, ou seja, podem ser sacados por qualquer motivo.

Como vimos, o título de crédito obedece ao principio da Cartularidade. Assim sendo, é necessário um documento para que o credor possa cobrá-lo. Dessa forma, dependendo se esse documento exige um modelo estipulado pela lei ou não, o título pode ser classificado como de Modelo Livre ou Vinculado. O Cheque e a Duplicata Mercantil são exemplos de títulos de crédito de modelo vinculado, haja vista que aquele deve obedecer a padrões estipulados pelo banco, bem como vir estampado em um talonário fornecido pela instituição financeira, ao passo que a duplicata deve seguir as regras de padronização do Conselho Monetário Nacional (artigo 27, da LD). Já a Nota Promissória e a Letra de Cambio são consideradas de modelo livre.

Por isso, mesmo em um papel de pão, caso nele conste todos os requisitos da Nota Promissória, por exemplo, o mesmo valerá como um título de crédito nessa modalidade.

Quanto à circulação, o título pode ser nominativo ou ao portador. Nominativo é aquele título que indica quem é o beneficiário do crédito, sendo transmitido, via-de-regra, por endosso, ao passo que o título ao portador é aquele que não identifica o beneficiário, sendo transmitido por mera tradição.

No Brasil estava ocorrendo muito fraude, uma vez que os títulos ao portador estavam sendo transmitido por mera tradição, não identificando os beneficiários intermediários até se chegar ao beneficiário final, razão pela qual muita sonegação fiscal estava ocorrendo. Por isso, a Lei nº. 8021/90 proibiu expressamente a existência no direito brasileiro do título de crédito ao portador. O artigo 907, do CC corrobora tal entendimento ao aduzir que o título de crédito ao portador não pode ser emitido, salvo quando autorizado de forma expressa por lei.

Sendo assim, atualmente o único título de crédito que pode ser emitido ao portador é o Cheque com valor de até R$ 100,00 (cem reais), por expressa autorização legal no artigo 69, da Lei nº. 9069/95.

Os títulos de créditos nominativos, por sua vez, se subdividem em títulos "à ordem" ou "não à ordem". O título "à ordem" é transmitido pelo ato cambiário chamado endosso, segundo o qual quem o pratica transfere a propriedade do titulo a terceira pessoa e também garante seu pagamento. Todavia, caso uma pessoa queira simplesmente transferi-lo sem garantir o pagamento, basta inserir a cláusula "não à ordem", ocasião em que o título poderá circular, mas não por meio de endosso e sim por cessão civil de crédito, ato em que aquele que esta transferindo não garante o pagamento da dívida, ficando responsável apenas pela sua existência.

6. ATOS CAMBIÁRIOS

Os atos cambiários existem para que o título de crédito possa circular, possa ser cobrado, possa ser aceito, possa ser transmitido à outra pessoa etc. Enfim, os atos cambiários são inerentes aos títulos de crédito, de modo que eles existem e são praticados no dia-dia do exercício cambiário.

Os principais atos cambiários que existem são: **Endosso; Aval; Aceite; Protesto**. Cada qual possui sua finalidade principal, sendo, de igual modo, os mesmos voltados a atender aos princípios cambiários, bem como a garantir que o credor tenha as melhores condições possíveis de que possa receber seu crédito na forma e prazo pactuados. Sendo assim, passamos a estuda-los de forma separada a partir de agora.

6.1. Endosso

Endosso é o ato cambiário pelo qual se transmite a propriedade do título e garante seu pagamento. A pessoa que endossa um título é denominada de endossante, ao passo que a pessoa para quem se endossa a cártula é chamada de endossatário.

Com o endosso há a transferência da propriedade do título de crédito. Assim, por exemplo, imagine que João é credor de um cheque na quantia de R$ 500,00 (quinhentos reais). Caso queira transferir a propriedade do título a José, poderá fazê-lo por meio do endosso, ocasião em que ocorrerá a transferência, bem como garantirá o pagamento da quantia inserta na cártula.

Se o proprietário do título quiser transferir a propriedade do mesmo sem garantir o pagamento, deve inserir no documento a clausula "não à ordem", ocasião em que o titulo circulará por meio de cessão civil de crédito e não por endosso, conforme leciona artigo 11, do Decreto nº. 57663/66.

A cessão civil de crédito vem regulada pelos artigos 286 a 298, do Código Civil, tendo como característica a transferência de um direito creditório sem se obrigar o cedente ao pagamento da mesma, respondendo, apenas pela existência do crédito. Conforme visto, no endosso o endossante além de transferir o crédito, também responde pelo pagamento.

Por óbvio que para quem está transferindo a dívida, melhor fazê-lo por meio de cessão civil, ao passo que para aquele que recebe a cártula, melhor recebe-la por meio de endosso.

O endosso deve ser lançado no verso do título, com a assinatura do endossante. O mais correto é que se identifique a pessoa para quem está se transferindo a propriedade do título de crédito. Nessa situação, tem-se o denominado endosso "em preto". Por outro lado, quando o endossante não identifica o endossatário, estamos diante do chamado endosso "em branco".

Muitos se perguntam se há a possibilidade do endosso parcial, ou seja, transferir parcialmente a quantia estampada num título de crédito. Pacífico é de que o endosso parcial é nulo, não podendo existir essa modalidade. Em suma, ou se transfere todo o crédito ou nada, não podendo existir a transmissão parcial. Tal vedação encontra-se legalmente albergada no artigo 12, do Decreto nº. 57663/66, bem como no artigo 912, parágrafo único, do Diploma Civil.

6.1.1. Modalidades de Endosso Impróprio

Como visto, a essência do endosso é a de transferir a propriedade do título de crédito. Todavia, existem duas modalidades que são denominadas de improprias, justamente porque não transferem a propriedade da cártula, mas tão somente conferem uma garantia para quem o recebe ou outorga um poder de cobrança. São elas:

6.1.1.1. Endosso-mandato

Tem-se o endosso mandato quando o proprietário do título o endossa a terceira pessoa para que essa receba a quantia nele estampada em seu nome. Trata-se de uma outorga de poder que o endossante realiza para o endossatário mandatário, na medida em que esse não se torna proprietário do crédito, mas tão somente possui o direito de cobrar a dívida em nome do endossante.

Para que se tenha o endosso na modalidade mandato, necessário se faz que conste a cláusula "por procuração" ou "valor a cobrar" ou "para cobrança", conforme leciona artigo 18, do Decreto nº. 57663/66.

6.1.1.2. Endosso-caução

O endosso caução ocorre quando se pretende dar um título de crédito em garantia ao pagamento de uma dívida. Por exemplo, prática muito usual em nosso cotidiano é a dos hospitais exigirem na entrada do paciente que será internado um cheque denominado de caução, a fim de cobrir a despesas médicas mínimas que o paciente possa necessitar.

Para que exista essa modalidade de endosso impróprio, necessário se faz que na cártula conste a menção de "valor em garantia", ou "por garantia de", ou "por penhor", conforme leciona artigo 19, do Decreto nº. 57663/66.

6.2. Aval

A natureza do título de crédito é a de entregar uma cártula ao credor e fazer com que esse a receba tendo a certeza de que o crédito ali estampado será adimplido como se dinheiro fosse.

Pois bem, não é a toa que todas as regras cambiárias convergem no sentido de colocar devedores coobrigados ao pagamento do título. Basta ver o endosso, em que o endossante se responsabiliza solidariamente com o emitente do título pelo seu pagamento.

Não para por ai, caso o credor ainda não esteja aberto para receber um título de crédito, poderá exigir um avalista para garantir o pagamento. Desse modo, o aval nada mais é do que o ato cambiário em que terceira pessoa se obriga solidariamente com o avalizado pelo pagamento da dívida.

A pessoa que dá o aval é chamada de avalista, ao passo que a pessoa que se avaliza é conhecida como avalizado. O aval é uma obrigação autônoma. Assim sendo, se a obrigação do avalizado estiver viciada, o aval continua válido. De igual modo, o avalista se obriga solidariamente com o avalizado pelo pagamento da dívida, o que significa dizer que não existe ordem de preferencia, podendo o credor cobrar diretamente o avalista, antes de cobrar seu avalizado.

Para ser dado o aval basta uma mera assinatura do avalista no anverso do título. Todavia, o aval também pode ser dado no verso, desde que conste o termo "por aval".

Atentemos agora para um assunto que pode ensejar perguntas nos exames de ordem e nos de concursos públicos: É possível ser dado em um título de crédito o aval parcial?

O aval parcial nada mais é do que garantir parte do pagamento da dívida. O aval é uma garantia pessoal, em que terceira pessoa (avalista) garante o pagamento de uma dívida. Sendo assim, imaginemos, por exemplo, um título de crédito com valor de R$ 10.000,00 (dez mil reais). Seria possível o avalista garantir apenas metade desse valor?

Para responder a essa pergunta, temos que nos atentar para as legislações específicas dos quatro principais títulos de crédito (letra de câmbio; nota promissória; cheque e duplicata).

Foi visto no inicio desse capítulo que o Código Civil se aplica em caráter supletivo aos títulos de crédito, sendo utilizado quando não exista uma lei especifica ou quando essa for omissa em determinado assunto.

Nesse interim, o artigo 897, parágrafo único, do Diploma Civil aduz ser vedado o aval parcial. Por outro lado, o artigo 30, do Decreto nº. 57663/66, legislação específica que rege a letra de câmbio e a nota promissória, permite expressamente o aval parcial. De igual modo, o artigo 29, da Lei nº. 7357/85 (Lei do Cheque) permite expressamente o aval parcial dado num cheque. Por fim, a Lei de Duplicata (Lei nº. 5474/68) é omissa com relação ao aval parcial, no entanto o artigo 25 dessa legislação explicita serem aplicáveis em caráter supletivo as regras do Decreto nº. 57.663/66, legislação essa que permite o aval parcial.

Por todo exposto, conclui-se que apesar de o Código Civil proibir o aval parcial, nos quatro principais títulos de crédito ele é permitido, em virtude de autorização inserida em lei específica.

6.2.1. Aval x Fiança

Há muita confusão sobre os institutos do aval e da fiança, principalmente para os examinandos da OAB e de concursos públicos. Todavia, insta ressaltar que são institutos de garantia pessoal, mas suas semelhanças param por ai, sendo suas essências diversas, razão pela qual passamos a apontar as principais.

A Fiança é uma garantia civil dada em contratos, muito utilizada no contrato de locação, por exemplo. Está disciplinada nos artigos 818 a 839, do Código Civil. Nela há responsabilidade subsidiária do fiador. Assim sendo, o fiador só será responsável pelo pagamento em caso de inadimplemento do devedor principal, salvo houver renuncia expressa desse beneficio de ordem, conforme já estudado.

Na fiança, caso a obrigação principal seja nula ou defeituosa, a fiança também o será e não será exigível. Por exemplo, fiança para garantir pagamento de dívida de jogo.

Por fim, a fiança pode ser conceituada como contrato acessório que segue, portanto, a sorte do principal.

O aval é um ato cambial em que o avalizado garante que pagará a dívida estampada em determinado título de crédito. O aval é uma garantia pessoal aposta em um título de crédito (cheque; nota promissória; duplicata etc), em que o avalista se obriga solidariamente com seu avalizado, ou seja, não há subsidiariedade no aval, de modo que o credor poderá cobrar diretamente o devedor principal ou o avalista.

No aval a obrigação do avalista é solidária ao contrário da fiança que é subsidiária.

No aval, por ser um ato cambiário, trata-se de uma obrigação autônoma e não acessória como é a fiança. Assim se a obrigação principal estiver maculada, o aval ainda ser exigível.

Fiança	Aval
Garantia pessoal dada em contrato civil	Garantia pessoal dada em títulos de crédito (ato cambiário)
Contrato acessório	Obrigação autônoma
Responsabilidade subsidiária	Responsabilidade Solidária

6.2.2. Modalidades de Aval

Basicamente o aval pode ser sucessivo ou simultâneo. O aval sucessivo se dá quando se tem uma cadeia de avalistas em que um avaliza o outro. Por exemplo, imagine um cheque emitido por José, avalizado por João, avalista esse que foi avalizado por Joaquim, que foi avalizado por

Benedito. Nessa situação, percebe-se nitidamente que um avalista está avalizando o outro, numa cadeia sucessiva, por isso, aval sucessivo.

Por outro lado, o aval simultâneo é aquele em que dois ou mais avalistas simultaneamente avalizam o mesmo avalizado. Por exemplo: Um cheque emitido por João e avalizado ao mesmo tempo por Joaquim e José.

Ricardo Negrão discorre com propriedade sobre o tema ao aduzir que:

> "Dois conceitos finalizam o estudo do aval: o que decorre da possibilidade de existir múltiplos avais para garantir uma mesma obrigação – avais simultâneos – e o que surge da ideia de um aval garantir outro aval – avais sucessivos.
>
> São simultâneos os avais prestados por varias pessoas à obrigação assumida por devedor ou devedores que se encontram na mesma posição. (...)
>
> (...)
>
> São sucessivos os avais dados ao avalista do título – aval de aval". (NEGRÃO, Ricardo. *Manual de Direito Comercial e de Empresa. v.2.* São Paulo: Saraiva 2010, p.92 e 93.

No aval simultâneo tem-se a solidariedade disciplinada no Código Civil, na medida em que pode se exigir o adimplemento integral da dívida de qualquer avalista, tendo esse direito de regresso contra os outros avalistas e contra o devedor principal.

Por fim, o aval que não identifica quem é o avalizado é conhecido como aval "em branco". Quando se têm vários avais em branco e superpostos considera-se que os mesmos são simultâneos e não sucessivos.

Tal entendimento foi pacificado pela súmula 189, do STF que aduz "Avais em branco e superpostos consideram-se simultâneos e não sucessivos"

6.3. Aceite

É o ato cambiário pelo qual aquela pessoa que recebe a ordem de pagamento a aceita. Existe apenas na Letra de Cambio e na Duplicata Mercantil, de modo que é facultativo na Letra e obrigatório da Duplicata Mercantil.

O aceite será mais bem estudado quando se falar especificadamente da Letra de Câmbio e da Duplicata mercantil. Na oportunidade, teremos a oportunidade de analisar a peculiaridade como o aceite se apresenta em cada um desses títulos de crédito.

6.4. Protesto

É o ato formal e solene pelo qual se comprova o não pagamento de um título de crédito na data aprazada. É regido por lei especial, qual seja: Lei 9492/97.

O protesto na letra de câmbio pode se dar também pela falta de aceite e na duplicata mercantil por falta de aceite ou de devolução.

O protesto, em regra, é necessário para se cobrar os endossantes e os avalistas dos endossantes, mas não é necessário para se cobrar o devedor principal e seu avalista.

O protesto também será analisado de forma mais peculiar quando se falar dos títulos de crédito em espécie, oportunidade em que veremos como esse ato cambiário se apresenta em cada modalidade de título.

XIII TÍTULOS DE CRÉDITO EM ESPÉCIE

1. LETRA DE CÂMBIO

Certo é que a letra de câmbio não é muito utilizada em dias atuais, tendo em vista o surgimento do cheque. No entanto, ela existe e pode ser emitida, razão pela qual passamos a estuda-la agora.

A Letra de Câmbio tem seu surgimento na idade média. Naquela época, não se tinha uma moeda forte, única, mas, sim, feudos divididos com sua organização política e muitas vezes com sua própria moeda. Isso dificultava a vida dos mercadores, que vendiam seus produtos em outras localidades e eram pagos em moedas que não eram aceitas na localidade de sua residência.

Sendo assim, naquela oportunidade, para facilitar a atividade mercantil, os bancos das diferentes regiões mantinham um acordo, que consistia em pagar o mercador com a moeda local de sua residência. A relação se dava da seguinte maneira: O mercador vendia seus produtos em uma localidade diversa de sua residência. Como consequência iria pegar a moeda daquela região. No entanto, antes de voltar para sua casa, dirigia-se a uma instituição financeira local e ali depositava o que fora arrecadado. Em troca, o banco emitia um papel (título de crédito) que lhe dava o direito de apresentar essa cártula na instituição financeira de sua residência e lá trocar esse papel pela moeda local de sua moradia. Por isso o nome Letra de Câmbio.

Percebe-se então que na letra de câmbio surge uma relação trilateral.

Sacador: aquela pessoa que emite a letra; aquele que profere a ordem de pagar determinada quantia;

Sacado: aquela pessoa que recebe a ordem;

Beneficiário: aquela pessoa a quem o dinheiro deve ser pago.

Geralmente o sacador era o banco no qual o mercador depositava as moedas, o sacado era a instituição financeira que deveria pagar o mercador em sua localidade e o beneficiário o próprio mercador.

1.1. Aceite na Letra de Câmbio (artigos 21 a 29, do Decreto 57663/66)

Ciente de que a letra de cambio é uma ordem de pagamento dada pelo sacador dirigida ao sacado, necessário se faz presença do aceite desse, uma vez que só estará obrigada a pagar o título caso aceite a ordem.

Portanto, existe o aceite na letra de cambio, de modo que ele é facultativo, ou seja, o sacado aceite a ordem se quiser, não tendo nenhuma consequência jurídica contra ele caso a recuse.

Caso o sacado aceite a ordem de pagamento, ele se torna o devedor principal do título; Caso recuse, o devedor principal do título será o sacador, aquela pessoa que emitiu a ordem. Outra consequência, também, da recusa é a de que ocorre o vencimento antecipado da dívida.

O aceite pode ser parcial, de modo que o sacado se obriga a pagar apenas uma quantia parcial da ordem. Desse modo, se tornará devedor principal apenas na quantia que aceitou, de modo que o sacador continua devedor principal pelo restante não aceito.

O sacado pode se arrepender de ter dado o aceite, momento em que poderá riscar o seu nome e isso será entendido como recusa do aceite. No entanto, apenas pode se arrepender até o momento da devolução do título para o beneficiário.

1.2. Requisitos da Letra de Câmbio

Vimos quando tratamos da classificação dos títulos de crédito, que a Letra de Câmbio é um título não causal, ou seja, pode ser emitida por qualquer motivo, bem como de modelo não vinculado, não trazendo a lei nenhuma especificação técnica de elaboração para a formação de uma letra.

Por isso, para que se nasça uma letra de câmbio basta a existência de qualquer papel que conste os seguintes requisitos, conforme disciplina artigo 1º, do Decreto 57663/66:

1. A PALAVRA LETRA DE CÂMBIO

2. ORDEM DE PAGAMENTO INCONDICIONADA

3. O NOME DA PESSOA QUE ESTÁ EMITINDO A LETRA (SACADOR)

4. O NOME DA PESSOA QUE DEVE PAGAR A LETRA (SACADO)

5. O NOME DA PESSOA QUE DEVE RECEBER A LETRA (BENEFICIÁRIO)

6. O LUGAR DO PAGAMENTO
7. A DATA DO PAGAMENTO
8. A ASSINATURA DO SACADOR.

1.3. Vencimento da Letra

Em regra a Letra de Cambio possui seu vencimento a dia certo, ou seja, o sacador estipula uma data certa para o vencimento do crédito. Por exemplo: referida letra de câmbio vencerá no dia 20 de janeiro de 2011.

No entanto, a Letra também pode ter seu vencimento a vista, situação na qual vencerá na data de apresentação para o sacado, pois no momento em que ele tiver vista do título, estará o mesmo vencido; Pode também, ter vencimento a certo tempo de vista, em que será fixado um prazo de vencimento, contado da vista do sacado, como, por exemplo: tal letra vence 15 dias após a vista do sacado. Assim, no dia que se der a vista do sacado, começa a se contar o prazo de vencimento.

Por fim, a letra pode ter vencimento a certo tempo de data, em que se fixa um prazo para seu vencimento. Por exemplo: tal letra vencerá dentro de seis meses.

1.4. Protesto

Como visto, para que sejam cobrados os endossantes e seus avalistas, necessário se faz que o título esteja protestado. Caso contrário, o credor poderá cobrar apenas o devedor principal e seu avalista.

Assim sendo, qual o prazo para protestar o título:

O artigo 44, do Decreto 57663/66 leciona no sentido de possuir o credor um prazo de dois dias úteis para realizar o protesto. Caso não pratique, apenas poderá cobrar o título do devedor principal e seu avalista.

Obs.: o protesto só não é necessário caso o titulo contenha a clausula “sem despesas”.

1.5. Prazo para execução da Letra.

O Credor possui um prazo de 03 anos, contados do vencimento do título, para cobrar o devedor principal e seu avalista; um ano, contados do protesto, para cobrar os endossantes e seus avalistas; aquele que pagar o título possui um prazo de 06 meses para ingressar com ação de regresso.

2. NOTA PROMISSÓRIA

A Nota Promissória, diferentemente das outras modalidades de títulos de crédito, se apresenta como sendo uma promessa de pagamento e não uma ordem de pagamento.

Trata-se de uma cambiária na qual o promitente promete ao beneficiário pagá-lo em uma determinada quantia em uma data aprazada.

A Nota Promissória é muito utilizada em dias atuais. Sua emissão gera uma relação bilateral: quem promete (promitente); quem recebe a promessa (beneficiário).

Ela está regida na mesma legislação da Letra de Câmbio, qual seja: Decreto 57663/66, estando disciplinada nos artigos 75 a 78 dessa norma, de modo que a nota promissória utilizará muitas disposições da letra de câmbio, tais como prazo para protesto, prazo para ingresso da ação executiva etc.

Visto está que a Promissória gera uma relação bilateral, logo não existe aceite nessa modalidade de título de crédito, pois o devedor principal é o próprio promitente, ou seja, aquela pessoa que está emitindo a promessa e já está se comprometendo a pagá-la.

Obs.: Aplica-se a Nota Promissória todas as disposições já estudadas sobre endosso e aval.

Já foi visto que o protesto é o ato formal e solene pelo qual se comprova o inadimplemento de uma dívida, de modo que ele será necessário para se cobrar os endossantes e os avalistas desses, mas facultativo para se cobrar o devedor principal e seu avalista. Assim, o prazo de protesto da nota promissória é o mesmo já estudado para a Letra de Câmbio, qual seja: dois dias úteis (Artigo 44, do Decreto 57663/66).

O prazo para o ingresso da ação executiva é o mesmo da Letra de Câmbio, qual seja:

3 anos, contados do vencimento da dívida para se cobrar o devedor principal;

1 ano, contado do protesto para se cobrar os endossantes e seus avalistas;

6 meses para quem pagou o título cobrar em regresso, contados do efetivo pagamento.

2.1. Classificação

A Nota Promissória se classifica como sendo um título não causal, pois não precisa de uma causa pré-determinada para nascer, nominativa, pois deve identificar o nome do beneficiário e de modelo livre, pois a lei não traz nenhuma vinculação quanto ao seu modelo, podendo essa ser emitida em qualquer papel.

2.2. Requisitos para emissão de Nota Promissória (artigo 75, do Decreto 57663/66).

O primeiro requisito para que se emita uma Nota Promissória é que a mesma deve vir estampada num papel, cártula. Pode ser qualquer tipo de papel.

Na sequencia, basta inserir o título Nota Promissória, o nome do promitente e do beneficiário, o local do pagamento, a data do pagamento, o valor a ser pago e o local de sua emissão.

2.3. Nota Promissória Vinculada a um Contrato

Vem surgindo na atualidade uma nova modalidade de nota promissória, a qual sempre virá atrelada a um contrato.

Note que os títulos de crédito são títulos executivos, portanto são mais fáceis de serem cobrados em juízo, pois basta o ingresso de uma ação de execução;

Por outro lado, o contrato por si só não é um título executivo, necessitando da assinatura de duas testemunhas para que adquira esse status, mas, por vezes, os contratantes não conseguem essas assinaturas.

Assim sendo, imagine um contrato de empréstimo em que o particular realiza com uma agência bancária, emprestando a quantia de cinquenta mil reais. Imagina agora que o empréstimo não vem sendo quitado. Numa situação como essa, para se cobrar o mutuário em juízo, o mutuante poderá apenas ingressar com uma ação de conhecimento, na qual terá que provar o seu direito para só depois cobrá-lo. Por outro lado, se tivesse um título executivo, bastasse que ingressasse com uma execução, na qual o direito já está provado, bastando apenas satisfazê-lo.

Sendo assim, numa situação como essa, pode-se emitir uma nota promissória vinculada a esse contrato, de modo que o descumprimento do mesmo enseja a possibilidade da parte lesada ingressar com uma ação de execução para cobrar o contrato.

Obs.: note que a nota promissória vinculada a um contrato, diferentemente da nota promissória comum, se apresenta como um título causal, pois só pode nascer se estiver atrelada a um contrato já existente.

3. CHEQUE

Não há dúvidas de que um dos títulos mais utilizados em dias atuais é o cheque. No entanto, percebe-se nitidamente que o mesmo vem caindo em desuso, haja vista a introdução e, principalmente, a maciça difusão dos meios de pagamento eletrônicos existentes no mercado, tais como os cartões de crédito e débito.

Certamente a tendência é a de que ao longo dos anos o cheque vá se tornando um instrumento jurídico cada vez menos utilizado, muito embora dificilmente seja extinto totalmente.

Regulado pela Lei nº. 7357/85, o cheque é um título de crédito que contém uma ordem de pagamento à vista, muito embora, como se verá adiante, seja de costume popular a emissão de cheques para pagamentos futuros.

Pode ser classificado como sendo um título de crédito não causal, pois não depende de nenhuma causa pré-determinada para que tenha existência, sendo emitido em qualquer situação; Deve ser um título nominativo, identificando seu beneficiário, salvo aquele que contém valor de até R$ 100,00 (cem reais), que pode ser ao portador; É um título de modelo vinculado, na medida em que deve obedecer a certos preceitos para se transformar numa cártula.

No cheque também é perfeitamente possível ser dado o aval parcial, vez que o artigo 29, da Lei 7357/85 autoriza expressamente essa conduta nessa modalidade de título de crédito, não se aplicando, portanto, a vedação inserta no artigo 897, parágrafo único do Código Civil.

3.1. Emissão

Como visto, o cheque pode ser emitido em qualquer situação, tratando-se de um título de crédito não causal.

No momento de sua emissão, o emitente do cheque profere uma ordem para o sacado pagar o beneficiário (credor do título). O sacado, aquele que recebe a ordem para pagar o beneficiário, deve necessariamente ser uma instituição financeira (artigo 3º, da Lei do Cheque). Portanto, nítido se percebe que a emissão do cheque enseja uma relação trilateral entre emitente, sacado (instituição financeira) e beneficiário (credor do cheque).

Importante consignar que mesmo ensejando uma relação trilateral, não há porque se falar em aceite no cheque, uma vez que o sacado jamais irá aceitar ou recusar essa ordem de pagamento, mas tão somente pagará ou não a quantia estipulada no cheque se o emitente tiver fundos em sua conta corrente. Assim sendo, o banco não pratica aceite, tampouco se torna devedor do cheque, simplesmente pagando ou não caso o emitente tenha ou não dinheiro em sua conta corrente.

3.2. Requisitos

Para que o cheque nasça com validade, deverá conter em sua cártula os seguintes requisitos preceituados no artigo 1º, da Lei 7357/85, quais sejam: a denominação ''cheque'' inscrita no contexto do título e expressa na língua em que este é redigido; a ordem incondicional de pagar quantia determinada; o nome do banco ou da instituição financeira que deve pagar (sacado); a indicação do lugar de pagamento; a indicação da data e do lugar de emissão; a assinatura do emitente (sacador), ou de seu mandatário com poderes especiais; a assinatura do emitente ou a de seu mandatário com poderes especiais pode ser constituída, na forma de legislação específica, por chancela mecânica ou processo equivalente.

Preceitua ainda o artigo 2º, de supracitada lei que o título, a que falte qualquer dos requisitos enumerados no artigo precedente não vale como cheque, salvo nos casos determinados a seguir: na falta de indicação especial, é considerado lugar de pagamento o lugar designado junto ao nome do sacado; se designados vários lugares, o cheque é pagável no primeiro deles; não existindo qualquer indicação, o cheque é pagável no lugar de sua emissão; não indicado o lugar de emissão, considera-se emitido o cheque no lugar indicado junto ao nome do emitente.

3.3. Modalidades

O cheque possui algumas modalidades, sendo elas:

3.3.1. Administrativo

O cheque administrativo é aquele em que a instituição financeira figura como emitente e sacado. Trata-se de uma modalidade de título muito aceita e segura, em virtude da solidez das instituições financeiras existentes no Brasil. Afinal, quem não gostaria de possuir um cheque emitido por um banco? Certamente o mesmo não irá voltar sem fundos.

O cheque administrativo já foi muito utilizado para o pagamento de despesas dos funcionários dos próprios bancos, os quais, por exemplo, viajam para participar de um curso custeado pela instituição financeira, a qual emitia um cheque contra ela mesma, para ser custear as despesas.

3.3.2. Visado

Foi visto que o cheque é uma ordem de pagamento que o emitente faz para que o banco em que possua conta pague o credor. Todavia, o banco jamais aceitará ou recusará essa ordem de pagamento, simplesmente se limitando a obedecer tal ordem se o emitente possui ou não fundos em sua conta corrente. Sendo assim, qual a certeza que o beneficiário (credor) do título possui em saber se aquela cártula realmente vai ser paga ou não?

Tendo em vista essa insegurança jurídica, principalmente nos cheques que demandam alta quantia, o artigo 7º, da Lei 7357/85 prevê a figura do cheque visado. Nele, o portador ou o emitente do cheque pode requerer que a instituição financeira dê um visto no cheque confirmando que o mesmo possui fundo e que será descontado.

Nessa situação, o sacado (banco) não se torna obrigado pelo pagamento do título, mas simplesmente reserva o dinheiro da conta do emitente até o término do prazo de apresentação, que pode variar de trinta ou sessenta dias, dependendo se são de mesma praça ou não, como se estudará adiante.

O credor que recebe um cheque visado se sente seguro, pois sabe que o emitente possui fundos no banco para o pagamento do cheque e que a instituição financeira reservará esse dinheiro da conta do emitente para o adimplemento do mesmo até o final do término do prazo de apresentação.

É um modelo de cheque muito utilizado na compra e venda de veículos, ocasião em que, provavelmente, quando o comprador passar um cheque, a concessionária requisitará para que o mesmo seja visado pelo banco, tendo, então, a certeza de que existem fundos suficientes para ser pago.

3.3.3. Cheque cruzado

Previsto nos artigos 44 e 45, da Lei 7357/85, o cheque cruzado adquire esse status quando se apostar na cártula dois traços transversais em seu anverso (frente do título). O cruzamento pode ser geral, quando não se prevê o nome de nenhum banco entre os traços ou especial, quando se estipula um banco especifico entre os traços.

O cruzamento geral pode se tornar especial, bastando a inclusão do nome de uma instituição financeira entre os traços, mas o cruzamento especial não poderá se tornar geral.

Aduz o artigo 45, da Lei 7357/85 que cheque com cruzamento geral só pode ser pago pelo sacado a banco ou a cliente do sacado, mediante crédito em conta. O cheque com cruzamento especial só pode ser pago pelo sacado ao banco indicado, ou, se este for o sacado, a cliente seu, mediante crédito em conta. Pode, entretanto, o banco designado incumbir outro da cobrança.

Assim sendo, o cheque cruzado só pode ser pago a um banco ou a um cliente desse banco, creditando a quantia do cheque na conta corrente do beneficiário; Já o cheque com cruzamento especial só poderá ser pago pelo sacado ao banco indicado no cruzamento ou a um cliente desse banco, também mediante crédito em conta.

3.3.4. Cheque para ser creditado em conta

Previsto no artigo 46, da Lei 7357/85, referida modalidade de cheque aduz no sentido de que o mesmo só poderá ser pago mediante pagamento com crédito em conta. Para que o cheque seja dessa modalidade, basta a inserção da cláusula "para ser creditado em conta" entre os dois traços transversais apostos no anverso (frente do título).

3.4. Apresentação, pagamento e execução

O cheque é uma ordem de pagamento à vista, assim sendo, o beneficiário do mesmo terá um prazo estipulado em lei para apresenta-lo ao banco sacado para o seu pagamento. Esse prazo é de trinta dias, caso o cheque seja de mesma praça, ou seja, tenha sido emitido no mesmo lugar em que deva ser pago. Por exemplo: Joaquim possui conta numa agência bancária da cidade de Cruzeiro – São Paulo, emitindo um cheque nessa localidade, constando no momento da emissão que está passando o cheque nessa cidade; Por outro lado, o prazo de apresentação é de sessenta dias se o cheque for emitido em praça diferente de onde deva ser pago. Por exemplo: Joaquim, que possui conta em uma agencia bancária de Cruzeiro – SP, no momento do preenchimento do cheque, identifica que o está passando na cidade de Guaratinguetá -SP (artigo 33, da Lei do Cheque).

O cheque deve ser apresentado em tempo hábil, caso contrário o credor perderá o direito de cobrar os endossantes e seus avalistas, conservando apenas o direito de executar o devedor principal e seus avalistas, conforme leciona artigo 47, incisos I e II, da Lei 7357/85.

O prazo para se ingressar com a execução do cheque é de seis meses, contados após o término do prazo de apresentação que, como vimos, pode ser de trinta ou sessenta dias (artigo 59, da Lei do Cheque).

Perceba que para o cheque, é indispensável o protesto do título para se cobrar tanto o devedor principal e seu avalista, quanto os endossantes e seus avalistas, bastando que o sacado (banco) dê uma declaração na própria cártula que o título voltou sem fundos.

3.5. Cheque pré-datado

Certo é que o cheque é uma ordem de pagamento à vista. Desse modo, ainda que fique estipulado que o mesmo será pago em uma data futura, o credor pode se dirigir imediatamente a uma instituição financeira e descontá-lo. Se tiver fundos o banco irá pagar; se não tiver, o banco irá devolvê-lo por falta de provisão de dinheiro em conta corrente.

O cheque pré-datado é um costume jurídico e não lei. Por isso, não é de obedecimento obrigatório. No entanto, caso fique pactuado que o cheque é pré-datado e mesmo assim o credor apresente antecipadamente o título, pode essa atitude ensejar danos morais, caso a apresentação antecipada cause algum constrangimento ao emitente, como, por exemplo, a devolução da cártula sem fundos. Tal entendimento está pacificado e sumulado pela sumula 370, do Superior Tribunal de Justiça.

4. DUPLICATA MERCANTIL

A duplicata mercantil é um título de crédito causal, podendo nascer em virtude de uma compra e venda mercantil ou mediante a prestação de um serviço. Está regida pela Lei nº. 5474/68 (Lei de Duplicatas Mercantis), que traz em seu artigo 2º, §1º, os requisitos necessários que deverão constar na cártula, quais sejam: a denominação "duplicata", a data de sua emissão e o número de ordem; o número da fatura; a data certa do vencimento ou a declaração de ser a duplicata à vista; o nome e domicílio do vendedor e do comprador; a importância a pagar, em algarismos e por extenso; a praça de pagamento; a cláusula à ordem; a declaração do reconhecimento de sua exatidão e da obrigação de pagá-la, a ser assinada pelo comprador, como aceite, cambial; a assinatura do emitente.

No momento da formalização da venda ou da prestação de serviços, é comum que o empresário emita uma fatura discriminando quais foram os serviços que prestou ou os produtos que vendeu. Assim, por exemplo, caso o fornecedor envie para o lojista 100 caixas de cervejas da marca X, ele poderá emitir uma fatura discriminando pormenorizadamente quais os produtos foram enviados, a quantidade enviada e o valor dos mesmos.

Com base nessa fatura o vendedor poderá emitir a Duplicata Mercantil, que nada mais é do que uma duplicidade da fatura discriminatória da compra e venda ou da prestação de serviço. Por isso, a Duplicata só poderá ser extraída lastreada numa dessas duas situações apresentadas acima.

É certo que a emissão de duplicata é facultativa, no entanto, caso não queira emiti-la, o vendedor não poderá lançar mão de nenhum outro documento para comprovar a existência do débito e, consequentemente, cobrá-lo, conforme leciona artigo 2º, da LD.

4.1. Emissão e Remessa

Emitida a duplicata, o vendedor deverá encaminhá-la para o aceite do comprador no prazo de 30 dias, conforme leciona artigo 6, §1º, da LD. No entanto, caso prefira encaminhar essa duplicata por meio de uma instituição financeira, essa terá o prazo de 10 dias para remessa.

Recebida a duplicata, o comprador possui um prazo de 10 dias para aceita-la e devolvê-la ao vendedor (artigo 7º, da LD). Consigna-se que o aceite da duplicata é obrigatório uma vez que o comprador já recebeu as mercadorias ou já teve a prestação do serviço disponibilizada.

No entanto, poderá recusar o aceite apenas de forma justificada, amparado em uma das situações previstas no artigo 8º, quais sejam: mercadorias avariadas; mercadorias que chegaram em menor quantidade; mercadorias que chegaram fora do prazo ou fora do preço pactuado.

4.2. Duplicata de prestação de serviços

Vimos no inicio da aula que o artigo 20, da LD autoriza a extração desses títulos de crédito com base numa prestação de serviços. Contudo há de se ter muito cuidado sobre quais prestadores de serviços poderão emitir a duplicata mercantil.

Aduz a legislação que apenas os empresários individuais, as sociedades empresárias, as fundações e as sociedades simples poderão emitir a duplicata por prestação de serviços.

Foi estudado no primeiro semestre desse ano que, em regra, os profissionais intelectuais, tais como médicos, dentistas, nutricionistas etc., não são considerados empresários, não podendo, portanto, emitir duplicata mercantil em virtude de seus serviços prestados.

A mesma Lei 5474/68 atribui a esses profissionais a emissão de fatura ou conta de serviço, que tecnicamente não pode ser chamado de duplicata mercantil (artigo 22, da LD).

4.3. Boleto Bancário X Duplicata Mercantil

Muitos vendedores têm preferido emitir boleto bancário para materializar uma dívida lastreada numa compra e venda ou numa prestação de serviço ao invés de extrair o título de crédito previsto na Lei 5474, qual seja: Duplicata Mercantil.

Fazem isso para se tornar mais fácil e mais rápida a cobrança de seus clientes, uma vez que enviem simultaneamente a compra e venda todas as informações dessa para uma instituição financeira, que, por sua vez, emite os boletos bancários para os devidos pagamentos.

A grande discussão surge no sentido de um provável não pagamento desses boletos. Numa situação como essa, poderia o credor protestar o título e executar um documento que a lei não atribui força executiva?

A resposta mais acertada seria a de que não, já que não há nenhum dispositivo legal atribuindo força executiva ao boleto bancário que, tecnicamente não se confunde com a duplicata mercantil, apesar de ter sido vulgarmente chamado de Duplicata Virtual.

No entanto não é esse o posicionamento que o STJ adota a respeito, corte que dá força executiva ao boleto bancário praticamente. Para se firmar nesse entendimento, o STJ aduz no sentido de que caso a duplicata seja retida pelo comprador, o artigo 15 autoriza que o credor possa fazer o chamado protesto por indicações, ou seja, possa protestar uma duplicata mesmo que não se encontre com ela em mãos, pois o comprador a reteve de forma injustificada. De modo que bastará esse protesto por indicações, junto com o comprovante de entrega de mercadorias para se executar uma duplicata, não necessitando dela propriamente dita.

Parece-nos óbvio essa disposição legal do artigo 15, da Lei 5474/68, no sentido de que o vendedor poderá protestar com base nas informações por ele passadas, mesmo sem estar com a duplicata em mãos. No entanto, a lei é clara ao prever tal protesto quando o vendedor extrair a duplicata, encaminhá-la ao comprador e esse, injustificadamente, não aceitar, a reter ou a destruir, visando lesar o vendedor.

No caso do boleto bancário, sequer houve emissão de uma duplicata, o que dirá o envio da mesma para aceite do comprador, o que dirá recusa desse em pagar, tampouco algum ato fraudulento de reter a cártula.

Dessa forma, o que muitos empresários tem feito é se valer de uma brecha na legislação para dar força executiva ao boleto bancário, de modo que esse prática, infelizmente veio a ser corroborada pelo STJ, conforme jurisprudência abaixo:

> Processo: REsp 1024691 PR 2008/0015183-5. Relator (a): Ministra NANCY ANDRIGHI. Julgamento: 22/03/2011 Órgão Julgador: T3 - TERCEIRA TURMA Publicação: DJe 12/04/2011
>
> **Ementa**
>
> EXECUÇÃO DE TÍTULO EXTRAJUDICIAL. DUPLICATA VIRTUAL. PROTESTO PORINDICAÇÃO. BOLETO BANCÁRIO ACOMPANHADO DO COMPROVANTE DE RECEBIMENTODAS MERCADORIAS. DESNECESSIDADE DE EXIBIÇÃO JUDICIAL DO TÍTULO DECRÉDITO ORIGINAL.
>
> 1. As duplicatas virtuais - emitidas e recebidas por meio magnético ou de gravação eletrônica - podem ser protestadas por mera indicação, de modo que a exibição do título não é imprescindível para o ajuizamento da execução judicial. Lei 9.492/97.

> 2. Os boletos de cobrança bancária vinculados ao título virtual, devidamente acompanhados dos instrumentos de protesto por indicação e dos comprovantes de entrega da mercadoria ou da prestação dos serviços, suprem a ausência física do título cambiário eletrônico e constituem, em princípio, títulos executivos extrajudiciais.
>
> 3. Recurso especial a que se nega provimento.

4.4. Protesto

A Duplicata poderá ser protestada por falta de aceite, de pagamento ou de devolução (artigo 13, da LD).

Certo é que se o credor não protesta a duplicata pela falta de aceite ou de devolução, ainda assim poderá protestá-la por falta de pagamento.

O prazo para o protesto da Duplicata é de 30 (trinta) dias, contados do vencimento do título, de modo que caso essa formalidade não seja obedecida, o credor perderá o direito executório contra os endossantes e os avalistas desse, conservando esse direito apenas contra o devedor principal e seu avalista.

Certo é que no momento em que o vendedor envia a duplicata para o comprador, esse poderá adotar três possíveis caminhos: aceitar e devolver o título; devolver sem aceitar; não devolver e reter o título ou rasga-lo.

Caso essa última situação ocorra, o vendedor poderá protestar o título por falta de devolução, fazendo o protesto por indicações, uma vez que indicará ao cartório o que constava na duplicata. Para tanto, deverá acompanhar o protesto com o comprovante de entrega de mercadorias.

4.5. Execução

O prazo executório da duplicata mercantil é de três anos, contados do vencimento para se cobrar o devedor principal e seu avalista; de um ano, contados do protesto para se cobrar os endossantes e seus avalistas; um ano contado do pagamento para ação de regresso (artigo 18, LD).

4.6. Triplicata

O artigo 23, da Lei 5474/68 faculta ao vendedor emitir a triplicata, sempre que a duplicata se extraviar ou se perder. Consigna-se que a triplicata também poderá ser emitida no caso de retenção injustificada da duplicata pelo comprador.

XIV PROPRIEDADE INDUSTRIAL

1. NOÇÕES INTRODUTÓRIAS

Certamente um dos principais temas relacionados ao Direito Empresarial é a Propriedade Industrial, que regula basicamente todas as atividades inventivas destinadas à exploração econômica, bem como protege os sinais distintivos da marca e, também, o desenho industrial.

Inconcebível pensar numa sociedade empresária moderna que não protege os bens da propriedade industrial, uma vez que eles são os motivadores para o desenvolvimento e o aperfeiçoamento de toda tecnologia, bem como servem para identificar produtos e serviços.

O Brasil, assim como outros mais de 130 países espalhados pelo mundo, é signatário da Convenção da União de Paris (1883), tratado internacional que traçou regras de proteção entre os países membros, conferindo entre eles tratamento de reciprocidade no que tange a proteção à invenção, ao modelo de utilidade, à marca e ao desenho industrial.

A Convenção de Paris, realizada no ano de 1883, praticamente deu origem a nossa legislação interna que rege o tema, qual seja: Lei 9279/96 (Lei de Propriedade Industrial).

Referida legislação, em seu artigo 5º, considera os bens protegidos por ela como sendo móveis, vejamos: **Art. 5º Consideram-se bens móveis, para os efeitos legais, os direitos de propriedade industrial.**

Antes de analisarmos a finco os bens que são protegidos pela propriedade industrial, mister diferenciarmos esse instituto do direito autoral.

De uma forma genérica temos o ramo da Propriedade Intelectual, que protege todos aqueles bens que nascem da criação do intelecto humano. Assim sendo, a Propriedade Intelectual é o gênero, do qual decorrem duas espécies, quais sejam: **Direito Autoral e Propriedade Industrial.**

O Direito Autoral, estudado na disciplina de Direito Civil, regido pela Lei nº. 9610/98, protege as criações do intelecto humano que visam enriquecer o mundo científico, artístico, literário e cultural. Não possui, por si só, uma função dominante econômica, muito embora o autor de uma obra ou o compositor de uma música vá ganhar dinheiro com ela. No Direito Autoral a finalidade principal não é essa, mas, sim, a de enriquecer culturalmente o mundo em suas diferentes artes.

São exemplos de criações do intelecto humano que são protegidos pelo Direito Autoral as músicas, os livros, as peças de teatro, os filmes, entre outros.

A Propriedade Industrial também é uma espécie da Propriedade Intelectual, mas que regula as criações do intelecto humano que possuem a função basilar mercantil, de exploração econômica e exclusiva do seu inventor ou criador para auferir lucro. São bens protegidos pela Propriedade Industrial, segundo artigo 2º, da Lei nº 9279/96, a invenção, o modelo de utilidade, a marca e o desenho industrial.

O órgão brasileiro criado para registrar e proteger os bens da Propriedade Industrial é o INPI (Instituto Nacional da Propriedade Industrial), uma autarquia federal.

Dito isso, num primeiro ponto, temos que ter em mente que a Propriedade Industrial, objeto de nosso estudo nesse capítulo, é uma espécie que pertence à Propriedade Intelectual, assim como o Direito Autoral, estudado em outra disciplina do direito, mas ambos protegem bens distintos, com finalidades diferentes, razão pela qual passamos a falar especificadamente sobre a primeira.

2. PATENTES

Um dos bens protegidos pela Propriedade Industrial é a patente, que pode ser de invenção ou de modelo de utilidade.

A patente serve para assegurar ao seu inventor ou aperfeiçoador o direito de explorar econômica e exclusivamente aquele objeto de sua genialidade, pois, caso, contrário, a atividade de pesquisa seria desprestigiada, uma vez que as pessoas perderiam tempo e dinheiro tentando bolar uma nova tecnologia, de modo que essa, quando pronta, poderia ser explorada por todos.

Por óbvio que isso não faz sentido e, por essa razão, há a proteção das patentes de invenção e de modelo de utilidade, estimulando, dessa maneira, a atividade de pesquisa e a descoberta de novas tecnologias.

2.1. Invenção

Todos nós conseguimos ter em mente o que é uma invenção. Associamos esse conceito com algo novo, inédito, que não existe no mundo dos fatos. No entanto, conceituar de uma maneira teórica referido instituto é um tanto mais complexo e abrangente, de modo que a legislação também não conceituou o que seria uma invenção, se limitando, apenas, a traçar os objetos que não são considerados como invenção.

Nesse sentido, Marcelo Bertoldi nos ensina que "o Código de Propriedade Industrial (Lei 9279/96) não apresenta o conceito do que seja invenção – traz isso sim, um critério de exclusão que deve ser utilizado para identifica-la." (BERTOLDI, 2009, p.114).

Por isso, segundo artigo 10, da Lei 9279/96 não podem ser considerados invenção as descobertas, teorias científicas e métodos matemáticos, concepções puramente abstratas, esquemas, planos, princípios ou métodos comerciais, contábeis, financeiros, educativos, publicitários, de sorteio e de fiscalização, as obras literárias, arquitetônicas, artísticas e científicas ou qualquer criação estética, programas de computador em si, apresentação de informações, regras de jogo, técnicas e métodos operatórios ou cirúrgicos, bem como métodos terapêuticos ou de diagnóstico, para aplicação no corpo humano ou animal e o todo ou parte de seres vivos naturais e materiais biológicos encontrados na natureza, ou ainda que dela isolados, inclusive o genoma ou germoplasma de qualquer ser vivo natural e os processos biológicos naturais.

2.2. Modelo de Utilidade

O modelo de utilidade, segundo artigo 9º, da LPI, é todo aperfeiçoamento de uma invenção, fazendo com que essa tenha uma melhoria em sua funcionalidade.

A invenção pode ser considerada algo totalmente novo, como, por exemplo, o carro que foi inventado, ao passo que o modelo de utilidade é uma melhoria significativa na funcionalidade dessa invenção, como, por exemplo, o câmbio automático aplicado aos carros.

2.3. Requisitos da Patenteabilidade

Para que a invenção ou o modelo de utilidade possam ser patenteados por seu criador, necessário que cumpra alguns requisitos preceituados no artigo 8º, da LPI.

O primeiro requisito é o da novidade, ou seja, a invenção ou o modelo de utilidade devem ser algo novo, que não esteja compreendido no estado da técnica. Algo novo é algo que desperte a curiosidade de todos, que não sabem chegar àquele resultado apresentado pelo inventor ou pelo aperfeiçoador.

Caso o objeto da patente seja algo conhecido, não cumprirá o requisito da novidade e, assim, não poderá ser patenteado. Importante salientar que a novidade tem que ser para um expert no assunto, de modo que algo pode ser novo para um leigo, mas não para um entendido naquilo. Assim, tem que despertar a curiosidade dos estudiosos do assunto.

O segundo requisito é o da atividade inventiva, ou seja, aquela criação tem que ter realmente nascido de uma genialidade humana, que não decorra simplesmente de mero estado da técnica. Por exemplo, não tem atividade inventiva alguém que bola hoje um tipo de tecido mais fresco, pois isso decorre claramente de mero estado da técnica, pois, mais cedo ou tarde alguém conseguiria chegar nessa finalidade.

O terceiro e último requisito da Patenteabilidade é o da aplicação industrial. Foi dito no inicio desse capitulo que a Propriedade Industrial protege os bens que nascem do intelecto humano e que possuem o condão de exploração econômica. Assim, de nada adianta inventar algo que não possa ser produzido pela indústria.

Nesse sentido, não podem ser patenteados as invenções ou os modelos de utilidade muito avançados ou inúteis. Invenção ou modelo de utilidade muito avançados são aqueles que não podem ser produzidos pela indústria, como, por exemplo, uma máquina de tele transporte; ao passo que é considerado uma patente inútil a que não terá aceitação do mercado em geral, como, por exemplo, um veículo que ande no solo do planeta Mercúrio.

Além de cumprir os três requisitos da patenteabilidade, para efetivamente ganhar o registro, a invenção o modelo de utilidade podem não podem infringir numa das proibições do artigo 18, da LPI, a saber: o que for contrário à moral, aos bons costumes e à segurança, à ordem e à saúde públicas; as substâncias, matérias, misturas, elementos ou produtos de qualquer espécie, bem como a modificação de suas propriedades físico-químicas e os respectivos processos de obtenção ou modificação, quando resultantes de transformação do núcleo atômico e o todo ou parte dos seres vivos, exceto os microrganismos transgênicos que atendam aos três requisitos de patenteabilidade - novidade, atividade inventiva e aplicação industrial - previstos no art. 8º e que não sejam mera descoberta.

Perceba, na parte final do parágrafo anterior, que não pode ser patenteado o todo ou parte de seres vivos naturais ou materiais biológicos. Entretanto, fazemos a ressalva de que os microrganismos transgênicos que atendam aos requisitos da patenteabilidade podem perfeitamente ser objeto de carta patente.

2.4. Período de Vigência

A patente de invenção vigorará pelo prazo de vinte anos, contados do efetivo depósito do pedido junto ao INPI, ao passo que a patente de modelo de utilidade vigorará pelo prazo de 15 anos, contados do efetivo depósito junto ao INPI, conforme nos mostra artigo 40, da LPI.

No entanto, certo é que entre o pedido de depósito e a efetiva concessão da carta patente, pode haver uma demora no trâmite administrativo do INPI, de modo que a patente de invenção não será protegida por prazer inferior a 10 anos, contados da efetiva concessão e modelo de utilidade 07 anos, também contados da efetiva concessão da carta patente.

Consigna-se que todos esses prazos são improrrogáveis. Desse modo, expirado o prazo de vigência a patente cai no chamado "domínio público", momento em que todos poderão explorar e fabricar aquela tecnologia.

Por esse prazo ser improrrogável, muitas industriais atualmente preferem manter a formula de seus produtos em "segredo industrial", não permitindo que ninguém tenha acesso ao procedimento de fabricação dos mesmos. É o que ocorre, por exemplo, com a fórmula do refrigerante Coca – Cola, que até o momento, mais de cem anos após a sua criação, ainda não foi patenteada, justamente para que não caia em domínio público após vinte anos. Se a fabricante da Coca – Cola já tivesse patenteado sua fórmula, há muito tempo outras empresas de refrigerante já poderiam estar explorando essa fórmula.

Contudo, é importante consignar que o "segredo industrial" deve ser bem mantido, pois o registro no INPI é constitutivo. Assim sendo, caso alguém obtenha essa fórmula e a registre, terá o direito de explorá-la, inclusive impedindo o criador de utilizar sua criação.

2.5. Cessão e Licença da Patente

Por certo que a patente, quando concedida, torna-se de propriedade do seu titular, de modo que poderá ser vendida (cedida) ou licenciada (alugada) para que terceira pessoa a explora, assim como ocorre com os bens materiais, a diferença é que ela é um bem imaterial.

A cessão de patente, prevista nos artigos 58 e seguintes da, LPI, ocorre quando o titular do pedido de depósito da mesma pretende transferir os direitos para terceira pessoa. O procedimento para a cessão deverá observar as formalidades preceituadas no artigo 59, de modo que o INPI fará as seguintes anotações: da cessão, fazendo constar a qualificação completa do cessionário; de qualquer limitação ou ônus que recaia sobre o pedido ou a patente; e das alterações de nome, sede ou endereço do depositante ou titular.

A licença, por sua vez, não se trata de uma cessão de direitos, mas tão somente confere ao licenciado o direito de explorar a patente, que continua sendo de propriedade do titular originário. A licença pode se assemelhar com um contrato de locação, ao passo que a cessão se assemelha ao contrato de compra e venda.

Para que o contrato de licença seja válido deverá ser averbado no INPI para que produza efeitos em relação a terceiros. A averbação produzirá efeitos em relação a terceiros a partir da data de sua publicação. Para efeito de validade de prova de uso, o contrato de licença não precisará estar averbado no INPI.

A licença pode ser voluntária, quando o titular da patente por vontade própria resolve licenciá-la, tendo em vista que é um bem de sua propriedade. Por outro lado, a LPI prevê situações em que a patente será licenciada de forma compulsória, independente da vontade de seu titular, em situações nas quais a legislação entenda que a mesma não esteja sendo utilizada, ou caso esteja, de forma indevida.

Vejamos o que dizem os artigos que tratam da licença compulsória:

> Art. 68. O titular ficará sujeito a ter a patente licenciada compulsoriamente se exercer os direitos dela decorrentes de forma abusiva, ou por meio dela praticar abuso de poder econômico, comprovado nos termos da lei, por decisão administrativa ou judicial.
>
> § 1º Ensejam, igualmente, licença compulsória:
>
> I - a não exploração do objeto da patente no território brasileiro por falta de fabricação ou fabricação incompleta do produto, ou, ainda, a falta de uso integral do processo patenteado, ressalvados os casos de inviabilidade econômica, quando será admitida a importação; ou
>
> II - a comercialização que não satisfizer às necessidades do mercado.
>
> § 2º A licença só poderá ser requerida por pessoa com legítimo interesse e que tenha capacidade técnica e econômica para realizar a exploração eficiente do objeto da patente, que deverá destinar-se, predominantemente, ao mercado interno, extinguindo-se nesse caso a excepcionalidade prevista no inciso I do parágrafo anterior.
>
> § 3º No caso de a licença compulsória ser concedida em razão de abuso de poder econômico, ao licenciado, que propõe fabricação local, será garantido um prazo, limitado ao estabelecido no art. 74, para proceder à importação do objeto da licença, desde que tenha sido colocado no mercado diretamente pelo titular ou com o seu consentimento.
>
> § 4º No caso de importação para exploração de patente e no caso da importação prevista no parágrafo anterior, será igualmente admitida a importação por terceiros de produto fabricado de acordo com patente de processo ou de produto, desde que tenha sido colocado no mercado diretamente pelo titular ou com o seu consentimento.

§ 5º A licença compulsória de que trata o § 1º somente será requerida após decorridos 3 (três) anos da concessão da patente.

Art. 69. A licença compulsória não será concedida se, à data do requerimento, o titular:

I - justificar o desuso por razões legítimas;

II - comprovar a realização de sérios e efetivos preparativos para a exploração; ou

III - justificar a falta de fabricação ou comercialização por obstáculo de ordem legal.

Art. 70. A licença compulsória será ainda concedida quando, cumulativamente, se verificarem as seguintes hipóteses:

I - ficar caracterizada situação de dependência de uma patente em relação a outra;

II - o objeto da patente dependente constituir substancial progresso técnico em relação à patente anterior; e

III - o titular não realizar acordo com o titular da patente dependente para exploração da patente anterior.

§ 1º Para os fins deste artigo considera-se patente dependente aquela cuja exploração depende obrigatoriamente da utilização do objeto de patente anterior.

§ 2º Para efeito deste artigo, uma patente de processo poderá ser considerada dependente de patente do produto respectivo, bem como uma patente de produto poderá ser dependente de patente de processo.

§ 3º O titular da patente licenciada na forma deste artigo terá direito a licença compulsória cruzada da patente dependente.

Certo é que a licença compulsória não será algo bom para seu titular, que terá violado de forma obrigatória seu direito em virtude das situações ocorridas e colocadas acima.

2.6. Invenção ou Modelo de Utilidade Realizado por Funcionário

Questão importante a ser discutida é o fato de se analisar quem é o proprietário da invenção ou do modelo de utilidade realizado por funcionário no curso de um contrato de trabalho.

A resposta para essa pergunta está estampada nos artigos 88 e seguintes da Lei 9279/96, sendo certo que se o funcionário foi contratado especificadamente para fins de pesquisa e utilizou os materiais da empresa para chegar ao resultado da invenção ou modelo de utilidade, essa pertence totalmente ao empregador, não precisando sequer o funcionário ser indenizado, salvo se por vontade do empregador. Ademais, a lei ainda considera que foi realizada a invenção ou modelo de utilidade no curso do contrato de trabalho até um ano após a rescisão do mesmo, impedindo, dessa maneira, que um funcionário que acaba de chegar a uma nova patente peça demissão para se beneficiar economicamente.

Por outro lado, caso a invenção ou modelo de utilidade tenham sido alcançadas em virtude da utilização de materiais do empregador, como laboratório, mas o funcionário não tenha sido contratado para fins de pesquisa, a patente pertencerá a ambos (empregador e empregado). Por exemplo, imagine que um segurança de uma farmacêutica visite o laboratório no período noturno e chegue a uma nova formula de remédio.

Por fim, caso a invenção tenha sido desenvolvida por empregado que não foi contratado para fins de pesquisa e esse tenha utilizado materiais próprios, a patente pertencerá exclusivamente a ele.

3. MARCA

Com absoluta certeza a marca é hoje o bem da propriedade industrial mais conhecido. Tem-se como marca aquele sinal distintivo, visualmente perceptível, não compreendido nas proibições legais, que serve para identificar e diferenciar produto ou serviço de outro semelhante ou idêntico.

Tal conceito vem preceituado no *caput* do artigo 122, da Lei nº. 9279/96. Desse conceito, temos que extrair alguns elementos importantíssimos para que possamos entender o que é e para que serve a marca.

De primeiro, nota-se que a marca serve para diferenciar um produto ou um serviço de outro semelhante. Assim sendo, as marcas identificam produtos ou serviços. Por exemplo, o produto cerveja pode ser identificado por diversas marcas, tais como Skol, Bohemia, Antártica etc. Dependendo da marca que é empregada, o produto terá valor maior ou menor. Outro exemplo é a camisa (produto) que também pode ter diferentes marcas, como, por exemplo, Lacoste, Hugo Boss, Armani etc. Enfim, qualquer produto ou serviço pode ser identificado por uma marca.

A marca atualmente é importantíssima, pois ela basicamente irá valorizar ou não um produto. A população em geral está acostumada a pagar, na maioria das vezes, pela marca e não pela qualidade do produto. Tome como exemplo duas camisas fabricadas num mesmo local, com as mesmas qualidades, que custarão em média R$ 100,00 (cem reais) no mercado. Agora coloque um jacaré em uma delas, automaticamente a mesma passa a valer R$ 300,00 (trezentos reais) ou mais. Isso é o poder da marca e quanto mais forte, mais valioso será o produto que leva esse distintivo. Por isso, a marca deve ser protegida.

Ainda sobre o conceito de marca, importante destacar o fato de que apenas pode ser considerado como tal o sinal visualmente perceptível. Assim, sinais sonoros não podem ser registrados como marca, como, por exemplo, o "Plim Plim" utilizado pela Rede Globo de Televisão.

3.1. Formas de Registro da Marca

A marca pode ser registrada junto ao INPI sob três formas: **Marca Nominativa; Marca Figurativa e Marca Mista.**

A marca nominativa é aquela que designa um serviço ou um produto tão somente por meio de palavras escritas, como, por exemplo, a marca Volkswagen, Natura, Mc Donald's etc.

A marca figurativa é o logotipo utilizado para identificar um produto ou serviço. Por exemplo, a marca Nike é nominativa, ao passo que o logotipo da Nike é marca figurativa. A marca de automóvel Audi é nominativa, ao passo que seu logotipo é marca figurativa.

Por fim, a marca mista é aquela que mescla as duas primeiras modalidades, possuindo elementos nominativos e figurativos. Tome, como exemplo, o logotipo da Coca-Cola, que utiliza a marca de forma escrita, mas de forma diferenciada, com um desenho nas palavras.

3.2. Espécies de Marca

Segundo artigo 123, da LPI a marca pode ser de serviço ou produto, de certificação e coletiva. A primeira é considerada como marca propriamente dita, pois identifica produto ou serviço e o diferencia de outro semelhante ou idêntico.

A marca de certificação simplesmente é um rótulo que algumas entidades recebem atestando a qualidade dos serviços prestados ou dos produtos oferecidos. No ramo da viação, por exemplo, muitas empresas de ônibus recebem o certificado ISSO 9001, atestando a qualidade do serviço, sendo essa considerada uma marca de certificação. Alguns brinquedos recebem o selo do INMETRO, comprovando que estão de acordo com as regras que regem o tema, sendo essa outra marca de certificação, entre outras.

A marca coletiva geralmente é pertencida a uma entidade maior para identificar os produtos provindos de seus membros.

3.3. Marca de Alto Renome e Marca Notoriamente Conhecida

A marca, em regra, ganha proteção apenas em seu ramo de atividade. Por isso, uma marca registrada no setor de roupas masculinas, ganhará proteção apenas nessa atividade, sendo que terceiro poderá requerer o registro da mesma marca para explorar outro ramo.

No entanto, a marca considerada de alto renome é uma exceção, pois ganhará proteção em todos os ramos de atividade. Para que a marca seja considerada de alto renome deverá ser reconhecida como tal pelo próprio INPI, que por meio de processo administrativo, que analisará a importância e incidência da mesma no mercado. Por isso, a marca de alto renome não pode ser explorada em nenhum outro ramo de atividade, pois o INPI estendeu a proteção dada a ela. O artigo 125, da Lei nº. 9279/96 prevê esse instituto. No Brasil são consideradas marcas de alto renome a Natura, Coca-Cola, Volkswagen, entre outras.

A marca notoriamente conhecida se diferencia da marca de alto renome, uma vez que essa é registrada no Brasil e ganha proteção em todos os ramos de atividade, ao passo que aquela não possui registro no Brasil, mas ganha proteção mesmo assim por ser notoriamente conhecida em outro país signatário da Convenção da União de Paris. Vejamos o que diz o artigo 26, da LPI:

> Art. 126. A marca notoriamente conhecida em seu ramo de atividade nos termos do art. 6º bis (I), da Convenção da União de Paris para Proteção da Propriedade Industrial, goza de proteção especial, independentemente de estar previamente depositada ou registrada no Brasil.

Portanto, muitas diferenças há entre uma e outra modalidade de marca. A marca de alto renome é registrada no Brasil e ganha proteção em todos os ramos de atividade; Já a marca notoriamente conhecida não é registrada no Brasil e ganha proteção apenas no seu ramo de atividade.

3.4. Requisitos do Registro

O registro da marca é feito junto ao INPI. Entretanto, para que esse efetivamente conceda a proteção ao seu requerente, necessário o cumprimento de alguns requisitos, que serão examinados de forma prévia.

O pedido de registro da marca deve atender aos requisitos da **novidade relativa, da não colidência com marca notoriamente conhecida e ao da ausência de impedimentos.**

A novidade que se exige para o registro é relativa, ou seja, a marca tem que ser nova apenas naquele ramo de atividade, podendo existir no mundo, desde que ainda não esteja registrada naquele ramo, salvo se se tratar de marca de alto renome que ganha proteção em todos os ramos de atividade.

O segundo requisito é o da não colidência com marca notoriamente conhecida, haja vista que mesmo que uma marca ainda não seja registrada em nosso país, caso seja em outro membro da Convenção de Paris, ganhará proteção em nosso território.

Por fim, para o registro é necessário que a marca objeto do pedido não incorra em nenhum dos impedimentos previstos no artigo 124, da LPI, a saber: I - brasão, armas, medalha, bandeira, emblema, distintivo e monumento oficiais, públicos, nacionais, estrangeiros ou internacionais, bem como a respectiva designação, figura ou imitação; II - letra, algarismo e data, isoladamente, salvo quando revestidos de suficiente forma distintiva; III - expressão, figura, desenho ou qualquer outro sinal contrário à moral e aos bons costumes ou que ofenda a honra ou imagem de pessoas ou atente contra liberdade de consciência, crença, culto religioso ou ideia e sentimento dignos de respeito e veneração; IV - designação ou sigla de entidade ou órgão público, quando não requerido o registro pela própria entidade ou órgão público; V - reprodução ou imitação de elemento característico ou diferenciador de título de estabelecimento ou nome de empresa de terceiros, suscetível de causar confusão ou associação com estes sinais distintivos; VI - sinal de caráter genérico, necessário, comum, vulgar ou simplesmente descritivo, quando tiver relação com o produto ou serviço a distinguir, ou aquele empregado comumente para designar uma característica do produto ou serviço, quanto à natureza, nacionalidade, peso, valor, qualidade e época de produção ou de prestação do serviço, salvo quando revestidos de suficiente forma distintiva; VII - sinal ou expressão empregada apenas como meio de propaganda; VIII - cores e suas denominações, salvo se dispostas ou combinadas de modo peculiar e distintivo; IX - indicação geográfica, sua imitação suscetível de causar confusão ou sinal que possa falsamente induzir indicação geográfica; X - sinal que induza a falsa indicação quanto à origem, procedência, natureza, qualidade ou utilidade do produto ou serviço a que a marca se destina; XI - reprodução ou imitação de cunho oficial, regularmente adotada para garantia de padrão de qualquer gênero ou natureza; XII - reprodução ou imitação de sinal que tenha sido registrado como marca coletiva ou de certificação por terceiro, observado o disposto no art. 154; XIII - nome, prêmio ou símbolo de evento esportivo, artístico, cultural, social, político, econômico ou técnico, oficial ou oficialmente reconhecido, bem como a imitação suscetível de criar confusão, salvo quando autorizados pela autoridade competente ou entidade promotora do evento; XIV - reprodução ou imitação de título, apólice, moeda e cédula da União, dos Estados, do Distrito Federal, dos Territórios, dos Municípios, ou de país; XV - nome civil ou sua assinatura, nome de família ou patronímico e imagem de terceiros, salvo com consentimento do titular, herdeiros ou sucessores; XVI - pseudônimo ou apelido notoriamente conhecidos, nome artístico singular ou coletivo, salvo com consentimento do titular, herdeiros ou sucessores; XVII - obra literária, artística ou científica, assim como os títulos que estejam protegidos pelo direito autoral e sejam suscetíveis de causar confusão ou associação, salvo com consentimento do autor ou titular; XVIII - termo técnico usado na indústria, na ciência e na arte, que tenha relação com o produto ou serviço a distinguir; XIX - reprodução ou imitação, no todo ou em parte, ainda que com acréscimo, de marca alheia registrada, para distinguir ou certificar produto ou serviço idêntico, semelhante ou afim, suscetível de causar confusão ou associação com marca alheia; XX - dualidade de marcas de um só titular para o mesmo produto ou serviço, salvo quando, no caso de marcas de mesma natureza, se revestirem de suficiente forma distintiva; XXI - a forma necessária, comum ou vulgar do produto ou de acondicionamento, ou, ainda, aquela que não possa ser dissociada de efeito técnico; XXII - objeto que estiver protegido por registro de desenho industrial de terceiro; e XXIII - sinal que imite ou reproduza, no todo ou em parte, marca que o requerente evidentemente não poderia desconhecer em razão de sua atividade, cujo titular seja sediado ou domiciliado em território nacional ou em país com o qual o Brasil mantenha acordo ou que assegure reciprocidade de tratamento, se a marca se destinar a distinguir produto ou serviço idêntico, semelhante ou afim, suscetível de causar confusão ou associação com aquela marca alheia.

3.5. Vigência da Marca

A marca terá um período de vigência de dez anos, contados da efetiva concessão. Note que o prazo de dez anos começa a correr a partir da efetiva concessão do registro e não do pedido de depósito, como ocorre com a invenção, com o modelo de utilidade e, também, com o desenho industrial.

O registro pode ser renovado sucessivas vezes, sem limites de renovação.

Recomendamos que o leitor analise o artigo 133, da Lei nº. 9279/96.

4. DESENHO INDUSTRIAL

Segundo artigo 95, da LPI, considera-se desenho industrial a forma plástica ornamental de um objeto ou o conjunto ornamental de linhas e cores que possa ser aplicado a um produto, proporcionando resultado visual novo e original na sua configuração externa e que possa servir de tipo de fabricação industrial.

O Desenho Industrial, dessa maneira, pode ser conceituado como todo novo "design" aplicado a um produto. A importância de sua proteção se dá na medida em que a beleza de um produto é tão importante para ponderar a decisão do consumidor quanto a sua qualidade.

Por mais que um produto seja de alta qualidade, caso não tenha um desenho bonito e uma estética chamativa, os consumidores o repelirão.

O Desenho Industrial não interfere em nada na qualidade e na essência do produto no qual é aplicado, mas tão somente traz um novo design a ele. Os inúmeros modelos de carro que se sucedem ano a ano, versão por versão, do mesmo fabricante, demonstra a importância desse instituto.

Basicamente hoje a todos os produtos podem ser aplicados o desenho industrial, como computadores, joias, carros, sapatos, móveis etc.

4.1. Requisitos de Registro

Para ser registrado o desenho industrial precisa ser novo e original. Pelo requisito da novidade, tem-se que o desenho deve ser algo inovador, ao passo que pelo requisito da originalidade, conclui-se que não basta que o mesmo seja novo, mas tem que ser, também, original.

Tome como exemplo uma cadeira com linhas horizontais. Outra cadeira com linhas verticais é nova, mas não é original.

O artigo 100, da LPI traz os objetos que não podem ser registrados como desenho industrial, a saber: I - o que for contrário à moral e aos bons costumes ou que ofenda a honra ou imagem de pessoas, ou atente contra liberdade de consciência, crença, culto religioso ou ideia e sentimentos dignos de respeito e veneração; II - a forma necessária comum ou vulgar do objeto ou, ainda, aquela determinada essencialmente por considerações técnicas ou funcionais.

4.2. Prazo de Vigência

O Desenho Industrial é protegido pelo prazo de dez anos, contados da data do pedido de depósito, podendo ser renovado por três períodos de cinco anos cada. Portanto, a proteção máxima que se dá ao desenho industrial é de vinte e cinco anos, conforme nos mostra artigo 108, da LPI.

Tal prazo estipulado pela lei é perfeitamente plausível, haja vista que um produto que possua um design atraente em data atual não despertará o menor interesse dos consumidores daqui a vinte e cinco anos. Lembre-se que os carros com desenho industrial da década de oitenta não despertam a menor atenção dos consumidores atuais.

Por isso, como o desenho industrial automaticamente estará defasado pelo tempo, não há motivos para que continue sua proteção.

XV CONTRATOS EMPRESARIAIS

1. NOÇÕES INTRODUTÓRIAS

Vivemos em sociedade, em agrupamento de pessoas e, como tal, cada qual precisa se obrigar com outras para atender suas necessidades. É inimaginável pensarmos que alguém possa ser totalmente independente e que em nenhum momento de sua vida se obrigue a fazer ou deixar de fazer algo.

Mesmo o homem solitário que vive numa ilha isolada possui obrigações de preservação para com o meio ambiente etc. Sendo assim, as obrigações estão presentes no nosso cotidiano, no dia-dia, de modo que muitas vezes nem percebemos que estamos cumprindo com um dever jurídico obrigacional, como, por exemplo, pagamos o nosso aluguel, pagamos por nossa comida etc.

Muitas são nossas obrigações no curso de nossas vidas. Não só o Direito Civil e o Direito Empresarial se voltam para o estudo das obrigações, pelo contrário, elas se encontram presentes em vários ramos do direito com, por exemplo, no Direito Tributário, que estuda a obrigação do contribuinte em pagar impostos, o Direito do Trabalho, que estuda a obrigação dos empregadores pagarem seus funcionários etc.

Muito embora o vínculo obrigacional possa derivar da própria lei, como no caso da reparação de danos, em que o agente pratica algum ato ilícito, por óbvio que a principal fonte das obrigações na atualidade é o contrato, que se conceitua como sendo o negócio jurídico bilateral que vincula as partes ao cumprimento de uma prestação.

Por isso, uma empresa, individual ou coletiva, precisa necessariamente contratar para exercer o seu objeto social. Não tem como a empresa exercer seu objeto sem contratar com outras pessoas nas mais diversas situações, tais como contratação com fornecedores, contratação de trabalhadores, contratação com profissionais liberais para prestarem serviços, contratação de locação de ponto comercial etc.

Perceba que na consecução do objeto social a empresa pode firmar contratos que não necessariamente sejam considerados como empresarial, mas, também, trabalhistas, civis, administrativos entre outros.

O contrato será considerado empresarial quando em ambos os polos da relação figurar empresas, individuais ou coletivas. Assim, por exemplo, será considerada uma compra e venda mercantil aquela celebrada entre lojista e fornecedor (ambos empresários), ao passo que será considerada uma compra e venda de natureza não mercantil aquela celebrada entre lojista e consumidor final.

Os contratos mercantis, assim como todos os negócios jurídicos, precisam obedecer às regras gerais previstas no Código Civil. Por isso, o objeto do contrato precisa ser lícito, as partes capazes e a forma prescrita ou não defesa em lei, consoante nos ensina artigo 104 do Diploma Civil.

De igual maneira, as partes devem estar munidas de boa-fé (artigo 422, do CC), a fim de que estejam de forma proba na formação e no adimplemento da relação contratual.

O principio da relativização das obrigações contratuais também se aplica aos contratos mercantis, uma vez que o contrato faz lei entre as partes e não pode ser cobrado de terceira pessoa que não se obrigou, tampouco possui responsabilidade sobre o mesmo.

Nessa parte da obra falaremos sobre os contratos empresariais, sem deixar de lado, portanto, os principais contratos da vida civil que também pode ser celebrado por exercente de atividade empresária.

2. COMPRA E VENDA MERCANTIL

A compra e venda pode ser conceituada como o negócio jurídico bilateral em que o vendedor se compromete a entregar a coisa vendida, transferindo seu domínio, e o comprador a entregar o preço em dinheiro (art.481, do CC).

De acordo com a parte final desse conceito, para que se caracterize a compra e venda é imprescindível que o preço seja pago em dinheiro ou sua maior parte seja satisfeita nessa modalidade. Caso o preço seja estipulado por outro bem, ter-se-á contrato de permuta (troca) e não compra e venda.

A compra e venda será considerada mercantil quando celebrada por empresas em ambos os polos da relação, ao passo que será civil se em alguma das partes não exercer atividade empresária.

2.1. Natureza jurídica do contrato de compra e venda

A compra e venda é um contrato sinalagmático, haja vista que traz direitos e deveres para ambas as partes (obrigações); Oneroso, pois há sacrifício patrimonial para ambas as partes. Para o vendedor: a de entregar a coisa. Para o comprador: a de dar-lhe o preço; Comutativo, tendo em vista que as partes já sabem quais prestações serão devidas; Consensual, pois o contrato de compra e venda se perfaz com a manifestação da vontade das partes e não com a efetiva entrega da coisa (tradição) ou registro (bens imóveis). Por isso, a compra e venda é consensual e não real (art.482, do CC). Seria real caso ela se perfizesse com a entrega ou o registro do bem, o que não ocorre, pois com a declaração de vontade firmada entre as partes já se tem por completa a compra e venda, sendo a entrega do bem e o pagamento do preço obrigações a que as partes devem cumprir.

2.2. Elementos do Contrato de Compra e Venda

No contrato de compra e venda presentes estão três elementos:

Consentimento (*consensus*): Está diretamente relacionado com a capacidade das partes, tais como previstas nos artigos 3º e 4º, do CC. As partes devem ser capazes para celebrarem o contrato de compra e venda, ou estar devidamente assistida ou representada no caso de incapacidade. Caso contrário, a vontade estará viciada. O consentimento não pode estar eivado de erro, dolo ou coação.

A jurisprudência vem dispensando a existência do elemento consentimento para os contratos de compra e venda de pequenos valores, realizados para aquisição de bens de consumo, tais como sorvete, pipoca etc. Por exemplo: um garoto de 12 anos que compra uma pipoca no carrinho da esquina. Nesse caso, não é viável anular esse negócio, uma vez que isso nem seria um negócio jurídico, mas um fato, de tanto que está incorporado nos costumes da sociedade.

Coisa (*res*): Para que a compra e venda se perfaça deve, necessariamente, existir um bem (coisa; objeto), seja ele móvel ou imóvel, corpóreo ou incorpóreo.

A venda de coisa incorpórea, tais como direitos autorais, créditos etc. é conhecida como cessão. Todavia, essa cessão é regida por todas as normas da compra e venda. Pensam assim: Carlos Roberto Gonçalves, Maria Helena Diniz, Fabio Ulhoa, Orlando Gomes.

A coisa deve ser determinada ou determinável.

O artigo 483, do CC, prevê a faculdade de venda de coisa futura, por exemplo: safra de vinhos que ainda não foi produzida; bezerro que ainda não nasceu. Nesse caso, caso o objeto não venha a existir o contrato fica sem efeito.

Ninguém pode comprar o que já é seu, tampouco vender o que não lhe pertence.

A coisa deve ser alienável, ou seja, os bens inalienáveis não são passíveis de venda, sejam eles naturais, tais como ar, água, fogo etc., ou inalienáveis por direito.

Preço: Deve ser certo e determinado, devendo ser estipulado em moeda corrente nacional (Real). O preço por ser obtido por convenção das partes: é o mais usual.

O preço pode ser obtido por taxas de mercado ou de bolsa, determinando-se o dia e lugar da cotação (artigo 486, do CC). Pode ser mensurado, também, por terceiro, desde que as partes assim convencionem (artigo 485, do CC). Por exemplo, venda de imóvel em que as partes chamam uma imobiliária para estipular o preço.

O preço pode ser obtido por índices de mercado (artigo 487, do CC).

Cuidado com o artigo 489, do CC, o qual aduz que é nula a compra e venda em que o preço é estipulado por apenas uma das partes. Tal regra deve ser aplicada nos casos em que há abuso por uma das partes, seja na concorrência desleal, seja no preço abusivo, por exemplo: Rede de postos de uma cidade que faz um cartel (tabelamento de preços), existindo o mesmo preço do combustível em todos os postos da cidade, sendo o mesmo muito alto.

Por outro lado, na compra de produtos expostos na vitrine, tal como um relógio, a compra e venda não é considerada nula por ter apenas uma parte estipulado o preço, tendo em vista que ele faz parte da proposta e o consumidor tem o direito de aceitá-la ou não.

O preço deve ser sério, rela e condizente com o mercado, caso contrário, não será compra e venda. Por exemplo, vendo uma casa por R$1,00. Está claro que nessa situação se tem uma doação.

2.3. Responsabilidades das partes na compra e venda

No contrato de compra e venda, o vendedor responde perante o comprador por eventual existência de evicção ou vício redibitório.

Antes da tradição, o vendedor é responsável pela coisa e o comprador pelo preço.

Assim, caso a coisa se pereça, ou seja, deixe de existir antes da tradição, a responsabilidade é do vendedor (res perit domino). Lembre-se que a compra e venda é um contrato consensual, assim ela gera apenas a obrigações do vendedor entregar a res e do comprador pagar o preço. Por isso, antes da tradição o vendedor ainda é o dono da coisa, embora a compra e venda já esteja perfeitamente realizada.

Por isso, em assim sendo, a coisa perece para o dono (res perit domino), de modo que até a tradição a coisa é de responsabilidade do vendedor.

Exceções a essa regra existem, tais como se o comprador estiver em mora de receber a coisa, essa se perderá ou se deteriora por sua conta e risco (artigo 492, §2º, do CC). Por exemplo: coisa colocada à disposição do comprador e ele não buscou (mora accipiendi).

Atentar para o artigo 492, §1º, do CC, o qual aduz que as coisas que precisam ser contadas, marcadas ou pesadas para serem entregues, no momento da marcação, pesagem ou contagem, caso ocorra um caso fortuito, a coisa se perecerá para o comprador. Por exemplo: na compra de gado, é comum o comprador pesar e depois marcar o gado, colocando seu brasão. Nesse momento, caso aconteça um caso fortuito e o animal deixe de existir, a responsabilidade é do comprador, pois o objeto já foi individualizado.

2.4. Despesas do Contrato (artigo 490, do CC)

Em regra as despesas com a tradição, tal como transporte, ficam a cargo do vendedor, ao passo que as despesas com escritura e registro ficam a cargo do comprador. Assim temos: (artigo 490, do CC): A cargo do comprador: escritura e registro; A cargo do vendedor: despesas com a tradição.

Todavia, como se trata de direito privado, as partes podem convencionar de modo diverso, por exemplo: todas as despesas a cargo do comprador etc.

2.5. Entrega da coisa (artigo 491, do CC)

Não sendo a venda a crédito, o vendedor não tem a obrigação de entregar a coisa antes de receber o preço. Assim sendo, o vendedor tem uma garantia contra o comprador, a de se exonerar da obrigação de entregar a coisa caso não receba o preço antes. Tal regra não se aplica nas vendas a crédito, a exemplo da compra parcelada.

Todavia, mesmo na compra a crédito, caso o comprador tenha caído em insolvência antes da entrega da coisa, pode o vendedor sobrestar-lhe a entrega do bem até que o comprador lhe preste caução (artigo 495, do CC.).

2.6. Clausulas Essenciais à Compra e Venda

A compra e venda pode conter, por vezes, alguns pactos adjetos, cláusulas especiais que podem dar um direito de preferência ao antigo vendedor em readquirir a coisa, ou que o comprador leva o objeto, mas só o adquire se gostar etc. É certo que algumas cláusulas essenciais à compra e venda caíram e desuso, tendo em vista a insegurança jurídica que podem gerar, tal como acontece na retrovenda, estudada a seguir.

2.6.1. Retrovenda (artigos 505 a 508, do CC)

Pode existir apenas na compra e venda de bens imóveis. Por essa cláusula, o vendedor tem o direito de reaver a coisa vendida, caso a queira no prazo de até três anos posteriores à venda. Nessa situação o comprador terá direito ao reembolso do dinheiro que pagou, acrescidos das benfeitorias que por ventura realizou. Contudo, caso o comprador não queira receber o dinheiro, dificultando a retrovenda, o vendedor pode consignar em pagamento.

Por óbvio tal pacto adjeto não é muito utilizado em dias atuais, tendo em vista a insegurança que ele gera para o comprador, uma vez que esse pode se ver compelido a ter que reaver o bem que adquiriu por simples vontade unilateral do vendedor.

2.6.2. Venda a contento/sujeito à prova (artigos 509 a 512, do CC)

A venda a contento geralmente ocorre na compra e venda de bens alimentícios, de vestuário, bebidas etc. Trata-se de um pacto adjeto que permite ao comprador experimentar a coisa que pretende adquirir antes de realmente possuir o seu domínio, ou seja, a tradição não transfere o domínio da res nessa situação. Nesse caso, tem-se uma condição suspensiva que cessa enquanto o comprador manifestar seu agrado com relação à coisa.

É conhecida, também, como cláusula "ad gustum" e é usual no mundo prático. Por exemplo: vou comprar uma calça em uma loja e peço para o vendedor me deixar levá-la para casa para experimentar.

2.6.3. Preempção ou Preferência (artigos 513 a 520, do CC)

A preempção ou preferência é o pacto adjeto pelo qual o comprador firma que dará preferência ao vendedor caso coloque a coisa para alienação um dia. Pode recair sobre bens móveis ou imóveis.

Não se confunde com a Retrovenda, pois essa apenas pode recair sobre bem imóvel e o vendedor tem a faculdade de reaver a coisa vendida no prazo de três anos, independentemente da vontade do comprador querer aliená-la ou não.

Na preempção ou preferência é diferente. O comprador dá preferência ao vendedor em adquirir a res caso ele queira aliená-la um dia. Por exemplo: Vendo um apartamento na data de hoje e firmo com o comprador que caso ele vá vender o imóvel um dia, dar-me-á preferência na compra.

Para exercer o direito de preferência precisa haver notificação. Tal ato pode ser feito de forma judicial ou extrajudicial (cartório; telegrama digital etc.).

2.6.4. Venda com Reserva de Domínio (artigos 521 a 528, do CC)

Pode ser utilizada na compra e venda de bens móveis. Para tanto, a compra deve ser parcelada (a crédito). Nesse caso, a tradição não transfere o domínio, mas tão somente a posse do objeto. Deve ser registrada por escrito e para valer contra terceiros precisa de registro no domicilio do comprador.

Tal cláusula ocorre nas compras a crédito, ocasião em que o vendedor pode estipular por escrito que o domínio da coisa só será transferido quando se realizar o pagamento da última parcela ou quando houver o pagamento integral do bem. Por exemplo: Vou até as Casas Bahia e compro uma televisão parcelada em 12 vezes. O vendedor nesse caso pode estipular por escrito que ele entrega a televisão, mas que o domínio ainda é da loja, só sendo o mesmo transferido no momento da quitação da última parcela.

Nesse caso, a tradição não transfere o domínio, mas tão somente a posse. Todavia, não se utiliza a regra do "res perit domino", ou seja, a coisa perece para o dono, no caso o vendedor. Havendo clausula de reserva de domínio, apesar de a tradição não transferir o domínio, caso a coisa se pereça, a responsabilidade é do comprador.

Caso o vendedor verifique a mora do comprador, aquele poderá ingressar com ação de cobrança contra esse último ou requerer a posse da coisa vendida.

2.6.5. Venda Sobre Documentos (ARTIGOS 529 A 532)

Tal cláusula é muito utilizada nos contratos cotidianos da vida empresarial. Geralmente está presente na compra e venda internacional, tendo em vista a diferença existente entre as legislações pátrias de cada país, bem como dos costumes de cada região, fatos que poderiam ensejar insegurança jurídica para as partes na compra e venda internacional.

Na venda sobre documentos, a tradição da coisa é substituída pela entrega de documento que representa a sua existência.

Por exemplo: Na compra e venda internacional, em que o comprador no Brasil adquiriu várias peças de um exportador na Europa. Nesse caso, a tradição da coisa entre as partes se torna dificultosa, razão pela qual o exportador manda a mercadoria até o Brasil e essa pode ficar depositada num armazém geral, o qual expedirá um documento chamado warrant que comprova que as mercadorias estão lá depositadas. Nessa situação, com a entrega do warrant houve a tradição da rés. De posse desse documento, o comprador pode retirar as mercadorias.

O warrant não é o único documento que representa a entrega de uma coisa, mas apenas um exemplo. Podem existir outros.

A compra e venda sobre documentos, via de regra, se dá por meio de uma instituição financeira (banco), ocasião em que o comprador deposita o dinheiro em um banco e o vendedor entrega os documentos à essa instituição.

3. CONTRATO DE FRANQUIA

3.1. Origem

A real origem do surgimento da franquia ainda é assunto que causa dúvidas. No entanto, a doutrina tem se pacificado no sentido de seu nascimento ter se dado no séc. XIX, em meados da década de sessenta, nos Estados Unidos da América, com a necessidade de se difundir a comercialização de determinados produtos e a prestação de serviços por meio da padronização, o que fez com que o custo de produção requeresse baixo investimento, permitindo a transferência de *know-how* para os franqueados.

Para Fran Martins:

> O Contrato de *franquia (franchising)* surgiu, como tantos outros novos contratos empresariais, como uma técnica de comercialização de certos produtos para incentivar e facilitar as vendas dos mesmos. Tal aconteceu nos Estados Unidos, principalmente depois da Segunda Guerra Mundial, quando inúmeras pessoas, desmobilizadas de suas atividades ou nos campos de batalha ou nas indústrias, procuravam novas oportunidades para firmar-se economicamente. Para aproveitar esse material humano na expansão dos seus negócios, várias empresas descobriram um modo de ligar esses elementos aos seus empreendimentos, passando a oferecer *franquia (franchising)* aos que desejavam dedicar-se a esse ramo de atividade. (...)
>
> Esse novo método de distribuição e comercialização de produtos teve grande sucesso, com a formação de um número elevado de pequenas e medias empresas que passaram a ofertar, em larga escala, produtos que tinham boa aceitação por parte do publico consumidor. Uma característica desse método de comercialização é o fato de não estarem franqueados ligados ao franqueador por um vinculo empregatício. Dai falar-se como elemento característico da franquia

> a independência do franqueado, isto é, sua autonomia econômica e jurídica, integrando ele a rede de distribuição dos produtos, mas não participando da empresa distribuidora. (MARTINS, 2010, p.439).

A precursora na formalização da franquia foi a fabricante de máquinas de costuras *Singer Sewing Machine*, que distribuía seus produtos dentro do território dos Estados Unidos por meio de autorização do uso de sua marca, sem, contudo, pactuar com os licenciados relação trabalhista, jurídica, societária ou tributária. Assim, deu-se início a formalização das primeiras relações contratuais que desencadeariam décadas mais tarde no nascimento do contrato de franquia.

> O surgimento da franchising ocorreu nos Estados Unidos, em 1860, quando a sociedade empresária Singer Sewing Machine resolveu expandir suas operações mediante o credenciamento de agentes em diversos pontos do território norte-americano, cedendo-lhes a utilização da marca, publicidade, técnica de vendas, *know-how* e fornecendo-lhes produtos. Foi, no entanto, com a rede de lanchonetes McDonald's, criada em 1955, que a franchising ganhou notoriedade em todo o mundo.

> Trata-se a franchising de um mecanismo que alguns empresários adotam para difundir seus negócios, levando seus produtos ou sérvios para diversas regiões, sem a necessidade de fazer investimento na constituição de filias. Com o *franchising,* então, o franqueador expande suas atividades cedendo o direito de uso de sua marca ou patente, credenciando o franqueado a distribuir de forma exclusiva ou semi-exclusiva seus produtos ou serviços, recebendo toda a orientação necessária para a consecução do negócio. (BERTOLDI, RIBEIRO, 2009, p. 823).

Já no século XX, mais precisamente no período da segunda grande guerra (1939/1945), com a finalidade de se permitir que terceiras pessoas interessadas distribuíssem produtos do fabricante sem, contudo, vínculo empregatício ou empresarial com este, deu-se início a formalização dos contratos de distribuição, que culminariam anos mais tarde na criação, dentro dos Estados Unidos, de uma estrutura jurídica negocial que permitiria ao proprietário de uma marca difundi-la em todo território nacional sem a necessidade de grandes investimentos. As normas que envolviam o contrato de distribuição atuou base precursora até que a formação de legislações específicas sobre a franquia.

> Há muitas iniciativas doutrinárias de situar o instituto em momentos antigos da historia da humanidade, como no mercantilismo ou na era dos descobrimentos. São negócios assemelhados, quando muito. Melhor está Simão quando, escorando-se em Cardelús, encontra antecedentes da franquia empresarial, ainda que sob forma rudimentar, nos Estados Unidos, após a Guerra da Secessão, quando os industriais do Norte, visando ao comércio com Sul e Oeste do país, celebravam acordos com comerciantes para que distribuíssem, por meio de venda, produtos de sua marca; reconhece, todavia, que tal contratação se aproximava mais do contrato de distribuição. Franquia mesmo haverá, diz o mesmo autor, agora apoiado em Cherto, nas praticas mercantis da Singer CO, em 1850, e da General Motors, no ano de 1889, utilizando de um processo de autorização do uso da marca e de distribuição dos produtos como forma de expansão dos negócios. Mas era um negocio que, interpreta Gabrich, aproximava-se muito da concessão comercial de venda com exclusividade, originária do Direito Europeu, e que teria, por seu turno, raízes históricas nas cidades italianas do Medievo; para ele, foi a parti do termino da Segunda Guerra que o contrato de franquia surgiu, no bojo das transformações econômicas, sociais e politicas então verificadas, tendo por cenários os Estados Unidos da América, conhecendo, nos anos 70 e 80 do século XX, uma vertiginosa expansão – ou um *boom*, como prefere o autor -, mesmo época em que se transformou, deixando de ser um mero instrumento de concessão de uso de marca e/ou distribuição de produtos para tornar-se não apenas um

> verdadeiro sistema profissional de vendas de produtos e prestação de serviços, mas um sistema que conjuga isso à operacionalização, planejamento e desenvolvimento.
>
> Fernandes não discorda. Informa que o sistema de franquia (*franchising*), tal como agora é utilizado, expandiu-se nos Estados Unidos da América após a Segunda Grande Guerra, quando um grande contingente de ex-combatentes passava por problemas socioeconômicos, buscando nas atividades comerciais uma solução, embora enfrentassem problemas financeiros, além de nenhuma experiência. Àquela época, o sistema de concessões comerciais, muito próximo à franquia (ou, preferindo-se sua versão rudimentar, seu antecedente), já era um sucesso: a Singer, inicialmente, a General Motors, depois (1898), e, na sequencia, Coca Cola (1889), os supermercados Piggly Wiggly (1917), a Hertz Renta-a-Car (1921), a cadeia de lanches e refeições A & W Root Beer (1925), os postos de gasolina pelas companhias de petróleo (1930), a Roto-Rooter (1935), os restaurantes e sorveterias de Howard Johnson (1935). (MAMEDE, 2013, p. 340 e 341).

A franquia era tida como nova relação negocial que permitiria driblar as crises que a econômica norte americana havia vivenciado com o *crash da* bolsa de 1929 e, também, com a Segunda Guerra Mundial (1939-1945), que trouxe reflexos na ordem econômica em virtude dos expressivos gastos com armamento, pois com baixo investimento e transferência de conhecimento, o franqueador conseguia aumentar e escoar sua produção, permitindo ao franqueado iniciar um negócio relativamente seguro por estar amparado por marca conhecida e, também, por possuir todo suporte necessário para lograr êxito em sua atividade.

A difusão em larga escala da franquia se dá nos anos 50, do século XX, com a marca de restaurantes *fast-food Mc Donald's*, que no ano de 1955 dá início a licença de sua marca dentro dos Estados Unidos da América, tornando-se hoje símbolo e referência desse contrato. Hoje o *Mc Donald's* possui lanchonetes espalhadas em todo o mundo.

> Embora a pré-história das franquias remonte à Inglaterra medieval, foi nos anos 50 do século XX que o sistema ganhou projeção, nos Estados Unidos, com o advento das redes MacDonald's e Dunkin'Donuts, entre outras. (FAZZIO JUNIOR, 2013, p. 513).

Portanto, as oportunidades econômicas vislumbradas pela franquia fizeram com que ela se solidificasse cada vez e se espalhasse para outros países das Américas e de outros continentes.

3.2. Direito Norte Americano

Os Estados Unidos da América possuem um conjunto de regras que visa regular a franquia, não estando o tema disciplinamento por apenas uma legislação, a exemplo do Brasil, em que o assunto é disciplinado pela Lei nº. 8955/94. Naquele país normas federais e também estaduais cuidam do assunto, mostrando presente o pacto federativo. No entanto, pela diversificação de leis sobre determinada matéria, há casos em que elas divergem, possuindo dispositivos contraditórios umas com as outras e com os dispositivos federais.

There are federal laws governing franchising, and there are state laws governing franchising. These laws are not uniform, and they vary from state to state. To further complicate matters, there are state and federal laws that govern "business opportunities" and "seller-assisted marketing plans" that can also apply to franchising. (http://franchise-law.net/startups/usfranchiselawbasics.html)[63]

---

[63] Nos Estados Unidos, existem leis federais que regem franchising, e também estaduais. Essas leis não são uniformes, e variam de estado para estado. Para complicar ainda mais, existem leis estaduais e fede-

Há uma agência federal que regulamenta a formação e também atua na fiscalização da consecução da *franchising,* que é o *U.S. Federal Trade Commission – FTC - (Comissão Federal de Comércio).* Este órgão foi constituído ano de 1914, de modo que não é a única agência governamental existente com esse fim, pois os entes federados também possuem, cada qual, sua agencia em âmbito estadual que fiscaliza a formação e o bom desenvolvimento do negócio jurídico.

Em âmbito federal, a legislação que cuida da *franchising* em é a *FTC franchising rules,* que foi alterada pela última vez no ano de 2007. Nos Estados Unidos, assim como ocorre no Brasil, como fase pretérita à formação da relação contratual, terão as partes de passar, necessariamente, por uma formalidade pré-contratual, na qual o franqueador enviará ao potencial franqueado um documento, intitulado de *Franchising Disclousure Document*, que conterá as informações sobre seu histórico, seu ramo de atividade, perfis de negócio e também quais são as características e exigências econômicas e de perfil do potencial franqueado. De acordo com a legislação brasileira, o documento simular com essas obrigatoriedades é intitulado de Circular de Oferta de Franquia (artigo 3º, da lei n. 8955/94) e que será abordado em momento oportuno.

3.3. DIREITO BRASILEIRO

3.3.1. Legislação Aplicável

No Brasil, a franquia está disciplinada na Lei nº. 8955/94 (Lei de *Franchising).* Antes dela não havia em nosso país

---

rais que regem a "oportunidades de negócios" e "planos de marketing assistida ", que também podem ser aplicadas a franchising.

um sistema codificado de normas com o fulcro de disciplinar tal relação contratual. Sua formação, antes do advento da lei de franquia, era revestida sob o manto dos contratos de representação comercial e, também de distribuição, hoje regulamentos pelo Código Civil, nos artigos 710 a 721.

> Tratando-se de contrato relativamente novo, até recentemente não havia ainda em nenhum país, exceto os Estados Unidos, normas legais para regular os direitos e deveres do franqueado e do franqueador; esses, regra geral, são impostos por cláusulas contratuais que se subordinam ao direito comum. MARTINS, 2010, p.439).

Com a pujança econômica pela qual passou o Brasil com a implantação do Plano Real e com a diminuição da inflação descontrolada, criou-se um cenário que permitiu que novos empreendedores se aventurassem na busca de novas formas de abrir seus próprios negócios. Todavia, em virtude do desconhecimento da maioria sobre como se trabalhar sobre aquele ramo de atividade que pretendiam empreender, até por falta de experiência, deu-se preferência para as parcerias que se formavam como o franqueador, o qual possuía todo o suporto necessário de *know-how* e experiência suficiente na comercialização de determinado produto ou na prestação do serviço objeto do contrato.

A franquia, então, despontava-se como um contrato de que calculava o risco, somado à experiência e viabilidade de negócio, com histórico de sucesso em outros países[64].

---

[64] No início da década de 1990, o Sistema de Franchising no Brasil crescia anualmente com índices superiores ao da economia nacional, sendo necessária então, a elaboração de uma legislação específica para esta área, o que competiu a Lei 8955/94. Anteriormente, não existia no Brasil nenhuma legislação reguladora acerca do Sistema de Franchising, sendo comum a existência de problemas com a falta de informação por parte da franqueadora e, assim sendo, havia franqueados desistindo da operação e várias demandas jurídicas sobre os contratos. Neste diapasão, a Lei de Franquias foi elaborada com base nos mol-

Atualmente é inegável que a *franchising* é um modelo muito utilizado por quem quer iniciar um negócio com certa segurança e *know how*, bem como por quem pretende difundir sua marca e a comercialização de seus produtos e serviços de uma maneira rápida e desburocratizada, apresentando-se como benéfica para ambos os contratantes.

O franqueador, contratante que cede o direito de uso da marca ou patente para o franqueado, conseguirá expandir a sua marca em quase todo território nacional e mundial a um custo baixo. Com mais lojas, conseguirá negociar melhor com fornecedores, obtendo melhores preços, sem contar a valorização de sua marca que estará exposta em diversas localidades. Já o franqueado, contratante que obtém o direito de utilizar a marca ou patente do franqueador, conseguirá montar o seu negócio explorando uma marca e o método de venda ou de prestação de serviço que já deu certo no mercado, com aceitação da clientela, pegando todo o *know-how* já criado pelo franqueador.

3.3.2. Conceito

O o artigo 2º, da Lei nº. 8955/94, traz o conceito do contrato de *franchising* para o Direito Brasileiro. Trata-se de uma conceituação ampla, não restringindo a franquia a um objeto específico, vejamos:

> Art. 2º Franquia empresarial é o sistema pelo qual um franqueador cede ao franqueado o direito de uso de marca ou patente, associado ao direito de distribuição exclusiva ou semi-exclusiva de produtos ou serviços e, eventualmente,

---

des estadunidenses, sendo que seu alicerce consiste na apresentação de informações relevantes para o novo franqueado avaliar o negócio ofertado, através da Circular de Oferta de Franquias - COF. (http://www.sebrae.com.br/sites/PortalSebrae/artigos/Aspectos-legais-dos-sistemas-de-franquias)

> também ao direito de uso de tecnologia de implantação e administração de negócio ou sistema operacional desenvolvidos ou detidos pelo franqueador, mediante remuneração direta ou indireta, sem que, no entanto, fique caracterizado vínculo empregatício.

Pelo acima exposto, percebe-se que a franquia poderá englobar a cessão de um ou mais direitos. Poderá ser pactuado somente com a licença de exploração da marca do franqueador para a comercialização de produtos desse, como ocorre, por exemplo, com as concessionárias autorizadas de veículos, com postos de gasolina etc., mas, por outro lado, poderá ser celebrada numa forma mais ampla, na medida em que o franqueado terá o direito de explorar a marca e vender os produtos, obtendo, também, acesso ao *know-how* de fabricação dos mesmos, como ocorre, por exemplo, com as franquias das redes de lanchonetes McDonald's, BrugerKing e Subway.

3.3.3. Objetos

Por certo que as pessoas dentro de uma sociedade não são independentes, sendo desprovidas da capacidade de extraírem, por meios próprios, tudo que necessitam para seu sustento e seu conforto. Por isso, elas se unem umas as outras em virtude de um vínculo que as faz se obrigarem, entre si, em dar, fazer ou não fazer determinada prestação. Esse vínculo jurídico que as liga, com a finalidade de satisfazerem objetos determinados é chamado de obrigação, e estudado pelo Direito Civil num campo próprio, disciplinado pelos artigos 233 e seguintes, do Código Civil Brasileiro.

Pablo Stolze Gagliano e Rodolfo Pamplona Filho definem o Direito das Obrigações como:

> (...) o mais lógico de todos os ramos do Direito Civil, é também o mais refratário a mudanças. Vale dizer, embora não seja imutável, sofre bem menos a interferência da alteração de valores e hábitos sociais, se omparado, por exemplo, com o Direito de Família, *mais sensível às mutações sociais, pela sua evidente ligação comunas do cotidiano.*
>
> Em objetiva definição, trata-se do conjunto de normas (regras e princípios jurídicos) reguladores das relações patrimoniais entre um credor (sujeito ativo) e um devedor (sujeito passivo) a quem incumbe o dever de cumprir, espontânea ou coativamente, uma prestação de dar, fazer ou não fazer.
>
> O desenvolvimento desse instituto jurídico liga-se mais proximamente às relações econômicas, não sofrendo, normalmente, influencias locais, valendo destar que é por meio das 'relações obirgacionais' que se estrutura o regime econômico, sob forma definidas de ativifsade produtiva e permuta de bens, como já salientou Orlando Gomes. (STOLZE, Pablo, PAMPLONA FILHO, Rodolfo. **Novo Curso de Direito Civil – Obrigações.** 14. ed. Saraiva: São Paulo, 2013, p.41/42).

O que exterioriza a obrigatoriedade do cumprimento desse vínculo jurídico, quando não oriunda de imposição legal ou em decorrência de indenização pela prática de ato ilícito, são os contratos, negócios jurídicos elaborados por partes capazes, com objeto lícito e forma prescrita ou não defesa em lei (artigo 104, do Código Civil). No que tange aos contratos, documentos que exteriorizam as obrigações, o mais comum que se percebe é o fato de que cada um deles, no geral, vincular o devedor a uma obrigação de (dar, fazer ou não fazer). Por exemplo: no contrato de compra e venda o vendedor tem que dar a coisa e o comprador de dar (pagar) o preço; no contrato de locação o locador tem o dever de fazer (permitir que o locatário utilize o bem locado de forma mansa e pacífica) e o locatário de dar o aluguel (prestação pecuniária em virtude da utilização da posse).

No que diz respeito ao contrato de Franquia, não é diferente, tratando-se de um negócio jurídico que exterioriza vínculo obrigacional que liga franqueador e franqueado. No entanto, em específico, nítido se mostra que essa relação contratual não possui apenas um objeto específico, mas, sim, em virtude de ser de execução continuada, múltiplas facetas, podendo englobar, numa só relação contratual as três modalidades de obrigações (dar, fazer e não fazer).

Silvio de Salvo Venosa ensina que:

> Atente-se para o fato de que o contrato de franquia se apresenta como um complexo negocial muito amplo, possuindo em seu bojo clara aproximação e conteúdo de vários outros contratos típicos e atípicos, como compra e venda, locação, comissão, prestação de serviços etc. Trata-se, portanto, de contrato bilateral, oneroso, comutativo e geralmente de adesão e *intuitu personae*. O franqueador ultima o negócio com a pessoa selecionada, que preenche determinados requisitos legais e pessoais. Por outro lado, a adesão é quase sempre uma de suas características: o franqueador somente admite no negocio quem aceitar seus termos, com exigência e obediência continua a determinado padrão de conduta. Desse modo, a interpretação de um negócio de franquia deve levar em conta os princípios de hermenêutica que regem os contratos de adesão. Ademais, embora não seja um contrato típico de consumo, se clara e presente a vulnerabilidade do franqueado, devem ser aplicados os princípios do Código de Defesa do Consumidor. (VENOSA, Silvio de Salvo. **Direito Civil – Contratos em Espécie.** 13. ed. Atlas: São Paulo, 2013, p. 579. V.3.)

Não diferente é o entendimento do Superior Tribunal de Justiça que, reiteradas vezes, já teve a oportunidade de se pronunciar no sentido de ser o contrato de franquia um contrato complexo, por possuir objetos múltiplos, envolvendo uma relação maior do que a mera cessão do uso de marca.

Nesse diapasão, transcreve-se abaixo partes dos votos dos ministros Franciulli Netto e Eliana Calmon no julgado do Resp. nº. 189225-RJ, respectivamente.

> (...) Dessa forma, no que diz respeito à sua natureza jurídica, pode ser classificado como um contrato híbrido e autônomo. Não se confunde com nenhum outro contrato, porquanto possui delineamentos próprios que lhe concederam autonomia. Ainda que híbrido, não pode ser configurado, sobretudo, como a fusão de vários contratos específicos. Eis, então, o motivo pelo qual esta colenda Corte Superior não pode estender o tratamento concedido ao leasing ao contrato de franchising ou franquia. **(Ministro Franciulli Netto).**

> (...) Na análise que faço da questão, recorro ao artigo 2º da Lei n. 8.955/94, o qual conceitua o contrato de franquia da seguinte forma: Franquia empresarial é o sistema pelo qual o franqueador cede ao franqueado o direito de uso de marca ou patente, associado ao direito de distribuição exclusiva ou semi-exclusiva de produtos ou serviços, e eventualmente, também ao direito de uso de tecnologia de implantação e administração de negócio ou sistema operacional desenvolvidos ou detidos pelo franqueador, mediante remuneração direta ou indireta, sem que, no entanto, fique caracterizado vínculo empregatício. Trata-se, portanto, de um contrato atípico, misto, bilateral, destinado a comercializar, produzir, distribuir produtos, mercadorias ou prestação de serviços dentro de um padrão contratualmente estabelecido. A característica do "franchising" é a padronização do material ou serviço posto para comércio, bem assim um feixe de obrigações que não podem ser examinadas separadamente, mas sim dentro de um contexto do contrato complexo, de obrigações híbridas, mas único e, como tal, identificado. (**Ministra Eliana Calmon**).

A franquia, portanto, pode ser entendia como um contrato com múltiplos objetos, ou seja, que comporta a licença do uso da marca, a comercialização de produtos entre franqueador e franqueado e, também, em alguns casos, a prestação de serviços, uma vez que há a transferência de *know-how* com o oferecimento de cursos de treinamento.

Por certo que o objeto principal da *franchising* é a licença do uso da marca, a fim de que o franqueado possa comercializar os produtos ou oferecer os serviços ao consumidor final com o selo identificar que atesta a procedência e qualidade do produto, ainda mais dentro de uma sociedade que pauta suas decisões de compra de seus produtos em virtude da marca que nelas vem empregado, tornando-se então, esse o objeto que salta aos olhos do franqueado para pagar as taxas de franquia e *royalltes* ao franqueador.

No entanto, a capacitação, prestação de serviços e a compra e venda também são objetos que são identificados nessa relação, mas de forma secundária, inerente ao contrato de franquia, pois sem esses objetos secundários, o próprio proposito da franquia se inviabilizaria.

3.3.4. Classificação

De acordo com as classificações que os contratos podem receber, a franquia se classifica como consensual, solene, bilateral e comutativo. Consensual porque esta perfeitamente formada a partir do acordo de vontades, não havendo nenhuma necessidade de formalização da tradição ou de registro do título para sua concretização. Solene em virtude do artigo 6º, da Lei nº. 8955/94, que traz a obrigatoriedade de ser redigido por escrito e assinado na presença de duas testemunhas.

> Art. 6º O contrato de franquia deve ser sempre escrito e assinado na presença de 2 (duas) testemunhas e terá validade independentemente de ser levado a registro perante cartório ou órgão público.

Por fim, classificação como bilateral por gerar sacrifício patrimonial para ambos os lados e comutativo por ambos os contratantes já possuem conhecimento de quais e qual o valor de suas obrigações antes mesmo da concretização do negócio jurídico, haja vista que a Circular de Oferta de Franquia (artigo 3º), determina a apresentação do franqueador ao franqueado dos cálculos e planilhas sobre custas de montagem, instalação e contraprestações em virtude do uso da marca.

3.3.5. Circular de Oferta de Franquia

Fora a formalidade de ser celebrada por escrito e assinada na presença de duas testemunhas, a franquia é um contrato em que a lei exige, necessariamente, a existência de fase pré-contratual, por meio da qual o franqueador se apresentará e poderá saber se o interessado se encaixa em seu perfil como potencial franqueado. Trata-se de um documento de apresentação necessária ao franqueado, elaborado pelo franqueador.

A respeito da COF (Circular de Oferta de Franquia) leciona Gladston Mamede:

> Para garantir o respeito aos interesses e direitos daqueles que eventualmente desejem atender à oferta de franquia, viu por bem o legislador instituir – no artigo 3º da Lei nº. 8955/94 – um procedimento civil, extrajudicial, obrigatório, qual seja a emissão pelo franqueador de uma Circular de Oferta de Franquia, que, de acordo com o artigo 4º ‘ deverá ser entregue ao candidato a franqueado no mínimo dez dias antes da assinatura do contrato ou pré-contrato de franquia ou ainda do pagamento de qualquer tipo de taxa pelo franqueado ao franqueador ou a empresa ou pessoa ligada a este’. Para garantir o cumprimento de tal disposição, o parágrafo único, do artigo 4º permite ao franqueado não apenas arguir a anulabilidade do contrato, mas ainda

'exigir a devolução de todas as quantias que houver pago ao franqueado ou a terceiros por ele indicados', se não for respeitada aquela exigência. Esse reembolso se fará, ainda segundo o artigo, corrigido 'pela variação da remuneração básica dos depósitos de poupança', sendo permitido, ademais, o pedido de indenização pelas perdas e danos sofridos pelo franqueado.

A circular de oferta de franquia deverá ser escrita em linguagem clara e acessível, de acordo com a estipulação do artigo 3º, da Lei nº. 8955/94, sendo que qualquer dúvida no seu texto deverá ser interpretada em desfavor do franqueador, pois caracteriza desrespeito a tal determinação legal. (MAMEDE, Gladston. **Direito Empresarial Brasileiro –** Empresa e Atuação Empresarial. 7. ed. São Paulo: Atlas, 2013, p. 353).

Segundo o artigo 3º, da Lei nº. 8955/94, a Circular de Oferta de Franquia deverá conter, necessariamente:

Art. 3º Sempre que o franqueador tiver interesse na implantação de sistema de franquia empresarial, deverá fornecer ao interessado em tornar-se franqueado uma circular de oferta de franquia, por escrito e em linguagem clara e acessível, contendo obrigatoriamente as seguintes informações:

I - histórico resumido, forma societária e nome completo ou razão social do franqueador e de todas as empresas a que esteja diretamente ligado, bem como os respectivos nomes de fantasia e endereços;

II - balanços e demonstrações financeiras da empresa franqueadora relativos aos dois últimos exercícios;

III - indicação precisa de todas as pendências judiciais em que estejam envolvidos o franqueador, as empresas controladoras e titulares de marcas, patentes e direitos autorais relativos à operação, e seus subfranqueadores, questionando especificamente o sistema da franquia ou que possam diretamente vir a impossibilitar o funcionamento da franquia;

IV - descrição detalhada da franquia, descrição geral do negócio e das atividades que serão desempenhadas pelo franqueado;

V - perfil do franqueado ideal no que se refere a experiência anterior, nível de escolaridade e outras características que deve ter, obrigatória ou preferencialmente;

VI - requisitos quanto ao envolvimento direto do franqueado na operação e na administração do negócio;

VII - especificações quanto ao:

a) total estimado do investimento inicial necessário à aquisição, implantação e entrada em operação da franquia;

b) valor da taxa inicial de filiação ou taxa de franquia e de caução; e

c) valor estimado das instalações, equipamentos e do estoque inicial e suas condições de pagamento;

VIII - informações claras quanto a taxas periódicas e outros valores a serem pagos pelo franqueado ao franqueador ou a terceiros por este indicados, detalhando as respectivas bases de cálculo e o que as mesmas remuneram ou o fim a que se destinam, indicando, especificamente, o seguinte:

a) remuneração periódica pelo uso do sistema, da marca ou em troca dos serviços efetivamente prestados pelo franqueador ao franqueado (royalties);

b) aluguel de equipamentos ou ponto comercial;

c) taxa de publicidade ou semelhante;

d) seguro mínimo; e

e) outros valores devidos ao franqueador ou a terceiros que a ele sejam ligados;

IX - relação completa de todos os franqueados, subfranqueados e subfranqueadores da rede, bem como dos que se desligaram nos últimos doze meses, com nome, endereço e telefone;

X - em relação ao território, deve ser especificado o seguinte:

a) se é garantida ao franqueado exclusividade ou preferência sobre determinado território de atuação e, caso positivo, em que condições o faz; e

b) possibilidade de o franqueado realizar vendas ou prestar serviços fora de seu território ou realizar exportações;

XI - informações claras e detalhadas quanto à obrigação do franqueado de adquirir quaisquer bens, serviços ou insu-

> mos necessários à implantação, operação ou administração de sua franquia, apenas de fornecedores indicados e aprovados pelo franqueador, oferecendo ao franqueado relação completa desses fornecedores;
>
> XII - indicação do que é efetivamente oferecido ao franqueado pelo franqueador, no que se refere a:
>
> a) supervisão de rede;
>
> b) serviços de orientação e outros prestados ao franqueado;
>
> c) treinamento do franqueado, especificando duração, conteúdo e custos;
>
> d) treinamento dos funcionários do franqueado;
>
> e) manuais de franquia;
>
> f) auxílio na análise e escolha do ponto onde será instalada a franquia; e
>
> g) layout e padrões arquitetônicos nas instalações do franqueado;
>
> XIII - situação perante o Instituto Nacional de Propriedade Industrial - (INPI) das marcas ou patentes cujo uso estará sendo autorizado pelo franqueador;
>
> XIV - situação do franqueado, após a expiração do contrato de franquia, em relação a:
>
> a) know how ou segredo de indústria a que venha a ter acesso em função da franquia; e
>
> b) implantação de atividade concorrente da atividade do franqueador;
>
> XV - modelo do contrato-padrão e, se for o caso, também do pré-contrato-padrão de franquia adotado pelo franqueador, com texto completo, inclusive dos respectivos anexos e prazo de validade.

Conclui-se, dessa maneira, que a COF é um documento imprescindível, de apresentação necessária ao franqueado, que contém a exposição pormenorizada dos detalhes e cláusulas, direitos e obrigações de ambas as partes na vigência da relação contratual, sem o qual padece de anulabilidade qualquer relação contratual formada sem o atendimento dessa exigência, além do fato do franqueado poder exigir a devolução de taxas e outras despesas cobradas pelo franqueador.

3.3.6. Franquia como espécie de contrato de adesão

Tema importante a a respeito da franquia, é o fato dela estar enquadrada ou não como contrato de adesão. Ao nosso ver, é evidente que sim, uma vez que é constituída sob cláusulas pré elaboradas por um dos contratantes (franqueador) que os envia ao outro (franqueado), que por sua vez não possui, na maior parte das vezes, o poder de negociação, de revisão de cláusulas, taxas e preços. Trata-se de uma oferta enviada ao possível franqueado que, caso atenda aos requisitos, deve se submeter integralmente ao que fora estipulado na Circular de Oferta de Franquia, caso contrário não haverá a formação do negócio jurídico.

Sobre o tema, é assente o entendimento em nossos Tribunais no sentido de ser a franquia um contrato de adesão:

> AGRAVO DE INSTRUMENTO. LOCAÇÃO DE BENS MOVEIS CONEXA A CONTRATO DE FRANQUIA. Desconsideração da cláusula de eleição de foro Admissibilidade Caracterização da franquia como contrato de adesão Hipótese em que a distância entre o domicílio da franqueada e o foro eleito dificultaria o exercício da ampla defesa e do contraditório Recurso não provido.
>
> (TJ-SP - AI: 1142774920118260000 SP 0114277-49.2011.8.26.0000, Relator: Gilberto Leme Data de Julgamento: 20/09/2011, 27ª Câmara de Direito Privado, Data de Publicação: 26/09/2011).
>
> Conflito negativo de competência. Eleição de foro. Contrato de franquia. Adesão. Abusividade. 1. Em contrato de adesão, unilateralmente elaborado pela franqueadora, que impõe todas as cláusulas que regem a relação com o franqueado, sopesadas as circunstâncias peculiares do presen-

> te caso, deve ser reconhecida a abusividade da cláusula de eleição de foro, pois afirmada nos autos a impossibilidade do franqueado efetuar regular defesa no Juízo contratualmente eleito, face a sua difícil situação econômica, decorrente do próprio contrato de franquia. Ressaltado, ainda, o alto poder econômico da franqueadora em contraste com a situação do franqueado. 2. Conflito conhecido para declarar competente o Juízo de Direito da 1ª Vara Cível de Lajeado/RS. (STJ - CC: 32877 SP 2001/0087035-0, Relator: Ministro CARLOS ALBERTO MENEZES DIREITO, Data de Julgamento: 26/02/2003, S2 - SEGUNDA SEÇÃO, Data de Publicação: DJ 07/04/2003 p. 217REVJUR vol. 308 p. 106RNDJ vol. 42 p. 118RSTJ vol. 178 p. 223RT vol. 818 p. 155)

No entanto, em que pese o entendimento dos Tribunais no sentido de ser a franquia um contrato de adesão, dando, dessa maneira, algumas garantias ao franqueado no sentido de se considerar abusivas algumas cláusulas, não é passível a aplicação do Código de Defesa do Consumidor (CDC) na relação franqueador/franqueado, por não se enquadrar este no conceito de consumidor final tal como previsto no *códex* consumerista. Por vezes os franqueados já pleitearam o direito da inversão do ônus da prova, alegando, para tanto, estarem dentro de uma relação consumerista, de modo que os tribunais, de forma pacífica, rechaçam tal tese e, consequentemente, a aplicação do CDC.

> CONTRATO. FRANQUIA. RESCISÃO CONTRATUAL. ALEGAÇÃO DA AUTORA DE SER VÍTIMA DE PROPAGANDA ENGANOSA. Pessoa jurídica não enquadrada no conceito de consumidor como aquele que adquire ou utiliza produtos como destinatária final, sendo portanto inaplicável o código consumerista. DESCUMPRIMENTO DE CONTRATO DE FRANCHISING. . Não demonstrada a falta de apoio da franqueadora que ensejasse a rescisão pretendida pela autora. Apelação improvida.

> (TJ-SP - APL: 9082838472000826 SP 9082838-47.2000.8.26.0000, Relator: Sandra Galhardo Esteves Data de Julgamento: 30/03/2011, 12ª Câmara de Direito Privado, Data de Publicação: 30/03/2011)

No caso em apreço, julgado pelo Tribunal de Justiça do Estado de São Paulo, a franqueada pleiteava a inversão do ônus da prova, alegando ser consumidora em face à franqueadora e vítima de propaganda enganosa.

De igual maneira, importante ressaltar que a franqueadora não se torna responsável pelos débitos trabalhistas dos funcionários da franqueada, inexistindo qualquer tipo de responsabilidade solidária ou subsidiária entre elas. Assim que entrou em vigor a legislação, em meados da década de 90, iniciando-se a formalização dos contratos de *franchising*, alguns trabalhadores das unidades franqueadas, quando da rescisão dos seus contratos laborais, ingressavam com reclamações trabalhistas junto à Justiça do Trabalho, colocando no polo passivo das demandas tanto franqueada como franqueadora. No entanto, o TST já pacificou entendimento de que essa responsabilidade da franqueadora inexiste, devendo responder com exclusividade a franqueada pelos débitos trabalhistas com seus trabalhadores.

> AGRAVO DE INSTRUMENTO EM RECURSO DE REVISTA - NULIDADE POR NEGATIVA DE PRESTAÇÃO JURISDICIONAL - CONTRATO DE FRANQUIA - SOLIDARIEDADE ENTRE FRANQUEADOR E FRANQUEADO - RESPONSABILIDADE PELA SATISFAÇÃO DE DÉBITOS TRABALHISTAS RECONHECIDOS EM FAVOR DA RECLAMANTE - IMPOSSIBILIDADE - INGERÊNCIA DA FRANQUEADORA NA GESTÃO DOS NEGÓCIOS DA FRANQUEADA NÃO COMPROVADA. Atende plenamente às exigências dos arts. 93, IX, da Constituição Federal e 832 da CLT o acórdão regional que justifica a impossibilidade de reconhecimento da solidariedade entre o franqueador e o franqueado no pagamento dos

créditos trabalhistas reconhecidos em favor da reclamante e por esta postulados, mediante a assertiva de que não se comprovou nos autos nenhuma ingerência do franqueador na gestão do negócio. O julgado também não comporta reexame, mediante recurso de revista, por força da Súmula nº 126, que impede o reexame de fatos e provas em sede extraordinária. Agravo de instrumento desprovido.

(TST-AIRR: 98403320005150053 9840-33.2000.5.15.0053, Relator: Luiz Philippe Vieira de Mello Filho, Data de Julgamento: 29/10/2008, 1ª Turma, Data de Publicação: DJ 07/11/2008.)

AGRAVO DE INSTRUMENTO. RESPONSABILDIADE SUBSIDIÁRIA. CONTRATO DE FRANQUIA. A teor da exegese do artigo 2º da Lei nº 8.955/94, o contrato de franquia celebrado entre franqueado e franqueador se distancia da hipótese de terceirização. Naquela situação o franqueado é livre para administrar seu negócio e contratar seus próprios empregados assumindo os riscos da operação e, embora exista, por parte do franqueador, orientação e repasse de tecnologia, não há ingerência direta nos negócios do franqueado. A fiscalização existente é mínima, apenas para se resguardar a própria marca repassada. Logo, não há que se falar em prestação de serviços entre elas, tampouco em responsabilidade subsidiária pelos créditos trabalhistas. Precedentes. Incidência da Súmula nº 333 e do artigo 896, § 4º, da CLT. Agravo de instrumento a que se nega provimento.

(TST - AIRR: 1930006720085020433 193000-67.2008.5.02.0433, Relator: Guilherme Augusto Caputo Bastos, Data de Julgamento: 08/08/2012, 2ª Turma)

Nos julgamentos citados acima, ponderou o TST sobre o fato de que muito embora o franqueador repasse *know-how* e técnica ao franqueado, não há ingerência com relação à contratação de trabalhadores das unidades franqueadas, a qual fica exclusivamente por critério destas, não devendo, portanto, existir qualquer tipo de responsabilidade solidária ou subsidiária pelos débitos trabalhistas.

XVI CONTRATOS CIVIS

Por óbvio que uma empresa, individual ou coletiva, no curso de suas atividades não celebra apenas contratos de natureza mercantil, mas, também, de natureza civil, os quais se mostram muito importantes para o exercício da empresa, sem os quais a mesma não conseguiria desenvolver sua atividade. Tome como exemplo o contrato de locação, de fiança, empréstimo entre outros.

De forma negligente estaríamos agindo se deixamos de lado tais negócios jurídicos. Por isso, passamos a apresentar nesse capítulo os principais contratos civis que podem ser celebrados pela empresa, bem como suas implicações jurídicas e práticas.

1. LOCAÇÃO

Atualmente o contrato civil mais utilizado é a compra e venda. Em segundo lugar vem a locação, haja vista que locamos DVDs, carros, imóveis, roupas etc. A locação está muito difundida na sociedade moderna, uma vez que o locatário pode usufruir da coisa locada, sem, contudo, adquiri-la, o que poderia ser muito oneroso. A empresa, individual ou coletiva, também pactua diversos contratos de locação no curso de sua atividade, como, por exemplo, a locação do ponto comercial, sede física em que exerce a empresa.

1.1. Conceito

Contrato pelo qual o locador se compromete a ceder o uso ou o gozo de coisa infungível ao locatário, mediante certa retribuição. A locação deve ser de coisa. Antigamente se entedia que poderia existir locação de serviços e de empreitada. Hoje, considera-se locação apenas a de coisa. Quando o assunto é serviço, está em regra o contrato de trabalho, ao passo que quando se fala em empreitada, tem-se contrato de empreitada.

Portanto, locação é o contrato pelo qual o locador se compromete a ceder o uso ou gozo de coisa infungível ao locatário, mediante retribuição.

1.2. Classificação

A locação pode ser entendida como um contrato bilateral, oneroso, comutativo, não solene e consensual.

1.3. Elementos

Consentimento: As partes devem consentir em querer formalizar o contrato de locação. Para tanto, exige-se que o contrato seja firmado por agentes capazes.

Objeto: O objeto da locação deve ser um bem infungível, tendo em vista que o escopo principal desse contrato é o de que o bem retorne ao locador um dia.

O objeto da locação pode ser um bem móvel (regulado pelo Código Civil) ou Imóvel (regulado pela Lei 8245/91 – Imóveis Urbanos).

A doutrina admite que sejam locados bens incorpóreos, tais como uma marca ou patente, tendo em vista que a finalidade da locação é a cessão do uso ou gozo de um bem infungível.

Preço: Assim como na compra e venda, o preço também deve existir na locação. Caso não existe, não será locação, mas, sim, comodato (contrato que será estudado nas próximas aulas);

O preço deve ser sério e real e geralmente é denominado de "aluguel".

1.4. Obrigações do Locador e Locatário

1.4.1. Locador

O locador possui duas obrigações basilares, conforme leciona artigo 566, do CC: Entregar a coisa locada em estado que possa servir ao uso que se destina, mantendo-a nesse estado; Garantir o uso manso e pacífico da coisa no decorrer do contrato.

1.4.2. Locatário

O locatário, por sua vez, possui quatro obrigações basilares, conforme prevê inteligência do artigo 569, do CC: Pagar o aluguel em dia; Servir-se da coisa com a finalidade pactuada, bem como tratá-la como se sua fosse. Por exemplo: se loco um imóvel para fim residencial, não posso abrir um comércio no espaço, pois isso mudaria a finalidade da locação; Restituir ao final da locação a coisa ao locador no estado em que a recebeu, salvas as deteriorações naturais que ocorram; Levar ao conhecimento do locador as turbações de terceiros.

Se o locatário dá outra finalidade a coisa locada, diversa do pactuado, o locador poderá rescindir o contrato, bem como pleitear indenização (artigo 570, do CC).

1.5. Prazo da locação

A locação pode se realizar por prazo determinado ou indeterminado. Por exemplo: Locação de DVD. Geralmente é feita por prazo determinado, uma vez que o locador estipula data certa para aquele bem infungível ser devolvido.

Na locação por prazo determinado, o locador não pode reaver a coisa antes do prazo estipulado, salvo se ressarcir o locatário por perdas e danos. O locatário, por sua vez, nesse tipo de locação, não pode devolver a coisa antes do prazo locado, sem, contudo, pagar multa (artigo 571, do CC);

Na locação por prazo determinado, a locação se encerrará após o decurso do tempo pactuado, não necessitando de notificação para tanto (artigo 573, do CC). Contudo, caso o locatário não devolva o bem e o locador não faço oposição a isso, considerar-se-á prorrogado o contrato sem prazo determinado.

Caso o locatário seja notificado e não devolva a coisa, continuará pagando o aluguel arbitrado pelo locador e responderá pela deterioração da coisa, mesmo que ela se dê por caso fortuito (575).

2. EMPRÉSTIMO

Empréstimo é o contrato pela qual uma parte entrega a outra coisa fungível ou infungível, com a obrigação de restituí-la.

O empréstimo, geralmente, caracteriza-se como um ato de generosidade, em que uma pessoa empresta a outra um bem. Todavia, ressalta-se que nem todo empréstimo pode ser gratuito, tal como acontece no mútuo bancário.

O empréstimo se divide em duas espécies: **Comodato:** Empréstimo gratuito de coisa infungível; **Mútuo:** Empréstimo (gratuito ou não) de coisa fungível;

2.1. Comodato

É conceituado como o contrato gratuito pela qual se empresta um bem infungível. Trata-se do empréstimo de uso, ou seja, empresta-se um bem, de forma gratuita, tendo do comodatário a obrigação de restituí-lo. Ex: empréstimo de uma casa; empréstimo de um carro; empréstimo de um trator etc.

O comodato é um contrato gratuito, caso contrário configurar-se-á locação.

2.1.1. Classificação

O comodato é um contrato Real: Aperfeiçoa-se com a tradição; Antes da tradição, caso exista um acordo entre as partes, tem-se apenas um contrato preliminar de comodato e não propriamente o contrato; Gratuito: Gera sacrifício patrimonial a apenas uma das partes; Unilateral: Gera obrigação a apenas uma das partes (comodatário). No comodato, apenas o comodatário possui obrigações, tendo em vista que o contrato se perfaz com a tradição, ou seja, o contrato só se formaliza com a entrega do objeto, não tendo após isso o comodante nenhuma obrigação. Não podemos falar que o comodante tem a obrigação de entregar a coisa, tendo em vista que se o contrato existe é porque ele já entregou a coisa; Não solene: O comodato pode ser celebrado sem forma específica, até mesmo verbal.

O comodato se caracteriza como sendo o empréstimo de uso (por exemplo: casa), ou seja, a coisa é emprestada para ser utilizada e devolvida ao final, ao contrário do mútuo em que se tem um empréstimo de consumo (por exemplo: açúcar, dinheiro).

O comodato pode ser celebrado por prazo determinado ou indeterminado. Todavia, em ambos os casos, tem-se o caráter da temporariedade, tendo em vista que se o contrato não tiver essa característica, configurada estará a doação.

Comodato por prazo determinado: Nesse caso o comodante não pode reaver a coisa antes de findo o prazo estipulado, salvo se houver necessidade e urgência, obtendo autorização judicial.

Comodato por prazo indeterminado: Caso as partes não estipulem um prazo certo no contrato, presumir-se-á que o comodato vigorará até o tempo necessário para o uso concedido. Por exemplo: empréstimo de trator para colher uma safra – presume-se que o contrato vigorará até que toda a safra seja colhida.

Os administradores, tutores e curadores não podem dar em comodato o bem que está sob sua guarda e administração, salvo com autorização especial, segundo disciplina artigo 580, do CC.

2.1.2. Obrigações do comodatário

As principais obrigações do comodatário são as de conservar a coisa como se sua fosse, usar a coisa para o fim que se destina e restituir a coisa ao final do contrato. Caso o comodatário se recuse a restituir a coisa, pagará um aluguel arbitrado até que restitua.

2.2. Mútuo

Contrato pelo qual uma das partes (mutuante) empresta a outra (mutuário) um determinado bem fungível, devendo o mutuário restituir ao mutuante outro bem da mesma espécie, gênero e quantidade.

O mútuo também é conhecido como empréstimo de consumo, tendo em vista que o bem emprestado se deteriorará com o uso, ou seja, o mutuário será obrigado a restituir ao mutuante, mas não o mesmo objeto, pois esse já foi consumido, mas, sim, outro de igual gênero, quantidade e qualidade. Por exemplo: empresto uma caixa de cerveja Bohemia de um vizinho. Por óbvio que aquelas garrafas de cerveja serão consumidas. Assim, o mutuário será obrigado a restituir ao mutuante outra caixa de Bohemia, contendo a mesma quantidade de cervejas que pegou.

Por isso, fala-se que o mútuo é um contrato TRANSLATIVO DA PROPRIEDADE, ou seja, a coisa emprestada passa para o domínio do mutuário, devendo esse restituir o mutuante com outro objeto do mesmo gênero, quantidade e espécie.

2.2.1. Responsabilidade pela coisa

No mútuo aplica-se a regra do "res perit domino". Como visto, após a tradição, o proprietário do objeto é o mutuário (aquele que recebeu o empréstimo). Em assim sendo, ele responderá pela deterioração do bem, mesmo que ela se dê em virtude de caso fortuito ou força maior. Caso o bem se perca após a tradição o mutuário sofrerá com os prejuízos.

2.2.2. Classificação

O mútuo é considerado um contrato unilateral (gera obrigações apenas para o mutuário), real (nasce com a tradição do bem fungível), não solene, podendo ser gratuito ou oneroso.

2.2.3. Obrigação do Mutuário

Se o mutuo é um contrato real, ou seja, que nasce com a tradição, por óbvio que apenas o mutuário possui obrigações, uma vez que o mutuante já entregou o objeto.

São obrigações do mutuário: Restituir o mutuante no prazo acordado com outro bem da mesma espécie, gênero e quantidade; Pagar os juros compensatórios, caso o mútuo seja pactuado de forma onerosa. Por exemplo: mútuo bancário. Deve-se devolver a quantia emprestada, acrescidas de juros.

2.2.4. Prazo do mútuo

O mútuo, assim como o comodato, deve guardar o caráter de temporariedade, a fim de que não configure outra espécie de contrato, tal como doação ou compra e venda.

Assim, as partes podem pactuar por quanto tempo ele perdurará, mas caso assim não o façam, a lei dispõe que: (artigo 592, do CC): Caso o mútuo seja de produtos agrícolas, cessa-se após a próxima colheita; Caso o mútuo seja de dinheiro, cessa-se após trinta dias; Caso o mútuo seja de qualquer outro bem fungível, cessa-se no prazo em que o mutuante declarar.

3. FIANÇA

Disciplinada nos artigos 818 e seguintes, do Código Civil, a fiança pode ser conceituada como sendo o contrato pela qual uma pessoa garante a outra no pagamento de uma dívida perante o credor. Ou seja, uma pessoa garante que pagará a dívida de um terceiro perante o credor, caso esse terceiro não cumpra com a obrigação.

É muito utilizada em dias atuais, tendo em vista que se trata de uma espécie de contrato acessório que visa assegurar o cumprimento de um contrato principal, ou seja, a fiança é uma garantia de que se o devedor primitivo não pagar, o fiador assim o fará. Trata-se de uma garantia pessoal.

A fiança é muito utilizada para garantir contrato de locação e contrato de mútuo bancário. Quem presta a fiança é chamado de fiador.

Por ser contrato acessório, caso o contrato principal seja nulo, a fiança também será, exceto se a nulidade resultar de incapacidade pessoal do devedor.

Como a fiança é um contrato acessório, ou seja, depende da existência de outro principal, a obrigação nela contraída não pode superar o valor da obrigação do contrato principal, quando muito, chegar ao mesmo valor. Por exemplo, contrato de mútuo de R$ 5.000,00 (cinco mil reais); Celebra-se um contrato de fiança no valor de R$ 12.000,00 (doze mil reais). Caso a fiança supere a obrigação principal, ela não será nula, mas seu excesso não será considerado (artigo 823, do CC).

A fiança pode ser celebrada mesmo contra a vontade do devedor. É certo que quase sempre quem apresenta o fiador é o próprio devedor, mas caso o credor arrume um que assuma a obrigação, o contrato pode ser firmado, mesmo sem a anuência do devedor. Tal ato se da, pois o contrato de fiança é celebrado entre credor e fiador, garantindo o devedor (artigo 820, do CC).

3.1. Classificação

A fiança é um contrato acessório e formal, pois depende de forma escrita para nascer. Não existe fiança tácita ou verbal. Para vincular uma pessoa a pagar divida de terceiro, deve-se estar compromissado por escrito. É também unilateral, de modo que gera obrigações apenas para uma das partes, ou seja, apenas para o fiador. Por fim, em regra ela é geralmente gratuita: Geralmente a fiança será um contrato gratuito, mas pode ser onerosa caso as partes assim estipulem.

3.2. Partes

A fiança, ao contrário do que a maioria pensa, é um contrato firmado entre credor e fiador e não entre devedor e fiador. É certo que o mais usual é que o devedor apresente um fiador ao credor, mas no momento da formalização, o contrato será celebrado entre credor e fiador, uma vez que a garantia dada é para o credor.

Por isso, o credor pode escolher o fiador contra a vontade do devedor, como já estudado, bem como pode recusar um fiador apresentado pelo devedor.

3.3. Responsabilidade do fiador

A fiança, em regra, é subsidiária, ou seja, só será exigível cobrar do fiador, caso exista um inadimplemento do devedor principal. Por isso, nesse tipo de contrato, primeiro se cobra o devedor principal, de modo que se esse não satisfizer a divida, cobra-se o fiador.

Por outro lado, pode haver solidariedade entre fiador e devedor, bastando que esteja expresso no contrato de fiança uma clausula nesse sentido. Assim, o credor poderá cobrar diretamente o fiador ou o próprio devedor.

Contudo, não é muito usual haver solidariedade na fiança. Geralmente os fiadores possuirão responsabilidade subsidiária.

Ainda sobre a responsabilidade do fiador, aduz o artigo 819, do CC, sobre o fato de que a fiança não pode ter interpretação extensiva. Isso quer dizer que o fiador se obriga apenas ao que ficar estipulado no contrato. Assim sendo, se o fiador garantiu um contrato de mútuo de R$ 100.000,00 (cem mil reais), caso a dívida estipulada no contrato principal aumente, a garantia dada pela fiança não aumentará.

Caso o fiador se torne insolvente ou incapaz, o credor poderá pedir a substituição.

3.4. Fiança conjunta

Na hipótese de exigir mais de um fiador para garantir um contrato, presumir-se-á a solidariedade entre os fiadores, ou seja, cada um poderá ter que arcar com a divida toda, possuindo, entretanto, a seu favor, o direito de cobrar de forma regressiva no futuro (artigo 829, do CC).

Para que não exista solidariedade entre os fiadores e, assim, cada um garanta apenas uma parte do contrato principal, é preciso que a limitação esteja expressa no contrato de fiança.

XVII QUESTÕES OAB FGV

1. QUESTÕES TEORIA GERAL DO DIREITO EMPRESARIAL

XII. (EXAME OAB/FGV) No contrato de alienação do estabelecimento da sociedade empresária Chaves & Cia Ltda., com sede em Theobroma, ficou pactuado que não haveria sub-rogação do adquirente nos contratos celebrados pelo alienante, em vigor na data da transferência, relativos ao fornecimento de matéria-prima para o exercício da empresa. Um dos sócios da sociedade empresária consulta sua advogada para saber se a estipulação é válida. Consoante as disposições legais sobre o estabelecimento, assinale a afirmativa correta.

A) A estipulação é nula, pois o contrato de alienação do estabelecimento não pode afastar a sub-rogação do adquirente nos contratos celebrados anteriormente para sua exploração.

B) A estipulação é válida, pois o contrato de alienação do estabelecimento pode afastar a sub-rogação do adquirente nos contratos celebrados anteriormente para sua exploração.

C) A estipulação é anulável, podendo os terceiros rescindir seus contratos com a sociedade empresária em até 90 (noventa) dias a contar da publicação da transferência.

D) A estipulação é considerada não escrita, por desrespeitar norma de ordem pública que impõe a solidariedade entre alienante e adquirente pelas obrigações referentes ao estabelecimento.

Gabarito: B

XI. **(EXAME OAB/FGV)** Vanderlei de Assis pretende iniciar uma atividade empresarial na cidade de Novo Repartimento. Consulta um advogado para receber esclarecimentos sobre o registro de empresário e os efeitos dele decorrentes, informando que a receita bruta anual prevista para a futura atividade será inferior a R$ 60.000,00 (sessenta mil reais). As informações prestadas abaixo estão corretas, à exceção de uma. Assinale-a.

A) Se no curso da atividade empresarial Vanderlei de Assis vier a admitir algum sócio, poderá solicitar ao Registro Público de Empresas Mercantis a transformação de seu registro de empresário para registro de sociedade empresária.

B) Em razão de sua receita bruta anual prevista, Vanderlei poderá solicitar seu enquadramento como microempreendedor individual – MEI, devendo indicar no requerimento a firma individual com a assinatura autógrafa.

C) A inscrição de empresário no Registro Público de Empresas Mercantis, embora obrigatória, não é constitutiva para fins de sua caracterização, mas permite usufruir das prerrogativas legais concedidas aos empresários regulares.

D) A inscrição do empresário obedecerá ao número de ordem contínuo para todos os empresários inscritos e quaisquer modificações nela ocorrentes serão averbadas à margem, com as mesmas formalidades.

Gabarito: B

X. **(EXAME OAB/FGV)** Lavanderias Roupa Limpa Ltda. ("Roupa Limpa") alienou um de seus estabelecimentos comerciais, uma lavanderia no bairro do Jacintinho, na cidade de Maceió, para Caio da Silva, empresário individual. O contrato de trespasse foi omisso quanto à possibilidade de restabelecimento da "Roupa Limpa", bem como nada dispôs a respeito da responsabilidade de Caio da Silva por débitos anteriores à transferência do estabelecimento.

Nesse cenário, assinale a afirmativa correta.

A) O contrato de trespasse será oponível a terceiros, independentemente de qualquer registro na Junta Comercial ou publicação.

B) Caio da Silva não responderá por qualquer débito anterior à transferência, exceto os que não estiverem devidamente escriturados.

C) Na omissão do contrato de trespasse, Roupa Limpa poderá se restabelecer no bairro do Jacintinho e fazer concorrência a Caio da Silva.

D) Não havendo autorização expressa, "Roupa Limpa" não poderá fazer concorrência a Caio da Silva, nos cinco anos subsequentes à transferência.

Gabarito: D

X. **(EXAME OAB/FGV)** Heliodora Moda Feminina Ltda. é locatária de uma loja situada no shopping center Mateus Leme. Sobre o contrato de locação de uma unidade comercial em shopping center, assinale a afirmativa correta.

A) O locador poderá recusar a renovação do contrato com fundamento na necessidade de ele próprio utilizar o imóvel.

B) As despesas cobradas do locatário não precisam estar previstas em orçamento, desde que devidamente demonstradas.

C) O empreendedor poderá cobrar do locatário as despesas com obras de reformas que interessem à estrutura do shopping.

D) As condições livremente pactuadas no contrato respectivo prevalecerão nas relações entre os lojistas e o empreendedor.

Gabarito: D

IX. **(EXAME OAB/FGV)** Sobre o exercício da empresa por incapaz, assinale a afirmativa correta.

A) O incapaz deverá estar representado ou ser devidamente assistido, ter no mínimo 10 (dez) anos de idade e ser autorizado pelo Registro Público de Empresas Mercantis.

B) Os bens que o incapaz já possuía ao tempo da incapacidade ou interdição ficam sujeitos aos resultados da empresa, desde que estranhos ao acervo desta.

C) O alvará de autorização e a eventual revogação deste serão inscritos ou averbados no Registro Civil de Pessoas Naturais e publicados na imprensa oficial.

D) Se o representante ou assistente do incapaz for um servidor público em atividade, será nomeado, com a aprovação do juiz, um ou mais gerentes.

Gabarito: D

VIII. (EXAME OAB/FGV) José decidiu constituir uma Empresa Individual de Responsabilidade Limitada (EIRELI) para atuar no município "X" e consultou um advogado para obter esclarecimentos sobre a administração da EIRELI.

Assinale a alternativa que apresenta a informação correta dada pelo advogado.

A) A designação de administrador não sócio depende do voto favorável de 2/3 (dois terços) do capital social, se este não estiver integralizado.

B) A administração atribuída pelo contrato a qualquer dos sócios da EIRELI não se estende de pleno direito aos que posteriormente adquirirem essa qualidade.

C) O administrador da EIRELI, seja o próprio instituidor ou terceiro, responde por culpa no desempenho de suas atribuições perante terceiros prejudicados.

D) O titular da EIRELI poderá usar a firma ou denominação, sendo vedado seu uso pelo terceiro, ainda que seja designado administrador.

Gabarito: C

VI. (EXAME OAB/FGV) A respeito do nome empresarial, é correto afirmar que

A) o nome empresarial pode ser objeto de contrato de compra e venda.

B) a sociedade em conta de participação, por possuir personalidade jurídica, pode adotar firma ou denominação.

C) a sociedade anônima será designada somente por meio de denominação.

D) a sociedade limitada será designada somente por meio de firma.

Gabarito: C

V. **(EXAME OAB/FGV)** Em relação à incapacidade e proibição para o exercício da empresa, assinale a alternativa correta.

A) Caso a pessoa proibida de exercer a atividade de empresário praticar tal atividade, deverá responder pelas obrigações contraídas, podendo até ser declarada falida.

B) Aquele que tenha impedimento legal para ser empresário está impedido de ser sócio ou acionista de uma sociedade empresária.

C) Entre as pessoas impedidas de exercer a empresa está o incapaz, que não poderá exercer tal atividade.

D) Por se tratar de matéria de ordem pública e considerando que a continuação da empresa interessa a toda a sociedade, quer em razão da arrecadação de impostos, quer em razão da geração de empregos, caso a pessoa proibida de exercer a atividade empresarial o faça, poderá requerer a recuperação judicial.

Gabarito: A

2. QUESTÕES DIREITO SOCIETÁRIO

XII. (EXAME OAB/FGV) Com relação às sociedades anônimas, assinale a opção correta.

A) As ações preferenciais são sempre ações sem direito de voto e com prioridade no recebimento de dividendos fixos e cumulativos.

B) A vantagem das ações preferenciais de companhia fechada pode consistir exclusivamente em prioridade no reembolso do capital.

C) A primeira convocação de assembleia geral de companhia fechada deverá ser feita no prazo de 15 (quinze) dias antes de sua realização.

D) O conselho de administração é órgão obrigatório em todas as sociedades anônimas fechadas, com capital autorizado e de economia mista.

Gabarito: B

XI. (EXAME OAB/FGV) A respeito do capital autorizado, assinale a afirmativa correta.

A) O estatuto pode prever os casos ou as condições em que os acionistas não terão direito de preferência para subscrição.

B) A autorização para aumento do capital social pode ser conferida à diretoria da companhia, que pode ser competente para deliberar sobre as emissões.

C) O estatuto pode prever a emissão de partes beneficiárias ou bônus de subscrição, dentro do limite do capital autorizado.

D) Somente os estatutos de companhias fechadas podem conter autorização para aumento de capital social, independentemente de reforma estatutária.

Gabarito: A

XI. **(EXAME OAB/FGV)** Cinco pessoas naturais residentes no município X decidiram constituir uma sociedade cooperativa e procuraram uma advogada para a elaboração do estatuto social. Com base nas disposições para esta espécie societária previstas no Código

Civil, é correto afirmar que

A) o estatuto deverá conter cláusula indicativa do valor do capital social, que será fixo durante toda a existência da sociedade.

B) aplicam-se às cooperativas as disposições do Código Civil referentes às sociedades anônimas, na omissão da legislação especial.

C) os sócios responderão sempre de forma solidária, ilimitada e subsidiária pelas obrigações sociais, por ser a cooperativa uma sociedade de pessoas.

D) se a cooperativa possuir capital social, as quotas serão intransferíveis a terceiros estranhos à sociedade, ainda que por direito hereditário.

Gabarito: D

X. **(EXAME OAB/FGV)** A respeito das diferenças existentes entre as sociedades anônimas abertas e fechadas, assinale a afirmativa correta.

A) A companhia será aberta ou fechada conforme os valores mobiliários de sua emissão sejam admitidos ou não à negociação no mercado de bolsa ou de balcão.

B) As companhias abertas poderão emitir partes beneficiárias, opções de compra de ações e bônus de subscrição.

C) O estatuto social de uma companhia fechada nunca poderá impor limitações à circulação das ações ordinárias, mas poderá fazê-lo em relação às ações preferenciais.

D) As ações ordinárias e preferenciais de uma companhia aberta poderão ser de uma ou mais classes.

Gabarito: A

IX. **(EXAME OAB/FGV)** A sociedade Farias Macedo & Cia Ltda., com sede em Floreal, instalou Conselho Fiscal composto por cinco integrantes, nenhum deles sócio, eleitos pela assembleia dos sócios com quórum de maioria simples, com mandato até a próxima assembleia anual. Consultada uma advogada para opinar, ela afirmou corretamente que.

A) o Conselho Fiscal deve ser composto apenas por sócios pessoas naturais.

B) a instituição de Conselho Fiscal é uma prerrogativa exclusiva das companhias.

C) o quórum para eleição dos membros do Conselho Fiscal é de 2/3 do capital.

D) a eleição dos membros do Conselho Fiscal compete à assembleia anual dos sócios.

Gabarito: D

IX. **(EXAME OAB/FGV)** Leia o trecho a seguir.

Companhia cuja totalidade das ações em que se divide o capital pertence a uma sociedade brasileira.

Essa definição refere-se à

A) subsidiária integral.

B) sociedade em conta de participação.

C) sociedade limitada.

D) sociedade de propósito específico.

Gabarito: A

IX. **(EXAME OAB/FGV).** A sociedade limitada encontra-se regulada nos artigos 1052 a 1087 do Código Civil. Para que ela possa atingir sua finalidade, necessita de patrimônio, já que sua personalidade é diversa da personalidade dos sócios. Em relação ao capital e ao patrimônio social desse tipo societário, assinale a afirmativa incorreta.

A) No momento em que a sociedade limitada é constituída e inicia a atividade que constitui o objeto social, o patrimônio é igual ao capital social.

B) Na constituição da sociedade há possibilidade do ingresso de sócio cuja contribuição consista exclusivamente em prestação de serviços.

C) A distribuição dolosa de lucros ilícitos acarreta a responsabilidade solidária dos administradores que a realizarem e dos sócios que os receberem.

D) O sócio remisso é aquele que não integraliza sua quota na forma e prazo previstos, podendo, por esse fato, ser excluído da sociedade.

Gabarito: B

IX. **(EXAME OAB/FGV)** Com relação aos títulos de crédito, assinale a afirmativa correta.

A) No endosso de letra de câmbio após o protesto por falta de pagamento, o portador tem ação cambiária contra o seu endossante.

B) A cláusula não à ordem inserida no cheque impede sua circulação tanto por endosso quanto por cessão de crédito.

C) O endosso de cheque poderá ser realizado pelo sacado ou por mandatário deste com poderes especiais.

D) A duplicata pode ser apresentada para aceite do sacado pelo próprio sacador ou por instituição financeira.

Gabarito: D

VIII. **(EXAME OAB/FGV)** A respeito do sócio ostensivo da sociedade em conta de participação, assinale a afirmativa correta.

A) É também chamado de sócio oculto.

B) É o único responsável pela atividade constitutiva do objeto social.

C) É o novo sócio admitido, mesmo que sem o consentimento dos demais, quando a sociedade necessitar de um aporte de capital.

D) É o único sócio ostensivo da sociedade,vedada a pluralidade de sócios dessa natureza.

Gabarito: B

VIII. (EXAME OAB/FGV) A Assembleia Geral de S.A. Empreendimentos Turísticos, companhia aberta sediada em “X”, delegou ao Conselho de Administração a deliberação sobre a oportunidade de emissão, época e condições de vencimento de debêntures conversíveis em ações. Petrossian Participações Ltda., acionista minoritário, consultou seu advogado sobre a legalidade da deliberação.

Com relação ao fato acima, assinale a alternativa que apresenta a resposta correta à consulta.

A) A deliberação é válida, porque a deliberação sobre a oportunidade de emissão, a época e as condições de vencimento de debêntures conversíveis em ações pode ser delegada ao Conselho de Administração.

B) A deliberação é anulável, porque a deliberação sobre a oportunidade de emissão, a época e as condições de vencimento de debêntures conversíveis em ações é privativa da assembleia geral nas companhias abertas.

C) A deliberação é nula, porque a emissão de debêntures conversíveis em ações depende da autorização prévia dos titulares de ações preferenciais reunidos em assembléia especial convocada para esse fim.

D) A deliberação é ineficaz em relação aos acionistas minoritários, pois a emissão de debêntures conversíveis em ações acarretará aumento de capital com diluição injustificada de participação desses acionistas.

Gabarito: A

VII. (EXAME OAB/FGV) Em relação à Sociedade em Conta de Participação NÃO é correto afirmar que

A) é uma sociedade empresária personificada e de pessoas.

B) a atividade constitutiva do objeto social deve ser exercida unicamente pelo sócio ostensivo.

C) o contrato social produz efeito somente entre os sócios.

D) as contribuições dos sócios participante e ostensivo constituem patrimônio especial.

Gabarito: A

VII. (EXAME OAB/FGV) Sobre os direitos dos acionistas, é correto afirmar que

A) o direito de voto é garantido a todo acionista, independente da espécie ou classe de ações de que seja titular.

B) os acionistas deverão receber dividendos obrigatórios em todos os exercícios sociais.

C) o acionista terá direito de se retirar da companhia caso cláusula compromissória venha a ser introduzida no estatuto social.

D) o acionista tem o direito de fiscalizar as atividades sociais e sendo titular de mais de 5% do capital poderá requerer judicialmente a exibição dos livros da companhia, caso haja suspeita de irregularidades dos administradores.

Gabarito: D

VI. **(EXAME OAB/FGV)** A respeito das sociedades limitadas, assinale a alternativa correta.

A) A sociedade limitada, nas omissões das normas estabelecidas pelo Código Civil, será regida pela Lei 6.404/1976.

B) A cessão de quotas de um quotista de uma sociedade limitada para outro quotista da mesma sociedade dependerá de prévia autorização estatutária.

C) A sociedade limitada é administrada por uma ou mais pessoas designadas no contrato social ou em ato separado.

D) Não dependerá de deliberação dos quotistas a nomeação ou a destituição dos administradores.

Gabarito: C

VI. **(EXAME OAB/FGV)** A respeito das debêntures, é correto afirmar que

A) as debêntures da mesma série terão igual valor nominal e conferirão a seus titulares os mesmos direitos.

B) o pagamento das debêntures sempre será estipulado em moeda nacional.

C) a debênture não constitui valor mobiliário, sendo classificada tão somente como título de crédito.

D) a companhia é obrigada a realizar a amortização das debêntures por meio de um único pagamento a seus titulares.

Gabarito: A

VI. **(EXAME OAB/FGV)** A respeito das diferenças entre a assembleia geral ordinária e a assembleia geral extraordinária de uma sociedade anônima, é correto afirmar que

A) a assembleia geral extraordinária poderá ser realizada a qualquer momento, sendo que a assembleia geral ordinária deverá ser realizada nos 5 (cinco) primeiros meses seguintes ao término do exercício social.

B) é competência privativa da assembleia geral ordinária deliberar sobre a destinação do lucro líquido do exercício e a distribuição de dividendos.

C) a assembleia geral extraordinária não tem competência para deliberar sobre reforma do estatuto social.

D) a assembleia geral ordinária jamais terá competência para eleger os administradores da companhia. Gabarito: B

VI. **(EXAME OAB/FGV)** A respeito da definição de responsabilidade dos sócios nos diferentes tipos societários, é correto afirmar que

A) nas sociedades anônimas, os sócios podem ser responsabilizados no limite do capital social, não estando sua responsabilidade limitada ao preço de emissão das ações que subscreveram ou adquiriram.

B) nas sociedades em comandita simples, os sócios comanditários são responsáveis solidária e ilimitadamente pelas obrigações sociais.

C) nas sociedades limitadas, a responsabilidade de cada quotista é limitada ao valor de suas quotas, mas todos respondem solidariamente pela integralização do capital social.

D) nas sociedades em comum, os sócios respondem ilimitadamente pelas obrigações da sociedade, mas não haverá solidariedade entre eles.

Gabarito: C

VI. **(EXAME OAB/FGV)** A respeito do direito de retirada no âmbito de uma companhia aberta, é correto afirmar que

A) o direito de retirada poderá ser exercido no prazo de 30 (trinta) dias contados da publicação da ata da assembleia geral, ainda que o titular das ações tenha se abstido de votar contra a deliberação ou não tenha comparecido à assembleia.

B) qualquer a cionista da companhia que dissentir da deliberação que aprovar a alteração das vantagens conferidas a uma determinada classe de ações preferenciais poderá exercer o direito de recesso.

C) a deliberação que aprovar a fusão da companhia com outra sociedade gera, em qualquer hipótese, direito de retirada para os acionistas dissentes da deliberação.

D) o prazo para exercício do direito de retirada é prescricional.

Gabarito: A

V. **(EXAME OAB/FGV)** A respeito da deliberação dos sócios na Sociedade Limitada, é correto afirmar que

A) a assembleia somente pode ser convocada pelos administradores eleitos no contrato social.

B) as formalidades legais de convocação são dispensadas quando todos os sócios se declararem, por escrito, cientes do local, data, hora e ordem do dia.

C) a deliberação em assembleia será obrigatória se o número dos sócios for superior a cinco.

D) as deliberações tomadas de conformidade com a lei e o contrato vinculam os sócios ausentes, mas não os dissidentes.

Gabarito: B

V. **(EXAME OAB/FGV)** Conforme art. 4º da Lei 6404/76, as companhias podem ser classificadas em abertas ou fechadas, dependendo se seus valores mobiliários podem ou não ser negociados no Mercado de Valores Mobiliários. Em relação aos valores mobiliários das companhias abertas e fechadas, assinale a alternativa correta.

A) Valores mobiliários são títulos que concedem a seu titular certos direitos em relação à companhia. São exemplos de valores mobiliários as ações, as debêntures, os bônus de subscrição e o certificado de valores mobiliários.

B) O Mercado de Valores Mobiliários (MVM) compreende as bolsas de valores, o mercado de balcão e o mercado de balcão organizado. Para a companhia poder negociar no MVM, deverá preencher certos requisitos e obter autorização da Comissão de Valores Mobiliários e da Junta Comercial.

C) As companhias abertas, caso queiram negociar suas ações, devem sempre fazê-lo por meio do mercado de valores mobiliários, ou seja, suas negociações serão sempre por oferta ao público em geral.

D) Partes beneficiárias são títulos emitidos tanto pela companhia aberta quanto pela fechada que dão a seu titular direito a percentual no lucro da companhia.

Gabarito: A

V. **(EXAME OAB/FGV)** A respeito da sociedade em comum, é correto afirmar que

A) os sócios respondem individual e ilimitadamente pelas obrigações sociais.

B) são regidas pelas disposições das sociedades simples.

C) na relação com terceiros, os sócios podem comprovar a existência da sociedade de qualquer modo.

D) os sócios são titulares em comum das dívidas sociais.

Gabarito: D

IV. **(EXAME OAB/FGV)** Em relação à modificação do capital social das sociedades limitadas, assinale a alternativa correta.

A) Há direito de preferência do sócio no caso de aumento do capital social, exercendo, primeiro, esse direito o sócio majoritário, que poderá adquirir todas as quotas ou quantas lhe interessarem. Após exercido esse direito, caso restem quotas a serem adquiridas, terá preferência sobre os demais quem tiver maior número de quotas, e assim sucessivamente.

B) Para que haja aumento do capital social, não há necessidade de os sócios terem integralizado totalmente suas quotas.

C) Uma das hipóteses para que haja diminuição do capital social é que a sociedade tenha tido prejuízos que não serão mais recuperados, devendo-se, nesse caso, haver diminuição proporcional do valor das quotas, tornando-se efetiva essa diminuição a partir do momento em que for feita a averbação no cartório competente da ata da assembleia que a aprovou.

D) A diminuição do valor do capital social é direito da sociedade, não podendo haver objeção por parte dos credores.

Gabarito: C

III. **(EXAME OAB/FGV)** As Sociedades Anônimas têm uma pesada estrutura, necessitando, assim, de vários órgãos para atingir seu desiderato, cada um com sua função específica. Um desses órgãos é a Diretoria, sendo seus diretores efetivamente os administradores da companhia. Esses diretores possuem alguns deveres para com a sociedade empresarial e para com o mercado.

Entre esses deveres encontra-se o desclosure, que é o dever

A) que os diretores possuem de convocar os acionistas para deliberar sobre determinado assunto ou vários assuntos que devem constar de uma pauta previamente escolhida.

B) de fiscalizar os gastos da sociedade e se ela está cumprindo o que está disposto no estatuto social.

C) que os administradores têm para com o mercado de informar todas as operações em que a companhia estiver envolvida e que possam influir na cotação das suas ações, das debêntures e dos valores mobiliários.

D) que os administradores possuem de agir de forma diligente, respeitando o estatuto social, de forma a não causar prejuízos aos acionistas, podendo responder de forma pessoal com seu patrimônio caso violem esse dever.

Gabarito: C

III. **(EXAME OAB/FGV)** Com relação à exclusão do sócio da sociedade por justa causa, assinale a alternativa correta.

A) Como o sócio majoritário possui a maioria do capital social, ele não poderá ser expulso em razão da vontade dos demais sócios, ainda que haja justo motivo para tal expulsão.

B) A deliberação para exclusão do sócio majoritário não remisso deve ocorrer por assembleia convocada especificamente para tal fim, sendo a deliberação comunicada ao sócio que se visa excluir, e este deverá, em 48 horas, deixar a sociedade, podendo após esse prazo ser feita a devida alteração contratual.

C) Se for ajuizada ação para se efetivar a expulsão do sócio, o juiz somente poderá verificar os aspectos formais que levaram à exclusão, como, por exemplo, se se respeitou o quórum necessário, não podendo examinar o mérito do ato expulsório.

D) A justa causa é a violação ou falta de cumprimento das obrigações sociais, sendo que o sócio excluído não perde o valor patrimonial de sua participação societária.

Gabarito: D

III. (EXAME OAB/FGV) A Lei das Sociedades por Ações estabelece responsabilidades para os administradores, membros do Conselho Fiscal e para o acionista controlador. A violação a tais deveres pode causar responsabilidade civil, administrativa e penal.

Em relação aos deveres e responsabilidades dos administradores, conselheiros e acionistas, assinale a alternativa correta.

A) O acionista controlador é sempre o acionista majoritário, ou seja, aquele com maior número de ações da companhia, devendo usar seu poder de controle para fazer, a qualquer custo, com que a companhia tenha uma maior margem de lucro.

B) Somente nas companhias fechadas é que todos os administradores são responsáveis pelos prejuízos que causarem pelo não cumprimento dos deveres impostos pela lei para assegurar o funcionamento normal da companhia, ainda que, de acordo com o estatuto, tais deveres não sejam de competência de todos eles.

C) A única obrigação do acionista é a integralização de suas ações, não tendo qualquer outra responsabilidade para com a companhia.

D) Para que os administradores sejam responsabilizados pela prática de seus atos, há necessidade de se causarem prejuízos efetivos à companhia, e apenas se seus atos forem comissivos.

Gabarito: B

II. **(EXAME OAB/FGV)** Antônio e Joana casaram-se pelo regime da comunhão parcial de bens. Após o casamento, Antônio tornou-se sócio de sociedade simples com 1.000 quotas representati vas de 20% do capital da sociedade. Passados alguns anos, o casal veio a se separar judicialmente. Assinale a alternati va que indique o que Joana pode fazer em relação às quotas de seu ex-cônjuge.

A) Solicitar judicialmente a parti lha das quotas de Antônio, ingressando na sociedade com 500 quotas ou 10% do capital social.

B) Requerer a dissolução parcial da sociedade de modo a receber o valor de metade das quotas de Antônio calculado com base em balanço especialmente levantado, tomando-se como base a data da separação.

C) Participar da divisão de lucros até que se liquide a sociedade, ainda que não possa nela ingressar.

D) Requerer a dissolução da sociedade e a liquidação dos bens sociais para que, apurados os haveres dos sócios, possa receber a parte que lhe pertence das quotas de seu ex-cônjuge.

Gabarito: C

II. **(EXAME OAB/FGV)** No que se refere à cessão de quotas de sociedade empresária limitada, assinale a alternativa correta.

A) O cedente responde solidariamente com o cessionário perante a sociedade e terceiros pelas obrigações que tinha como sócio até 3 anos após averbado no registro competente a modificação do contrato social.

B) Na omissão do contrato, o sócio pode ceder sua quota, total ou parcialmente, a quem já seja sócio, independentemente da audiência dos demais.

C) A cessão de quotas, consubstanciada na respectiva alteração contratual, terá eficácia entre cedente e cessionário somente após a sua averbação perante o órgão competente.

D) Na omissão do contrato, o sócio pode ceder sua quota, total ou parcialmente, para terceiro, estranho ao quadro de sócios, somente se houver a concordância da unanimidade dos demais sócios.

Gabarito: B

3. QUESTÕES PROPRIEDADE INDUSTRIAL

XII. **EXAME (0AB/FGV).** Sobre a licença compulsória, assinale a afirmativa correta.

A) É a hipótese em que o Estado outorga o direito de patente ao autor da invenção sem a sua iniciativa.

B) É cabível sua concessão se a comercialização não satisfizer às necessidades do mercado.

C) Pode ser concedida com exclusividade, a critério do Instituto Nacional da Propriedade Industrial.

D) É admitido o sublicenciamento, com a concordância prévia do licenciante.

Gabarito: B

VII. **(EXAME OAB/FGV)** Sobre as marcas, é correto afirmar que

A) a marca de alto renome é sinônimo de marca notoriamente conhecida.

B) a vigência do registro da marca é de 5 (cinco) anos, sendo prorrogável por períodos iguais e sucessivos.

C) é permitida a cessão do pedido de registro de marca, caso o cessionário atenda aos requisitos legais.

D) a marca de produto ou serviço é aquela usada para identificar produtos ou serviços provindos de membros de uma determinada entidade.

Gabarito: C

VI. **(EXAME OAB/FGV)** A respeito das invenções ou modelos de utilidade, é correto afirmar que

A) podem incluir os programas de computador em si.

B) podem consistir em técnicas e métodos operatórios ou cirúrgicos.

C) bastam atender aos requisitos de novidade e atividade inventiva para serem patenteáveis.

D) são considerados novos quando não compreendidos no estado da técnica.

Gabarito: D

4. QUESTÕES TÍTULOS DE CRÉDITO

XII. **(EXAME OAB/FGV)** Fontoura Xavier sacou letra de câmbio à ordem no valor de R$ 20.000,00 (vinte mil reais) em face de Sales Oliveira, pagável à vista na praça de Itaocara, indicando como beneficiário Rezende Costa. Com base nos dados apresentados e na legislação sobre letra de câmbio, assinale a afirmativa INCORRETA.

A) O vencimento da letra de câmbio ocorrerá na data de sua apresentação pelo beneficiário ao sacado, Sales Oliveira.

B) Se o sacador, Fontoura Xavier, inserir a cláusula "sem despesas" será facultativo o protesto por falta de pagamento.

C) O beneficiário e portador, Rezende Costa, pode inserir no título a cláusula "não à ordem" antes de transferi-lo a terceiro.

D) Se o sacador, Fontoura Xavier, inserir na letra de câmbio cláusula de juros e sua taxa, essa estipulação será considerada válida.

Gabarito: C

XI. **(EXAME OAB/FGV)** Um cheque no valor de R$ 3.000,00 (três mil reais) foi sacado em 15 de agosto de 2012, na praça de Santana, Estado do Amapá, para pagamento no mesmo local de emissão. Dez dias após o saque, o beneficiário endossou o título para Ferreira Gomes. Este, no mesmo dia, apresentou o cheque ao sacado para pagamento, mas houve devolução ao apresentante por insuficiência de fundos, mediante declaração do sacado no verso do cheque.

Com base nas informações contidas no enunciado e nas disposições da Lei n. 7.357/85 (Lei do Cheque), assinale a afirmativa incorreta.

A) O apresentante, diante da devolução do cheque, deverá levar o título a protesto por falta de pagamento, requisito essencial à propositura da ação executiva em face do endossante.

B) O emitente do cheque, durante ou após o prazo de apresentação, poderá fazer sustar seu pagamento mediante aviso escrito dirigido ao sacado, fundado em relevante razão de direito.

C) O prazo de apresentação do cheque ao sacado para pagamento é de 30 (trinta) dias, contados da data de emissão, quando o lugar de emissão for o mesmo do de pagamento.

D) O portador, apresentado o cheque e não realizado seu pagamento, deverá promover a ação executiva em face do emitente em até 6 (seis) meses após a expiração do prazo de apresentação.

Gabarito: A

X. **(EXAME OAB/FGV)** Laurentino recebeu um cheque nominal sacado na praça de "Z" no valor de R$ 20.000,00 (vinte mil reais) e pagável na praça de "A". Vinte dias após a emissão e antes da apresentação ao sacado foram furtados vários documentos da residência do tomador, dentre eles o referido cheque. Com base nestas informações, assinale a afirmativa correta.

A) A medida judicial cabível para impedir o pagamento do cheque pelo sacado é a contra-ordem ou oposição, que produz efeito durante o prazo de apresentação.

B) A medida extrajudicial cabível para impedir o pagamento do cheque pelo sacado é a sustação ou oposição, que depende da prova da existência de fundos disponíveis.

C) A medida judicial cabível para impedir o pagamento do cheque pelo sacado é a sustação ou oposição, que produz efeito apenas após o prazo de apresentação.

D) A medida extrajudicial cabível para impedir o pagamento do cheque pelo sacado é a sustação ou oposição, que está fundada em relevante razão de direito.

Gabarito: D

IX. **(EXAME OAB/FGV)** A sociedade empresária Congelados da Vovó Ltda., com sede Na cidade de Montanha, realizou o pagamento a um fornecedor por meio de cheque administrativo. Sobre esta espécie de cheque, assinale a afirmativa correta.

A) É aquele sacado para ser creditado em conta, podendo ser emitido ao portador até o valor de R$ 100,00 (cem reais).

B) É aquele que contém visto em seu verso, atestando a existência de fundos durante o prazo de apresentação.

C) É aquele sacado contra o próprio banco sacador, sendo necessariamente nominal qualquer que seja seu valor.

D) É aquele sacado em favor de órgão ou entidade da administração pública para pagamento de taxa ou emolumento.

Gabarito: C

VIII. **(EXAME OAB/FGV)** Com relação ao instituto do cheque, assinale a afirmativa correta.

A) O cheque pode ser sacado contra pessoa jurídica, instituições financeiras e instituições equiparadas.

B) O portador não pode recusar o pagamento parcial do cheque.

C) O cheque pode consubstanciar ordem de pagamento à vista ou a prazo.

D) A ação de execução do cheque contra o sacador prescreve em 1 (um) ano contado do prazo final para sua apresentação.

Gabarito: B

VII. **(EXAME OAB/FGV)** Com relação ao instituto do aval, é correto afirmar que

A) é necessário o protesto para a cobrança dos avalistas do emitente e dos endossantes de notas promissórias.

B) o avalista, quando executado, pode exigir que o credor execute primeiro o avalizado.

C) o aval pode ser lançado em documento separado do título de crédito.

D) a obrigação do avalista se mantém, mesmo no caso de a obrigação que ele garantiu ser nula, exceto se essa nulidade for decorrente de vício de forma.

Gabarito: D

VI. **(EXAME OAB/FGV)** Com relação ao instituto do aceite de títulos de crédito, assinale a alternativa correta.

A) A duplicata pode não ser aceita, sem qualquer fundamentação pelo sacado; neste caso, ele não será responsável pelo pagamento do título.

B) Para a cobrança de uma duplicata não aceita, é necessária apenas a realização de seu protesto.

C) O aceite de cheque é condição essencial para que o beneficiário possa executar o sacado.

D) O aceite de uma letra de câmbio torna o sacado devedor direto do título.

Gabarito: D

IV. **(EXAME OAB/FGV)** Em relação ao Direito Cambiário, é correto afirmar que

A) o aceite no cheque é dado pelo banco ou instituição financeira a ele equivalente, devendo ser firmado no verso do título.

B) a duplicata, quando de prestação de serviços, pode ser emitida com vencimento a tempo certo da vista.

C) o protesto é necessário para garantir o direito de regresso contra o(s) endossante(s) e o(s) avalista(s) do aceitante de uma letra de câmbio.

D) o aval dado em uma nota promissória pode ser parcial, ainda que sucessivo.

Gabarito: D

III. **(EXAME OAB/FGV)** Em relação aos Títulos de Crédito, é correto afirmar que, quando

A) presente na letra de câmbio, a cláusula "não à ordem" impede a circulação do crédito.

B) insuficientes os fundos disponíveis, o portador de um cheque pode requerer a responsabilidade cambiária do banco sacado pelo seu não pagamento.

C) firmado em branco, o aval na nota promissória é entendido como dado em favor do sacador.

D) não aceita a duplicata, o protesto do título é a providência suficiente para o ajuizamento da ação de execução contra o sacado.

Gabarito: C

5. QUESTÕES FALÊNCIA E RECUPERAÇÃO DE EMPRESAS

XII. (EXAME OAB/FGV) Laranja da Terra Comércio de Frutas Ltda. requereu sua recuperação judicial e o pedido foi distribuído para a 2ª Vara Cível. A distribuição do pedido de recuperação produziu como efeito

A) a nomeação pelo juiz do administrador judicial dentre os maiores credores da sociedade em recuperação judicial.

B) a suspensão das ações e execuções ajuizadas anteriormente ao pedido em face do devedor por até 180 (cento e oitenta) dias.

C) a proibição de alienação ou oneração de bens ou direitos do ativo permanente, salvo evidente utilidade reconhecida pelo juiz, ouvido o Comitê.

D) o afastamento imediato dos administradores e sócios controladores da sociedade até a deliberação dos credores sobre o plano de recuperação.

Gabarito: C

XI. (EXAME OAB/FGV) Uma sociedade empresária atuante no mercado imobiliário, com sede e principal estabelecimento na cidade de Pedro Afonso, obteve concessão de sua recuperação judicial. Diante da necessidade de alienação de bens do ativo permanente, não relacionados previamente no plano de recuperação, foi convocada assembleia geral de credores. A proposta de alienação foi aprovada em razão do voto decisivo da credora Tuntum Imperatriz Representações Ltda., cujo sócio majoritário tem participação de 25% no capital da sociedade recuperanda.

Com base nas disposições da Lei n. 11.101/2005 (Lei de Falências e Recuperação Judicial de Empresas), assinale a afirmativa correta.

A) A decisão é nula de pleno direito, pois a pretensão de alienação de bens do ativo permanente, não relacionados no plano, enseja a convolação da recuperação judicial em falência.

B) A autorização para a alienação de bens do ativo permanente, não relacionados no plano de recuperação judicial, é uma prerrogativa exclusiva do administrador judicial.

C) O voto de Tuntum Imperatriz Representações Ltda. Não poderia ter sido considerado para fins de verificação do quorum de instalação e de deliberação da assembléia geral.

D) A decisão assemblear é anulável, pois a sociedade Tuntum Imperatriz Representações Ltda. como credora, não poderia ter participado da assembleia geral.

Gabarito: C

X. **(EXAME OAB/FGV)** Com relação às atribuições do Comitê de Credores, quando constituído no âmbito da recuperação judicial, assinale a afirmativa correta.

A) Fiscalizar a execução do plano de recuperação judicial.

B) Fornecer, com presteza, todas as informações exigidas pelos credores interessados.

C) Consolidar o quadro geral de credores e providenciar sua publicação.

D) Apresentar ao juiz, para juntada aos autos, relatório mensal das atividades do devedor.

Gabarito: A

IX. **(EXAME OAB/FGV)** Com relação ao efeito que a decretação da falência de um empresário ou de uma sociedade empresária produz sobre os credores, assinale a afirmativa correta.

A) Impede a exigibilidade da massa falida do pagamento dos juros vencidos após a decretação da falência, previstos em lei ou em contrato, se o ativo apurado não bastar para o pagamento dos credores subordinados.

B) Suspende, até o término da arrecadação dos bens do devedor, o curso da prescrição de todas as ações e execuções em face do devedor, inclusive aquelas dos credores particulares do sócio de responsabilidade ilimitada.

C) Acarreta o vencimento antecipado dos créditos do devedor e dos sócios ilimitada e solidariamente responsáveis, e converte todos os débitos em real para dólar norteamericano, pelo câmbio do dia da decisão judicial.

D) Extingue, em relação à massa falida, o exercício do direito de retenção sobre os bens móveis ou semoventes sujeitos à arrecadação, os quais deverão ser imediatamente entregues ao credor com privilégio especial.

Gabarito: A

IX. **(EXAME OAB/FGV).** A respeito do processo de falência, assinale a afirmativa correta.

A) As restituições em dinheiro determinadas por sentença judicial poderão ser realizadas antes do pagamento de qualquer crédito.

B) Os créditos ao serem classificados, os créditos com garantia real terão preferência sobre os créditos tributários, independentemente do valor do bem dado em garantia.

C) Os créditos decorrentes das remunerações devidas ao administrador judicial e seus auxiliares serão pagos com preferência em relação aos credores concursais.

D) Os credores remanescentes da recuperação deverão habilitar seus créditos na falência, em qualquer hipótese, quando da convolação da recuperação judicial em falência.

Gabarito: C

VIII. **(EXAME OAB/FGV)** A respeito da recuperação judicial, assinale a afirmativa correta.

A) O juiz somente poderá conceder a recuperação judicial do devedor cujo plano de recuperação tenha sido aprovado pela assembleia geral de credores.

B) O devedor poderá desistir do pedido de recuperação judicial a qualquer tempo, desde que antes da concessão da recuperação judicial pelo juiz, bastando, para tanto, comunicar sua desistência ao juízo da recuperação.

C) O juiz decretará falência, caso o devedor não apresente o plano de recuperação no prazo de 60 (sessenta) dias da publicação da decisão que deferir o processamento da recuperação.

D) O plano de recuperação apresentado pelo devedor, em hipótese alguma, poderá sofrer alterações.

Gabarito: C

VII. **(EXAME OAB/FGV)** Dentre as alternativas abaixo, indique aquela que corresponde a um crédito que deve ser classificado como extraconcursal:

A) Multas por infração do Código de Postura Municipal.

B) Custas judiciais relativas às ações e execuções em que a massa tenha sido vencida.

C) Créditos quirografários sujeitos à recuperação judicial pertencentes a fornecedores de bens ou serviços que continuaram a provê-lo normalmente após o pedido de recuperação judicial.

D) Os saldos dos créditos não cobertos pelo produto da alienação dos bens vinculados ao seu pagamento.

Gabarito: B

VI. **(EXAME OAB/FGV)** ABC Indústria S.A. é uma companhia em crise econômico-financeira, sendo devedora de salários em atraso a seus empregados, tributos ao governo federal e créditos a diversos fornecedores decorrentes do fornecimento de matéria -prima. A ABC obteve o deferimento do processamento do seu pedido de recuperação judicial, e, na decisão, o juiz determinou a suspensão de todas as ações e execuções contra a ABC, na forma do artigo

6° da Lei 11.101/2005. Não obstante, diversas reclamações trabalhistas, ainda em fase de conhecimento em curso perante a Justiça do Trabalho, e duas execuções fiscais, em curso perante a Justiça Federal, das quais a ABC era ré, prosseguiram normalmente após o referido deferimento do processamento de sua recuperação judicial.

A respeito da situação da recuperação judicial da ABC, é correto afirmar que

A) o juízo da recuperação deverá oficiar aos juízos em que estão sendo processadas as reclamações trabalhistas e as execuções fiscais para determinar a suspensão imediata de tais feitos.

B) não há qualquer irregularidade no prosseguimento das reclamações trabalhistas e execuções fiscais mencionadas no enunciado, pois tais ações não são suspensas pelo deferimento do processamento da recuperação judicial.

C) apenas as execuções fiscais deverão ser suspensas; as reclamações trabalhistas em fase de conhecimento poderão prosseguir até a sentença que tornar líquido o crédito do trabalhador reclamante.

D) apenas as reclamações trabalhistas em fase de conhecimento deverão ser suspensas; as execuções fiscais deverão prosseguir normalmente.

Gabarito: D

VI. **(EXAME OAB/FGV)** A respeito da classificação dos créditos na falência, é correto afirmar que

A) os créditos com privilégio geral têm preferência sobre os créditos tributários.

B) os créditos quirografários têm preferência sobre os créditos com privilégio especial.

C) os créditos com privilégio especial têm preferência sobre os créditos tributários.

D) os créditos quirografários têm preferência sobre os créditos subordinados. Gabarito: D

V. **(EXAME OAB/FGV)** A respeito do Administrador Judicial, no âmbito da recuperação judicial, é correto afirmar que

A) somente pode ser destituído pelo Juízo da Falência na hipótese de, após intimado, não apresentar, no prazo de 5 (cinco) dias, suas contas ou os relatórios previstos na Lei 11.101/2005.

B) o Administrador Judicial, pessoa física, pode ser formado em Engenharia.

C) será escolhido pela Assembleia Geral de Credores.

D) perceberá remuneração fixada pelo Comitê de Credores.

Gabarito: B

IV. **(EXAME OAB/FGV)** A sociedade empresária XYZ Computação Gráfica S.A. teve sua falência decretada. Na correspondente sentença, foi autorizada a continuação provisória das atividades da falida com o administrador judicial, fato esse que perdurou por um período de 10 (dez) meses.

Como são juridicamente qualificados os titulares dos créditos trabalhistas relativos a serviços prestados durante esse interregno posterior à decretação da falência?

A) Credores concursais.

B) Credores concorrentes prioritários.

C) Credores reivindicantes.

D) Credores extraconcursais.

Gabarito: D

III. **(EXAME OAB/FGV)** A sociedade empresária denominada KLM Fábrica de Móveis Ltda. teve a sua falência decretada. No curso do processo, restou apurado que a sociedade, pouco antes do ajuizamento do requerimento que resultou na decretação de sua quebra, havia promovido a venda de seu estabelecimento, independentemente do pagamento de todos os credores ao tempo existentes, ou do consentimento destes, de modo expresso ou tácito, e sem que lhe restassem bens suficientes para solver o seu passivo. Diante desse quadro, é correto afirmar que a alienação é

A) revogável por iniciativa do administrador judicial.

B) ineficaz em relação à massa falida.

C) nula de pleno direito.

D) anulável por iniciativa do administrador judicial.

Gabarito: B

6. QUESTÕES CONTRATOS EMPRESARIAIS

IX. **(EXAME OAB/FGV)** Sobre o contrato de arrendamento mercantil, assinale a afirmativa incorreta.

A) No arrendamento mercantil na modalidade financeira, as despesas com a manutenção, assistência técnica e serviços correlatos à operacionalidade do bem arrendado são de responsabilidade da arrendatária.

B) No arrendamento mercantil operacional, a manutenção, a assistência técnica e os serviços correlatos à operacionalidade do bem arrendado podem ser de responsabilidade da arrendadora ou da arrendatária.

C) Os contratos de arrendamento mercantil devem conter, dentre outras cláusulas, a descrição dos bens que constituem o objeto do contrato, com todas as características que permitam sua perfeita identificação.

D) A constituição e o funcionamento das pessoas jurídicas que têm como objeto principal a prática de operações de arrendamento mercantil dependem de autorização da Comissão de Valores Mobiliários (CVM)

Gabarito: D

IX. **(EXAME OAB/FGV)** Primavera do Leste Arrendamento Mercantil S.A. ajuizou ação de reintegração de posse de bem arrendado à sociedade empresária Vila Bela Distribuidora de Jornais e Revistas Ltda., em face do não pagamento das prestações nos vencimentos.

O contrato de arrendamento mercantil prevê resolução de pleno direito em caso de qualquer inadimplemento da arrendatária.

O juiz extinguiu o processo sem resolução de mérito porque

A) no contrato de arrendamento mercantil, ainda que haja cláusula resolutiva expressa, é necessária a notificação prévia do arrendatário para constituí-lo em mora.

B) nos contratos de arrendamento mercantil celebrados entre a arrendadora e as sociedades empresárias é vedada a aposição de cláusula resolutiva expressa.

C) a ação cabível para a retomada do bem em poder do arrendatário pela arrendadora é a ação de depósito, com pedido de liminar de reintegração de posse.

D) como no contrato de arrendamento mercantil há opção de compra pela arrendatária, a propriedade da arrendadora é resolúvel, sendo incabível ação possessória.

Gabarito: A

IV. **(EXAME OAB/FGV)** Contrato oneroso, em que alguém assume, em caráter profissional e sem vínculo de dependência, a obrigação de promover, em nome de outrem, mediante retribuição, a efetivação de certos negócios, em determinado território ou zona de mercado.

A definição acima corresponde a que tipo de contrato empresarial?

A) Agência.

B) Mandato.

C) Comissão mercantil.

D) Corretage.

Gabarito: A

IV. (EXAME OAB/FGV) É uma cláusula acessória ao contrato de comissão, no qual o comissário assume o gravame de responder solidariamente pela insolvência das pessoas com quem contratar em nome do comitente.

Essa cláusula é denominada

A) *del credere*.

B) pacto comissório.

C) venda com reserva de domínio.

D) *hedge*

Gabarito: A

III. (EXAME OAB/FGV) "É a operação que consiste na tomada de uma posição no mercado futuro aproximadamente igual – mas em sentido contrário – àquela que se detém ou que se pretende vir a tomar no mercado à vista. É uma forma de o investidor se proteger contra os feitos da oscilação de preço."

O conceito acima, extraído do **Vocabulário do Mercado de Capitais**, expedido pela Comissão Nacional de Bolsas de Valores em 1990, corresponde a que tipo de contrato relacionado à compra e venda empresarial?

A) *Hedging* ou *hedge*.

B) Contrato estimatório.

C) Venda com reserva de domínio.

D) Preempção.

Gabarito: A

XVIII RESUMÃO DE DIREITO EMPRESARIAL

Conceito de Empresário (art.966, do CC): Empresário é quem exerce atividade econômica, de forma profissional e organizada para a produção ou circulação de bens ou serviços. Conceito subjetivo extraído pela Teoria Italiana da Empresa (1942). Para essa teoria, para se conceituar o empresário, não importa o que se faz, mas como se faz, se com profissionalismo e com organização, a atividade será empresária. Art.966, § único, do CC: Não será considerado empresário quem exerce atividade intelectual, salvo se a mesma constituir elemento de empresa. O elemento de empresa está presente quando o profissional perde o caráter de pessoalidade no atendimento como, por exemplo, uma clínica médica que cresce muito e vira um hospital, de modo que os pacientes procuram o hospital e não um médico determinado. Obs.: A atividade de advocacia jamais será considerada empresária (artigos 15 e 16, da Lei 8906/94).

EIRELI (LEI Nº. 12441/11): Até o início de 2012, o empresário individual não ganhava personalidade jurídica, sendo a própria pessoa física exercendo a empresa em seu próprio nome, possuindo, dessa maneira, responsabilidade ilimitada pelas dívidas sociais. Isso significa dizer que todo o patrimônio pessoal do empresário fica sujeito ao resultado da empresa. Em janeiro de 2012, entrou em vigor o Empresário Individual de Responsabilidade Limitada, segundo o qual o empresário individual passa a ganhar personalidade jurídica (art. 44, do CC), desde que integralize, no mínimo, cem salários mínimos no início da atividade (art. 980-A, do CC). Note que para ganhar essa proteção é preciso integralizar cem salários mínimos.

Capacidade (artigo 972, do CC): Podem exercer a empresa quem estiver em pleno gozo de sua capacidade e não esteja impedido. O incapaz não pode iniciar uma atividade empresária, mas pode continuá-la nos casos em que a receba por herança ou no caso de incapacidade superveniente (artigo 974, do CC). Poderá o incapaz continuá-la, desde que tenha alvará judicial, de modo que os bens que já possuía não ficam sujeitos ao resultado da atividade. Tal regra existe para dar atendimento ao principio da "Preservação da Empresa"./ Os impedimentos para o exercício da atividade empresarial dizem respeito a profissões que sejam incompatíveis com essa atividade como, por exemplo, o magistrado e o membro do MP.

Registro (artigos 1150 e seguintes, do CC): O empresário e a sociedade empresária são registrados na Junta Comercial, regulamentada pela Lei nº. 8934/94 (Lei de Registro Público das Empresas Mercantis). Ao registrar a empresa, seja ela individual ou coletiva, deve-se dar a ela um nome empresarial, o qual pode existir na modalidade firma ou denominação. A modalidade firma é composta pelo nome civil do empresário ou de um ou de todos os sócios da sociedade empresária. Caso tenha o nome de todos os sócios, deve ser acrescido com a partícula "& CIA". A modalidade denominação, por sua vez, utiliza um elemento fantasia. Ambas as modalidades de nome devem obedecer aos princípios da novidade e veracidade (art. 34, da Lei nº. 8934/94). Obs.: O empreendedor rural não precisa se registra na junta, mas caso queira poderá perfeitamente e será considerado empresário (art. 971, do CC).

O empresário individual de responsabilidade ilimitada deve adotar a modalidade firma de nome empresarial, o EIRELI pode optar pela firma ou denominação.

Prepostos (artigos 1169 a 1178, do CC): O empresário, no curso da atividade, contrata prepostos para o exercício da mesma, de modo que esse não pode, sem autorização escrita, fazer-se substituir no desempenho da preposição, sob pena de responder pessoalmente pelos atos do substituto e pelas obrigações por ele contraídas. O preposto, salvo autorização expressa, não pode negociar por conta própria ou de terceiro, nem participar, embora indiretamente, de operação do mesmo gênero da que lhe foi cometida, sob pena de responder por perdas e danos e de serem retidos pelo preponente os lucros da operação. Considera-se perfeita a entrega de papéis, bens ou valores ao preposto, encarregado pelo preponente, se os recebeu sem protesto, salvo nos casos em que haja prazo para reclamação.

Livros (artigos 1179 a 1195, do CC): Todo empresário é obrigado a escriturar livros, dependendo a quantidade da natureza da atividade que exercer. No entanto, todo empresário ou sociedade empresária está obrigado a manter o livro diário. Assim, o livro diário é obrigatório a todas as empresas.

Estabelecimento Empresarial (artigos 1142 a 1149, do CC): Estabelecimento Empresarial é o complexo de bens organizados pelo empresário para o exercício de sua atividade. Não confunda ponto comercial com estabelecimento, pois aquele é apenas mais um elemento deste. Todos os bens corpóreos e incorpóreos reunidos pelo empresário para o exercício da atividade compõem o estabelecimento. Por exemplo, numa pastelaria, compõe o estabelecimento o ponto comercial (local físico em que a empresa é exercida), os bancos, as geladeiras, a maquina de fritar pastel, o nome empresarial etc. O ponto é apenas mais um elemento do estabelecimento, muito embora seja um elemento imprescindível que ganha proteção na Lei 8245/91, ao preceituar a ação renovatória de aluguel, em seu artigo 51 (Ler esse dispositivo).

O estabelecimento empresarial pode ser alienado pelo seu empresário, de modo que a esse ato se dá o nome de trespasse. No trespasse, o alienante não pode fazer concorrência ao adquirente pelo prazo de 05 anos (art.1147, do CC), a não ser que o comprador (adquirente) renuncie a esse direito. Para que a venda seja válida, caso não sobre bens no patrimônio do alienante para pagar os credores, necessário se faz que exista a concordância expressa ou tácita desses credores no prazo de trinta dias.

Obs.: Aviamento é o sobre valor dado ao estabelecimento, consistente na capacidade que ele possui de gerar lucros em virtude da organização dos bens pelo empresário. Não é um elemento do estabelecimento, mas, sim, um atributo.

Sociedade (artigos 981 e seguintes do CC): Sociedade é a união de duas ou mais pessoas para o exercício de uma atividade econômica. Obs.: Toda sociedade pratica atividade econômica, embora nem toda sociedade seja empresária. Se não praticar atividade econômica não será sociedade, mas, sim outra espécie de pessoa jurídica prevista no Código Civil, como fundação ou associação.

Sociedades Despersonificadas: São aquelas que não possuem personalidade jurídica por não possuírem registro. Note que o registro é ato que regulariza a atividade e atribui a ela personalidade jurídica, mas não a constitui, pois existem sociedades sem personalidade jurídica. São elas: Sociedade em Comum e Sociedade em Conta de Participação.

Sociedade em Comum (artigos 986 a 990, do CC): Não possui personalidade jurídica porque não foi registrada. Também é conhecida como sendo irregular. A responsabilidade dos sócios é ILIMITADA, mas há o benefício de ordem (art. 1024, do CC), perdendo esse benefício apenas o sócio que contrata pela sociedade (artigo 990, do CC). Não possui nome empresarial.

Sociedade em Conta de Participação (artigos 991 a 996, do CC): Possui duas modalidades de sócio: o ostensivo que aparece perante terceiros e o participante que não aparece perante terceiro, sendo também conhecido como oculto. Apenas o sócio ostensivo responde perante terceiros, de modo que o participante responde perante o ostensivo.

Sociedades Personificadas: São aquelas que possuem personalidade jurídica por terem sido registradas. Elas se subdividem, por sua vez, em simples ou empresária. A sociedade empresária será aquela que exerce atividade econômica de forma profissional e organizada. O que diferencia a sociedade simples da empresária não é o exercício da atividade econômica, pois ambas praticam, mas a empresária a pratica com profissionalismo e organização. A sociedade simples é registrada no Ofício de Registro Civil das Pessoas Jurídicas e a sociedade empresária na Junta Comercial. A S.A. será sempre empresária, a sociedade cooperativa será sempre simples (artigos 982, § único, do CC). A limitada, a nome coletivo e a comandita simples pode ser simples ou empresária, dependendo de como exerce seu objeto social.

Sociedade em Nome Coletivo (artigos 1039 a 1044, do CC): Tipo societário mais simples que existe. Todos os sócios respondem de forma ilimitada pelas dívidas sociais. Apenas sócios podem ser administradores. O nome empresarial deve ser necessariamente a modalidade firma.

Sociedade em Comandita Simples (artigos 1045 a 1051, do CC): Tipo societário que consagra duas modalidades de sócios: Comanditado, aquele que pratica atos de gestão e, por isso, responde ilimitadamente pelas dívidas sociais; Comdanditário, também conhecido como investidor, que não pratica atos de gestão e, por isso, responde de forma limitada pelas obrigações sociais. O nome empresarial deve ser necessariamente a modalidade firma, composta apenas com o nome dos sócios comanditados.

Sociedade LTDA (artigos 1052 a 1087, do CC): Traz responsabilização limitada para os sócios, mas todos respondem pela integralização do capital (art. 1052, do CC). O capital social é dividido por cotas, de modo que os sócios apenas podem integralizá-lo com bens ou dinheiro (artigo 1055, §2º, do CC), sendo proibida a integralização com prestação de serviços, ou seja, é proibido o sócio de indústria. Pode utilizar a modalidade firma ou denominação de nome empresarial. O administrador pode ser sócio ou não. Os sócios deliberarão por meio de assembleia geral, caso o número de sócios seja maior que dez, ou poderão optar por deliberarem por meio de reunião, caso o número de sócios seja de até 10. O sócio minoritário poderá ser excluído de forma extrajudicial, desde que atendidos os requisitos do artigo 1085, do CC (imprescindível a leitura desse dispositivo).

Sociedade Anônima (Lei nº. 6404/76): Tipo societário voltado às grandes empresas. Será sempre uma sociedade empresária (art. 1º); Seu capital social é dividido por ações, de modo que os sócios apenas podem integralizá-los com bens ou dinheiro (art.7º), sendo proibido nesse tipo societário o sócio de indústria; O nome empresarial deve ser sempre denominação, mas o nome do fundador ou de um sócio importante pode figurar no nome da empresa, mas isso não descaracteriza a denominação (art. 3º); A S.A pode ser classificada em aberta ou fechada (art. 4º). S.A. Fechada: É aquela que não negocia seus valores mobiliários no mercado de capitais; S.A Aberta: É aquela que negocia seus valores mobiliários no mercado de capitais; Mercado de Capitais: O mercado de capitais é o ambiente composto pela bolsa de valores e pelo mercado de balcão, onde serão vendidos os valores mobiliários de uma S.A Aberta; Valores Mobiliários: São papeis emitidos pela S.A para captação de recursos. Os principais valores mobiliários que uma S.A emite são: Ações; Debêntures; Partes Beneficiárias e Bônus de Subscrição: Ações: Valores Mobiliários que compõem o capital de uma sociedade anônima. Pode ser ordinária, preferencial ou de gozo ou fruição; Debêntures: São empréstimos feitos às Sociedades Anônimas; Partes Beneficiárias: São valores mobiliários que atribuem a seu titular direito de crédito eventual contra a companhia, consistente na participação dos lucros: Obs.: Apenas a S.A Fechada pode emitir partes beneficiárias (art. 47, §único); Bônus de Subscrição: Emitidos pela S.A. de capital autorizado, que confere ao seu titular direito de comprar ações no momento de sua emissão; Órgãos de Administração da S.A: Uma S.A pode ter como órgãos de administração a Assembleia

Geral, a Diretoria, o Conselho de Administração e o Conselho Fiscal.

Falência e Recuperação de Empresas (Lei nº. 11.101/05): Institutos que regulam as empresas e as sociedades empresárias quando as mesmas estão passando por crises. A falência se volta para a empresa que passa por uma crise sem solução ao passo que a recuperação se volta para aquela atividade que passa por crise, mas que ainda é viável.

Não se sujeitam a essa lei a sociedade simples, tampouco a empresa pública ou a sociedade de economia mista (artigo 2º). A falência ou a recuperação de empresas será instaurada no foro do principal estabelecimento econômico da empresa, e não no local de sua sede (artigo 3º); Administrador Judicial (artigos 21 e seguintes). Nomeado pelo juiz e auxiliar na falência ou na recuperação. Pode ser qualquer profissional idôneo, preferencialmente advogado, contador ou administrador. Note que não é preciso, necessariamente, ser um profissional dessas três áreas para ser administrador judicial. É remunerado, com valor correspondente que varia entre 1 a 5 %.

Falência: Execução concursal do devedor empresário. Ocorre quando de forma presumida o passivo de uma empresa supera seu ativo. A falência será decretada se existir algumas das situações do artigo 94 (imprescindível ler esse artigo).

Os credores na falência serão pagos obedecendo a uma ordem de classificação, de modo que em primeiro lugar serão pagos os créditos extraconcursais (artigo 84) para depois se pagar os concursais (artigo 83). Imprescindível ler esses artigos; Ler artigo 85 (Pedido de Restituição); Ler artigos 129 e 130.

As obrigações do falido são extintas quando ele paga todo o crédito, ou até 50% dos créditos quirografários, ou após cinco anos o término do processo falimentar caso não tenha cometido nenhum crime, ou após 10 anos o término do processo falimentar caso tenha cometido crime.

Recuperação de Empresas: Instituto voltado para a empresa que passa por crise, mas que ainda é viável. Será elaborado um plano que será submetido à aprovação dos credores. Caso esses o aprovem, instaurada estará a recuperação, que poderá ser judicial ou extrajudicial. O descumprimento do plano acarretará na falência da empresa.

Títulos de Crédito: Documento necessário para o exercício do direito literal e autônomo nele representado (art. 887, do CC). Seus princípios são o da cartularidade, o da literalidade e o da autonomia das obrigações cambiárias. Os títulos de crédito são regidos, em caráter subsidiário, pelo Código Civil, isso significa que esse diploma só aplica no caso de inexistência de lei especifica ou na omissão desta em algum assunto; Atos Cambiários: Endosso: transfere e garante o pagamento de um título de crédito. Endosso Impróprio é aquele que não transfere a propriedade do título, mas tão somente a posse, são eles: Endosso mandato e Endosso caução; Aval: ato cambiário de garantia, pelo qual o avalista se obriga da mesma maneira que se avalizado. Trata-se de uma garantia pessoa dada em título de crédito; Protesto: Ato formal e solene pelo qual se comprova o inadimplemento de um título de crédito (Lei 9492/97). O protesto é necessário para se cobrar os endossantes e os avalistas destes, mas optativo para se cobrar o devedor principal e seu avalista. No cheque é protesto é sempre facultativo.

Letra de Câmbio (Decreto 57663/66): Ordem de pagamento segundo a qual o sacador (emitente) ordena o sacado pagar o beneficiário. O aceite na letra de cambio é facultativo, ou seja, o sacado aceita se quiser a ordem. Caso aceite, torna-se o devedor principal do título.

Nota Promissória (Decreto 57663/66) Promessa de pagamento em que o promitente promete pagar o beneficiário na data aprazada. Não se fala em aceite na nota promissória, pois ela já nasce aceita.

Cheque (Lei 7357/85): Título de crédito não causal, de modelo vinculado, em que o emitente ordena que a instituição financeira pague o beneficiário. Não se fala em aceite no cheque, pois a instituição financeira pagará ou não referido título se o emitente tiver ou não fundos em sua conta corrente.

Duplicata Mercantil (Lei 5474/68): Título de crédito causal, de modelo vinculado, podendo ser emitida em virtude de uma compra e venda mercantil ou em virtude de uma prestação de serviços; O aceite na duplicata é obrigatório, com exceção das hipóteses previstas no artigo 8, da LD (imprescindível fazer a leitura desse dispositivo).

Propriedade Industrial (Lei 9279/96): Trata-se de bens incorpóreos cuja propriedade confere ao seu titular o direito de explorar econômica e exclusivamente por um determinado período de tempo. O direito à Propriedade Industrial é conferido pelo INPI (Instituto Nacional da Propriedade Industrial), uma autarquia federal. A Propriedade Industrial protege a Patente, o Modelo de Utilidade, a Marca e o Desenho Industrial. O registro é ato constitutivo, assim não interessa quem criou ou inventou, mas, sim, quem registrou no INPI.

Patente de Invenção: Poderá requerer a patente de invenção o criador de algo novo, que não esteja compreendido no estado da técnica. Os requisitos para se requerer a carta patente são o da novidade, o da atividade inventiva e o da aplicação industrial (artigo 8º). Não poderão ser patenteados tudo aquilo previsto no artigo 10, da LPI. (Imprescindível a leitura desse artigo). A patente de invenção, caso atenda aos requisitos supra, será concedida para seu titular explorá-la economicamente e de forma exclusiva pelo prazo de 20 anos, contados do depósito ou 10 anos, contados da efetiva concessão. Esse período não poderá ser prorrogado. Ler artigo 88, da LPI, que fala sobre invenção realizada por funcionário.

Modelo de Utilidade. Trata-se de um aperfeiçoamento da invenção, como, por exemplo, o controle remoto, o câmbio automático etc. Os requisitos para se requerer a concessão do modelo de utilidade são os mesmos da patente de invenção, de modo que o prazo assegurado para exploração é de 15 anos, contados do depósito ou 07 anos, contados da efetiva concessão.

Marca: É todo sinal visualmente perceptível utilizado para distinguir produto ou serviço de outro semelhante ou idêntico (artigo 122, da LPI). A marca serve para identificar um produto ou serviço, como, por exemplo, produtos da marca Mc'Donalds, perfumes da marca Natura etc. Os requisitos para se registrar a marca são os da novidade relativa (a marca tem que ser nova no seu ramo de atividade), salvo as marcas de alto renome, que ganham proteção em todos os ramos de atividade, não colidência com marca notoriamente conhecida (aquela que não possui registro no Brasil, mas a proteção lhe é dada por ser conhecida no exterior) e ausência de impedimentos (ler artigo 124, da LPI). A proteção à marca se estende pelo prazo de 10 anos, contados da concessão, podendo ser renovada sucessiva e indefinidas vezes.

Desenho Industrial: Considera-se desenho industrial a forma plástica ornamental de um objeto ou o conjunto ornamental de linhas e cores que possa ser aplicado a um produto, proporcionando resultado visual novo e original na sua configuração externa e que possa servir de tipo de fabricação industrial (art. 95, da LPI). Os requisitos para se obter o registro do Desenho Industrial são os da novidade e o da originalidade. O prazo conferido para assegurar o registro é de 10 anos, contados do depósito, podendo ser renovado por três vezes, pelo período de 05 anos cada.

Parte II

PRÁTICA DE DIREITO EMPRESARIAL

I DICAS DE FUNDAMENTAÇÃO DE PEÇA

1. NOÇÕES GERAIS

Quando se vai efetivamente trabalhar com o direito na prática, mister saber fundamentar de uma maneira clara, objetiva e completa o direito material. Muitos sabem o Direito Material que envolve o assunto, tendo todos os conceitos em mente, as exceções, bem como as implicações jurídicas. No entanto, transportar isso para o papel, sistematizando o pensamento e os institutos jurídicos, pode não se demonstrar uma tarefa tão fácil assim.

Por isso, tão importando quanto saber o direito é o fato de conseguir transportá-lo com clareza para o papel, nas inúmeras peças que existem. Não deixar se perder no meio de um texto, impedindo que ele fique longo demais, ou curto demais, com muitos conceitos desnecessários ou que não ataque o cerne da questão é imprescindível.

Para elaboração de uma fundamentação completa, clara e objetiva, importante observar uma metodologia simples, mas que funciona em qualquer fundamentação de peça prática ou de questão de discursiva. Para isso, basta que na resposta contenha a seguinte disposição: **Regra, Aplicação da rega ao caso concreto e Conclusão.**

Uma boa fundamentação se faz completa com apenas três parágrafos, de modo que no primeiro deles, destaca-se a regra, o artigo de lei que se aplica na situação. Por exemplo, caso seja um peça que trate sobre ação renovatória, no primeiro parágrafo deve constar: **"São requisitos para o ingresso da ação renovatória aqueles preceituados no artigo 51, da Lei 8245/91, dispositivo que exige contrato escrito, por prazo determinado, que a soma dos contratos seja de, no mínimo, cinco anos e que o locatário esteja no mesmo ramo de atividade há pelo menos três anos".**

Note que nesse primeiro parágrafo foi colocada a regra sobre a qual irá se trabalhar. Dessa maneira, aquele que lê a fundamentação já consegue saber sobre o que o assunto abordado.

No parágrafo seguinte, deve-se aplicar essa regra extraída ao caso concreto, como, por exemplo: **"No presente caso, o cliente possui contrato escrito pelo prazo determinado de seis anos, está há mais de cinco no mesmo ponto comercial e há mais de quatro anos no mesmo ramo de atividade".**

Nessa parte da fundamentação, demonstra-se claramente porque aquele artigo de lei se aplica ou não no caso em concreto.

Por fim, no terceiro e último parágrafo, conclui-se a fundamentação. Por exemplo: **"Portanto, em virtude do cumprimento dos requisitos acima aludidos, o locatá-**

rio faz jus à renovação do contrato de locação no caso em apreço".

Utilizando essa metodologia simples e descomplicada, toda peça ou questão ficará bem fundamentada de forma objetiva, mas completa.

Caso existam duas ou mais teses a se atacar, deve-se utilizar esse esquema para cada uma delas.

Outro passo para fundamentar corretamente a peça prática, é saber a distinção entre fundamentação processual de fundamentação material. A fundamentação processual é embasada naqueles artigos de lei que preveem a peça ou o rito da mesma que será ingressado perante juízo. A fundamentação processual é utilizada apenas no preambulo da exordial, ou seja, na parte inicial, entre a qualificação. Por exemplo, a fundamentação processual de uma ação que seguirá o rito ordinário são os artigos 282 e seguintes, do CPC, pois são esses dispositivos de lei que preveem esse rito; Já a fundamentação processual para quem irá ingressar com um mandado de segurança é o artigo 1º, da Lei 12016/09, Lei de Mandado de Segurança; Por fim, a fundamentação processual da ação de dissolução de sociedade são os artigos 1218, do CPC de 73 c/c 655 e seguintes, do CPC de 39.

Que fique claro que a fundamentação processual são apenas aqueles artigos de lei que preveem a peça prática que está se ingressando, mas não exatamente o direito material que irá se atacar.

Já a fundamentação material, são aqueles artigos de lei que se utilizará na fundamentação da peça, na parte "Do Direito", em que se alegará todo o necessário seguindo a metodologia acima exposta. Por exemplo, se a junta comercial indefere o pedido de registro de empreendedor rural como empresário, está ferindo um direito liquido e certo desse. Desse modo, deve-se ingressar com um Mandado de Segurança, de modo que no preambulo da peça se coloca o artigo 1º, da Lei 12016/09 (fundamentação processual) e na parte “Do Direito”, no corpo da peça, demonstra-se que ele pode sim ser inscrito na Junta Comercial, consoante preceitua o artigo 971, do Código Civil (fundamentação material).

De posse desses conhecimentos, resta-nos agora esclarecer que escrever bem e completo não significa escrever muito, mas, sim, atacar os pontos que devem ser atacados com objetividade e de forma completa. A fórmula para isso não é outra senão treinar, treinar e treinar.

Na hora da resolução da prova de segunda-fase, o examinando possui apenas cinco horas para resolver uma peça prática e mais quatro questões discursivas. Dessa maneira, o controle do tempo é imprescindível para o sucesso e a consequente aprovação.

Sob esse aspecto, muitos examinandos costumam fazer resumos para só depois elaborar efetivamente a resposta final. No entanto, essa não é uma técnica, tampouco uma metodologia correta, uma vez que a mesma demanda muito tempo para ser realizada.

Prefira, ao invés de fazer resumo, elaborar um esqueleto da peça, extraindo as principais informações que você irá utilizar no momento da elaboração da mesma. Assim, você terá todos os elementos de que precisa para resolução e não perderá mais de vinte minutos para essa tarefa.

O esqueleto da peça deve conter as seguintes informações:

Endereçamento: Identificar o juízo e a justiça do endereçamento

Partes: Autor e Réu (Identificar quem são autores e réu)

Nome da Peça: Identificar o nome da peça a ser desenvolvida

Fundamentação processual: Identificar os artigos de lei que preveem a peça que será elaborada

Fundamentação Material: Identificar os artigos que lei que serão utilizados no corpo da peça, na fundamentação da mesma.

Pedidos: Alguns pedidos podem ser esquecidos. Assim, elencar os principais no esqueleto.

Com essas informações o rascunho torna-se desnecessário, pois no esqueleto há tudo que se precisa para a elaboração da peça.

Por fim, é sabido que para quem irá prestar o Exame Nacional da OAB, segunda fase, a peça prática é resolvida de forma escrita manual. Sendo assim, tão importante quanto à sua fundamentação é redigir uma peça limpa, clara, que respeita as margens, com um português na medida do possível correto e com uma letra legível, pois facilitando o trabalho do seu examinador, certamente ele também facilitará o seu. Além do que, a peça também é corrigida com base no português e na limpeza da disposição.

2. PARTES INTEGRANTES DA PEÇA INICIAL

A petição inicial deve conter os seguintes elementos: Endereçamento, Preambulo, Fatos, Direito e Pedidos. Cada elemento pode se apresentar de maneira diferente, dependendo de qual ação está se ingressando, como, por exemplo, o endereçamento que pode ser para a Justiça Federal ou Estadual, o preambulo em que as partes podem ser pessoas físicas ou jurídicas entre outras.

Sendo assim, abaixo passaremos a analisar cada elemento especificadamente, bem como apresentaremos as variáveis de um caso prático.

2.1. Endereçamento

O endereçamento de uma peça pode ser feito para a Justiça Federal ou Estadual. Todavia, em ambas as modalidades não se deve termina-lo com ponto, mas tão somente sem nenhuma pontuação.

Exemplo de endereçamento para a Justiça Estadual:

EXCELENTÍSSIMO SENHOR DOUTOR JUIZ DE DIREITO DA __ VARA CÍVEL DA COMARCA DE ________

Exemplo de endereçamento para a Justiça Federal:

EXCELENTÍSSIMO SENHOR DOUTOR JUIZ FEDERAL DA ___ VARA CÍVEL FEDERAL DA SEÇÃO JUDICIÁRIA DE _____

Note que o endereçamento, como dito acima, não pode ser terminando com ponto. Importante, também, atentar para o fato de que em uma eventual prova de segunda fase da OAB não se deve inventar dados que não foram trazidos pelo problema, estipulando uma cidade no endereçamento, por exemplo.

Apenas coloque o nome da cidade e o Estado da federação em seu endereçamento caso o problema apresentado lhe permita chegar a essa conclusão de competência. Assim, se no exercício diz expressamente que o fato se deu na cidade de Cruzeiro, São Paulo, é porque o examinador quer que você saiba regra de competência e o estipule no endereçamento, caso contrário, deixe em branco.

2.2. Preambulo

O preambulo da peça vem logo abaixo o endereçamento, sendo o local adequado para se qualificar as partes, nomear a peça, bem como para apresentar a fundamentação processual (artigos de lei que preveem a peça ajuizada).

Com relação ao Direito Empresarial, muitos possuem dúvidas sobre como qualificar uma pessoa jurídica, demonstrando-se essa uma tarefa que não exige um grau de complexidade muito grande, sendo muito parecido com a qualificação da pessoa física. Por isso, abaixo colocamos exemplos de qualificação de pessoa física e jurídica.

QUALIFICAÇÃO DE PESSOA FÍSICA

Fulano de Tal, nacionalidade, estado civil, profissão, portador do RG nº..., inscrito no CPF/MF sob o nº..., residente e domiciliado na rua..., por meio de seu advogado que essa subscreve (doc. anexo), vem, respeitosamente, perante Vossa Excelência ajuizar Ação de...

QUALIFICAÇÃO DE PESSOA JURÍDICA

Sociedade X, pessoa jurídica de direito privado, inscrita no CNPJ sob o nº..., com sede na rua..., neste ato representada por seu administrador (caso seja sociedade limitada) ou diretor (caso seja sociedade anônima), por meio de seu advogado que essa subscreve (doc. anexo), vem, respeitosamente, perante Vossa Excelente, ajuizar Ação de...

Numa petição inicial, tanto o Autor quanto o Réu devem estar perfeitamente e completamente qualificados, de modo que na peça exordial não se pode colocar "já devidamente qualificado", pois essa é a primeira peça do processo, que necessita de qualificação das partes.

Numa contestação, num recurso ou em outras peças futuras, pode-se perfeitamente, ao invés de qualificar totalmente as partes, apenas colocar o nome das mesmas acrescidas da expressão "já qualificada nos autos do processo em epígrafe", pois todos os sujeitos da relação processual já estão qualificados. Todavia, lembre-se que essa prática é vedada na petição inicial.

2.3. Fatos

Após endereçar e qualificar as partes, missão agora é expor os fatos do problema. Na vida prática os fatos devem vir delimitados de uma maneira clara e completa para que o julgador possa conhecer totalmente da situação para apreciá-la.

Numa segunda fase do Exame Nacional da OAB os fatos são a tradução do que o problema traz, nem mais, nem menos. É aconselhável que o examinando transcreve os fatos de uma maneira completa com suas próprias palavras, não omitindo nenhuma informação importante, pois há quesito específico para sua correção e, caso ele esteja incompleta, pontos serão retirados.

2.4. Direito

Essa, certamente, é a parte mais importante da peça, haja vista que nela será exposto todo o direito que fundamenta os seus pedidos finais.

Nessa parte, reportamo-nos ao começo deste capitulo para lembra-los, mais uma vez, de que uma fundamentação bem feita é aquela que apresenta todo direito de uma maneira clara, objetiva e completa. Para isso, basta seguir a metodologia já apresentada nessa obra: Primeiro parágrafo

(Regra); Segundo parágrafo (Aplicação da regra ao caso concreto); Terceiro parágrafo (Conclusão).

Caso a peça exija duas ou mais teses, utilizar essa metodologia em cada uma delas.

2.5. Pedidos

Aqui serão elaborados os pedidos que serão feitos ao magistrado, de modo que os mesmos podem ser colocados um abaixo do outro ou em apenas um parágrafo, de forma contínua. Melhor é se colocados um abaixo do outro, de forma pontuada, facilitando a leitura do julgador, como, por exemplo:

Ante o exposto, requer seja:

1. Julgado totalmente procedente o pedido para que se condene o réu ao...;

2. Citação do requerido para que, querendo, apresente defesa no prazo legal;

3. Condenação do réu ao pagamento das custas e honorários advocatícios;

4. Protesto por provas.

II PEÇAS PRÁTICAS

1. MANDADO DE SEGURANÇA (LEI Nº. 12.016/09)

Vimos no tópico 4, Capítulo II, Parte I dessa obra que o empreendedor rural poderá perfeitamente, caso seja de seu interesse, enquadrar sua atividade como empresária, bastando que a inscreva a perante a Junta Comercial do Estado em que está localizado. Assim sendo, por óbvio que o artigo 971, do Código Civil traz um direito líquido e certo para o empreendedor rural, que uma vez ferido poderá saná-lo por meio de Mandado de Segurança.

É sabido que o Mandado de Segurança, previsto no artigo 5º, inciso LXIX, da Constituição Federal, e disciplinado pela Lei nº. 12.016/09 é o remédio constitucional, de natureza civil, que se volta para atacar atitudes que ferem direito líquido e certo estampados na legislação. Referida ação deverá ser impetrada contra a autoridade coatora, que poderá ser ente público ou particular.

Por isso, um exemplo de Mandado de Segurança relacionado à matéria empresarial diz respeito justamente à decisão da Junta Comercial que indeferiu o registro da atividade do empreendedor rural como empresária. Caso isso ocorra, necessário que se impetre Mandado de Segurança, alegando, no direito material, que o Código Civil faculta claramente a possibilidade de inscrição.

Nesse caso, o Mandado de Segurança será dirigido para a Justiça Federal, uma vez que a Junta Comercial, em relação à matéria técnica, subordina - se ao DNRC (Departamento Nacional de Registro do Comércio), uma autarquia federal.

Importante mencionar a necessidade de requerimento da concessão de medida liminar dentro do Mandado de Segurança, demonstrando a existência dos seus requisitos autorizadores, quais sejam: *fumus boni iuris e periculum in mora.* O ideal é que se abra um tópico específico, denominado de "Medida Liminar", entre os Fatos e o Direito da exordial, para que se possa falar da medida liminar.

1.2. Modelo de Mandado de Segurança

EXCELENTÍSSIMO SENHOR DOUTOR JUIZ FEDERAL DA __ VARA CÍVEL FEDERAL DA SEÇÃO JUDICIÁRIA DE __________

Fulano de Tal, estado civil, profissão, portador do RG nº..., inscrito no CPF/MF sob o nº..., residente e domiciliado na rua..., por meio de seu procurador que essa subscreve (doc. anexo), vem, respeitosamente, com fundamento nos artigos 5º, inciso LXIX, da CRFB e no artigo 1º, da Lei nº. 12.016/09, impetrar **MANDADO DE SEGURANÇA COM PEDIDO LIMINAR** contra ato praticado pela Junta Comercial do Estado de __________________, alegando, para tanto, os fundamentos de fato e de direito que passa a expor:

I. DOS FATOS

Expor os fatos com clareza e de forma completa.

II. DA CONCESSÃO DA MEDIDA LIMINAR

Argumentar nessa parte que estão presentes os requisitos autorizadores da concessão da medida liminar, quais sejam: *fumus boni iuris e periculum in mora.*

III. DO DIREITO

Demonstrar nessa parte a possibilidade de o empreendedor rural se inscrever como empresário. Para tanto, deve-se tomar como base e fundamento o artigo 971, do CC.

IV. DOS PEDIDOS

Ante o exposto, é o que se requer:

1. Concessão da liminar, nos termos do artigo 7º, inciso III, da Lei nº. 12.016/09, para que de imediato o empreendedor rural possa registrar sua atividade na Junta Comercial;
2. Notificação da autoridade coatora para que, querendo, preste informação no prazo de 10 dias, conforme artigo 7º, inciso I, da Lei nº. 12.016/09;
3. Ciência do feito ao órgão de representação judicial da pessoa jurídica a qual a autoridade coatora pertence, enviando cópia da inicial, para que querendo ingresse no feito;
4. Oitiva do representante do Ministério Público;
5. Ao final, seja julgado procedente o pedido, confirmando-se os efeitos da medida liminar;
6. Protesto por provas;

7. Condenação do réu em custas processuais.
8. Informa que o endereço para intimações onde o advogado receberá ulteriores intimações é ___________ (artigo 39, inciso I, do CPC).

Dá-se à causa o valor de R$...

Termos em que,

pede deferimento.

Local/Data

Advogado

OAB/UF

2. AÇÃO DE OBRIGAÇÃO DE FAZER/NÃO FAZER

O artigo 1147, do CC preceitua que o alienante do estabelecimento empresarial não poderá fazer concorrência ao seu adquirente pelo prazo de cinco anos, salvo se este renunciar expressamente essa garantia. Trata-se da Cláusula de Não Restabelecimento.

Assim, caso o estabelecimento empresarial seja objeto de venda, o alienante tem por lei uma obrigação de não fazer, qual seja, não poderá abrir outro estabelecimento em área próxima pelo prazo de cinco anos, a fim de que a clientela ou freguesia do adquirente, que pagou pelo aviamento, não seja desviada.

Por isso, caso essa cláusula seja violada ou esteja na iminência de, caberá ao comprador do estabelecimento ajuizar Ação de Obrigação de Não fazer, isso porque o alienante esta na iminência de abrir outro estabelecimento ou mesmo já abriu desrespeitando, dessa maneira, a cláusula supramencionada.

A Ação de Obrigação de Não Fazer é cabível tanto no caso da efetiva violação da Cláusula de Não Restabelecimento (já ter aberto outro estabelecimento) quanto na iminência de lesão (ainda não abriu, mas está a poucos dias de abrir). A diferença reside no fato de que se o outro estabelecimento já foi aberto, a atitude ilícita já está gerando danos ao comprador, portanto, deve-se cumular com pedido de reparação de danos materiais, bem como no mérito da peça alegar sua pertinência, com fundamento nos artigos 186 c/c 927, ambos do Código Civil. Já quando apenas percebe-se a iminência de lesão, não há que se falar em perdas e danos materiais, pois os mesmos ainda não foram causados.

A fundamentação material para essa peça se encontra no artigo 1147, do CC.

2.1. Modelo de Ação de Obrigação de Não Fazer

EXCELENTÍSSIMO SENHOR DOUTOR JUIZ DE DIREITO DA ___ VARA CÍVEL DA COMARCA DE

____

Sociedade X LTDA, pessoa jurídica de direito privado, inscrita no CNPJ sob o nº..., com sede na rua..., nesse ato representada por seu administrador, na pessoa de seu advogado que essa subscreve (doc. anexo), com fundamento nos artigo 282 e seguintes do CPC e, também, no artigo 461, §3º, do CPC, vem, respeitosamente, perante Vossa Excelência, ajuizar a presente **AÇÃO DE OBRIGAÇÃO DE NÃO FAZER COM PEDIDO DE TUTELA ANTECIPADA,** em face de Sociedade Y, pessoa jurídica de direito privado, inscrita no CNPJ sob o nº..., com sede na rua..., nesse ato representada por seu administrador, pelos motivos de fato e de direito que passa a expor:

I. DOS FATOS

Alegar os acontecimentos fáticos para o ajuizamento da peça.

II. DA TUTELA ANTECIPADA

Demonstrar a existência dos requisitos autorizadores da tutela antecipada, a fim de que seja de maneira imediata deferida uma decisão no sentido de coibir a ré de abrir novo estabelecimento empresarial. Fundamentar a tutela nos artigos 461, §3ª e 273, ambos do CPC.

III. DO DIREITO

Alegar a existência da cláusula de não restabelecimento, prevista no artigo 1147, do CC.

Caso o alienante já tenha aberto outro estabelecimento, alegar a existência da obrigação de reparar os danos materiais já causados (artigos 186 c/c 927, do CC).

IV. DOS PEDIDOS

Ante o exposto, é o que se requer:

1. Concessão da tutela antecipada para que, de imediato, a ré se abstenha de abrir novo estabelecimento próximo ao antigo alienado, para não infringir a Cláusula de Não Restabelecimento;
2. Ao final, seja o pedido julgado procedente, confirmando-se os efeitos da tutela concedida, a fim de que seja impedida a abertura de novo estabelecimento pela ré;
3. Condenação da ré ao pagamento dos danos materiais na quantia de ___ **(esse pedido só é possível em caso da Ré já ter aberto outro estabelecimento);**
4. Condenação da ré em perdas e danos caso a decisão seja descumprida.
5. Condenação em custas e honorários advocatícios.

6. Protesto por provas.
7. Informa que o endereço para intimações onde o advogado receberá ulteriores intimações é ___________ (artigo 39, inciso I, do CPC).

Dá-se à causa o valor de R$...

Termos em que,
pede deferimento.

Local/Data

Advogado
OAB/UF

3. AÇÃO RENOVATÓRIA

O locatário de ponto comercial possui o direito de renovar compulsoriamente o contrato de locação caso cumpra com os requisitos estipulados pelo artigo 51, da Lei nº. 8.245/91 (Lei de Locação de Imóveis Urbanos). Para isso, o locatário precisa ter contrato escrito e por prazo determinado, que o contrato ou a soma deles perfaça o prazo de cinco anos e que esteja exercendo o mesmo ramo de atividade há pelo menos três anos.

> Art. 51. Nas locações de imóveis destinados ao comércio, o locatário terá direito a renovação do contrato, por igual prazo, desde que, cumulativamente:
>
> I - o contrato a renovar tenha sido celebrado por escrito e com prazo determinado; II - o prazo mínimo do contrato a renovar ou a soma dos prazos ininterruptos dos contratos escritos seja de cinco anos;
>
> III - o locatário esteja explorando seu comércio, no mesmo ramo, pelo prazo mínimo e ininterrupto de três anos.

Assim, cumpridas as exigências legais e desde que ingresse com a medida judicial dentro do prazo decadencial **(um ano até seis meses antes do término do contrato de locação)**, terá o locatário direito à renovação compulsória do contrato, para que seja protegido no local físico em que sua clientela ou freguesia já se acostumou a lhe encontrar.

O autor da Ação Renovatória será o locatário do ponto comercial ou a sociedade, ao passo que o réu será o locador. Em sede de contestação, o locador poderá alegar que o Poder Público está requisitando o imóvel ou mesmo exceção de retomada, ou seja, utilizará para fins próprios, desde que em ramo de atividade distinto, conforme artigo 52, da Lei nº. 8245/91.

> Art. 52. O locador não estará obrigado a renovar o contrato se:
>
> I - por determinação do Poder Público, tiver que realizar no imóvel obras que importarem na sua radical transformação; ou para fazer modificações de tal natureza que aumente o valor do negócio ou da propriedade;
>
> II - o imóvel vier a ser utilizado por ele próprio ou para transferência de fundo de comércio existente há mais de um ano, sendo detentor da maioria do capital o locador, seu cônjuge, ascendente ou descendente.

Por fim, consigna-se que na Ação Renovatória o valor da causa será igual a doze vezes o valor do aluguel em curso, conforme exige artigo 58, inciso III, da Lei de Locação.

3.1. Modelo de Ação Renovatória

EXCELENTÍSSIMO SENHOR DOUTOR JUIZ DE DIREITO DA ___ VARA CÍVEL DA COMARCA DE

_____

Sociedade X S.A., pessoa jurídica de direito privado, inscrita no CNPJ sob o nº..., com sede na rua..., nesse ato representada por seu diretor, na pessoa de seu advogado que essa subscreve (doc. anexo), com fundamento nos artigo 282 e seguintes do CPC e, também, no artigo 71, da Lei nº. 8245/91, vem, respeitosamente, perante Vossa Excelência, ajuizar a presente **AÇÃO RENOVATÓRIA DO CONTRATO DE LOCAÇÃO,** em face de Fulano de Tal, nacionalidade, estado civil, profissão, residente e domiciliado na rua..., portador do RG nº..., inscrito no CPF/MF sob o nº..., pelos motivos de fato e de direito que passa a expor:

I. DOS FATOS

Expor os fatos de maneira clara e objetiva.

II. DO DIREITO

Fundamentar alegando que o locatário cumpre os requisitos do artigo 51, da Lei de Locação. Importante falar que o mesmo cumpre todos os requisitos, pois eles são cumulativos, de modo que a ausência de apenas um, impede o ajuizamento dessa medida.

III. DOS PEDIDOS

Ante o exposto, é o que se requer:

1. Procedência do pedido, reconhecendo-se que a locatária cumpre os requisitos legais, com a consequente renovação do contrato de locação em curso por igual período de tempo.
2. Citação do Réu para que, querendo, apresente defesa no prazo legal;
3. Condenação do Réu nas custas e honorários advocatícios no caso de apresentar contestação;
4. Informa que a documentação exigida no artigo 71, da Lei de Locação está anexa;

5. Protesto por provas.
6. Informa que o endereço para intimações onde o advogado receberá ulteriores intimações é __________ (artigo 39, inciso I, do CPC).

Dá-se a causa o valor de R$ 12 x (valor do aluguel).

Termos em que,
pede deferimento.

Local/Data

Advogado
OAB/UF

4. AÇÃO DE NULIDADE DE MARCA E PATENTE

A Lei nº. 9.279/96 protege os bens integrantes da Propriedade Industrial. Sobre esse assunto, recomendamos que o leitor faça a leitura do capítulo XIII, parte I, dessa obra.

É sabido que o registro de marca e a concessão da patente são protegidos pelo INPI (Instituto Nacional da Propriedade Industrial), autarquia federal que deverá obedecer a procedimento administrativo para concessão de novos registros de marca e, também, concessão de cartas patentes.

Assim, caso haja qualquer violação a esse procedimento, caberá ao titular de uma marca ou de uma patente que se sinta lesado, ingressar com a Ação de Nulidade de Marca ou de Patente, com fulcro de requerera nulidade do novo registro, além de pleitear o impedido de terceiros na exploração indevida de sua marca ou patente e, também, perdas e danos materiais no descumprimento à ordem judicial.

A Ação de Nulidade de Marca ou de Patente deve ser ajuizada junto à Justiça Federal, em virtude do INPI, autarquia federal ser parte no processo. Hoje, é mais do pacífico em nossos Tribunais sobre o fato de que o INPI deverá figurar como réu em ações que questionam a nulidade de bens integrantes da propriedade industrial, isso porque o entendimento é de que quem se equivocou ao conceder registros nulos ou não observou o correto trâmite administrativo foi a própria autarquia, vejamos:

> PROCESSUAL CIVIL - PROPRIEDADE INDUSTRIAL - AÇÃO DE NULIDADE PATENTE - INPI - LITISCONSORTE PASSIVO NECESSÁRIO - PLURALIDADE DE RÉUS COM DOMICÍLIOS DIFERENTES - FACULDADE LEGAL DE ESCOLHA DO FORO-ART. 94, § 4º, DO CPC. - O Instituto Nacional da Propriedade Industrial - INPI é o responsável pelo registro de marcas e patentes no país. Consequentemente, deve figurar como réu e não como mero assistente nas ações judiciais de nulidade de registro. Entendimento do art. 175 do Código de Propriedade Industrial (Lei nº 9.279/96). - Havendo pluralidade de réus e domicílios diferentes, é facultada ao Autor a escolha do foro, conforme disposto no § 4º do art. 94 do CPC. - Como o INPI possui sede nesta cidade afigura-se competente a Justiça Federal do Rio de Janeiro para analisar e julgar o feito. - Agravo desprovido. (TRF-2 - AG: 136118 RJ 2005.02.01.002994-6, Relator: Desembargador Federal ALUISIO GONCALVES DE CASTRO MENDES, Data de Julgamento: 09/11/2005, PRIMEIRA TURMA ESPECIALIZADA, Data de Publicação: DJU - Data: 17/11/2005 - Página: 150).

A fundamentação de preambulo da Ação de Nulidade de Patente se encontra nos artigo 58 e seguintes da Lei nº. 9.279/96, ao passo que a Ação de Nulidade de Marca estará fundamentada no preambulo nos artigo 173 e seguintes, também da LPI.

O procedimento de registro para a marca está previsto nos artigo 155 a 164, da Lei nº. 9279/96, ao passo que o processo de concessão de carta patente se encontra regulado pelos artigos 46 a 49, da mesma lei.

Por fim, consigna-se que o prazo para a contestação de ambas as demandas é de 60 (sessenta dias).

4.1. Modelo de Ação de Nulidade de Marca

EXCELENTÍSSIMO SENHOR DOUTOR JUIZ FEDERAL DA __ VARA CÍVEL DA SEÇÃO JUDICIÁRIA DE _______

Sociedade X S.A., pessoa jurídica de direito privado, inscrita no CNPJ sob o nº..., com sede na rua..., nesse ato representada por seu diretor, na pessoa de seu advogado que essa subscreve (doc. anexo), com fundamento nos artigo 173 e seguintes, da Lei nº. 9.279/96 vem, respeitosamente, perante Vossa Excelência, ajuizar a presente **AÇÃO DE NULIDADE DE MARCA COM PEDIDO LIMINAR,** em face de Fulano de Tal, nacionalidade, estado civil, profissão, residente e domiciliado na rua..., portador do RG nº..., inscrito no CPF/MF sob o nº..., pelos motivos de fato e de direito que passa a expor:

I. DOS FATOS

Expor os fatos de maneira clara, objetiva e completa.

II. DA CONCESSÃO DA MEDIDA LIMINAR

Demonstrar a existência dos requisitos autorizadores da medida liminar, qual seja: *fumus boni iuris e periculum in mora.*

III. DO DIREITO

Expor que a marca foi registrada sem observar os procedimentos previstos nos artigos 155 a 164, da LPI.

No direito, é possível falar sobre a existência de dano patrimonial sofrido pela Autora em virtude da conduta ilícita praticado pelo réu.

IV. DOS PEDIDOS

Ante o exposto, é o que se requer:

1. Concessão da medida liminar para impedir, de imediato, que o réu utilize a marca, declarando-se nulo os efeitos de registro;
2. Procedência do pedido no sentido de se declarar em definitivo a nulidade da marca registrada, confirmando-se os efeitos da liminar concedida;
3. Condenação do réu ao pagamento de danos patrimoniais sofridos em virtude do uso indevido da marca;
4. Citação do réu para que, querendo, apresente defesa no prazo legal.
5. Condenação nas custas e honorários advocatícios;
6. Protesto por provas.
7. Informa que o endereço para intimações onde o advogado receberá ulteriores intimações é ___________ (artigo 39, inciso I, do CPC).

Dá-se à causa o valor de R$...

Termos em que,
Deferimento.

Local/Data

Advogado
OAB/UF

4.2. Ação de Nulidade de Patente

EXCELENTÍSSIMO SENHOR DOUTOR JUIZ FEDERAL DA __ VARA CÍVEL DA SEÇÃO JUDICIÁRIA DE _______

Sociedade X S.A., pessoa jurídica de direito privado, inscrita no CNPJ sob o nº..., com sede na rua..., nesse ato representada por seu diretor, na pessoa de seu advogado que essa subscreve (doc. anexo), com fundamento nos artigo 56 e seguintes, da Lei nº. 9279/96 vem, respeitosamente, perante Vossa Excelência, ajuizar a presente **AÇÃO DE NULIDADE DE PATENTE COM PEDIDO LIMINAR,** em face de Fulano de Tal, nacionalidade, estado civil, profissão, residente e domiciliado na rua..., portador do RG nº..., inscrito no CPF/MF sob o nº..., pelos motivos de fato e de direito que passa a expor:

I. DOS FATOS

Expor os fatos de maneira clara, objetiva e completa.

II. DA CONCESSÃO DA MEDIDA LIMINAR

Demonstrar a existência dos requisitos autorizadores da medida liminar, qual seja: fumus boni iuris e periculum in mora.

III. DO DIREITO

Expor que a carta patente foi concedida sem observar os procedimentos previstos nos artigos 38 e seguintes, da LPI.

No direito, é possível falar sobre a existência de dano patrimonial sofrido pela Autora em virtude da conduta ilícita praticado pelo réu.

IV. DOS PEDIDOS

Ante o exposto, é o que se requer:

1. Concessão da medida liminar para impedir, de imediato, que o réu utilize a patente;
2. Declaração da nulidade da carta patente concedida, confirmando-se os efeitos da liminar concedida;
3. Condenação do réu ao pagamento de danos patrimoniais sofridos em virtude do uso indevido da patente;
4. Citação do réu para que, querendo, apresente defesa no prazo legal.
5. Condenação nas custas e honorários advocatícios;
6. Protesto por provas.
7. Informa que o endereço para intimações onde o advogado receberá ulteriores intimações é __________ (artigo 39, inciso I, do CPC).

Dá-se à causa o valor de R$...

Termos em que,
Deferimento.

Local/Data

Advogado
OAB/UF

5. AÇÃO DE ABSTENÇÃO DE USO DE MARCA

A Ação de Abstenção de Uso de Marca difere-se da Ação de Nulidade em virtude desta ser ajuizada para atacar um erro cometido pelo INPI em conceder o registro de uma marca já registrada. Por exemplo, a marca de chinelos Havaianas, já devidamente registrada, depara-se com a situação do INPI conceder novamente o registro a terceira pessoa.

A Abstenção de Uso de Marca é cabível numa situação distinta, em que um terceiro (particular) está utilizando uma marca já registrada de forma indevida. Por exemplo: a marca de arroz Dia percebe que em outro estado uma fabricante de arroz está colocando em suas embalagens a marca Dia.

Perceba que na Abstenção de Uso de Marca o INPI não será Réu, como na Nulidade, pois não pode ser responsabilizado por atitude de terceiros. Por isso mesmo a Abstenção é uma medida proposta na Justiça Estadual, figurando como réu apenas o terceiro que está violando o direito de marca.

Trata-se de uma ação de rito ordinário (artigos 282 e seguintes, do CPC), que poderá ser cumulada com pedido de tutela antecipada (artigo 273, do CPC), cuja fundamentação de mérito estará embasada no artigo 129, da LPI, que confere ao titular de uma marca o direito de explorá-la econômica e exclusivamente.

5.1. Modelo de Ação de Abstenção de Uso de Marca

EXCELENTÍSSIMO SENHOR DOUTOR JUIZ DE DIREITO DA _____ VARA CÍVEL DA COMARCA DE _______________

Sociedade X S.A., pessoa jurídica de direito privado, inscrita no CNPJ sob o nº..., com sede na rua..., nesse ato representada por seu diretor, na pessoa de seu advogado que essa subscreve (doc. anexo), com fundamento nos artigo 282 e seguintes do CPC vem, respeitosamente, perante Vossa Excelência, ajuizar a presente **AÇÃO DE ABSTEN-**

ÇÃO DE USO DE MARCA COM PEDIDO DE TUTELA ANTECIPADA, em face de Fulano de Tal, nacionalidade, estado civil, profissão, residente e domiciliado na rua..., portador do RG nº..., inscrito no CPF/MF sob o nº..., pelos motivos de fato e de direito que passa a expor:

I. DOS FATOS

Expor os fatos de maneira clara, objetiva e completa.

II. DA CONCESSÃO DA TUTELA ANTECIPADA

Demonstrar a existência dos requisitos autorizadores da medida de urgência, previstos no artigo 273, do Código de Processo Civil.

III. DO DIREITO

Expor o fato de que a marca utilizada indevidamente pela ré está registrada como de propriedade da Autora, que possui o direito de utilizá-la de forma exclusiva (artigo 129, da LPI);

Abrir um tópico para falar da necessidade da Ré em ser condenada ao pagamento de danos materiais, em virtude dos prejuízos sofridos pela Autora na prática do ato ilícito (artigos 186 c/c 927, do CC).

IV. DOS PEDIDOS

Ante o exposto, é o que se requer:

1. Concessão da Tutela Antecipada para impedir, de imediato, que a ré utilize a marca registrada em nome da Autora;
2. Procedência do pedido no sentido de se confirmar os efeitos da tutela concedida, impedindo-se em definitivo a violação ao direito marcário da Autora;
3. Condenação da Ré ao pagamento de danos patrimoniais sofridos em virtude do uso indevido da marca;

4. Citação da Ré para que, querendo, apresente defesa no prazo legal.
5. Condenação nas custas e honorários advocatícios;
6. Protesto por provas.
7. Informa que o endereço para intimações onde o advogado receberá ulteriores intimações é __________ (artigo 39, inciso I, do CPC).

Dá-se à causa o valor de R$...

Termos em que,
Deferimento.

Local/Data

Advogado
OAB/UF

6. AÇÃO DE EXECUÇÃO DE TÍTULO DE CRÉDITO

O processo de execução foi alterado sensivelmente no ordenamento jurídico brasileiro com o advento da Lei nº. 11.232/05, que instituiu a fase de cumprimento de sentença e extinguiu o processo de execução autônomo lastreado em título executivo judicial.

Desse modo, caso o credor seja possuidor de um titulo executivo judicial que condene ao pagamento de quantia, o procedimento correto a ser adotado por esse, a fim de satisfazer o seu crédito, é o de iniciar uma nova fase no mesmo procedimento de conhecimento, denominada fase de cumprimento de sentença (artigos 475 – J e seguintes do CPC).

Todavia, o processo de execução autônomo não foi extinto em nossa legislação, permanecendo vigente para os credores que possuem título executivo extrajudicial, tal como estipulados no artigo **585 e incisos, do CPC.** Por isso, caso exista um título executivo extrajudicial, a medida competente a ser ingressada para satisfação do crédito é a **Ação de Execução por Quantia Certa contra Devedor Solvente, cujo procedimento está regulado pelos artigos 646 e seguinte, do CPC**.

Trata-se o processo de execução de medida satisfativa, em que o direito já está provado, socorrendo-se o credor do Poder Judiciário apenas para satisfazê-la.

Com relação ao Direito Empresarial, leciona o inciso I, do aludido artigo 585, do CPC, serem considerados títulos executivos o cheque, a nota promissória, a letra de cambio e a duplicata mercantil (Títulos de Crédito).

Pode-se, então, afirmar que o proprietário de um Título de Crédito, desde que dentro do prazo prescricional, poderá ajuizar ação de execução de título extrajudicial para ver sua dívida adimplida.

Título de Crédito	Prazo Prescricional
Cheque	6 meses, contados do término do prazo de apresentação, que poderá ser de 30 ou 60 dias, caso o cheque seja de mesma ou de praças diferentes, respectivamente (artigo 59 c/c 33, da Lei nº. 7357/85).

Duplicata Mercantil	3 anos para se cobrar o devedor principal e seu avalista, um ano para se cobrar os coobrigados e seus avalistas (artigo 18, da Lei nº. 5474/68).
Letra de Câmbio e Nota Promissória	3 anos para se cobrar o devedor principal e seu avalista, um ano para se cobrar os coobrigados e seus avalistas (artigo 70, do Decreto 57.663/66).

6.1. Modelo de Ação de Execução

EXCELENTÍSSIMO SENHOR DOUTOR JUIZ DE DIREITO DA __ VARA CÍVEL DA COMARCA DE

____

Sociedade X S.A., pessoa jurídica de direito privado, inscrita no CNPJ sob o nº..., com sede na rua..., nesse ato representada por seu diretor, na pessoa de seu advogado que essa subscreve (doc. anexo), com fundamento nos artigos 646 e seguintes, do CPC, vem, respeitosamente, perante Vossa Excelência, ajuizar a presente **AÇÃO DE EXECUÇÃO POR QUANTIA CERTA CONTRA DEVEDOR SOLVENTE**, em face de Fulano de Tal, nacionalidade, estado civil, profissão, residente e domiciliado na rua..., portador do RG nº..., inscrito no CPF/MF sob o nº..., pelos motivos de fato e de direito que passa a expor:

I. DOS FATOS

Expor os fatos de maneira clara, objetiva e completa.

II. DO DIREITO

Como a ação de execução é uma via satisfativa, na qual o direito já está provado, não é necessário que se argumente no sentido da existência do crédito, mas tão somente sobre sua exigibilidade.

Assim, deve-se falar que o credor possui em mãos um título de crédito (cheque, nota promissória, duplicata mercantil ou letra de cambio) e que esse título está dentro do prazo prescricional, portanto, passível de ser executado. Utiliza-se nessa parte o artigo 585, I, do CPC.

III. DOS PEDIDOS

Ante o exposto, é o que se requer:

1. Citação do Executado para que pague a dívida no prazo de 03 dias, sob pena de serem penhorados tantos bens quantos bastem para satisfação do crédito, bem como para que, preferencialmente sobre ativos financeiros através da penhora *online* (artigo 655 – A, do CPC);
2. Apresentação de Embargos pela Executada dentro do prazo legal;
3. Condenação do Executado nas custas e honorários advocatícios, a serem fixados, de plano, por Vossa Excelência, conforme leciona artigo 652-A, do CPC;
4. Informa que o endereço para intimações onde o advogado receberá ulteriores intimações é ___________ (artigo 39, inciso I, do CPC).

Dá-se à causa o valor de R$...

Termos em que,

Deferimento.

Local/Data

Advogado

OAB/UF

7. AÇÃO MONITÓRIA

A via executória só se demonstra cabível quando o credor exerce o seu direito processual dentro do prazo prescricional dos títulos de crédito. Sobre o assunto, remetemos o leitor ao Capítulo XII, Parte I, dessa obra.

Caso o prazo prescricional seja descumprido, não mais poderá se valer o credor da Ação de Execução. No entanto, em contrapartida, ainda poderá cobrar o crédito por meio de Ação Monitória, cujo procedimento está regulado no artigo 1102, do CPC.

Ainda sobre essa via judicial, importante se analisar as Súmulas 503 e 504, do Superior Tribunal de Justiça, as quais versam sobre o prazo para sua proposição nos casos do Cheque e da Nota Promissória.

> Súmula 503-STJ: O prazo para ajuizamento de ação monitória em face do emitente de cheque sem força executiva é quinquenal, a contar do dia seguinte à data de emissão estampada na cártula.

> Súmula 504-STJ: O prazo para ajuizamento de ação monitória em face do emitente de nota promissória sem força executiva é quinquenal, a contar do dia seguinte ao vencimento do título.

Muito embora o prazo para Ação Monitória embasada no cheque e nota promissória sejam os mesmos, o início da contagem diverge, pois no cheque inicia-se a contagem de cinco anos no dia seguinte à sua emissão, ao passo que para a Nota Promissória no dia seguinte ao seu vencimento.

Por certo que o Cheque é uma ordem de pagamento à vista, que vence no exato momento em que é emitido. Todavia, a súmula deixa claro que mesmo que o cheque se apresente na modalidade *pré-datado*, o inicio da contagem do prazo será o da sua emissão.

7.1. Modelo de Ação Monitória

EXCELENTÍSSIMO SENHOR DOUTOR JUIZ DE DIREITO DA ___ VARA CÍVEL DA COMARCA DE

_____

Sociedade X S.A., pessoa jurídica de direito privado, inscrita no CNPJ sob o nº..., com sede na rua..., nesse ato representada por seu diretor, na pessoa de seu advogado que essa subscreve (doc. anexo), com fundamento nos artigo 1102 e seguintes, do CPC, vem, respeitosamente, perante Vossa Excelência, ajuizar a presente **AÇÃO MONITÓRIA**, em face de Fulano de Tal, nacionalidade, estado civil, profissão, residente e domiciliado na rua..., portador do RG nº..., inscrito no CPF/MF sob o nº..., pelos motivos de fato e de direito que passa a expor:

I. DOS FATOS

Expor os fatos de maneira clara, objetiva e completa.

II. DO DIREITO

Falar sobre a existência de prova documental, de título executivo prescrito, que ainda é exigível e deve ser adimplido por meio dessa medida (artigos 1102 e seguintes, do CPC).

III. DOS PEDIDOS

Ante o exposto, é o que se requer:

1. Deferimento do mandado de pagamento a ser cumprido no prazo de quinze dias;
2. Citação do réu para que, querendo, apresente defesa no prazo legal;
3. Condenação do réu nas custas e honorários advocatícios;
4. Produção de provas.
5. Informa que o endereço para intimações onde o advogado receberá ulteriores intimações é ___________ (artigo 39, inciso I, do CPC).

Dá-se à causa o valor de R$...

Termos em que,

Deferimento.

Local/Data

Advogado

OAB/UF

8. SUSTAÇÃO E CANCELAMENTO DE PROTESTO

Ainda no que diz respeito aos títulos de crédito, foi visto que o protesto, disciplinado pela Lei nº. 9.492/97, é o ato formal e solene pelo qual se comprova o inadimplemento da dívida (artigo 1º).

O protesto deve ser realizado junto ao Tabelião de Notas e de Protestos, que dará fé pública do inadimplemento do débito. Com o protesto, o devedor do título pode ter seu crédito restrito no mercado para fazer compras ou praticar outras atividades, tendo em vista que seu nome poderá ser inserido no cadastro de maus pagadores.

Apresentando o título ao protesto, o mesmo só será registrado em três dias úteis (artigo 12), de forma que o Tabelião deverá informar o devedor sobre a existência do pedido de protesto, podendo esse realizar o pagamento do débito.

> Art. 14. Protocolizado o título ou documento de dívida, o Tabelião de Protesto expedirá a intimação ao devedor, no endereço fornecido pelo apresentante do título ou documento, considerando-se cumprida quando comprovada a sua entrega no mesmo endereço.
>
> § 1º A remessa da intimação poderá ser feita por portador do próprio tabelião, ou por qualquer outro meio, desde que o recebimento fique assegurado e comprovado através de protocolo, aviso de recepção (AR) ou documento equivalente.
>
> § 2º A intimação deverá conter nome e endereço do devedor, elementos de identificação do título ou documento de dívida, e prazo limite para cumprimento da obrigação no Tabelionato, bem como número do protocolo e valor a ser pago.
>
> Art. 15. A intimação será feita por edital se a pessoa indicada para aceitar ou pagar for desconhecida, sua localização incerta ou ignorada, for residente ou domiciliada fora da competência territorial do Tabelionato, ou, ainda, ninguém se dispuser a receber a intimação no endereço fornecido pelo apresentante.
>
> § 1º O edital será afixado no Tabelionato de Protesto e publicado pela imprensa local onde houver jornal de circulação diária.
>
> § 2º Aquele que fornecer endereço incorreto, agindo de má-fé, responderá por perdas e danos, sem prejuízo de outras sanções civis, administrativas ou penais.

No entanto, em algumas situações o protesto, mesmo indevido, é perfeitamente lavrado, pois o tabelião de protestos, muito embora analise os requisitos formais do título, não é obrigado a analisar o implemento de prescrição ou decadência, nos termos do artigo 9º, da Lei nº. 9492/97.

> Art. 9º Todos os títulos e documentos de dívida protocolizados serão examinados em seus caracteres formais e terão curso se não apresentarem vícios, não cabendo ao Tabelião de Protesto investigar a ocorrência de prescrição ou caducidade.
>
> Parágrafo único. Qualquer irregularidade formal observada pelo Tabelião obstará o registro do protesto.

Assim, imagine, por exemplo, uma nota promissória que é levada a protesto e o mesmo já foi lavrado ou está na iminência de, mas cuja dívida já foi paga ou mesmo o título já esteja prescrito. Por isso, a lei precisou prever medidas que atacassem o protesto quando dado de modo irregular ou quando a dívida já foi adimplida.

Para tanto, duas medidas se fazem presente na legislação brasileira, a saber: Cautelar de Sustação de Protesto e Ação de Cancelamento de Protesto.

A sustação de protesto pode ser considerada uma medida cautelar atípica, de urgência, em que o requerente ingressa após o protesto ser requerido, mas ainda antes de ser lavrado (registrado pelo cartório), pedindo que de imediato sejam sustados os efeitos decorrentes desse ato.

No entanto, caso o protesto já tenha sido registrado, não mais é possível a sustação, restando ao interessado ajuizar Ação de Cancelamento de Protesto para retirada do mesmo, bastando que o devedor apresente o título em cartório.

8.1. Modelo de Cautelar de Sustação de Protesto

EXCELENTÍSSIMO SENHOR DOUTOR JUIZ DE DIREITO DA ___ VARA CÍVEL DA COMARCA DE _____

Sociedade X S.A., pessoa jurídica de direito privado, inscrita no CNPJ sob o nº..., com sede na rua..., nesse ato representada por seu diretor, na pessoa de seu advogado que essa subscreve (doc. anexo), com fundamento nos artigo 796 e seguintes, do CPC, vem, respeitosamente, perante Vossa Excelência, ajuizar a presente medida **CAUTELAR DE SUSTAÇÃO DE PROTESTO**, em face de Fulano de Tal, nacionalidade, estado civil, profissão, residente e domiciliado na rua..., portador do RG nº..., inscrito no CPF/MF sob o nº..., pelos motivos de fato e de direito que passa a expor:

I. DOS FATOS

Expor os fatos de maneira clara, objetiva e completa.

II. DO DIREITO

Demonstrar o vício no protesto e as consequências que esse ato pode trazer ao autor. Demonstrar, também, a existência dos requisitos *fumus boni iuris e periculum in mora.*

III. DOS PEDIDOS

Ante o exposto, é o que se requer:

1. Que os efeitos do protesto sejam sustados em caráter liminar e imediato;
2. Citação do réu para que, querendo, apresente defesa no prazo legal;
3. Informar que ingressará com a ação principal no prazo de trinta dias, conforme manda artigo 806, do CPC;

4. Requerimento por provas.
5. Informa que o endereço para intimações onde o advogado receberá ulteriores intimações é __________ (artigo 39, inciso I, do CPC).

Dá-se à causa o valor de R$...

Termos em que,

Deferimento.

Local/Data

Advogado

OAB/UF

8.2. Modelo de Ação de Cancelamento de Protesto

EXCELENTÍSSIMO SENHOR DOUTOR JUIZ DE DIREITO DA _____ VARA CÍVEL DA COMARCA DE ______________

Sociedade X S.A., pessoa jurídica de direito privado, inscrita no CNPJ sob o nº..., com sede na rua..., nesse ato representada por seu diretor, na pessoa de seu advogado que essa subscreve (doc. anexo), com fundamento nos artigo 282 e seguintes do CPC vem, respeitosamente, perante Vossa Excelência, ajuizar a presente **AÇÃO DE CANCELAMENTO DE PROTESTO,** em face de Fulano de Tal, nacionalidade, estado civil, profissão, residente e domiciliado na rua..., portador do RG nº..., inscrito no CPF/MF sob o nº..., pelos motivos de fato e de direito que passa a expor:

I. DOS FATOS

Expor os fatos de maneira clara, objetiva e completa.

II. DO DIREITO

Fundamentar no sentido de o pagamento do título já ter sido realizado (artigos 25 ou 26, da Lei nº. 9492/97).

IV. DOS PEDIDOS

Ante o exposto, é o que se requer:

1. Procedência do pedido no sentido de se cancelar o registro do protesto realizado junto ao...;
3. Condenação da Ré ao pagamento de danos patrimoniais sofridos em virtude do uso indevido da marca;
4. Citação da Ré para que, querendo, apresente defesa no prazo legal.
5. Condenação nas custas e honorários advocatícios;
6. Requerimento por provas.
7. Informa que o endereço para intimações onde o advogado receberá ulteriores intimações é ___________ (artigo 39, inciso I, do CPC).

Dá-se à causa o valor de R$...

Termos em que,

Deferimento.

Local/Data

Advogado

OAB/UF

9. DISSOLUÇÃO DE SOCIEDADE

A sociedade empresária pode se dissolver parcial ou totalmente. Ocorre a dissolução parcial quando a mesma perde algum de seus membros, mas continua existindo, ao passo que a dissolução total acarreta na extinção da pessoa jurídica.

A dissolução parcial pode se dar no caso de retirada, exclusão ou morte de sócio. Essa modalidade também é chamada pelo Código Civil de resolução da sociedade em relação a um sócio. O caso de retirada está previsto no artigo 1029, do CC, de modo que nas sociedades de prazo indeterminado o sócio pode se retirar por qualquer motivo, desde que haja notificação prévia, o de exclusão no artigo 1030, do CC, que pode se dar no caso de falta grave ou por incapacidade superveniente, e o de morte do sócio no artigo 1028, também do CC. Na Sociedade Limitada, ainda é possível o sócio se retirar quando ocorrida as situações previstas no artigo 1077, do CC.

> Art. 1.077. Quando houver modificação do contrato, fusão da sociedade, incorporação de outra, ou dela por outra, terá o sócio que dissentiu o direito de retirar-se da sociedade, nos trinta dias subsequentes à reunião, aplicando-se, no silêncio do contrato social antes vigente, o disposto no art. 1.031.

A dissolução total acarretará na extinção da sociedade, sendo que suas hipóteses ocorrem nas situações previstas nos artigos 1033 e 1034, ambos do CC.

Quando a peça ajuizada for dissolução total, deve-se cumula-la com pedido de liquidação da sociedade, a fim de que as cotas dos sócios possam ser liquidadas; Já a dissolução parcial deve ser cumulada com a apuração de haveres do sócio que irá deixar os quadros sociais, devendo ser levantado um balanço patrimonial especial para apuração do que lhe é devido, de acordo com artigo 1031, do CC.

Outro ponto que diferencia as peças é o fato de que a Dissolução Parcial segue o rito ordinário do Código de Processo Civil (artigos 282 e ss, do CPC), ao passo que a Dissolução Total possui rito específico, disciplinados pelos artigos 1218, inciso VII, do CPC de 73 c/c artigo 655, do CPC de 39.

9.1. Modelo de Ação de Dissolução Total de Sociedade

EXCELENTÍSSIMO SENHOR DOUTOR JUIZ DE DIREITO DA ___ VARA CÍVEL DA COMARCA DE _____

Sócio A e Sócio B, nacionalidade, estado civil, profissão, portador do RG nº..., inscrito no CPF/MF sob o nº..., residente e domiciliado na rua..., e Sociedade Y S.A, pessoa jurídica de direito privado inscrita no CNPJ sob o nº..., com sede na rua..., nesse ato representada por seu diretor, na pessoa de seu advogado que essa subscreve (doc. anexo), com fundamento nos artigo 1218, VII, do CPC de 73 e artigo 655, do CPC de 39, vem, respeitosamente, perante Vossa Excelência, ajuizar a presente **AÇÃO DE DISSOLUÇÃO TOTAL DE SOCIEDADE CUMULADA COM PEDIDO DE LIQUIDAÇÃO**, em face de Fulano de Tal, nacionalidade, estado civil, profissão, residente e domiciliado na rua..., portador do RG nº..., inscrito no CPF/MF sob o nº..., pelos motivos de fato e de direito que passa a expor:

I. DOS FATOS

Expor os fatos de maneira clara, objetiva e completa.

II. DO DIREITO

Abordar a ocorrência de uma das hipóteses que ensejam a dissolução total e que estão elencadas nos artigos 1033 e 1034, do CC.

Requerer que o procedimento correto de liquidação seja obedecido para regular dissolução, conforme disciplinado nos artigos 1102 e seguinte, do Código Civil.

III. DOS PEDIDOS

1. Procedência do pedido no sentido de se dissolver totalmente a sociedade após a devida liquidação, extinguindo-se a pessoa jurídica;
2. Que sejam tomados todos os procedimento corretos com a finalidade de se liquidar a Pessoa Jurídica, nos termos dos artigos 1101 e seguintes do Código Civil.
3. Citação do réu para que, querendo, apresente defesa no prazo legal;
4. Condenação em custas e honorários;
5. Requerimento por provas.
6. Informa que o endereço para intimações onde o advogado receberá ulteriores intimações é __________ (artigo 39, inciso I, do CPC).

Dá-se à causa o valor de R$...

Termos em que,

Deferimento.

Local/Data

Advogado

OAB/UF

9.2. Modelo de Dissolução Parcial de Sociedade

EXCELENTÍSSIMO SENHOR DOUTOR JUIZ DE DIREITO DA ___ VARA CÍVEL DA COMARCA DE _____

Sócio A e Sócio B, nacionalidade, estado civil, profissão, portador do RG nº..., inscrito no CPF/MF sob o nº..., residente e domiciliado na rua..., e Sociedade Y S.A, pessoa jurídica de direito privado inscrita no CNPJ sob o nº..., com sede na rua..., nesse ato representada por seu diretor, na pessoa de seu advogado que essa subscreve (doc. anexo), com fundamento nos artigo 282 e seguintes do Código de Processo Civil, vem, respeitosamente, perante Vossa Excelência, ajuizar a presente **AÇÃO DE DISSOLUÇÃO PARCIAL DE SOCIEDADE CUMULADA COM PEDIDO DE APURAÇÃO DE HAVERES**, em face de Fulano de Tal, nacionalidade, estado civil, profissão, residente e domiciliado na rua..., portador do RG nº..., inscrito no CPF/MF sob o nº..., pelos motivos de fato e de direito que passa a expor:

I. DOS FATOS

Expor os fatos de maneira clara, objetiva e completa.

II. DO DIREITO

Abordar a ocorrência de uma das hipóteses que ensejam a dissolução parcial e que estão elencadas nos artigos 1028, 1029 ou 1030 do Código Civil. Caso se trate de uma sociedade limitada, a retirada também poderá estar fundamentada no artigo 1077 do CC.

Requerer que o procedimento correto da apuração de haveres seja obedecido, nos termos do artigo 1031 do Código Civil.

III. DOS PEDIDOS

1. Procedência do pedido no sentido de se dissolver parcialmente a retirada, determinando-se...;
2. Que sejam tomados todos os procedimento corretos com a finalidade de se apurar os haveres, nos termos do artigo 1031 do Código Civil.
3. Citação do réu para que, querendo, apresente defesa no prazo legal;
4. Condenação em custas e honorários;
5. Requerimento por provas.
6. Informa que o endereço para intimações onde o advogado receberá ulteriores intimações é ___________ (artigo 39, inciso I, do CPC).

Dá-se à causa o valor de R$...

Termos em que,

Deferimento.

Local/Data

Advogado

OAB/UF

10. PEDIDO DE FALÊNCIA

No capítulo X dessa obra foi abordado que a falência é a insolvência presumida do devedor empresário, de modo que ela pode ser requerida caso ocorra algumas das situações autorizadoras estipuladas no artigo 94, da Lei 11.101/05. Assim, pode ensejar o pedido de falência de uma empresa (individual ou coletiva) a impontualidade, a execução frustrada e os atos de falência. Nesse ponto, antes de analisar a peça prática, remetemos o leitor a analise do Capítulo X.

Caso ocorra uma dessas situações, o credor ou outros legitimados no artigo 97, da Lei 11.101/05 podem ingressar a juízo requerendo que seja instaurado o procedimento falimentar. Para tanto, deve-se ingressar com uma medida nominada de "Pedido de Falência"

O juízo competente para instaurar o procedimento falimentar é o do principal estabelecimento econômico da empresa e não o local de sua sede, conforme artigo 3º, da LF. Por isso, caso uma empresa tenha dois ou mais estabelecimentos, para se determinar a regra de competência para ajuizamento dessa demanda, deve-se analisar o principal estabelecimento econômico, que pode não ser a sede da mesma.

A contestação ao pedido de falência deve ser apresentada no prazo de 10 dias, segundo artigo 98, da Lei 11.101/05. Trata-se de um prazo que se diferencia do estipulado para contestação prevista no Código de Processo Civil, que é de 15 dias.

Caso a falência seja requerida com base na impontualidade (artigo 94, I), é imprescindível que o título esteja devidamente protestado para fim falimentar (94, §3º) para embasar o pedido de falência.

Por fim, lembramos que da decisão que decreta a falência, cabe o recurso de Agravo de Instrumento, ao passo que da decisão que a denega, cabe Apelação (artigo 100).

De posse desses conhecimentos, traremos abaixo um modelo dessa peça.

10.1. Modelo de Pedido de Falência

EXCELENTÍSSIMO SENHOR DOUTOR JUIZ DE DIREITO DA ___ VARA CÍVEL DA COMARCA DE ______

Fulano de Tal, nacionalidade, estado civil, profissão, portador do RG nº..., inscrito no CPF/MF sob o nº..., residente e domiciliado na rua..., na pessoa de seu advogado que essa subscreve (doc. anexo), com fundamento nos artigos 94, incisos (I ou II ou III) da Lei nº. 11.101/05 vem, respeitosamente, perante Vossa Excelência, ajuizar o presente **PEDIDO DE FALÊNCIA**, em face da Sociedade Empresária Y, pessoa jurídica de direito privado, inscrita no CNPJ sob o nº..., com sede na rua..., neste ato representada por seu administrador, pelos motivos de fato e de direito que passa a expor:

I. DOS FATOS

Expor os fatos, demonstrando em qual situação prevista no artigo 94 a empresa incorreu.

II. DO DIREITO

Demonstrar a ocorrência de algumas das situações previstas no artigo 94 (impontualidade, execução frustrada ou atos de falência) e que, portanto, a falência da empresa deve ser decretada.

III. DOS PEDIDOS

1. Procedência do pedido, decretando-se a falência da empresa (individual ou coletiva), instaurando-se o juízo universal.
2. Citação do réu para que, querendo, apresente defesa no prazo legal;
3. Condenação em custas e honorários;

4. Requerimento por provas.
5. Informa que o endereço para intimações onde o advogado receberá ulteriores intimações é ___________ (artigo 39, inciso I, do CPC).

Dá-se à causa o valor de R$...

Termos em que,

Deferimento.

Local/Data

Advogado

OAB/UF

11. HABILITAÇÃO DE CRÉDITO

Instaurado o procedimento falimentar, o juiz mandará reunir todas as ações e execuções contra a sociedade empresária num mesmo processo, sob a égide do juízo universal, salvo as exceções já estudadas no Capítulo X, Parte I, dessa obra.

Assim, os credores dessa empresa devem habilitar seu crédito no procedimento falimentar, pois esse irá reunir todo o ativo que sobrou da empresa para pagar, na medida do possível, seus credores.

De início, o próprio administrador judicial, nomeado pelo magistrado para gerir a massa falida irá soltar uma lista inicial com a relação de alguns credores, com base na lista contábil da empresa. Quem prevê essa necessidade é o artigo 7º, da Lei 11.101/05, com redação aludindo que a verificação dos créditos será realizada pelo administrador judicial, com base nos livros contábeis e documentos comerciais e fiscais do devedor e nos documentos que lhe forem apresentados pelos credores, podendo contar com o auxílio de profissionais ou empresas especializadas.

Caso o nome do credor já esteja nessa lista e o crédito seja efetivamente o real, não há necessidade de o credor ingressar com pedido de habilitação de crédito, pois o mesmo já se encontra habilitado.

Contudo, por óbvio que o administrador não conseguirá constar na lista todos os credores da massa falida, razão pela qual, o credor, percebendo que seu crédito não foi analisado, deverá ingressar com uma petição requerendo sua habilitação de crédito no procedimento falimentar.

O prazo para ingressar com essa medida é de 15 (quinze dias), contados da publicação do edital do administrador judicial contendo a lista com relação de credores. Caso o credor desobedeça a esse prazo, ainda assim poderá habilitar o seu crédito, mas o mesmo ingressará na falência como retardatário e sofrerá os efeitos do artigo 10, da Lei 11.101/05, vejamos:

> Art. 10. Não observado o prazo estipulado no art. 7º, § 1º, desta Lei, as habilitações de crédito serão recebidas como retardatárias.
>
> § 1º Na recuperação judicial, os titulares de créditos retardatários, excetuados os titulares de créditos derivados da relação de trabalho, não terão direito a voto nas deliberações da assembleia-geral de credores.
>
> § 2º Aplica-se o disposto no § 1º deste artigo ao processo de falência, salvo se, na data da realização da assembleia-geral, já houver sido homologado o quadro-geral de credores contendo o crédito retardatário.
>
> § 3º Na falência, os créditos retardatários perderão o direito a rateios eventualmente realizados e ficarão sujeitos ao pagamento de custas, não se computando os acessórios

compreendidos entre o término do prazo e a data do pedido de habilitação.

§ 4º Na hipótese prevista no § 3º deste artigo, o credor poderá requerer a reserva de valor para satisfação de seu crédito.

§ 5º As habilitações de crédito retardatárias, se apresentadas antes da homologação do quadro-geral de credores, serão recebidas como impugnação e processadas na forma dos arts. 13 a 15 desta Lei.

§ 6º Após a homologação do quadro-geral de credores, aqueles que não habilitaram seu crédito poderão, observado, no que couber, o procedimento ordinário previsto no Código de Processo Civil, requerer ao juízo da falência ou da recuperação judicial a retificação do quadro-geral para inclusão do respectivo crédito.

Ainda sobre a habilitação de crédito, o artigo 9º estipula a documentação que deve acompanhar a petição, a saber: I – o nome, o endereço do credor e o endereço em que receberá comunicação de qualquer ato do processo; II – o valor do crédito, atualizado até a data da decretação da falência ou do pedido de recuperação judicial, sua origem e classificação; III – os documentos comprobatórios do crédito e a indicação das demais provas a serem produzidas; IV – a indicação da garantia prestada pelo devedor, se houver, e o respectivo instrumento; V – a especificação do objeto da garantia que estiver na posse do credor.

Como a habilitação de crédito pode ser dirigida ao administrador judicial diretamente, a doutrina leciona no sentido de que é dispensada, caso a parte queira, a capacidade postulatória para ajuizamento dessa peça. Assim, poderá a própria parte se dirigir de forma direta ao administrador judicial. Nesse sentido também pensa Fabio Ulhoa Coelho, ao aludir que "na habilitação de crédito ou apresentação de divergência não é exigida a intervenção de advogado, podendo o credor se dirigir diretamente ao administrador judicial por escrito." (COELHO, Fábio Ulhoa. *Comentários à Lei de Falências e de recuperação de empresas.* São Paulo: Saraiva, 2010, p.47).

Muito embora seja dispensada a capacidade postulatória nessa situação, caso o credor queira, até para que se sinta melhor amparado tecnicamente, poderá perfeitamente contratar um advogado, pois quem pode o mais, pode o menos.

11.1. Modelo de Habilitação de Crédito

O modelo que colocaremos abaixo é o do pedido de habilitação de crédito com capacidade postulatória, ou seja, feito por advogado, uma vez que a habilitação direta para o administrador, feita pelo próprio credor, trata-se de um requerimento simples e sem formalidades.

EXCELENTÍSSIMO SENHOR DOUTOR JUIZ DE DIREITO DA ___ VARA CÍVEL DA COMARCA DE _____

Fulano de Tal, nacionalidade, estado civil, profissão, portador do RG nº..., inscrito no CPF/MF sob o nº..., residente e domiciliado na rua..., na pessoa de seu advogado que essa subscreve (doc. anexo), com fundamento no artigo 7º, §1º, da Lei 11.101/05, vem, respeitosamente, perante Vossa Excelência, apresentar a sua **HABILITAÇÃO DE CRÉDITO NO PROCEDIMENTO FALIMENTAR,** expondo, para tanto os motivos de fato e de direito que passa a expor:

I. DOS FATOS

Alegar que o requerente é um credor da massa falida que não teve seu crédito habilitado diretamente pelo administrador judicial.

II. DO DIREITO

Demonstrar a existência da dívida, alegando que os documentos exigidos pelo artigo 9º, da Lei 11.101/05.

III. DOS PEDIDOS

1. Seja reconhecida a existência do crédito e que o mesmo seja habilitado no procedimento falimentar;
2. Requerimento por provas.
3. Informa que o endereço para intimações onde o advogado receberá ulteriores intimações é ___________ (artigo 39, inciso I, do CPC).

Termos em que,

Deferimento.

Local/Data

Advogado

OAB/UF

11.2. Modelo de Habilitação Retardatária de Crédito

EXCELENTÍSSIMO SENHOR DOUTOR JUIZ DE DIREITO DA ___ VARA CÍVEL DA COMARCA DE _____

Fulano de Tal, nacionalidade, estado civil, profissão, portador do RG nº..., inscrito no CPF/MF sob o nº..., residente e domiciliado na rua..., na pessoa de seu advogado que essa subscreve (doc. anexo), com fundamento nos artigos **10 e 13 a 15,** da Lei **nº. 11.101/05** vem, respeitosamente, perante Vossa Excelência, apresentar a sua HABILITAÇÃO **RETARDATÁRIA** DE CRÉDITO NO

PROCEDIMENTO FALIMENTAR, expondo, para tanto os motivos de fato e de direito que passa a expor:

I. DOS FATOS

Alegar que o requerente é um credor da massa falida que não teve seu crédito habilitado diretamente pelo administrador judicial.

II. DO DIREITO

Demonstrar a existência da dívida, alegando que os documentos exigidos pelo artigo 9º, da Lei 11.101/05**, bem como sobre a possibilidade do requerimento ser feito de forma tardia (artigo 10, da LF)**..

III. DOS PEDIDOS

1. Seja reconhecida a existência do crédito e que o mesmo seja habilitado no procedimento falimentar;
2. Requerimento por provas.
3. Informa que o endereço para intimações onde o advogado receberá ulteriores intimações é __________ (artigo 39, inciso I, do CPC).

Termos em que,
Deferimento.

Local/Data

Advogado
OAB/UF

12. PEDIDO DE RESTITUIÇÃO

Sobre o processo falimentar, temos que destacar outra peça importante relacionada ao tema. Trata-se do pedido de restituição, previsto no artigo 85, da Lei 11.101/05.

Foi visto no Capítulo X, parte I, dessa obra que o administrador judicial irá arrecadar todos os bens da massa falida para leva-los à venda, com o escopo de pagar os credores na medida do possível. Nesse ato podem ser arrecadados bens que estão de posse, mas não são de propriedade da massa, devendo os mesmos ser restituídos ao seu legítimo proprietário.

Em ocorrendo isso, o proprietário do bem deve peticionar junto ao juízo falimentar comprovando a propriedade do mesmo e requerendo a devolução para suas mãos.

O pedido de restituição também caberá para as mercadorias vendidas a crédito entregues nos quinze dias anteriores ao pedido de falência, caso ainda não tenham sido vendidas.

O procedimento para o pedido de restituição segue a seguinte disposição: O pedido de restituição deverá ser fundamentado e descreverá a coisa reclamada; O juiz mandará autuar em separado o requerimento com os documentos que o instruírem e determinará a intimação do falido, do Comitê, dos credores e do administrador judicial para que, no prazo sucessivo de 5 (cinco) dias, se manifestem, valendo como contestação a manifestação contrária à restituição; Contestado o pedido e deferidas as provas porventura requeridas, o juiz designará audiência de instrução e julgamento, se necessária; Não havendo provas a realizar, os autos serão conclusos para sentença; A sentença que reconhecer o direito do requerente determinará a entrega da coisa no prazo de 48 (quarenta e oito) horas; Caso não haja contestação, a massa não será condenada ao pagamento de honorários advocatícios.

O foro competente para conhecer e julgar o pedido de restituição é do juízo universal onde corre o procedimento falimentar.

12.1. Modelo de Pedido de Restituição

OAB/UFEXCELENTÍSSIMO SENHOR DOUTOR JUIZ DE DIREITO DA ___ VARA CÍVEL DA COMARCA DE _____

Processo nº.

Fulano de Tal, nacionalidade, estado civil, profissão, portador do RG nº..., inscrito no CPF/MF sob o nº..., residente e domiciliado na rua..., na pessoa de seu advogado que essa subscreve (doc. anexo), com fundamento no artigo 85 da Lei 11.101/05, vem, respeitosamente, perante Vossa Excelência, apresentar **PEDIDO DE RESTITUIÇÃO,** em face da Massa Falida Y, já qualificada nos presentes autos, expondo, para tanto os motivos de fato e de direito que passa a expor:

I.DOS FATOS

Alegar que um dos bens arrecadados em posse da massa falida não era de propriedade dela, mas sim do requerente.

II.DO DIREITO

Comprovar a propriedade do bem, juntando, para tanto, documentação necessária.

III.DOS PEDIDOS

1. Seja reconhecida que o bem reclamado é de propriedade do requerente e seja deferida a devolução do mesmo no prazo de quarenta e oito horas, conforme estipula artigo 88, da Lei 11.101/05.
2. Intimação da massa falida, na pessoa de seu administrador judicial para que, querendo, apresente manifestação, caso em que deverá, também, ser condena-

da aos pagamentos das custas judiciais e honorários advocatícios.

3. Protesto por provas.

Termos em que,

Deferimento.

Local/Data

Advogado

13. AÇÃO REVOCATÓRIA E PEDIDO DE DECLARAÇÃO DE INEFICÁCIA DE ATO

Por fim, ainda sobre as ações relacionadas ao procedimento falimentar, devemos analisar duas medidas que são imprescindíveis para os credores que possam ter se sentido prejudicado em virtude de uma ação fraudulenta praticada pela empresa (individual ou coletiva), agora considerada massa falida.

Por óbvio que momentos que precedem a instauração do procedimento falimentar podem ensejar algumas atitudes fraudulentas, haja vista que os sócios da sociedade já possuem a menção de que os negócios não andam bem e podem, na medida do possível, desviar o patrimônio da empresa a fim de fraudar os credores. Por isso, caso essa situação ocorra, poderá ser ajuizada ação revocatória ou pedido de declaração de ineficácia.

A Declaração de Ineficácia de Ato Jurídico pode ser ingressada quando ocorrer uma das situações taxativas previstas no artigo 129, da Lei 11.101/05, quais sejam:

> Art. 129. São ineficazes em relação à massa falida, tenha ou não o contratante conhecimento do estado de crise econômico-financeira do devedor, seja ou não intenção deste fraudar credores:
>
> I – o pagamento de dívidas não vencidas realizado pelo devedor dentro do termo legal, por qualquer meio extintivo do direito de crédito, ainda que pelo desconto do próprio título;
>
> II – o pagamento de dívidas vencidas e exigíveis realizado dentro do termo legal, por qualquer forma que não seja a prevista pelo contrato;
>
> III – a constituição de direito real de garantia, inclusive a retenção, dentro do termo legal, tratando-se de dívida contraída anteriormente; se os bens dados em hipoteca forem objeto de outras posteriores, a massa falida receberá a parte que devia caber ao credor da hipoteca revogada;
>
> IV – a prática de atos a título gratuito, desde 2 (dois) anos antes da decretação da falência;
>
> V – a renúncia à herança ou a legado, até 2 (dois) anos antes da decretação da falência;
>
> VI – a venda ou transferência de estabelecimento feita sem o consentimento expresso ou o pagamento de todos os credores, a esse tempo existentes, não tendo restado ao devedor bens suficientes para solver o seu passivo, salvo se, no prazo de 30 (trinta) dias, não houver oposição dos credores, após serem devidamente notificados, judicialmente ou pelo oficial do registro de títulos e documentos;
>
> VII – os registros de direitos reais e de transferência de propriedade entre vivos, por título oneroso ou gratuito, ou a averbação relativa a imóveis realizados após a decretação da falência, salvo se tiver havido prenotação anterior.
>
> Parágrafo único. A ineficácia poderá ser declarada de ofício pelo juiz, alegada em defesa ou pleiteada mediante ação própria ou incidentalmente no curso do processo.

Na declaração de ineficácia, não se precisa provar o dolo da conduta praticada, ou seja, o intuito dos administradores em quererem lesar os credores. Basta que ocorra uma das situações previstas no sobredito artigo que o ato será considerado ineficaz perante a massa.

Na declaração, a matéria é de ordem pública e poderá ser declarada de ofício pelo juiz.

Já a Ação Revocatória, prevista no artigo 130, da Lei 11.101/05, se volta para aquelas atitudes que também são fraudulentas e lesaram credores, mas que não estão disciplinadas no artigo anterior. Na Ação Revocatória, para que o bem volte à propriedade da massa, deve-se provar dolo, fraude e má-fé na prática daquela atitude.

Perceba que a Declaração de Ineficácia não requer conjunto probatório de dolo, ao passo que a Revocatória sim.

13.1. Modelo de Pedido de Declaração de Ineficácia

EXCELENTÍSSIMO SENHOR DOUTOR JUIZ DE DIREITO DA ___ VARA CÍVEL DA COMARCA DE

_____

Processo nº.

Fulano de Tal, nacionalidade, estado civil, profissão, portador do RG nº..., inscrito no CPF/MF sob o nº..., residente e domiciliado na rua..., na pessoa de seu advogado que essa subscreve (doc. anexo), com fundamento no artigo 129 da Lei 11.101/05, vem, respeitosamente, perante Vossa Excelência, apresentar **PEDIDO DE DECLARAÇÃO DE INEFICÁRIA DE NEGÓCIO JURÍDICO,** em face (incluir no polo passivo o sócio ou administrador que praticou o ato. Podem ser incluídos, também, terceiros beneficiados), expondo, para tanto os motivos de fato e de direito que passa a expor:

I.DOS FATOS

Alegar que a atitude praticada pelos administradores ou sócios da empresa (individual ou coletiva) se enquadra numa das situações previstas no artigo 129, da LF.

II.DO DIREITO

Comprovar a existência de uma das atitudes do artigo 129 da Lei 11.101/05.

III.DOS PEDIDOS

1. Seja reconhecida a ineficácia do negocio jurídico praticado e que seja devolvido ao patrimônio da massa falida o ....
2. Intimação da massa falida, na pessoa de seu administrador judicial para que, querendo, apresente manifestação.
3. Protesto por provas.

Termos em que,

Deferimento.

Local/Data

Advogado

13.2. Modelo de Ação Revocatória

EXCELENTÍSSIMO SENHOR DOUTOR JUIZ DE DIREITO DA ___ VARA CÍVEL DA COMARCA DE _____

Processo nº.

Fulano de Tal, nacionalidade, estado civil, profissão, portador do RG nº..., inscrito no CPF/MF sob o nº..., residente e domiciliado na rua..., na pessoa de seu advogado que essa subscreve (doc. anexo), com fundamento no artigo 130 da Lei 11.101/05, vem, respeitosamente, perante Vossa Excelência, apresentar **AÇÃO REVOCATÓRIA,** em face (pode figurar no polo passivo qualquer pessoa legitimada de acordo com o artigo 133, da LF), pelos motivos de fato e de direito que passa a expor:

I.DOS FATOS

Alegar que a atitude dos sócios ou administradores está eivada de dolo e lesionou os credores.

II.DO DIREITO

Fundamentar com base no artigo 130, da Lei 11.101/05.

III.DOS PEDIDOS

1. Seja reconhecida que a atitude praticada pelo administrador ou sócio foi fraudulenta, devolvendo o bem para o patrimônio da passa falida.
2. Citação do réu para que, querendo, apresente defesa no prazo legal.
3. Protesto por provas.

Termos em que,

Deferimento.

Local/Data

Advogado

OAB/UF

14. CONTESTAÇÃO

A contestação é a peça de defesa do réu em um procedimento. De acordo com o Código de Processo Civil, o requerido terá o prazo de 15 dias para apresentar sua contestação e alegar toda matéria de fato e de direito para impedir a procedência dos pedidos insertos pelo autor. As regras da contestação estão disciplinadas nos artigos 297 e seguintes do Código de Processo Civil.

Lembramos o leitor, por mais essa oportunidade, que o prazo para apresentação da contestação ao pedido de falência é de 10 dias e não 15, ao passo que o da contestação da ação de nulidade de marca ou de patente é de 60 dias e não 15.

Nessa peça, antes de se discutir o mérito pode ser alegada defesas preliminares, que podem versar sobre: I - inexistência ou nulidade da citação; incompetência absoluta; inépcia da petição inicial; perempção; litispendência; coisa julgada; conexão; incapacidade da parte, defeito de representação ou falta de autorização; convenção de arbitragem; carência de ação; falta de caução ou de outra prestação, que a lei exige como preliminar.

Abaixo trazemos um modelo de contestação.

14.1. Modelo de Contestação

EXCELENTÍSSIMO SENHOR DOUTOR JUIZ DE DIREITO DA ___ VARA CÍVEL DA COMARCA DE _____

Processo nº.

Fulano de Tal, já qualificado nos autos do processo em epígrafe, por meio de seu advogado que essa subscreve (doc. anexo), com fundamento nos artigos 297 e seguintes do CPC, vem, respeitosamente, perante Vossa Excelência, apresentar **CONTESTAÇÃO**, pelos motivos de fato e de direito que passa a expor:

I.DOS FATOS

Alegar os fatos insertos na inicial e demonstrar a realidade dos mesmos.

II.DO DIREITO

Elaborar a fundamentação de maneira clara e objetiva, contrapondo tudo que foi alegado na petição inicial.

III.DOS PEDIDOS

1. Improcedência total dos pedidos insertos na inicial;
2. Condenação do autor nas custas e honorários;
3. Protesto por provas.

Termos em que,

Deferimento.

Local/Data

Advogado

OAB/UF

15. RECURSO DE APELAÇÃO

Disciplina o artigo 513 do Código de Processo Civil ser a apelação o recurso cabível para atacar sentença, seja ela de mérito (artigo 269, do CPC) ou mesmo aquela que não julga o cerne da questão (artigo 267, do CPC).

A apelação deve ser elaborada em duas peças, a saber: interposição e razões.

Preceitua o artigo 514 do CPC que a apelação será interposta ao juízo "a quo", que proferiu a decisão ora atacada. Por isso, como não será esse magistrado que conhecerá e poderá dar provimento ao recurso, nessa peça de interposição apenas se requer que o juiz receba a apelação em seus efeitos suspensivo e devolutivo e que a remeta ao Egrégio Tribunal "ad quem".

Salienta-se que a apelação não poderá ter efeito suspensivo quando atacar sentença que homologar a divisão ou a demarcação; condenar à prestação de alimentos; decidir o processo cautelar; rejeitar liminarmente embargos à execução ou julgá-los improcedentes; julgar procedente o pedido de instituição de arbitragem ou confirmar a antecipação dos efeitos da tutela, conforme leciona artigo 520, do CPC.

A apelação possui efeito devolutivo, ou seja, devolverá ao tribunal o conhecimento de toda matéria de fato e de direito para que possa ser apreciada novamente. Também poderá ter efeito suspensivo, impedindo que a decisão atacada de primeiro grau tenha efeitos até o resultado do recurso, salvo nos casos estipulados acima.

Já na petição de razões é que o recorrente tem que colocar toda a matéria de fato e de direito para atacar a decisão proferida e reformá-la, pois essa parte é dirigida aos membros do tribunal que analisarão os fatos.

15.1. Modelo de Recurso de Apelação

Petição de Interposição:

EXCELENTÍSSIMO SENHOR DOUTOR JUIZ DE DIREITO DA __ VARA CÍVEL DA COMARCA DE _____

Processo nº.......

Fulano de Tal, já qualificado nos autos do processo em epígrafe, por meio de seu advogado, não se conformando com a respeitável decisão de fls., vem, respeitosamente, perante Vossa Excelência, com fundamento nos artigos 513 e seguintes do Código de Processo Civil, interpor o presente **RECURSO DE APELAÇÃO.**

Outrossim, requer que o recurso seja recebido nos seus regulares efeitos devolutivo e suspensivo, bem como que o mesmo seja remetido ao Egrégio Tribunal _______.

Informa que as guias de preparo encontram-se anexas.

Termos em que,

pede deferimento.

Local/Data

Advogado

OAB/UF

Petição de Razões:

Processo nº.....

Origem............

Partes.............

RAZÕES DE APELAÇÃO

EGRÉGIO TRIBUNAL

COLENDA CÂMARA

ÍNCLITOS JULGADORES

I. Da Decisão Recorrida

Expor os fatos e a decisão recorrida.

II.Das Razões para Reforma

Alegar todo direito para que a decisão seja reformada.

III.Dos Pedidos

Ante o exposto, requer que o presente recurso seja conhecido, provido e que, ao final, a respeitável sentença de folhas seja integralmente reformada para atender ao interesse do requerente no sentido de ....

Loca/Data

Advogado

OAB/UF

16. AGRAVO DE INSTRUMENTO

O Agravo de Instrumento é o recurso cabível contra decisão interlocutória, que decide algum incidente do processo, mas não põe fim ao mesmo. Tal medida encontra-se disciplinada nos artigos 522 e seguintes do Código de Processo Civil.

O prazo para interposição deste recurso é de dez dias, de modo que a petição deverá ser dirigida diretamente ao Tribunal *ad quem*, que conhecerá a matéria e poderá reformar a decisão de primeiro grau. Perceba que o agravo se diferencia da apelação também nesse sentido, pois essa é dirigida ao juiz de primeiro grau ao passo que aquele diretamente ao juiz de segundo grau (artigo 524, do CPC).

16.1.Modelo de Agravo de Instrumento

EXCELENTÍSSIMO SENHOR DOUTOR DESEMBARGADOR PRESIDENTE DO EGRÉGIO TRIBUNAL DE JUSTIÇA DO ESTADO DE ___________________________

Processo nº.....

Origem.............

Fulano de Tal, já qualificado nos autos do processo em epígrafe, por meio de seu advogado, não se conformando com a respeitável decisão de fls., vem, respeitosamente, perante Vossa Excelência, com fundamento nos artigos 522 e seguintes do Código de Processo Civil, interpor o presente **RECURSO DE AGRAVO DE INSTRUMENTO**, corroborado nos motivos de fato e de direito que passa a expor:

I. Da Decisão Agravada

Expor os fatos e os motivos que o levam a recorrer da decisão.

II. Das Razões para Reforma

Argumentar todo o direito pelo qual a decisão deve ser reformada.

III. Dos Pedidos

1. Reforma da decisão agravada no sentido de....................
2. Manifesta que o presente recurso está instruído com as peças exigidas pelo artigo 526, do CPC;
3. Outrossim, requer que o recurso seja recebido nos seus regulares efeitos devolutivo e suspensivo, bem como que o mesmo seja remetido ao Egrégio Tribunal ________.

17. PARECER

É muito usual para quem advoga na área empresarial ou mesmo para o aluno que está prestes a prestar o exame da OAB, a ocorrência da possibilidade de elaboração de um parecer.

O parecer não é uma peça judicial, mas, sim, uma consulta realizada por algum cliente, na qual você a responde de forma fundamentada e escrita. Desse modo, está incorreto ao final do parecer inserir a expressão **"Nestes termos, pede deferimento"**, pois ele não será encaminhado para nenhuma autoridade judiciária, mas tão somente será direcionado ao cliente para sanar suas dúvidas.

O parecer é uma consulta e, como tal, não deve seguir a metodologia de uma peça judicial, não tendo endereçamento, tampouco qualificação das partes.

Abaixo, elaboramos um modelo de parecer que consideramos ser o mais correto e adequado para todas as ocasiões.

17.1. Modelo de Parecer

Parecer nº....

Interessado...... **(colocar o nome da pessoa que solicitou o parecer)**

Assunto........**(em apenas uma frase abordar qual é o assunto principal do parecer, como, por exemplo, parecer sobre a possibilidade de a atividade rural ser considerada empresária)**

Ementa.......**(a ementa deve conter palavras que abordem os pontos principais do problema, partindo do tema mais abrangente para o mais específico, como, por**

exemplo: Direito Empresarial. Atividade Rural. Enquadramento como atividade empresária. Possibilidade.)

I. Relatório

Aqui é oportuno colocar quais foram as indagações feitas pelo cliente.

II. Fundamentos

Nessa parte deve ser alegada toda matéria de direito que embasa a melhor solução jurídica para o cliente.

III. Conclusão

Concluir com um breve relato do que pode ou não ser feito.

Local/Data

Advogado

OAB/UF

III PEÇAS PRÁTICAS OAB

(OAB/FGV 2010.2.) Peça Prático-Profissional

A sociedade limitada Som Perfeito Ltda. dedicada ao comércio de aparelhos de som tem 4 sócios, Arlindo, Ximenes, Hermano e Suzana, todos com participação idêntica no capital social e com poder de administração isolada. A sociedade é reconhecida no mercado por sua excelência no ramo e desfruta de grande fama e prestígio em seu ramo de negócio, tendo recebido vários prêmios de revistas.

Entusiasmado com as novas tecnologias de transmissão de imagem como HDTV, "blue ray" e outras, e entendendo haver sinergias entre esse ramo de comércio e o da sociedade, Ximenes propõe aos sócios que passem, também, a comercializar televisões, aparelhos de DVD e "telões".

Após longa discussão, os demais sócios, contra a opinião de Ximenes, decidiram não ingressar nesse novo ramo de negócio, decisão essa que não foi objeto de ata formal de reunião de sócios, mas foi testemunhada por vários empregados da sociedade e foi também objeto de troca de e-mails entre os sócios.

Um ano depois, com o mercado de equipamentos de imagem muito aquecido, à revelia dos demais sócios, a sociedade, representada por Ximenes, assina um contrato para aquisição de 200 televisões que são entregues 90 dias após. As televisões são comercializadas mas, devido a diversas condições mercadológicas e, principalmente, à inexperiência da sociedade nesse ramo de negócio, sua venda traz um prejuízo de R$ 135.000,00 para a empresa, conforme indicado por levantamento dos contadores e auditores da sociedade. Os demais sócios, profundamente irritados com o proceder de Ximenes e com o prejuízo sofrido pela sociedade, procuram um profissional de advocacia, pretendendo alguma espécie de medida judicial contra Ximenes.

Tendo em vista a situação hipotética acima, **redija, na condição de advogado(a) constituído(a) pela sociedade, a peça processual adequada para a defesa de sua constituinte, indicando, para tanto, todos os argumentos e fundamentos necessários.**

(Padrão de Respostas da FGV) Petição inicial de ação ordinária, tendo como autora a sociedade, com fundamento no artigo 1.013, § 2º do Código Civil, contendo o endereçamento adequado, qualificação das partes, narrativa dos fatos e outros requisitos exigidos pelo artigo 282 do CPC. A responsabilidade de Ximenes pelas perdas e danos causadas a sociedade está tipificada no referido artigo 1.013, § 2º do Código Civil, assim redigido: "§ 2º - Responde por perdas e danos perante a sociedade o administrador que realizar operações, sabendo ou devendo saber que estava agindo em desacordo com a maioria". No dizer de Sergio Campinho (O Direito de Empresa, 11ª edição, revista e ampliada, Editora Renovar, página 115) "Além de o administrador dever estar adstrito aos limites de seus poderes definidos no ato constitutivo e pautar seus atos de administração com zelo e lealdade, quer a lei que atue, também, no curso da vontade da maioria social. Mesmo que no seu íntimo, com o tino do bom administrador, vislumbre negócio interessante para a sociedade, deverá ele abster-se de sua realização, caso a maioria o reprove." Deve-se apresentar pedido contendo (i) requerimento de citação do réu e procedência do pedido de condenação do réu ao pagamento dos R$135.000,00 de perdas e danos com juros de mora desde a citação (art. 405 do Código Civil); (ii) requerimento de produção de provas (na hipótese de prova testemunhal a apresentação do rol, nos termos do artigo 407 do CPC); (iii) a condenação nos honorários de sucumbência e o reembolso das custas e despesas processuais, e; (iv) o valor atribuído à causa.

(OAB/FGV 2010.3.). J. P. Estofador, empresário individual domiciliado na Cidade do Rio de Janeiro, é credor, por uma duplicata de prestação de serviços, devidamente aceita, no valor de R$ 10.000,00, vencida e não paga, da sociedade Móveis Paraíso Ltda., relativamente a serviços de estofamento realizados. A falência da devedora foi decretada em 11/02/2009 pelo juízo da 3ª Vara Empresarial da Comarca da Capital do Estado do Rio de Janeiro. Pouco mais de um ano após a decretação da quebra, dito credor procurou-o(a), como advogado(a), para promover sua habilitação na falência da aludida sociedade empresária, considerando não ter sido observado o prazo estipulado no §1º do artigo 7º da Lei 11.101/2005.

Com base somente nas informações de que dispõe e nas que podem ser inferidas pelo caso concreto acima, **elabore a petição adequada a atender à pretensão de seu cliente**.

(Padrão de Respostas da FGV) Artigo 9º e § 4º do artigo 10 – Lei 11.101/2005, procuração, CPC e estatuto da OAB. Trata-se de uma habilitação de crédito retardatária. Nela deverão estar contemplados os seguintes requisitos: I – o nome, o endereço do credor e o endereço em que receberá comunicação de qualquer ato do processo; II – o valor do crédito, atualizado até a data da decretação da falência, sua origem e classificação; III – os documentos comprobatórios do crédito e a indicação das demais provas a serem produzidas. Por cuidar-se de habilitação retardatária, deve ser utilizada a faculdade contida no § 4º, do artigo 10, concernente ao requerimento da denominada "reserva de quota", para evitar a perda, pelo credor, do direito a rateios que eventualmente se realizem, até o julgamento final da habilitação. Na hipótese de o candidato considerar já ter sido homologado o quadro-geral de credores, deverá elaborar ação de retificação do quadro-geral de credores, seguindo os mesmos critérios acima apontados.

(OAB/FGV 2011.1). Indústria de Doces Algodão de Açúcar Ltda., sociedade empresária com sede na Cidade de São Paulo, Estado de São Paulo, é credora da sociedade Sonhos Encantados Comércio de Doces Ltda., domiciliada na Cidade de Petrópolis, Estado do Rio de Janeiro, por meio de uma duplicata de venda de mercadorias, não aceita pela devedora, e vencida em 02/02/2011, no valor de R$ 50.000,00.

Considerando que (i) a recusa do aceite não foi justificada pela sociedade sacada; que (ii) a sacadora protestou o título por falta de pagamento; e que (iii) detém o canhoto da correspondente fatura, assinado por preposto da devedora, dando conta do recebimento da mercadoria, elabore a petição inicial para ação para receber a quantia que melhor se adéque à pretensão do credor no caso relatado. (Valor: 5,0)

(Padrão de Respostas FGV) A hipótese contempla a elaboração de petição inicial relativa à ação de execução, porquanto se encontram no enunciado reunidas as condições exigidas pelo artigo 15, II, da Lei 5.474/68 para tal. Desse modo, a pretensão deverá levar em conta os requisitos apontados no indigitado preceito e obedecer ao disposto no artigo 282 do Código de Processo Civil e estatuto da OAB.

(OAB/FGV 2011.2). A Indústria de Solventes Mundo Colorido S.A. requereu a falência da sociedade empresária Pintando o Sete Comércio de Tintas Ltda., com base em três notas promissórias, cada qual no valor de R$ 50.000,00, todas vencidas e não pagas. Das três cambiais que embasam o pedido, apenas uma delas (que primeiro venceu) foi protestada para fim falimentar.

Em defesa, a devedora requerida, em síntese, sustentou que a falência não poderia ser decretada porque duas das notas promissórias que instruíram o requerimento não foram protestadas. Em defesa, requereu o deferimento de prestação de uma caução real, que garantisse o juízo falimentar da cobrança dos títulos.

Recebida a defesa tempestivamente ofertada, o juiz da 4ª Vara Empresarial da Comarca da Capital do Estado do Rio de Janeiro abriu prazo para o credor se manifestar sobre os fundamentos da defesa.

Você, na qualidade de advogado(a) do credor, deve elaborar a peça em que contradite, com o apontamento dos fundamentos legais expressos e os argumentos de defesa deduzidos. (Valor: 5,0)

(Padrão de Respostas FGV) O examinando deverá elaborar uma petição simples cuja nomenclatura e/ou conteúdo deve remeter à ideia de refutação à contestação, sendo, contudo, consideradas inadequadas as peças inexistentes no nosso sistema jurídico e também aquelas, cujas nomenclaturas estejam expressamente previstas na legislação e que sejam inaplicáveis à questão, tais como, por exemplo, "apelação" e "agravo de instrumento".

A petição deve ser dirigida ao juízo da falência, sendo imprescindível fazer referência à vara (04ª Vara Empresarial) e à comarca (Rio de Janeiro), uma vez que estas informações constam do enunciado da questão. São igualmente indispensáveis o número do processo e a indicação das partes.

Em relação ao primeiro argumento, o candidato deverá mencionar o art. 96, §2º da Lei 11.101/05, de acordo com o qual a defesa não obsta a decretação de falência se, ao final, restarem obrigações por ela não atingidas. Assim, a nota promissória protestada para fins falimentares é suficiente para embasar o pedido de falência, já que supera o valor de 40 salários mínimos, atendendo aos requisitos previstos no art. 94, inciso I, da Lei 11.101/05.

O segundo argumento, por sua vez, é refutado por meio do art. 98, parágrafo único, da Lei 11.101/05, que prevê o depósito elisivo em dinheiro, cabendo ressaltar que a caução real não é meio válido para elidir a decretação da falência.

Ao concluir a questão, deve o candidato requerer a procedência dos pedidos contidos na inicial, ou seja, a decretação da falência, ou, o indeferimento dos pedidos formulados na contestação, já que isso também acarreta, necessariamente, a decretação da quebra.

(OAB/CESPE 2010.1). A pessoa jurídica Alfa Aviamentos Ltda., domiciliada em Goianésia – GO, celebrou contrato escrito de locação de imóvel não residencial com Chaves Empreendimentos Ltda., por prazo determinado, tendo sido o contrato prorrogado várias vezes, no lapso de mais de sete anos. O valor mensal da locação é de R$ 1.500,00, e Alfa Aviamentos Ltda. exerce sua atividade no respectivo ramo desde a sua constituição, há cerca de dez anos. O contrato de locação findará em 3/5/2011, e os dirigentes da empresa locadora já se manifestaram contrários à renovação do referido contrato.

Em face dessa situação hipotética, na qualidade de advogado(a) contratado(a) por Alfa Aviamentos Ltda., redija a medida judicial cabível para a defesa dos interesses de sua cliente, abordando toda a matéria de direito material e processual aplicável à hipótese.

(OAB/CESPE 2009.3.). Jorge Luís e Ana Cláudia são casados no regime de comunhão parcial de bens desde 1979. Em 17/8/2005, sem que Ana Cláudia ficasse sabendo ou concordasse, Jorge Luís, em garantia de pagamento de contrato de compra e venda de um automóvel adquirido de Rui, avalizou nota promissória emitida por Laura, sua colega de trabalho com quem mantinha caso extraconjugal. O vencimento da nota promissória estava previsto para 17/9/2005. Vencida e não paga a nota promissória, o título foi regularmente apontado para protesto.

Após inúmeras tentativas de recebimento amigável do valor, Rui promoveu, contra Laura e Jorge Luís, em 12/12/2008, a execução judicial do título, com fundamento nos artigos 566, 580, 585, inciso I, e 586 do CPC. Os réus foram regularmente citados e, não havendo pagamento, foram penhoradas duas salas comerciais de propriedade de Jorge Luís adquiridas na constância do seu casamento. Inconformada, Ana Cláudia procurou a assistência de profissional da advocacia, pretendendo alguma espécie de defesa, em seu exclusivo nome, para livrar os bens penhorados da constrição judicial, ou, ao menos, parte deles, visto que haviam sido adquiridos com o esforço comum do casal.

Em face dessa situação hipotética, redija, na condição de advogado(a) constituído(a) por Ana Cláudia, a peça processual adequada para a defesa dos interesses de sua cliente, apresentando, para tanto, todos os argumentos e fundamentos necessários.

(OAB/CESPE 2009.2). Amin e Carla são sócios da A&C Engenharia Ltda., pessoa jurídica que, em 26/11/2008, teve falência decretada pela Vara de Falências e Concordatas do Distrito Federal, tendo o juízo competente fixado o termo legal da falência em 20/11/2007. Pedro, administrador judicial da massa falida da A&C Engenharia Ltda., tomou conhecimento que Amin, à época em que este praticava atos concernentes à administração da sociedade, transferira, em 5/12/2007, a título gratuito, um automóvel, de propriedade da sociedade empresária, a sua irmã, Fabiana, o que causou prejuízos à massa falida. Em face dos referidos fatos, Pedro decidiu promover medida judicial visando à revogação da doação praticada por Amin, com o objetivo de preservar os interesses da sociedade e dos credores.

Considerando a situação hipotética apresentada, na qualidade de advogado(a) contratado(a) por Pedro, redija a medida judicial cabível para a referida revogação, com fundamento na matéria de direito aplicável ao caso, apresentando todos os requisitos legais pertinentes.

(OAB/CESPE 2009.1). A BW Segurança Ltda. firmou com o Banco Reno S.A. contrato de confissão de dívidas, devidamente assinado por duas testemunhas, obrigando-se a efetuar o pagamento da importância de R$ 40.000,00. O instrumento foi firmado na cidade de Taguatinga, no Distrito Federal, local que as partes elegeram como foro competente para dirimir eventuais questões advindas do negócio jurídico.

Em garantia ao cumprimento da avença, foi firmada nota promissória vinculada ao referido contrato, tendo Plínio, administrador da BW Segurança Ltda., avalizado o referido título de crédito, sem obtenção de qualquer vantagem decorrente desse ato. O devedor principal não cumpriu o avençado, tendo o credor deixado que transcorresse o prazo para a propositura da ação cambial.

Em face dessa situação hipotética, na qualidade de procurador(a) do Banco Reno S.A., proponha a medida judicial que entender cabível para a defesa dos interesses da instituição, com fundamento na matéria de direito aplicável ao caso, apresentando todos os requisitos legais pertinentes.

IV PEÇAS ELABORADAS PELO AUTOR

(Proposto Pelo Autor) Joaquim da Silva é um produtor rural que atua no ramo de plantio de café e soja. Tendo em vista o crescimento de sua atividade e com o intuito de regularizar a mesma perante a Junta Comercial, tornando-a empresarial, decide registrá-la. No entanto, recebe negativa da Junta Comercial do Estado de São Paulo com a assertiva de que, em consonância com a legislação atual, a atividade rural jamais poderá ser considerada empresária, não podendo, portanto, o mesmo registrá-la na Junta Comercial. Com base na situação hipotética, ingresse com a medida judicial cabível em defesa do Sr. Joaquim da Silva.

Resposta: A peça adequada é o Mandado de Segurança que deve ser dirigido para a Justiça Federal, em virtude do fato de a Junta Comercial estar subordinada ao DNRC no que diz respeito a matérias técnicas. A

fundamentação processual da peça é o artigo 1º, da Lei 12019/09, de modo que na fundamentação processual deve-se alegar o artigo 971, do CC, que prevê a possibilidade do empreendedor rural se inscrever na Junta e ser considerado empresário para todos os efeitos.

(Proposto pelo Autor) A Churrascaria Primeiro Corte LTDA é uma sociedade empresária que atua no ramo de restaurantes. Com a intenção de expandir suas atividades, decide comprar um estabelecimento empresarial localizado na cidade de Cruzeiro – São Paulo, que também atua no ramo de restaurantes, de propriedade do Sr. Marcelo de Assis, empresário individual. Passados três meses após a formalização do negócio, a Churrascaria Primeiro Corte LTDA tem noticias de que o alienante já iniciou a reforma de um ponto comercial ao lado do estabelecimento ora alienando para abrir um novo restaurante. Com base na situação hipotética, ingresse com a medida judicial cabível em defesa da Churrascaria Primeiro Corte LTDA, alegando toda matéria de fato e de direito que cerca o tema.

Resposta: Deve ser ajuizada uma Ação de Obrigação de Não Fazer, alegando que está vigente a cláusula de não restabelecimento, prevista no artigo 1147, do CC, a qual proíbe o alienante de fazer concorrência para o adquirente no prazo de cinco anos. A fundamentação processual da peça está nos artigo 282, 273 e 461, todos do CPC. Na fundamentação material devese falar do artigo 1147, do CC. Deve-se, também, abrir um tópico para apresentar os requisitos autorizadores da concessão da tutela antecipada (artigos 273 e 461, ambos do CPC).

(Proposto pelo Autor) Pousada Descanso Ideal LTDA é locatária de um ponto comercial na cidade de Paraty – RJ. Está no imóvel há 12 anos, de modo que possui contrato escrito e por prazo determinado em que a soma dos mesmos perfaz 10 anos. Atua no mesmo ramo de atividade desde o início da empresa, ou seja, há 12 anos. No interregno de tempo entre um ano até seis meses antes do término do contrato de locação, pretende ingressar com a medida cabível no o intuito de renovar compulsoriamente a locação comercial ora pactuada. Com base na situação hipotética, ingresse com a medida judicial adequada.

Resposta: Trata-se de Ação Renovatória, tendo em vista que o locatário cumpre todos os requisitos estipulados no artigo 51, da Lei 8245/91. Assim, na fundamentação processual da peça devem ser utilizados os artigos 282 do CPC e 71, da Lei 8245/91, ao passo que na fundamentação material deve-se falar do cumprimento dos requisitos do aludido artigo 51, da Lei 8245/91.

(Proposto pelo Autor) João é credor de um cheque emitido por Maria no valor de R$ 10.000,00 (dez mil reais). Na data aprazada, o credor depositou referido título na instituição financeira sacada, o qual voltou sem provisão de fundos. Reapresentou novamente o título, que mais uma vez não foi pago. Inconformado e om o intuito de receber a quantia que lhe é devida, procura seu escritório de advocacia para saber qual a melhor medida a ser tomada. Considerando que o mesmo procurou seu escritório após quatro meses do vencimento do cheque, ingresse com a medida judicial cabível em defesa de João.

Resposta: Versa o problema sobre o inadimplemento de título de crédito, o qual é considerado um título executivo extrajudicial, segundo artigo 585, I, do CPC. Sendo assim, tendo em vista que o cheque ainda se encontra dentro do prazo prescricional, a medida correta a ser ajuizada é uma Ação de Execução. A fundamentação processual dessa peça está no artigo 646, do CPC, de modo que na fundamentação material é necessário que se fale que o cheque é um titulo executivo e que ainda não está prescrito, consoante artigos 59 e 33, da Lei 7357/85.

(Proposto pelo Autor) A empresa Alpha Cosméticos S.A emitiu uma duplicata mercantil contra a Sociedade de Cosméticos Beleza LTDA, com a assertiva de que teria vendido para essa R$ 5.000,00 (cinco mil reais) em produtos de beleza. No entanto, as mercadorias não chegaram, razão pela qual a duplicata não foi aceita e devolvida. Passado algum tempo, a Sociedade de Cosméticos Beleza LTDA percebe que existe um protesto feito pela Alpha Cosméticos S.A em razão da duplicata inadimplida. Com base na situação hipotética, ingresse com a medida judicial cabível para sanar, imediatamente, os efeitos do protesto.

Resposta: Ação a ser intentada é uma Cautelar de Sustação de Protesto, uma vez que o mesmo foi indevido, pois a recusa foi justificada (artigo 8, da Lei 5474/68). A fundamentação processual da peça está nos artigos 796 e seguintes do CPC, ao passo que na fundamentação material deve ser alegado que as mercadorias não chegaram e que o protesto é indevido, pois a dívida inexiste. Requer concessão de liminar.

(Proposto pelo Autor) Marcelo de Freitas, João Maria e Arnaldo são sócios do Supermercado Baixo Preço LTDA, sendo as cotas sociais dispostas na seguinte proporção: Marcelo 55%; João Maria 30% e Arnaldo 15%. No entanto, no decorrer do exercício social, os demais sócios percebem que Marcelo de Freitas ainda fraudando as contas da empresa, fazendo caixa 2, bem como desviando dinheiro para sua conta pessoal, pois além de ser sócio majoritário também é um dos administradores do supermercado. Inconformados com a situação, João e Arnaldo procuram seu escritório de advocacia no intuito de achar uma solução para a expulsão do sócio Marcelo. Com base na situação apresentada, ingressa com a medida judicial para atender ao pedido de seus clientes.

Resposta: A ação a ser ajuizada deve ser uma Ação de Dissolução Parcial de Sociedade, alegando que o sócio majoritário cometeu falta grave, uma vez que está roubando a sociedade, de modo que tal atitude enseja a exclusão nos termos do artigo 1030, do Código Civil. Na fundamentação processual pode ser colocado os artigos 1218, VIII do CPC de 73 c/c 655 e seguintes, do CPC de 39.

(Proposto pelo Autor) A CIA de Remédios é uma sociedade empresária que atua na fabricação de medicamentos. Entre os seus produtos, possui um remédio emagrecedor que utiliza a marca "Emagrex", a qual está devidamente registrada junto ao INPI. No entanto, se espanta ao saber que outra farmacêutica, de nome Cia de Drogas Medicinais, sua concorrente, conseguiu registrar a mesma marca para a fabricação de seu remédio de emagrecimento. Consigna-se que no procedimento administrativo o INPI não publicou o pedido de registro de marca. Indignada com a situação, a CIA de Remédios procura seu escritório para o ajuizamento da medida cabível a fim de anular o registro da marca da concorrente.

Resposta: A peça a ser ajuizada é uma Ação de Nulidade de Marca, com fundamento processual no artigo 173, da LPI. Deve ser alegado no direito que o INPI não observou o procedimento correto para o registro da marca, uma vez que não publicou o pedido conforme manda artigo 158, da LPI. Deve-se falar, também, que a marca já possui registro e que, portanto, não pode ser outra idêntica registrada no mesmo ramo de atividade. A ação deve ser dirigida à Justiça Federal, em virtude do INPI ter que intervir no feito.

(Proposto pelo Autor) João é credor da sociedade empresária Fundos e Mundos Papéis LTDA, na quantia de R$ 60.000,00 (sessenta mil reais). A dívida nasceu em virtude de um cheque emitido e não pago pela sociedade, o qual já foi devidamente protestado para fim falimentar. A sociedade não paga o crédito alegando que a empresa vai mal das pernas e que não possui lastro para saldar a dívida. Com base na situação acima apresentada, ingresse com a medida judicial cabível para tentar receber o crédito de João.

Resposta: No caso o credor pode ingressar com uma ação requerendo a Falência da sociedade empresária, em virtude de possuir uma dívida líquida, estampada num título executivo que supere 40 salários mínimos. Ademais, o título está devidamente protestado para fim falimentar. A fundamentação para o requerimento da falência deve estar lastreada no artigo 94, I, da Lei 11.101/05.

V QUESTÕES DISCURSIVAS COMENTADAS

(OAB/FGV 2010.2.) A Empresa W firmou com a Empresa Z instrumento particular de transação em que ficou estabelecido o parcelamento de dívida oriunda do fornecimento de água por esta última. A dívida objeto do parcelamento foi constituída durante processo de recuperação judicial da Empresa W no qual a Empresa Z não figura como credora.

Muito embora a Empresa W estivesse em processo de recuperação judicial, as parcelas do parcelamento vinham sendo regularmente pagas. Sobreveio, então, a decretação de falência da Empresa W, oportunidade em que esta comunicou à Empresa Z, via notificação com aviso de recebimento, que a continuidade de pagamento do parcelamento restava prejudicada (artigo 172 da Lei 11.101/05), indicando para a Empresa Z que habilitasse o seu crédito nos autos da falência.

A sentença que decretou a falência da empresa W foi publicada em 24/08/10 e dispôs que, para habilitação dos créditos, deverá ser aproveitado o quadro de credores da recuperação judicial e quem não estiver lá incluído deve observar o prazo de 15 (quinze) dias para apresentar sua habilitação de crédito.

Você, como advogado da empresa Z, que procedimento legal deve tomar? Em que prazo, considerando que a empresa W notificou a empresa Z em 03/09/10? Com que fundamento legal? Qual a categoria em que serão enquadrados os valores decorrentes do parcelamento para efeito de pagamento dos credores na falência? Em que ordem? Base Legal.

Comentários: Muito embora seja um crédito decorrente de parcelamento que possa ser considerado extraconcursal, consoante artigo 67 da Lei 11.101/05, o mesmo terá que obedecer a ordem estipulada no artigo 83. Assim sendo, o credor deve habilitar o seu crédito no procedimento falimentar no prazo de quinze dias, de acordo com o estipulado no artigo 7, §1º, da LF, seguinte o procedimento do artigo 9º, da mesa legislação.

(OAB/FGV 2010.2) Fábio endossa uma letra de câmbio para Maurício, que a endossa para Maria que, por sua vez, a endossa para João. Na data do vencimento, João exige o pagamento de Maurício, que se recusa a realizá-lo sob a alegação de que endossou a letra de câmbio para Maria e não para João e de que Maria é sua devedora, de modo que as dívidas se compensam. Assim, João deveria cobrar a letra de Maria e não dele. Em caso de Embargos de Maurício, com base nos argumentos citados,

I. quais seriam os fundamentos jurídicos de João?

II. em que prazo devem ser arguidos?

Comentários: Certo é que o endosso é o ato cambiário pelo qual se transfere e garante o pagamento de um título de crédito. Assim, o credor atual do título poderá cobrar todos os endossantes que se encontram na cadeia de anterioridade. Com relação às exceções pessoais, as mesmas não podem ser alegadas aos terceiros de boa-fé, pois vigora no direito cambiário o principio da inoponibilidade das exceções pessoais aos terceiros de boa fé, legitimado pelos artigos 916 do Código Civil e 17 do Decreto 57663/66.

(OAB/FGV 2010.2) Os acionistas da Cia. Agropecuária Boi Manso, cujo capital é composto somente de ações ordinárias, decidiram adquirir uma nova propriedade para expandir a sua criação de gado. João Alberto, acionista detentor de 20% das ações da companhia, é proprietário de um imóvel rural e ofereceu-se para aportá-lo como capital social, razão pela qual foram nomeados por assembleia geral três peritos avaliadores que elaboraram um laudo de avaliação fundamentado e devidamente instruído com os documentos da fazenda avaliada.

Convocada assembleia para aprovação do laudo, os acionistas Maria Helena e Paulo, titulares, respectivamente, de 28% e 20% das ações divergiram da avaliação, pois entenderam-na acima do valor de mercado. A matéria, todavia, foi aprovada por maioria com o voto de Heráclito, titular de 32% das ações e o voto de João Alberto.

À vista da situação fática acima, informe se Maria Helena e Paulo podem questionar a decisão da assembleia?

Indique os procedimentos a serem adotados e qual a base legal utilizada na fundamentação, bem como o prazo prescricional eventualmente aplicável.

Comentários: Trata a questão sobre um caso de responsabilidade pelo laudo de avaliação de um bem que formará o capital social da S.A., que de acordo com a Lei 6404/76 deve ser feito por uma empresa especializada ou por três peritos nomeados. No caso preferiu-se fazer por três peritos, de modo que a decisão pode ser perfeitamente questionada sob duas óticas, em prazos distintos.

Em primeiro lugar, caso efetivamente tenha ocorrido superavaliação ou mesmo avaliação errônea do imóvel, os acionistas dissidentes do laudo poderão ajuizar ação para haver reparação civil contra os peritos e João Alberto (na qualidade de subscritor), no prazo de 1 (um) ano contado da publicação da ata da assembleia geral que aprovou o laudo, com base no artigo 287, I, (a) da Lei 6.404/76.

Mesmo que não tenha ocorrido dolo ou mesmo avaliação errônea, a decisão poderá ser questionada por meio de ação anulatória proposta no prazo do artigo 286, da Lei 6.404/76, isso porque o caso relatado configura hipótese de flagrante conflito formal de interesse, tendo o voto do acionista João Alberto sido dado e computado com expressa violação do artigo 115, § 1º da Lei 6.404/76.

A aplicação das disposições do artigo 115 ao caso descrito decorre, ainda, da letra expressa do § 5º, do artigo 8º da mesma lei, que regula as formalidades para a formação do capital da sociedade, inclusive na hipótese

de contribuição em bens. Tal parágrafo determina aplicarem-se à assembleia ali referida "o disposto nos §§ 1º e 2º do artigo 115".

(OAB/FGV 2010.2) Pedro é diretor presidente, estatutário, da empresa Sucupira Empreendimentos Imobiliários S.A. Sempre foi tido no mercado como um profissional honesto e sério. No exercício de suas atribuições, contratou, sem concorrência ou cotação de preços, a empresa Cimento do Brasil Ltda. de seu amigo João. Esta empresa seria responsável pelo fornecimento de cimento para a construção de um hotel, na Barra da Tijuca, com vistas a atender a demanda por leitos em função dos Jogos Olímpicos e da Copa do Mundo. Pedro não recebeu qualquer contrapartida financeira por parte de João em virtude da aludida contratação, mas não efetuou as análises devidas da empresa Cimento do Brasil Ltda., limitando-se a confiar em seu amigo. O preço contratado para o cimento estava de acordo com o que se estava cobrando no mercado. Entretanto, a qualidade do material da Cimento do Brasil Ltda era ruim (fato de notório conhecimento do mercado), impedindo que ele fosse utilizado na obra.

Outro fornecedor de cimento teve de ser contratado, causando atrasos irrecuperáveis e prejuízos consideráveis para a empresa Sucupira Empreendimentos Imobiliários S.A. Os acionistas, indignados com a situação, procuraram você para consultá-lo se poderiam tomar alguma medida em face de Pedro.

Diante dessa situação hipotética indique as medidas judiciais cabíveis e apresente os dispositivos legais aplicáveis à espécie, fundamentando e justificando sua proposição.

Comentários: A resposta para essas indagações se encontram respaldadas nos artigos 153 e 158, da Lei 6404/76, os quais afirmam que o administrador da companhia deve agir com todo cuidado de diligencia possível, de modo que se agir com culpa ou dolo deverá se responsabilizar perante à sociedade e aos outros acionistas. Muito embora não exista dolo na presente situação, há a figura da culpa, uma vez que o mesmo foi imprudente ao contratar sem tomar os devidos cuidados, devendo ressarcir os demais. Assim, os outros acionistas poderão ingressar contra Pedro com Ação de Reparação de Danos.

(OAB/FGV 2010.2) Apurada no juízo falimentar a responsabilidade pessoal dos sócios de uma sociedade limitada, perguntasse: I. existe a possibilidade de propositura de ação especifica para buscar o ressarcimento dos prejuízos causados? Se existente, qual? Fundamente com base legal. II. quem pode ser sujeito ativo? Há que se aguardar a realização do ativo?

Comentários: Como se trata de procedimento falimentar, a iniciativa em defesa da massa caberá, em primeira instancia, ao administrador judicial, pessoal nomeada para gerir o procedimento falimentar e atuar em defesa dos credores. No entanto, caso esse seja omisso, a jurisprudência reconhece a legitimidade dos credores para intentar tal medida. O art. 82 da Lei nº 11.101/2005 estabelece que a ação em tela independe da realização do ativo e da prova da sua insuficiência para cobrir o passivo. Por fim, vale dizer que o mesmo art. 82 exige ação própria para averiguar e decretar a responsabilidade dos sócios. A desconsideração da personali-

dade jurídica é regra excepcional porquanto a autonomia da personalidade jurídica é principio consagrado em nossa sistemática jurídica. Sua aplicação não pode contrariar a disposição especial em referência. Faz-se necessário, assim, processo de cognição plena, com garantia do contraditório e ampla defesa.

(OAB/FGV 20103.) Soraia Dantas emitiu uma nota promissória em favor de Carine Monteiro, decorrente da aquisição de uma máquina de costura padrão industrial, com vencimento para 03/06/2010. O título foi endossado, sem data indicada, em favor de Leonardo D'Ângelo, que, em seguida, endossou a cambial, sem garantia, para Amadeus Pereira. O endosso de Leonardo foi avalizado por Frederico Guedes. Procurado para pagamento, a obrigada principal alegou não ter condições, no momento, para quitar o débito. Diante dessa situação, o portador, após levar o título a protesto, ajuizou a competente ação de execução em face de Frederico Guedes. Em sede de embargos, o executado aduziu não ter legitimidade para figurar no polo passivo da demanda, porquanto Leonardo, cuja obrigação foi por Frederico avalizada, é ainda menor de idade, o que ficou comprovado com a apresentação da certidão de nascimento, dando conta de que ele nasceu em 1996.

Com base no cenário acima, responda aos itens a seguir, empregando os argumentos jurídicos apropriados e a fundamentação legal pertinente ao caso.

a) Qual é a contra-argumentação a ser adotada em relação à alegação suscitada nos embargos de Frederico?

b) Caso Leonardo não fosse menor de idade, qual seria a finalidade do endosso feito por ele a Amadeus?

c) Pode a nota promissória circular ao portador?

Comentários: Certo é que as obrigações cambiárias são autônomas e independentes entre si. Desse modo, o aval subsiste e é valido mesmo com algum vicio na obrigação do avalizado. Caso Leonardo não foi menor, a finalidade do endosso sem garantia seria a de não garantir o pagamento da dívida, mas tão somente transferi-la. Os títulos ao portador são proibidos no momento da sua emissão, mas pode perfeitamente existir o endosso em branco para que ele circule ao portador futuramente. Na resposta, deveriam ser citados os artigo 12, 15, 32 e 75, do Decreto 57663/66.

(OAB/FGV 2010.3) Em 20/04/10, Boulevard Teixeira emitiu um cheque nominal, à ordem, em favor de Gol de Craque Esportes Ltda., no valor de R$ 7.500,00 (sete mil e quinhentos reais), decorrente da compra de diversos materiais esportivos. O título foi apresentado ao sacado na mesma praça em 29/05/10, tendo este se recusado a promover o pagamento, justificando não haver fundos disponíveis na conta do sacador. O administrador da credora, então, foi orientado a, como forma de coagir o devedor ao pagamento do título ante o abalo do seu crédito, promover o protesto do cheque. A competente certidão foi expedida pelo cartório em 20/06/10. Contudo, diante de contatos telefônicos feitos por prepostos do devedor, buscando obter parcelamento para realizar o pagamento extrajudicial, o credor se manteve inerte. Malograda a tentativa de perceber, amigavelmente, a importância devida, em 02/12/2010, resolveu o tomador ajuizar a competente ação executiva. Em embargos de devedor, aduziu o executado que o título estava prescrito e, portanto, deveria ser julgada extinta a pretensão executiva. Por outro lado, o advogado do exequente sustenta que a pretensão não estaria prescrita em razão do protesto realizado.

Diante da resistência apresentada e buscando uma posição mais abalizada, o credor procurou-o(a), como advogado(a), apresentando algumas dúvidas a serem por você dirimidas.

Com base nesse cenário, responda aos itens a seguir, empregando os argumentos jurídicos apropriados e a fundamentação legal pertinente ao caso.

a) A prescrição foi realmente alcançada?

b) Qual(is) embasamento(s) legal(is) serviria(m) para sua tese?

c) De forma geral, é indispensável a realização do protesto de um cheque para o ajuizamento de ação de execução em face dos coobrigados?

Comentários: Deveria ser alegado que o cheque não estava prescrito, tendo em vista o que preceitua o artigo 202, II, do CC. Ademais, o artigo 47, II, da Lei 7357/85 leciona no sentido de que a declaração do banco sacado em que atesta a ausência de fundos pode suprir o protesto no cheque.

(OAB/FGV 2010.3) Irmãos Castroman Importadora e Exportadora Ltda. cogita requerer a sua recuperação judicial. Antes de tomar qualquer medida, os sócios administradores da mencionada sociedade o(a) procuram, como advogado(a), para aferir se o mencionado requerimento é adequado ao seu caso, considerando, notadamente, a composição de seu endividamento.

Em relação ao caso acima, responda aos itens a seguir, empregando os argumentos jurídicos apropriados e a fundamentação legal pertinente ao caso.

a) Os créditos quirografários, decorrentes de compra e venda pura de produtos, constituídos até a data do pedido a ser formulado, mas não vencidos, estão sujeitos à recuperação judicial?

b) O credor titular de importância entregue ao devedor em moeda corrente nacional decorrente de adiantamento a contrato de câmbio para exportação estará submetido aos efeitos da recuperação judicial?

c) As execuções de natureza fiscal ficam com seu curso suspenso durante o processo de recuperação judicial?

d) O plano de recuperação judicial poderá prever um prazo de 3 (três) anos para o pagamento dos créditos derivados da legislação do trabalho vencidos até a data do pedido de recuperação judicial?

Comentários: Os créditos quirografários estão sujeitos à recuperação judicial, pois já existiam na data do pedido (artigo 49, da Lei 11.101/05); Os créditos decorrentes de ACC estão excluídos da recuperação judicial (artigo 86, II e §4º, do artigo 49, todos da Lei 11101/05); As execuções fiscais não serão suspensas e, por fim, o plano de recuperação judicial não poderá prever prazo superior a um ano para pagamento dos créditos derivados da legislação do trabalho vencidos até a data do pedido de recuperação. O plano não poderá, ainda, prever prazo superior a trinta dias para o pagamento, até o limite de cinco salários mínimos por trabalhador, dos créditos de natureza estritamente salarial, vencidos nos

três meses anteriores ao pedido de recuperação judicial (artigo 54 da Lei 11.101/2005).

(OAB/FGV 2010.3) Em 15/04/2010, a sociedade empresária denominada Fábrica de Móveis Dominó S.A. teve a sua falência decretada. Logo após a decretação da falência, um dos credores da aludida sociedade tomou conhecimento de que a devedora doou um imóvel de sua propriedade para a SUIPA – Sociedade União Internacional Protetora dos Animais no dia 18/06/2009.

Esse mesmo credor, inconformado com a situação, procura-o(a), como advogado(a), e lhe apresenta algumas indagações.

Responda aos itens a seguir, empregando os argumentos jurídicos apropriados e a fundamentação legal pertinente ao caso.

a) Que medida e com base em que fundamento você recomendaria para recuperar em favor da massa falida o imóvel doado? (Valor: 0,75)

b) Qual seria o Juízo competente para apreciar e julgar a pretensão de seu cliente?

Comentários: No caso deve ser intentada uma declaração de ineficácia do negócio jurídico, tendo em vista ser uma situação prevista no artigo 129, IV, da Lei 11.101/05. A ação pode ser intentada pelo administrador judicial, por qualquer credor, ou até pode ser decretada de oficio pelo magistrado, tendo em vista se trata de matéria de ordem pública. Nela não é preciso provar dolo ou má-fé na alienação desse bem, bastando a situação para configurar sua ineficácia perante a massa falida.

BIBLIOGRAFIA

ABRÃO, Carlos Henrique. *Penhora de Cotas de Sociedade de Responsabilidade Limitada.* 2.ed. São Paulo: Revista dos Tribunais, 1991.

ABRÃO, Nelson. *Sociedade Por Quotas de Responsabilidade Limitada.* 5. ed. São Paulo: Revista dos Tribunais, 1995.

ALMEIDA, Amador Paes de. *Curso de Falência e Recuperação de Empresa.* 25.ed. São Paulo: Saraiva, 2009.

__________. *Manual das Sociedades Comerciais.* 17. ed. São Paulo: Saraiva, 2008.

__________. *Teoria e Prática dos Títulos de Crédito.* 28.ed. São Paulo: Saraiva, 2009.

BERTOLDI, Marcelo, RIBEIRO, Márcia Carla Pereira. *Curso Avançado de Direito Comercial.* 5.ed. São Paulo: Revista dos Tribunais, 2009.

BEZERRA FILHO, Manoel Justino. *Nova Lei de Recuperação e Falências Comentada.* 3.ed. São Paulo: Revista dos Tribunais, 2005.

BORBA, José Edwaldo Tavares. *Direito Societário.* 8ª. ed. Rio de Janeiro: Renovar, 2003.

CAMPINHO, Sérgio. *Direito de Empresa à Luz do Novo Código Civil.* 8.ed. Renovar: Rio de Janeiro, 2007.

__________. *Falência e Recuperação de Empresa.* 4. ed. Rio de Janeiro: Renovar, 2009.

CALÇAS, Manoel de Queiroz Pereira. *Sociedade Limitada no Novo Código Civil.* São Paulo: Atlas, 2003.

CARVALHO DE MENDONÇA, J.X. *Tratado de direito comercial brasileiro.* Atualizado por Ricardo Rodrigues Gama. Campinas: Russel, 2000, v.3, tomo II.

COELHO, Fábio Ulhoa. *Curso de Direito Comercial – Direito de Empresa.* 13 ed. São Paulo: Saraiva, 2009, v.1.

COELHO, Fábio Ulhoa. *Curso de Direito Comercial – Direito de Empresa.* 10 ed. São Paulo: Saraiva, 2009, v.3.

________. *Comentários à Nova Lei de Falências e de Recuperação de Empresas.* 3.ed. São Paulo: Saraiva, 2005.

_________. *Comentários à Lei de Falências e de recuperação de empresas.* 7.ed. São Paulo: Saraiva, 2010,

________. *Curso de Direito Comercial.* 7.ed. São Paulo: Saraiva, 2004, v.2.

_________. *Manual de Direito Comercial.* 20.ed. São Paulo: Saraiva, 2008.

_________. *A Sociedade Limitada no Novo Código Civil.* São Paulo: Saraiva, 2003.

CRISTIANO, Romano. *Sociedades Limitadas* – De acordo com o Código Civil. São Paulo: Malheiros, 2008.

DIDIER JR., Fredie, BRAGA, Paulo Sarno, OLIVEIRA, Rafael. *Curso de Direito Processual Civil.* Salvador: Podivm, 2007, v.2.

DINAMARCO, Cândido Rangel. *Instituições de Direito Processual Civil.* São Paulo: Malheiros, 2005, v.4

DINIZ, Maria Helena. *Curso de Direito Civil Brasileiro.* 3ª. ed. São Paulo: Saraiva, 2011. v.8.

FADEL, Sérgio Sahione. *Código de Processo Civil Comentado.* v.2. Forense: Rio de Janeiro, 1982.

FAZZIO JUNIOR. Waldo. *Manual de Direito Comercial.* 10. ed. São Paulo: Atlas, 2009.

______. *Manual de Direito Comerial.* 14. ed. Revista dos Tribunais: São Paulo, 2013.

________________. *Lei de Falência e Recuperação de Empresas. 5ªed.* São Paulo: Atlas, 2010.

GAGLIANO, Pablo Stolze. Novo Curso de Direito Civil. São Paulo: Saraiva, 2006, v.1.

GONÇALVES, Carlos Roberto. Responsabilidade Civil. 9º edição, revista. Saraiva. São Paulo: 2005.

GONÇALVES NETO, Alfredo de Assis. *Lições de Direito Societário.* São Paulo: Juarez de Oliveira, 2004.

MAMEDE. Gladston. *Direito Empresarial Brasileiro* – Direito Societário: Sociedades Simples e Empresárias. v.2. São Paulo: Atlas, 2008.

________. *Direito Empresarial Brasileiro – Falência e Recuperação de Empresas.* São Paulo: Atlas, 2006, v.4.

________. *Direito Empresarial Brasileiro* – Empresa e Atuação Empresarial. 7. ed. São Paulo: Atlas, 2013.

MARTINS, Fran. *Sociedade por Quotas no Direito Brasileiro e Estrangeiro.* Forense: Rio de Janeiro, 1960, v.2.

______Fran. *Contratos e Obrigações Comerciais*, ed. rev. e aum. Rio de Janeiro, Forense, 2010.

MEDAUAR, Odete. *Direito Administrativo Moderno.* São Paulo: Revista dos Tribunais, 2004.

MEIRELLES, Hely. *Direito Administrativo Brasileiro.* São Paulo: Malheiros, 2004.

NEGRÃO, Ricardo. *Manual de Direito Comercial e de Empresa.* 7ªed. Saraiva: São Paulo, 2010. V.1.

__________. *Manual de Direito Comercial e de Empresa.* 5ªed. Saraiva: São Paulo, 2010. V.3.

NEGRÃO, Theotonio, GOUVÊA, José Roberto F., BONDIOLI, Luis Guilherme Aidar. *Código Civil e Legislação Civil em Vigor.* 28. ed. São Paulo: Saraiva, 2009.

NEVES, Celso. *Comentários ao Código de Processo Civil.* Forense: Rio de Janeiro, 1999, v.7.

OLIVEIRA, Celso Marcelo de. *Sociedade Limitada à Luz do Novo Código Civil.* Campinas: LZN, 2003.

REQUIÃO, Rubens. *Curso de Direito Comercial.* 27. ed. São Paulo: Saraiva, 2008, v.1.

RODRIGUES, Silvio. *Direito Civil.* São Paulo: Saraiva, 2002.

SALOMÃO FILHO, Calixto. *O Novo Direito Societário.* 3.ed. São Paulo: Malheiros, 2006.

SANCHEZ, Alessandra. *Prática Jurídica Empresarial.* São Paulo: Atlas, 2009.

TEIXEIRA, Tarcisio. *Direito Empresarial Sistematizado.* São Paulo: Saraiva, 2011.

THEODORO JÙNIOR, Humberto. *Curso de Direito Processual Civil.* 43.ed. Rio de Janeiro: Forense, 2008, v.2.

TOMAZZETE, Marlon. *Curso de Direito Empresarial.* 2ª.ed. São Paulo: Atlas, 2009, v.2.

VENOSA, Silvio de Salvo. Direito Civil: Responsabilidade Civil. 5º edição . Atlas. São Paulo: 2005.

VERÇOSA, Haroldo Malheiros. *Curso de Direito Comercial.* Malheiros: São Paulo, 2008. v.3.

Impresso em março de 2015